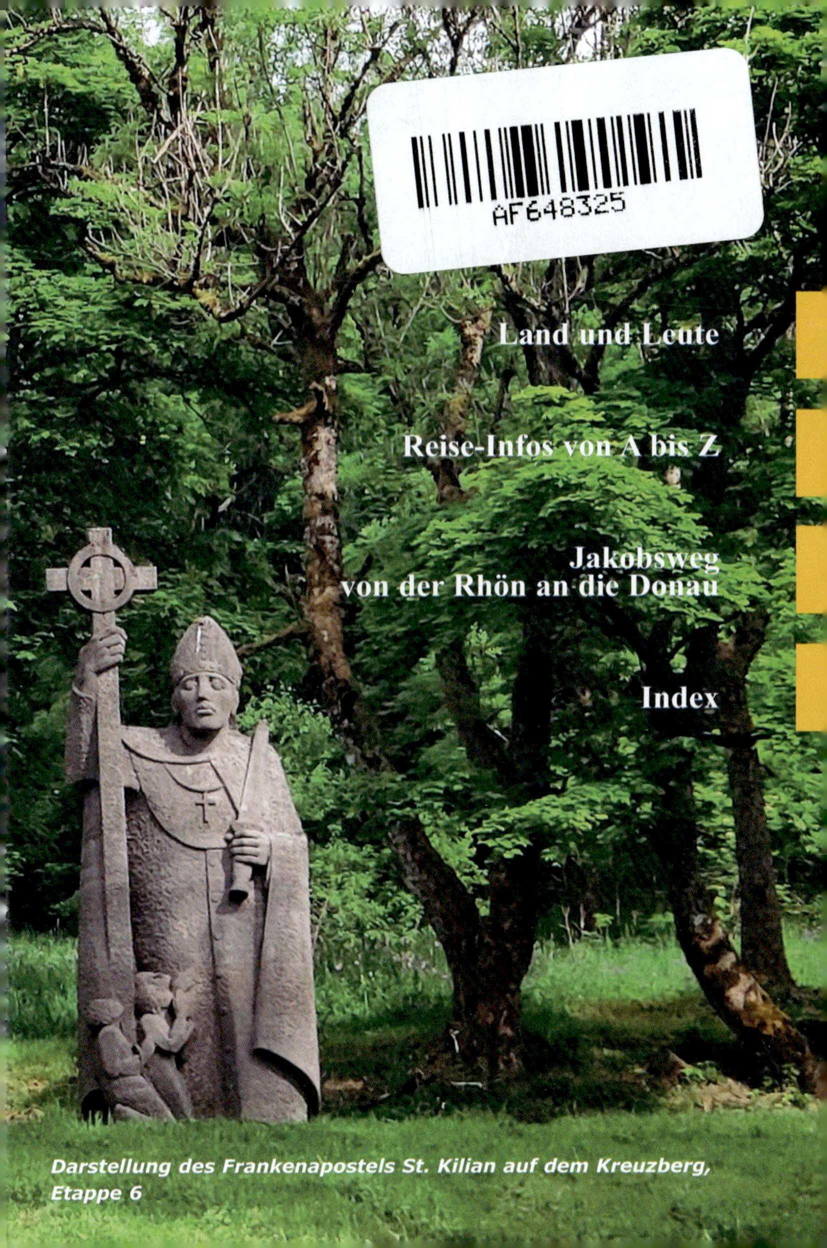

Darstellung des Frankenapostels St. Kilian auf dem Kreuzberg, Etappe 6

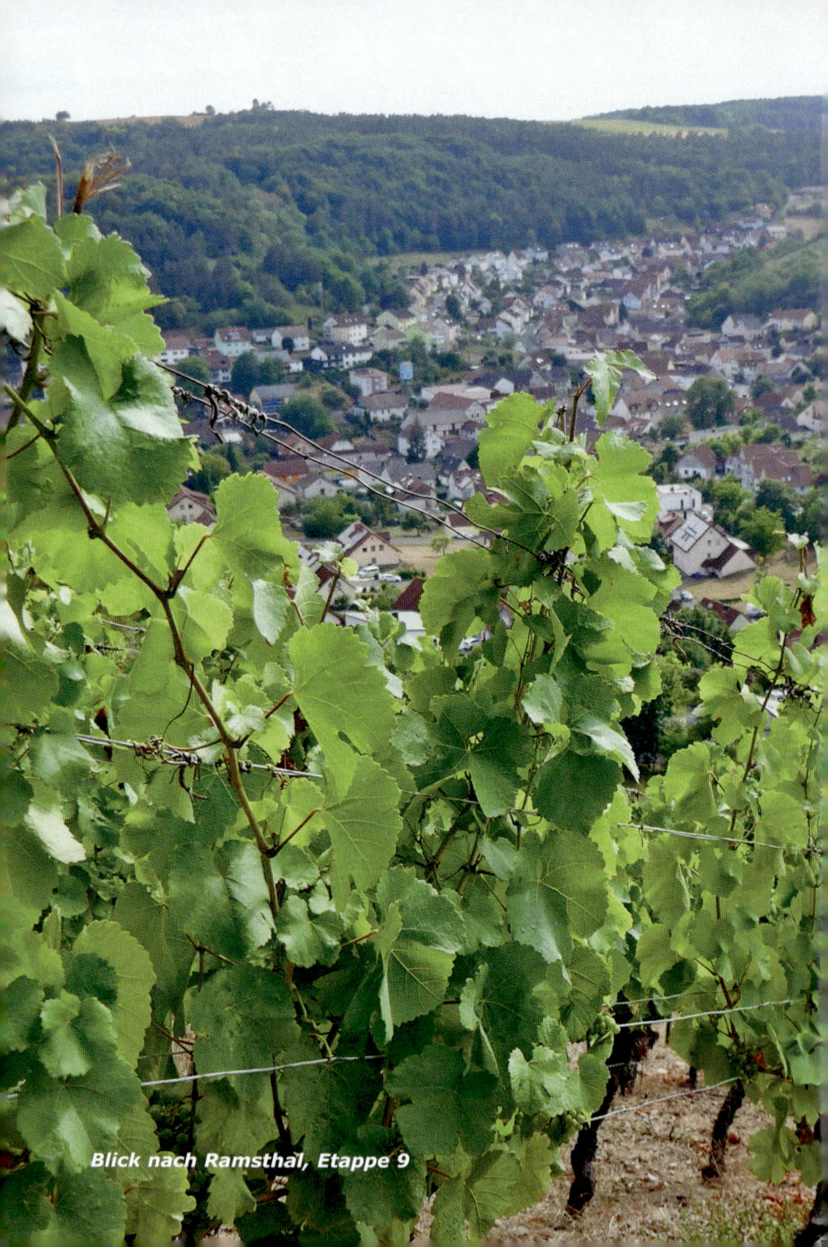

Blick nach Ramsthal, Etappe 9

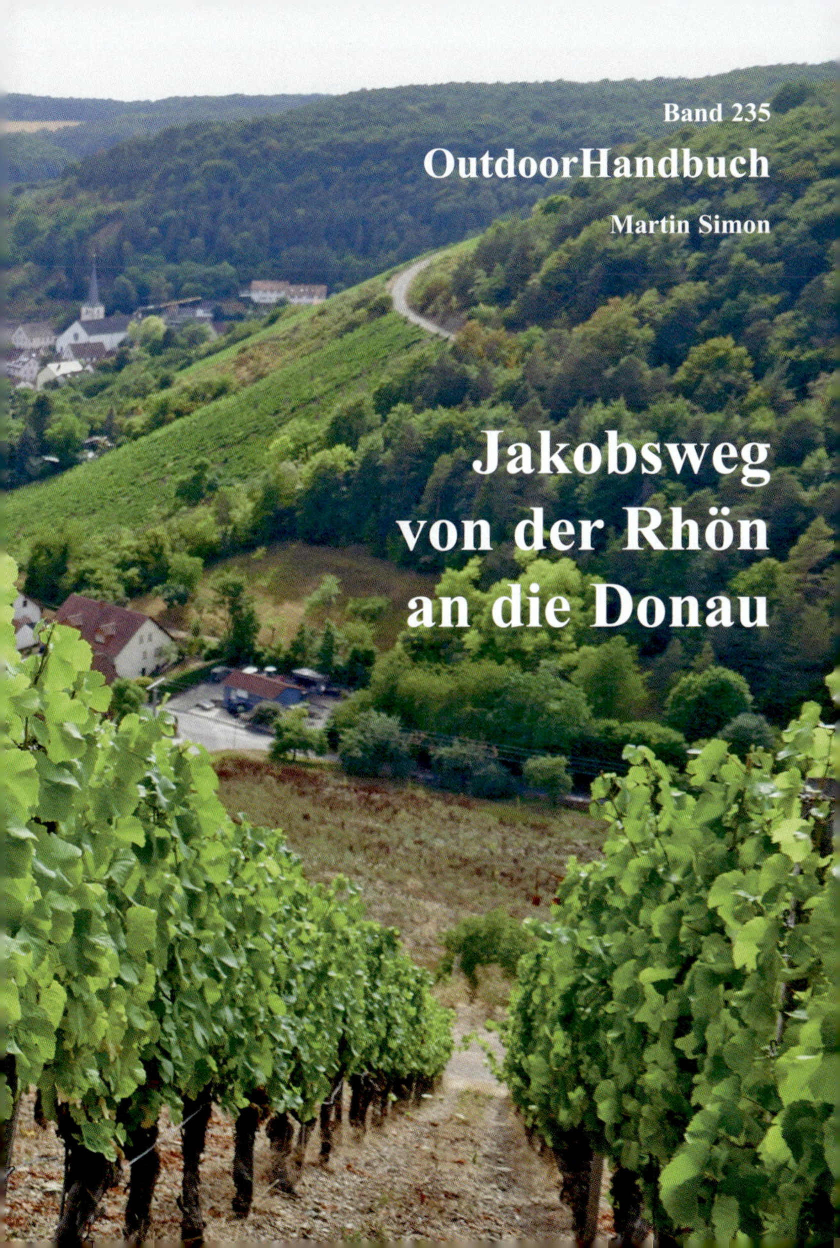

Band 235

OutdoorHandbuch

Martin Simon

Jakobsweg von der Rhön an die Donau

Jakobsweg von der Rhön

Dieses OutdoorHandbuch wurde konzipiert und redaktionell erstellt vom:

Conrad Stein Verlag GmbH
Kiefernstr. 6, 59514 Welver
☏ 023 84/96 39 12
info@conrad-stein-verlag.de
www.conrad-stein-verlag.de
www.facebook.com/outdoorverlag
www.instagram.com/outdoorverlag

Klimaneutral
Druckprodukt
ClimatePartner.com/53106-2302-1002

Als Outdoor-Verlag sind uns der Schutz und die Erhaltung der Natur seit jeher ein besonderes Anliegen. Auch in Sachen Klimaschutz haben wir eine Vorreiterrolle inne: Wir sind der einzige Buchverlag in Deutschland, der bereits seit 2008 seine Bücher konsequent klimaneutral in Deutschland produzieren und transportieren lässt. Dabei wird nicht nur klimaneutral, sondern auch nachhaltig, d. h. so umweltschonend wie möglich produziert, z. B. durch die Auswahl von umweltfreundlichen Materialien. Die bei der Produktion der Bücher entstandenen CO_2-Emissionen werden durch die Unterstützung von zertifizierten Klimaschutzprojekten ausgeglichen. Jedes Buch wird daher mit dem Logo „klimaneutral" und einer ClimatePartner-Zertifikatsnummer versehen. Mithilfe dieser Nummer können Sie unter www.climatepartner.com Informationen zu der eingesparten CO_2-Menge und dem Projekt finden, das mit der Abgabe gefördert wird.

Das Engagement des Conrad Stein Verlags wurde im Rahmen des Projekts „Klimaneutraler Buchverlag" mit dem Westenergie Klimaschutzpreis 2022 ausgezeichnet.

OutdoorHandbuch Band 235

ISBN 978-3-86686-768-0 1. Auflage 2023

Text und Fotos: Martin Simon
Karten: Heide Schwinn
Lektorat: Ricarda Kuschma
Layout: Alexandra Sauerland

Gesamtherstellung: AZ Druck und Datentechnik GmbH, Kempten

Dieses OutdoorHandbuch hat 256 Seiten mit 59 farbigen Abbildungen sowie 29 farbigen Kartenskizzen im Maßstab 1:120.000, 28 farbigen Höhenprofilen, 5 farbigen Stadtplänen und einer farbigen, ausklappbaren Übersichtskarte.

Autor und Verlag freuen sich über Ihr Feedback. Schreiben Sie Ihre Tipps und Verbesserungen an info@conrad-stein-verlag.de oder nutzen Sie unsere Social-Media-Kanäle. Bitte nennen Sie dabei Titel, Auflage und Seitennummer.

Dieses Buch ist im Buchhandel und in Ausrüstungsläden erhältlich und kann im Internet oder direkt beim Verlag bestellt werden.

Titelfoto: Schrottskulpturen am Grünen Band, Etappe 2

Inhalt

☺ Eine **Übersichtskarte** des Weges, **Autorenprofil** sowie eine Liste aller verwendeten **Symbole** in diesem Buch finden Sie auf den vorderen und hinteren Umschlagseiten bzw. -klappen.

Einleitung

Auf dem Jakobsweg von der Rhön an die Donau setzen diejenigen Pilgerinnen und Pilger ihren Weg in Richtung Santiago de Compostela fort, die aus dem Osten und aus dem hohen Norden kommend die Mitte Deutschlands erreicht haben. Es ist der Anschlussweg sowohl für den Ökumenischen Pilgerweg (Jakobsweg Via Regia), der von Görlitz über Leipzig, Erfurt und Eisenach nach Vacha führt, als auch für die Via Scandinavica, die von Fehmarn über Lübeck, Hannover und Göttingen bis Creuzburg führt.

Der Ökumenische Pilgerweg endet offiziell in Vacha. Hier bekommen Pilgerinnen und Pilger, sofern sie sich in der Rhönbuchhandlung melden und den zurückgelegten Weg dokumentiert haben, eine Urkunde und eine Anstecknadel für diesen Weg überreicht. Wer aus dem Norden bis Creuzburg gelaufen ist und nicht dem dort angebotenen Jakobsweg nach Westen über Marburg nach Köln weiter folgen möchte, verlängert, wie ich im Pilgerführer zur Via Scandinavica bereits empfohlen und auch beschrieben habe, seinen Weg bis Hörschel oder Eisenach und erreicht ebenfalls über den gut markierten Ökumenischen Pilgerweg die Grenzstadt Vacha an der Werra.

Pilgernde auf dem Ökumenischen Pilgerweg sind mit den notwendigen Informationen für das finale, zwei Tage weite Wegstück von Eisenach bis Vacha versorgt, für diejenigen, die über die Via Scandinavica an die Werra gelangt sind, beschreibe ich hier zum Auftakt auch das Wegstück von Hörschel aus über den Thüringer Wald hinüber nach Vacha und an den Nordrand der thüringischen Rhön in zwei zusätzlichen Etappen. In Vacha endet zwar der Ökumenische Pilgerweg bzw. der Jakobsweg Via Regia, die historische Handelsstraße Via Regia, die auch Hohe Straße genannt wurde, führte aber noch weiter über Fulda nach Frankfurt am Main. Im vorliegenden Pilgerführer wird also zunächst einmal die Fortsetzung der Via Regia über Hünfeld bis Fulda beschrieben.

In Fulda weicht diese Beschreibung dann von der Via Regia ab. Es gibt dort für Jakobspilger zwei Möglichkeiten auf markierten Wegen weiterzuwandern. Die Via Regia ist auf Frankfurt und Mainz gerichtet und führt in südwestlicher Richtung letztlich nach Trier und an die dort weiterführenden Wege. Der hier beschriebene Weg orientiert sich Richtung Süden und erreicht nach einem weiteren schönen Gang durch die Rhön den mondänen Kurort Bad Kissingen an der Südabdachung und ein paar Tage später Würzburg im bayrischen Unterfranken.

Ab Würzburg ist hier der Fränkisch-Schwäbische Jakobsweg nach Mittelfranken und in das baden-württembergische Schwabenland beschrieben. Über Rothenburg ob der Tauber, Crailsheim und Rosenberg wandern Sie weiter nach Ulm an der Donau, wo die Wegbeschreibung dieses Pilgerführers endet.

Land und Leute

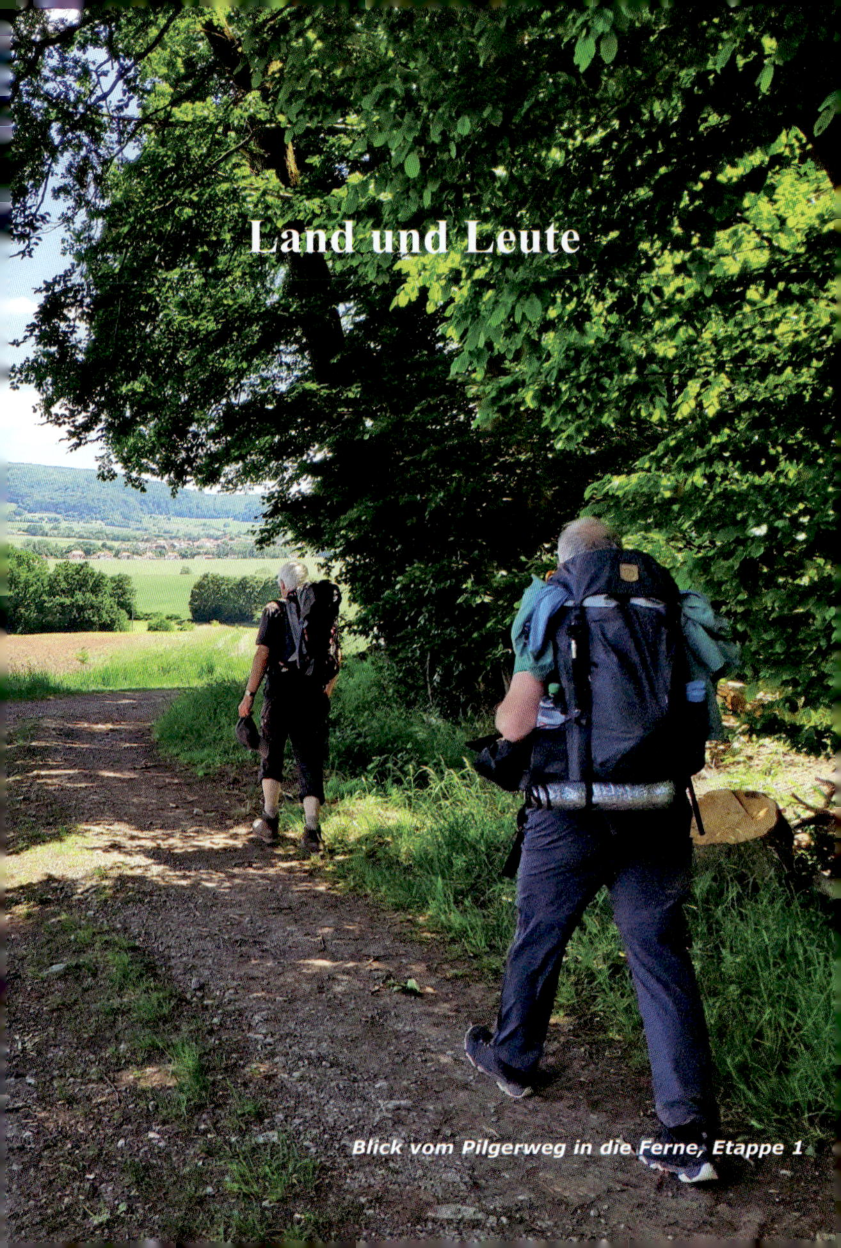

Blick vom Pilgerweg in die Ferne, Etappe 1

Auf diesem Weg werden Sie recht unterschiedliche Regionen und Länder durchstreifen. Von Südwest-Thüringen führt der Weg nach Hessen und weiter in das bayrische Unterfranken. Die Grenze zu Mittelfranken ist, wie viele andere Grenzen auch, in der Geografie wahrnehmbar. Südlich vom schönen Rothenburg ob der Tauber wechselt der Weg nach Baden-Württemberg, das traditionell Schwabenland, in der durchwanderten Grenzregion aber auch fränkisch besiedelt ist. In Ulm, dem Ziel des Weges, wird die Grenze zu Bayern wieder erreicht.

Ungefähr in der Mitte Deutschlands startet der Weg. Ganz einig ist man sich bei den Berechnungsmethoden zwar nicht, in vier von sieben Ergebnissen liegt der Mittelpunkt Deutschlands aber kaum mehr als 20 km nördlich von Eisenach. Der rund 500 km weite, nach Süden strebende Weg erschließt demnach einen großen Teil Süddeutschlands und führt dort wiederum durch deren Mitte.

Wer in Hörschel oder Eisenach startet, überquert zunächst den etwa 70 km langen und hier etwa 25 km breiten Höhenzug des **Thüringer Waldes** in seinen nord-westlichsten Ausläufern. Der Lauf der Werra grenzt das Gebirge zum hessischen Bergland hin ab. Die hier erreichten Höhen fallen etwa halb so hoch aus wie die größten Höhen des Gebirgszuges, die bei knapp 1.000 m liegen. Südlich davon erwartet Sie wieder die Werra, die aus dem Thüringer Schiefergebirge stammend entlang der Südabdachung des Gebirges ihren Weg hierher gefunden hat und nun in einem Bogen die Gebirge nach Norden hin durchbricht. Die Werra wird sich später mit der Fulda vereinen und gemeinsam die Weser bilden und in die Nordsee münden.

Südlich der Werra breitet sich das Land der Kegelberge aus. Drei Länder teilen sich die Region vulkanischen Ursprungs. So gibt es die thüringische, hessische und bayrische **Rhön**. Aufteilen lässt sich das Gebiet auch in die Bereiche westlich und östlich der Ulster. Die nämlich durchströmt nahezu die gesamte Rhön von den Kuppen der Hohen Rhön im Süden bis zur Mündung in die Werra. Dem westlichen Teil der Rhön sagt man ein eher gemäßigtes, mildes, atlantisch geprägtes Klima nach, dem östlichen ein kaltes, kontinentales. Ihr Weg folgt dem Lauf der Ulster ein stückweit nach Süden und weicht dann westlich nach Fulda aus.

Fulda liegt nicht mehr in der Rhön, sondern in der sogenannten Fuldasenke, die durch die Flüsse Fliede und Fulda geprägt ist. Diese Senke trennt die Rhön vom Vogelsberg.

Von Fulda führt der Weg aber wieder in die Rhön zurück und diesmal in die Hohe Rhön, wo er die dritthöchste Erhebung, den knapp 930 m hohen Kreuzberg, überquert. Damit ist auch eine bedeutende Wasserscheide genommen. Das abfließende Wasser strebt nun zum Rhein und nicht mehr zur Weser. Mit der Wasserscheide haben Sie auch die Grenze von Hessen nach Bayern überquert.

So nach und nach geht es aus der Rhön hinaus. Die letzten Ausläufer durchqueren Sie hinter Bad Kissingen, das an der Fränkischen Saale liegt.

Die Rhön wurde bereits von den Kelten besiedelt. Berg- und Flurnamen gehen auf keltische Wurzeln zurück. Nicht am Weg liegt die Milseburg im heutigen Landkreis Fulda. Hier gab es eine keltische Stadt (Oppidum) mit rund 1.000 Einwohnerinnen und Einwohnern. Vermutet wird eine Besiedlung bis zum 1. Jh. vor Christus. Auch am Weg, auf dem Öchsenberg am Werraübergang, zeugen Ringwälle von einem keltischen Oppidum.

Die mittelalterlichen Ortschaften in der West Rhön wurden vom Kloster Fulda aus gegründet. Sie entstanden zunächst an der bereits erwähnten uralten Handelsstraße Via Regia, die bei Vacha einen Werraübergang nutzte. Diese unter königlichem Schutz stehende Straße geht auf eine noch ältere Altstraße, die Antsanvia zurück. Spuren dieses Weges zwischen Mainz, Frankfurt, Fulda, Hünfeld, Vacha und Eisenach lassen sich bis in die Steinzeit zurückverfolgen. Sturmius, der Gründer Fuldas, erwähnte diese Straße in seiner Lebensbeschreibung im Jahr 810 und schilderte, wie er ihr auf der Suche nach dem günstigsten Klosterort am Fuldaübergang begegnete.

Die Rhön ist heute in fast allen Teilen **Biosphärenreservat.** Das ist ein Begriff, der in etwa gleichzusetzen ist mit Naturpark. Der Unterschied liegt in der Finanzierung. Biosphärenreservate werden von den Vereinten Nationen (UNESCO) finanziert, Naturparks von den jeweiligen Ländern. Es handelt sich dabei nicht um Naturschutzgebiete im engeren Sinn, sondern um durch den Menschen entwickelte Kulturlandschaftsräume, die wegen ihrer Eigenart und Schönheit unter Schutz gestellt worden sind. Im Fokus der Entwicklung steht der Mensch genauso wie Flora und Fauna.

Nur wenn der Mensch durch umweltgerechte Bewirtschaftung seinen Lebensunterhalt verdienen kann, ist ein Landschaftsraum auf Dauer naturverträglich zu erhalten. Der sanfte Qualitätstourismus spielt eine gewichtige Rolle in der Finanzierung der erzeugten Produkte.

Die sonst kaum von der Industrialisierung betroffene Rhön steht auch für den Kalibergbau. Mit dem **Werra-Fulda-Kalirevier** befindet sich dort das weltweit bedeutendste Kalibergbaugebiet.

Das Bundesland Thüringen hat mit einer Länge von 763 km den mit Abstand größten Anteil am heutigen Grünen Band und der ehemaligen Deutsch-Deutschen-Grenze auf seinem Territorium. Betroffen von der Teilung waren auch Gebiete in der Rhön. Einen eindrucksvollen Einblick bekommen Sie auf den ersten Etappen, insbesondere dann, wenn Sie die Grenze beim Point Alpha nach Hessen hin überschreiten.

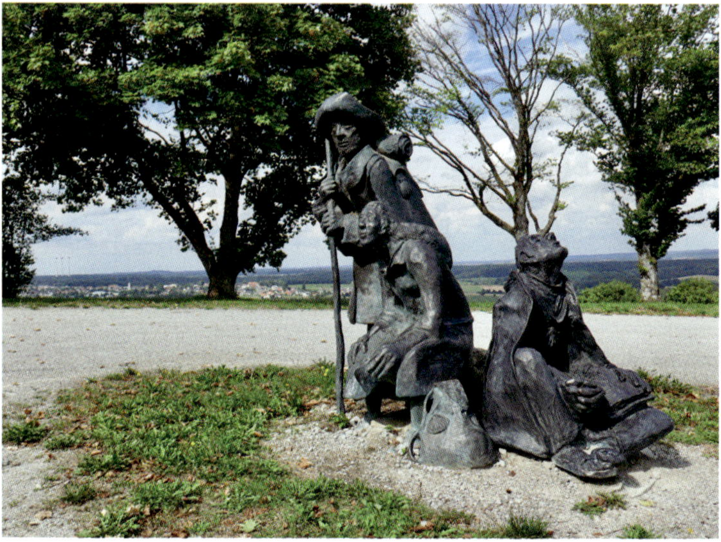

Pilgergruppe auf dem Hohenberg, Etappe 20

Die Berge haben Sie hinter sich gelassen, wenn Sie südlich der Fränkischen Saale Maingebiet erreichen. Der Fluss Main wurde namengebend für das traditionell fränkische Siedlungsgebiet. Zunächst durchkreuzen Sie Teile **Unterfrankens**. Es liegt am Unterlauf des Mains, so wie das nicht vom Weg berührte Oberfranken am Oberlauf des Mains liegt, was zunächst mal keine kulturellen Unterschiede bedingt, sondern nur eine Definition ist. Mittelfranken liegt dann südlich des Maingebiets wieder am Weg, durch eine Wasserscheide vom mainnahen Landschaftsraum getrennt. Neben dem offiziellen Begriff Unterfranken haben sich auch Mainfranken – da die Gebiete links und rechts des Mains gemeint sind – und Weinfranken – wegen des Weinbaus – etabliert.

Aber warum wohnen in Bayern die **Franken**, die ja aus Frankreich stammen? Das hängt mit der sogenannten fränkischen Landnahme des 5.-8. Jh. zusammen. Am Ende der Völkerwanderungszeit konnten die das Frankenreich regierenden Merowinger ihr Reich nach Osten hin ausdehnen. Siedler kamen vor allem in den Rhein-Main-Donau-Raum und bauten ihre Dörfer. Bis heute erkennt man das Alter und den Ursprung der Dörfer an ihren Endungen. Die ältesten Siedlungen des 5. Jh. enden auf -heim, spätere auf -bach, dann -hausen und die jüngsten auf -hofen.

Klimatisch gibt es im Vergleich zum Rhön-Gebiet einen deutlichen Unterschied. Dies werden Sie sofort am beginnenden Weinbau merken. Auch der Obstbau war in der Region mal stärker vertreten, konnte wirtschaftlich aber mit anderen Regionen nicht konkurrieren. Bestimmt wird Unterfranken zunächst einmal vom Getreidebau, der hier auch seit vielen Jahrhunderten Tradition hat. Auch Zuckerrüben sind in hohem Anteil vertreten. Nördlich von Würzburg gibt es auch großflächigen Gemüseanbau, der aber vom Weg aus nicht beobachtet werden kann. Wer aber mit der Bahn von Würzburg nach Schweinfurt fährt, kommt durch die Gemüseregion.

Die besonders guten Böden mit hohem Lössanteil der Schweinfurter Region oder des **Schweinfurter Gaus,** wie es hier heißt, und jenseits des Mains, des **Ochsenfurter- und Gollachgaus**, bedingen die Nutzung als intensive landwirtschaftliche Nutzfläche. Dabei bestehen aufgrund der zunehmenden Intensivierung der modernen Landwirtschaft, des Verschwindens von Erdwegen, Grünstreifen und Feldrainen und des gleichzeitigen konsequenten Einsatzes von Pflanzenschutzmitteln und Mineraldünger, der zu wildkrautfreien und dichten Pflanzenbeständen führt, kaum noch Entwicklungschancen für die begleitenden Tierarten. In der „Interkommunalen Allianz Oberes Werntal“ haben sich 10 Gemeinden im Schweinfurter Gau zusammengeschlossen, um den negativen Folgen durch die Förderung der ökologischen Landwirtschaft entgegenzutreten. Bedacht wird aber auch der Erhalt lebendiger Ortskerne und ortsbildprägender und regionaltypischer Anwesen.

Das Wort **Gau** bedeutet hier so viel wie Landschaft oder Region. Auch ein zweites Wort mit demselben Anfangsbuchstaben musste ich lernen: Die Siedlungsform der fränkischen Dörfer in der Region umfasst auch sogenannte **Gaden**. Die Gaden umgeben in einem Schutzring – wie die Mauern eine Burg oder eine Stadt – die Dorfkirchen und bilden so kleine Fluchtburgen. Die ein- und zweigeschossigen, aneinandergeschmiegten Häuschen dienten vor allem als Lagerraum für die Feldfrüchte und im Falle einer feindlichen Belagerung auch als Wohnraum.

Weitere kulturelle Merkmale des Frankenraums sind die vielen **Bildstöcke**, die an Feldrainen, Anhöhen oder auch in den Dörfern stehen. Entstanden sind sie über viele Jahrhunderte hinweg. Sie sind Ausdruck einer tief verwurzelten Volksfrömmigkeit und oft von Einzelpersonen oder Familien gestiftet.

Und noch etwas fällt auf: In keinem anderen Landschaftsraum habe ich so viele **Jakobuskirchen** gesehen. Offenbar war das Jakobuspatrozinium unter fränkischen Siedlern besonders beliebt? Oder besteht ein Zusammenhang mit den Jakobuspilgern? Ich habe keine Antwort darauf.

Vom Schweinfurter Gau kommen Pilgerinnen und Pilger nach Würzburg an den Main. Eine Tagesetappe führt von Weinort zu Weinort am Fluss entlang.

Dann kommen Sie hinauf in den Ochsenfurter Gau, der mir noch aufgeräumter, also nahezu frei von Gehölzstreifen oder gar Wäldchen schien. Trotzdem wird der Weg nicht langweilig. Die schönen Dörfer machen einiges wett. Eine Entdeckung ist das kleine Städtchen Aub.

Südlich der Gauebenen findet sich immer mehr Wald, was für weniger ertragreiche Böden spricht. Die Region und auch Rothenburg ob der Tauber gehören zum **Naturpark Frankenhöhe**. Neben Fulda, Würzburg und vielen kleinen kulturellen Höhepunkten am Weg ist die mittelalterliche Erscheinung **Rothenburg**s mit der großartigen Jakobuskirche im Zentrum sicher ein wichtiger, wenn nicht sogar der wichtigste Höhepunkt am Weg. Die erhaltenen Altäre von Riemenschneider und dem Allgäuer Hans Multscher erschließen sich auch den weniger kunstverständigen Laien in ihrer ganzen Großartigkeit.

Mit den sakralen Werken eines Zeitgenossen werden Sie konfrontiert, wenn Sie weiter durch die einsame Hohenloher Ebene gewandert und nach **Rosenberg und Hohenberg** gekommen sind. Der Maler, Bildhauer und Pfarrer Sieger Köder hat sich unter anderem auch intensiv mit dem Thema Pilgern auseinandergesetzt. Auf dem Hohenberg, einem in vielerlei Hinsicht magischen Ort, hat er ein altes Pilgerzentrum wiederbelebt. Er gehört auch zu den Initiatoren und Wegbereitern des Fränkisch-Schwäbischen Jakobsweges.

Südlich von Crailsheim haben Sie fränkisches Siedlungsgebiet sicher verlassen. Meine Kenntnisse reichen allerdings nicht, um das am Dialekt erkennen zu können. Wenige Ortsnamen weisen darauf hin. Schwäbisch Gmünd liegt in der Nähe des Weges und voraus ist ja noch die Schwäbische Alb zu erklimmen. Durch das **Albvorland** kommen Sie an den Albtrauf, so wird die nach Nordwesten steil abfallende Schichtstufe, die die Albhochfläche vom Albvorland trennt, genannt.

Die Schwäbische Alb ist das größte zusammenhängende Karstgebiet Deutschlands. Es besteht aus Carbonatgestein. Höhlen, Dolinen, Trockentäler und Gewässerarmut sind Merkmale der Region. Das Oberflächenwasser der Bäche versickert in den Höhlen und Löchern und kommt irgendwo als Karstquelle wieder zum Vorschein. Eine berühmte Karstquelle der Alb ganz in der Nähe des Weges ist der Blautopf. Die Blau, die dort entspringt, fließt im Zentrum von Ulm in die Donau und auch die hat ja bereits einmal das Schicksal erlitten, in Teilen im Unterirdischen zu verschwinden und dabei sogar einen Teil des Wassers an den Rhein abgeben zu müssen.

Reise-Infos von A bis Z

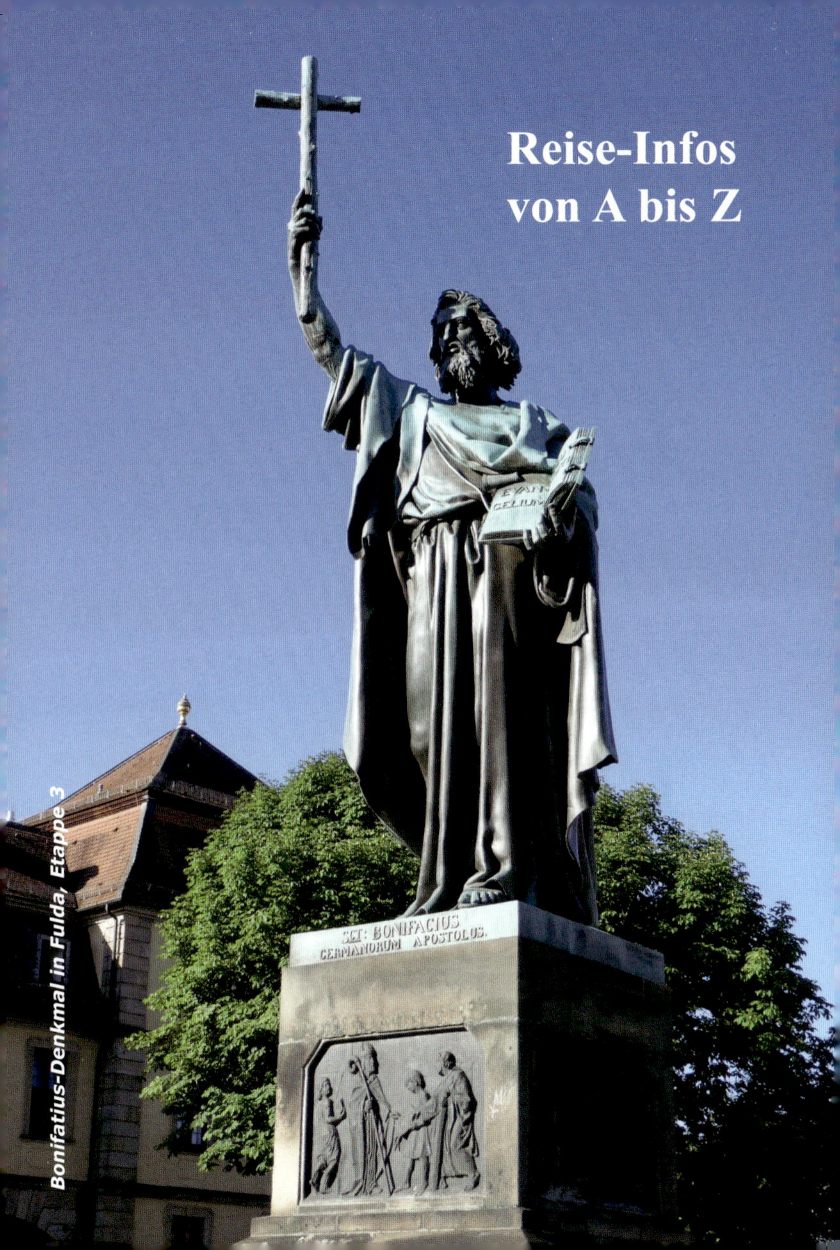

Bonifatius-Denkmal in Fulda, Etappe 3

An- und Abreise

Anreise zu Fuß

Pilgerinnen und Pilger aus dem Norden und aus dem Nordosten Deutschlands und auch Europas finden in diesem Buch den Anschlussweg an die Via Regia (ab Vacha) und die Via Scandinavica (ab Hörschel) beschrieben.

📖 **Via Regia** – Pilgerweg von Görlitz nach Vacha von Thorsten Hoyer, Conrad Stein Verlag, ISBN 978-3-86686-631-7, € 14,90

♦ **Via Scandinavica** von Martin Simon, Conrad Stein Verlag, ISBN 978-3-86686-477-1, € 18,90

Anreise mit dem Zug

Hörschel und wahlweise auch Eisenach sind mit dem Zug aus allen Teilen Deutschlands gut zu erreichen. Nach Vacha gibt es Anschlussbusverkehr.

Ihre individuellen Anreisemöglichkeiten erfahren Sie auf der Webseite der Deutschen Bahn AG oder in einem der Reisezentren, die es nahezu in jedem größeren Bahnhof gibt.

💻 www.reiseauskunft.bahn.de

💻 m.bahn.de (📱 Mobiltelefonfahrplan)

☺ Laden Sie sich den DB-Navigator aus dem App bzw. Play Store auf Ihr Handy und richten Sie ein Konto ein, so können Sie jederzeit flexibel – auch von unterwegs – eventuell notwendig werdende Fahrten im Nah- und Fernverkehr buchen oder zur Information einfach nur suchen. Der DB-Navigator ist das umfangreichste und zuverlässigste Instrument zur Verbindungssuche für Bus und Bahn in ganz Europa.

Eine evtl. Rückreise von Ulm wird für die wenigsten nach Vacha führen, sondern doch eher in Richtung Heimat. Es gilt das Gleiche wie für die Anreise. Der DB-Navigator bzw. die entsprechende Webseite oder die Reisezentren geben umfassend Auskunft zu Preisen und Verbindungen. Auch von vielen Standorten unterwegs sind Rück- und erneute Anreise leicht, sodass der Weg auch in Teilabschnitten begangen werden kann.

Anreise mit dem Auto

Hörschel hat eine Autobahnabfahrt (A4, Eisenach West Nr. 39). Über die B7 und L1017 kommen Sie nach Hörschel. Am Bahnhof und am anderen Ortsende gibt es Pendler- und Wanderparkplätze.

Einen Überblick über Parkmöglichkeiten in **Eisenach** bekommen Sie unter der Rubrik „Auto und Verkehr" auf der folgenden Webseite: 💻 www.vianovis.net/region-eisenach. Es gibt diverse Langzeitparkplätze zu erschwinglichen Wochen- und Monatspreisen und auch einen ohne Gebühr in der Julius-Lippold-Straße.

In **Vacha** können Sie direkt gegenüber der alten Werrabrücke parken. Ein Teil ist für Wohnmobile reserviert, der andere für PKW (B62, Hersfelder Str.). Einen größeren Parkplatz gibt es noch südlich des Bahnhofs, An der Ziegelei. Auch in einigen ruhigen Nebenstraßen ist das Parken möglich.

Wer eine Mitfahrgelegenheit sucht, kann bei Blablacar fündig werden.
💻 www.blablacar.de

Ausrüstung

Wenn Sie sich nicht das erste Mal auf eine längere Wanderung begeben, wissen Sie, was Sie alles mitnehmen müssen: passende, feste und eingelaufene Wanderschuhe der Kategorie A oder A/B und der Witterung und Jahreszeit angepasste Kleidung sowie einmal Wechselwäsche.

Der Rucksack sollte ein gutes Tragegestell und eine passende Regenhülle haben. Rucksackgrößen von 28 bis 35 l sollten eigentlich ausreichen. Das Gesamtgewicht des befüllten Rucksacks sollte auch mit der immer notwendigen Wind- und Regenjacke und inklusive 1 l Trinkwasser sowie einer Notration an Lebensmitteln (Nüsse, Trockenobst) nie über 10 kg betragen. Dazu können Sie auch bei der Auswahl des Rucksacks selbst beitragen, indem Sie Light- oder sogar Ultralight-Modelle wählen, die dann aber auch nie schwerer bepackt werden dürfen, als es der Hersteller vorsieht. Insbesondere die zuletzt genannten Ultralight-Modelle sind oft nur für ein Gesamtgewicht bis 8 kg geeignet, da am Tragegestell gespart wird.

Wanderstöcke sind auf den zumeist einfach zu gehenden Wegen kein notwendiges Utensil. Sie können aber Menschen, die Wanderstöcke gewohnt sind und Übung damit haben, durchaus zu einer flotteren, sportlicheren Gangart verhelfen. Auf den geteerten Abschnitten sind die Gummifüße empfehlenswert, um den Geräuschpegel zu senken. Bei den gelegentlich steilen Auf- und Abstiegen in der Rhön und auch im übrigen Bergland können sie auch durchaus beim Schieben oder knieschonenden Abstoppen helfen. Das muss jeder für sich selbst entscheiden. Große Vorteile haben die Faltstöcke. Die lassen sich schnell wieder im Rucksack verstecken.

Wer in den speziell Pilgerinnen und Pilgern vorbehaltenen Unterkünften übernachten will, überlegt sich vorher genau, welche Kategorie für ihn persönlich akzeptabel erscheint. Oft wird davon ausgegangen, dass ein **warmer Schlafsack** mitgeführt wird, und selbst dort, wo Decken angeboten werden, sind sie manchmal so dünn, dass eine Übernachtung ohne Schlafsack nur in der wärmeren Jahreszeit komfortabel ist. Sinnvoll ist es auf jeden Fall, einen leichten Leinen- oder noch besser **Seidenschlafsack** mitzuführen. Der fällt nicht ins Gewicht und kann manchmal etwas Geld für Bettwäsche einsparen. Achten Sie beim Kauf auf eine ausreichende Größe und wählen Sie im Zweifel eher die größere Version. Dann haben Sie ausreichend Bewegungsfreiheit und können sicher sein, auch ganz von ihm umhüllt zu werden. Ein Bettwäsche ersetzendes Seiden-Inlett muss nicht mehr als 80-130 g wiegen.

Ein eigenes **Handtuch** mitzuführen ist auch immer sinnvoll. Selbst wenn man vorhat, nur im Hotel zu übernachten, kann doch auch unterwegs mal ein See zum Baden locken. Jugendherbergen und Hostels berechnen Handtücher auch immer extra. Ich habe auch immer einen kleinen **Waschlappen** dabei, der zum Einsatz kommt, wenn es mal keine Dusche gibt. Vor allem das Salz vom Schwitzen muss man abends loswerden, damit man in der Nacht nicht friert.

Eine Pilgerunterkunft, in der keine Betten, Liegen oder Matratzen angeboten wurden, ist mir auf diesem Weg nicht begegnet. Sie brauchen also keine Isomatte oder Ähnliches. Wer vorhat, ein Zelt mit auf die Reise zu nehmen, sollte sich über einen größeren, dem Gesamtgewicht angepassten Rucksack Gedanken machen.

Regenschutz ist immer ein Muss. In vielen Fällen reicht schon eine regendichte Jacke, die schnell mal übergestreift werden kann. Die Rucksackhülle habe ich bereits erwähnt. Manche nehmen auch zusätzlich eine Regenhose mit, andere bevorzugen eine leichte, schnell trocknende Hose aus dünnem Baumwollstoff, Nylon oder G1000. Für mich gehört immer der Regenschirm ins Gepäck. Besonders robuste und trotzdem leichte Trekkingversionen bietet die Firma Goebel, 💻 www.euroschirm.de.

Detaillierte Tipps zur Ausrüstung finden Sie in folgendem Buch:

📖 **Ausrüstung 1** – von Kopf bis Fuß von Markus Gründel & Johann Schinabeck, Conrad Stein Verlag, ISBN 978-3-86686-417-7, € 10,90

Einkaufen, Essen und Trinken

Nicht immer haben Sie unterwegs Gelegenheit, Lebensmittel sowie andere Dinge des täglichen Bedarfs einzukaufen. Bäckereien und Cafés unterwegs sind nicht die Regel. Der klassische Gasthof, der einmal auch für die Mittagsversorgung Reisender zuständig war, ist im fränkischen und schwäbischen Raum zwar oft selbst in kleinen Dörfern noch vorhanden, die Öffnungszeiten beschränken sich aber ganz häufig auf den Abend. In manchen einsamen Gegenden öffnen Gasthöfe manchmal auch nur an Wochenenden.

Beachten Sie auch die Ruhetage. Soweit bekannt, habe ich sie aufgeführt. Sie gelten in aller Regel für den gastronomischen Betrieb. Übernachtungen sind häufig trotzdem möglich und ganz viele Beherbergungsbetriebe, mit denen ich gesprochen habe, sorgen selbstverständlich auch zu den Schließzeiten der Restaurants für die Verpflegung ihrer Gäste.

Das gilt auch für Privatleute. Sie kennen erstens die Möglichkeiten, die sich vor Ort bieten, und wissen zweitens um die Situation von Pilgerinnen und Pilgern, die zu Fuß oder auch mit dem Rad unterwegs sind und nur begrenzt Lebensmittel mitführen können. Sprechen Sie bei der Anmeldung Details mit den Vermieterinnen und Vermietern ab. So können sich beide Parteien auf die Situation einstellen.

Auch wenn es manchmal notwendig sein wird, die eigenen Bedürfnisse bezüglich der Verpflegung zurückzustellen, ist das doch nicht die Regel. Grundsätzlich können Sie mit einer guten Versorgung und schmackhafter regionaltypischer Küche, die allerdings wie in den meisten Restaurants immer etwas fleischlastig ist, rechnen. Sowohl die Rhön als auch Unter- und Mittelfranken sowie das Schwabenland sind ja weit über die Region hinaus für gutes und deftiges Essen bekannt. Ob es aber jetzt unbedingt Ochsenmaulsalat oder saure Kutteln, eine Spezialität, die mir im Schwäbischen begegnete, sein muss, darüber kann man geteilter Meinung sein. Da würde ich eher Flädlesuppa oder Albler Käs'spätzle favorisieren. Gefreut hätte ich mich auf die Albler Linsen, die bis in die 1950er-Jahre in regionalen Sorten produziert und dann vergessen wurden, heute aber eine Renaissance erleben. Vermutlich muss man gezielt danach suchen, um Restaurants, die sie verarbeiten, zu finden.

Typisch für das Fränkische ist die Rostbratwurst. Ein Mitpilger suchte bereits seit dem Grenzübertritt an der Schwedenschanze in der Hochrhön vom hessischen in das bayrische Franken nach dem authentischen Geschmackserlebnis. Fündig wurde er aber erst vor Rothenburg, in Steinsfeld im altfränkischen Gasthof Schwarzes Ross. Die Wirtin erklärte uns den Grund. Wir befinden uns hier nämlich schon in Mittelfranken und da war die Wurst immer schon besser als in Unterfranken. Allerdings hält sie die unterfränkische Bratwurst durchaus noch für genießbar, in Schwaben sollten wir sie aber besser meiden.

Die Rhön ist bekannt für das Rhönschaf, das zum Synonym für eine gelungene Verbindung von regionaler Küche und Naturschutz geworden ist. Die Gastronomie verarbeitet aber mindestens ebenso häufig das Fleisch anderer Haustierrassen wie Rind, Geflügel und Schwein. Nur Gemüse hat das eher raue Klima im „Land der offenen Fernen" kaum zu bieten, das stammt dann aus anderen Regionen.

Erfreulich ist jedenfalls, dass es diese regionalen Unterschiede und Spezialitäten noch gibt, dass sie auch selbstverständlich sind und nicht erst lange gesucht werden müssen, sondern die Standards der jeweiligen Küchen bestimmen. Das Essen gehört zur Kultur eines Landschaftsraums wie der barocke Dom zu Fulda oder die vielen oft Jahrhunderte alten Bildstöcke zu Franken. Wer ein Land und die Menschen vor Ort verstehen und kennenlernen will, macht sich auch ein wenig mit den Ess- und Trinkgewohnheiten vertraut und besucht hier und da mal eine Stadelwirtschaft oder eine Brotzeithütte oder kehrt in den Gasthöfen Ochsen, Adler, Hirsch, Lamm, Ross, Stern oder Krone ein.

Details zur jeweiligen Infrastruktur finden Sie in den Ortsüberschriften mit aufgeführt, sodass Sie sich auf die Situation einstellen können.

Etappen

Ich habe die knapp 500 km, die von Vacha nach Ulm zu laufen sind, in 25 Etappen eingeteilt. Das entspricht einem Durchschnitt von 20 Tageskilometern und dem, was durchschnittlich Trainierte täglich leisten können. Sie haben in vielen Fällen die Möglichkeit, die Etappenlänge an Ihr persönliches Bedürfnis anzupassen. Wenn Sie sich nicht sicher sind, ob Sie die vorgeschlagene Etappe schaffen können, wählen Sie von vornherein einen kürzeren Weg, machen Sie Pausen, nehmen Sie ein Picknick mit und schauen Sie in den Himmel, über die endlosen Wiesen der Rhön oder die Weinberge des Mains. Lassen Sie das Leistungsdenken zu Hause und nicht nur die Seele baumeln, sondern ab und an auch mal die Beine. Die Wahrnehmung ist so beschaffen, dass sich oft erst in Ruhe zeigt, was sich in der Umgebung (im Wald und auf den Wiesen) so alles bewegt.

Feiertage

Neben den neun bundeseinheitlichen Feiertagen gibt es länderspezifische arbeitsfreie Tage. Das hat dann Auswirkungen auf die Einkaufsmöglichkeiten. Rund um die Feiertage ist aber auch mit erhöhtem Reiseaufkommen zu rechnen, sodass in den touristisch interessanten Bereichen unter Umständen die Betten knapp werden könnten.

In **Bayern** sind das:

- ▷ Fronleichnam (Donnerstag nach dem ersten Sonntag nach Pfingsten, Ende Mai bis Mitte Juni)
- ▷ Mariä Himmelfahrt (15. Aug.)
- ▷ Allerheiligen (1. Nov.)

Thüringen:

▷ Weltkindertag (20. Sept.)

▷ Reformationstag (31. Okt.)

Hessen:

▷ Fronleichnam (Donnerstag nach dem ersten Sonntag nach Pfingsten, Ende Mai bis Mitte Juni)

Geld

Banken oder zumindest Bankautomaten gibt es häufig am Weg, sodass Sie immer nur eine kleine Summe Bargeld mitführen müssen. Achten Sie aber darauf, dass Sie immer Bargeld auch in kleinen Scheinen dabeihaben, da in vielen Unterkünften, insbesondere den privaten Betrieben und Herbergen, keine Kartenzahlung möglich ist.

GPS

Die moderne Form der Orientierung im Gelände wird durch das vom US-Militär entwickelte Satellitennavigationssystem GPS (Global Positioning System) ermöglicht. Es besteht aus rund 30 Satelliten, die die Erde in einer Höhe von etwa 20.000 km umkreisen. Durch die Abfrage der Daten von mehreren Satelliten kann ein GPS-fähiges Gerät seine Position bis auf wenige Meter genau bestimmen. Diese Technik, die in den meisten Last- und Personenkraftwagen inzwischen Standard ist, gewinnt auch bei Wander- und Pilgerbegeisterten zunehmend an Beliebtheit, zumal die meisten Menschen einen solchen Empfänger im Smartphone ständig bei sich tragen.

Der große Vorteil gegenüber der Orientierung mithilfe von Papierkarten ist die jeweils mögliche genaue Positionsbestimmung. Ein Nachteil bleibt der in der Regel sehr kleine sichtbare Kartenausschnitt auf tragbaren Geräten. Die Orientierung in der weiteren Umgebung ist somit erschwert.

Voraussetzung für eine Nutzung sind elektronische Karten, die erstens offline verfügbar sind, zweitens außer den Straßen auch die Wanderwege abbilden, und drittens müssen Sie wissen, wo es jeweils weitergehen soll. Der Weg muss also auf der Karte abgebildet sein.

Auf der Verlags-Homepage 💻 www.conrad-stein-verlag.de finden Sie zu diesem Zweck unter dem entsprechenden Buchtitel einen GPS-Track (aus den Positionspunkten zusammengesetzte Linie, die den Weg abbildet) zum Download für Ihr GPS-Gerät oder Smartphone.

Wer erste Erfahrungen mit dem Handy sammeln will, ist z. B. mit der für alle Betriebssysteme geeigneten, sehr schnellen und zuverlässigen Smartphone-App Guru Maps gut beraten. Vergessen Sie nicht, bereits zu Hause oder im WLAN eines Hotels, an Bahnhöfen oder der Touristinformation etc. die passenden Wanderkarten herunterzuladen und im Vorfeld der ersten Nutzung ein wenig zu üben. Eine passende Anleitung finden Sie auf der gleichnamigen Webseite.

💻 gurumaps.app

Wesentlich detailliertere Karten bietet ein tschechischer Routenplaner, den es im Web und als Smartphone-App für Android-Systeme in deutscher Sprache gibt. Auf einer personalisierten Seite legen Sie sich im Web die benötigten GPS-Tracks durch einfaches Hochladen und Speichern an. Sie werden automatisch mit der Smartphone-App synchronisiert. So haben Sie die Tracks vom Weg immer dabei. Auch bei dieser Anwendung laden Sie die benötigten Karten für unterwegs im Vorfeld oder in einem Hotel auf Ihr Handy. Dann sind sie immer verfügbar, kosten unterwegs keine Daten und die App funktioniert auch im Funkloch. Viele Wanderwege und auch der Jakobsweg von der Rhön bis an die Donau sind auch bereits auf den wählbaren Wanderkarten eingezeichnet. (Vorsicht! Nicht immer ist die Wegführung korrekt.) Die Anwendung ist kostenfrei und die angekündigte Werbung habe ich nach einem halben Jahr Gebrauch noch nicht gesehen. Da die Wanderkarten sehr genau sind und viele Details zeigen, benötigen die Offline-Karten viel Speicherplatz.

💻 www.mapy.cz

Meine wichtigste Navigationsapp ist immer noch die Entwicklung des Spaniers Jose Vazquez mit dem Namen OruxMaps. Sie ist nur für Android-Smartphones verfügbar und kostet wenige Euro. Leider ist diese Anwendung nur denjenigen zu empfehlen, die Einarbeitungszeit nicht scheuen. Aufgrund sehr vieler Funktionen ist sie wenig übersichtlich, mit den gratis Wanderkarten (OSM) von 💻 www.openandromaps.de meiner Meinung nach aber unschlagbar im Gebrauch und komplett offline handhabbar.

📖 **GPS** *Grundlagen • Tourenplanung • Navigation* von Michael Hennemann, Conrad Stein Verlag, ISBN 978-3-86686-769-7, € 12,90, Neuauflage 2023

Information

Auskunft zu allen touristischen Fragen geben die Touristinformationen vor Ort sowie die Tourismusverbände der Länder.

- Tourismusverband Thüringer Wald/Gothaer Land e. V., Reuterstraße 2, 99867 Gotha, ☏ 036 21/36 31 11, info@tourismus-thueringer-wald.de, www.tourismus-thueringer-wald.de, Mo-Fr 10:00-16:00
- Hessischer Tourismusverband e. V., Frankfurter Straße 2, 65189 Wiesbaden, ☏ 06 11/36 00 98 23, kontakt@hessischertourismusverband.de, www.hessischertourismusverband.de.
- Systemmarketing GmbH Internetservice, Blütenweg 5a, 84518 Garching/Alz, Stephan Dittrich, ☏ 086 34/98 41 79, info@systemmarketing.com, www.tourismus-bayern.de, Mo-Fr 8:00-17:00

Die Betreuung der süddeutschen Jakobswege liegt bei der Fränkischen Jakobusgesellschaft. Auf der Webseite finden Sie ausführliche Beschreibungen der Wege sowie Unterkunftsverzeichnisse. Auch können Sie dort, wie bei allen anderen Jakobusgesellschaften auch, einen Pilgerpass erwerben.

- **Fränkische St. Jakobus-Gesellschaft Würzburg e. V.**, Ottostraße 1, Kilianeum. 97070 Würzburg, ☏ 09 31/38 66 38 70, info@jakobus-franken.de, www.jakobus-franken.de, Di und Fr 09:00-12:00

Eine Übersicht der Jakobspilgerwege inklusive aller GPS-Tracks für Deutschland und ganz Europa sowie jede Menge anderer Tipps der erfahrenen Pilger bekommen Sie auf den privaten Seiten von Beate Steger und Hans-Jörg Bahmüller.

- www.deutsche-jakobswege.de
- www.jakobswege-europa.de

Eine Übersicht der Jakobswege in Europa befindet sich auf der Seite:

- camino-europe.eu

Klima und Reisezeit

Die Hauptreisezeit für diesen Jakobsweg ist von Anfang April bis Ende Oktober. Das Optimum an ausgeglichenen Wetterlagen liegt sicher in der Zeit von Mitte April bis Ende Mai und Mitte August bis Mitte Oktober. Juni, Juli und die erste Hälfte des Augusts sind oft geprägt von sehr warmem bis heißem Wetter, dem Sie aber insbesondere mit sehr frühem Aufbrechen begegnen können. Die heißeste Tageszeit liegt in aller Regel in der Zeit von 14:00-18:00. Die hier empfohlenen Wanderzeiten bedeuten nicht, dass genussvolles Pilgern zu anderen Zeiten ausgeschlossen ist. Die Empfehlung richtet sich vor allem an diejenigen, die über mehrere Wochen unterwegs sind. Wer Teilstücke des Weges z. B. an einem längeren Wochenende oder auch in Tagesetappen plant, der kann nahezu ganzjährig auf diesem Weg wandern. Besonders rau ist allerdings das Klima im Bereich der Hochrhön, rund um den Arnsberg und den Kreuzberg (Etappe 6). Die dort befindlichen Skigebiete verweisen schon auf sichere Schneelagen. Auch kann es im Winter auf der Schwäbischen Alb deutlich kälter sein als im Vorland. Vorsicht ist bei Schneewetter im steilen Albaufstieg geboten. Die schmalen Pfade und Stufen können dann unpassierbar sein (Etappe 22). Zu bedenken ist im Winter auch die kurze Lichtzeit. Einige Herbergen sind auch nur saisonal geöffnet.

Landkarten

Mit den nachfolgend genannten analogen Karten bekommen Sie einen guten Überblick über den Wegverlauf und die Regionen, durch die der Weg verläuft. Auf den Kompasskarten ist der Weg eingezeichnet. Es gibt allerdings kleinere Fehler im Verlauf. Fehlerhaft sind die Karten auch in einigen anderen Details (z. B. Höhenangaben der Berge). Der Gebrauch wird dadurch aber nicht beeinträchtigt.

- **Kompass-Karten-Set 460**, Rhön 1:50.000, ISBN 978-3-99044-604-1, Wandern, Radfahren, zwei Karten decken den Bereich nördlich von Vacha (Frauensee) bis Bad Kissingen und Schweinfurt ab. Der Pilgerweg ist eingezeichnet. Es fehlt das Verbindungsstück von Hörschel bis Frauensee.
- Wer eine Karte für den Bereich von Hörschel bis Frauensee braucht, kann auch zusätzlich die Dr.-Barthel-Karte 112 (Eisenach, Ruhla und Umgebung, 1:35.000, ISBN 978-3-89591-112-5) erwerben.
- **ADFC-Regionalkarte**, Würzburg, Fränkisches Weinland, 1:75.000, ISBN 978-3-87073-742-9, deckt den Bereich von Schweinfurt bis Rothenburg ob der Tauber ab. Der Schwerpunkt der Karte liegt bei Radwegen. Da diese hervorgehoben sind, ist der Wegverlauf des Pilgerweges nicht immer hinreichend deutlich zu erkennen. Nur für geübte Kartenleserinnen und -leser zu empfehlen.
- Alternativ zur ADFC-Fahrradkarte können die **Kompass-Karten 166** (Würzburg, Maindreieck, 1:50.000) und **772** (Taubertal, Hohenloher Ebene, 1:50.000) verwendet werden. Diese reichen (166) von Schweinfurt bis Ochsenfurt bzw. (772) von Würzburg bis Künzelsau und Schnelldorf. Dabei gibt es eine kleine Lücke bei Uffenheim. Beide Karten haben Wander- und Radwege eingezeichnet.
- **Kompass-Karte 774**, Hohenlohe, Ellwanger Berge, 1:50.000, ISBN 978-3-99121-278-2, Wandern, Radfahren, deckt den Bereich von Rothenburg ob der Tauber bis Heuchlingen ab. Der Pilgerweg ist eingezeichnet.

- **Kompass-Karten-Set 767**, Schwäbische Alb, 1:50.000, 978-3-99121-280-5, Wandern, Radfahren, vier Karten, deckt den Bereich von Rosenberg über Heuchlingen bis Ulm ab. Leider ist das Set für den hier benötigten Zweck etwas überdimensioniert. Gebraucht werden nur die Karten 2 und 4.
- Statt des umfangreichen Kompass-Sets 767 bieten sich die beiden Freizeitkarten des Landesvermessungsamts Baden-Württemberg im Maßstab 1:50.000 an:
  F522 (Aalen, Härtsfeld, Heidenheimer Alb) für den Bereich von Ellwangen bis Giengen und **F525** (Ulm, Blaubeuren, Donau) von Giengen bis Ulm

☺ Die Kompasskarten lassen sich auch vollumfänglich auf dem Smartphone nutzen. Dazu brauchen Sie die Kompass-App aus dem App oder Play Store. Die jeweilige Karte wird heruntergeladen, sodass sie unterwegs offline genutzt werden kann. Dabei dient die ISBN als Code. So haben Sie mit dem Erwerb der Papierkarte nicht nur einen schönen Überblick, sondern können unterwegs den Wegverlauf auch digital verfolgen. Detail-Informationen finden Sie auf der Kompass-Homepage.

💻 www.kompass.de/app/karte

☺ Die Kartenempfehlungen wurden von der Geobuchhandlung Kiel überprüft. ☏ 04 31/942 49

Markierung

Sowohl der Rhön-Jakobsweg von Vacha nach Würzburg als auch der sich anschließende Fränkisch-Schwäbische Jakobsweg sind nicht mit den europaweit einheitlichen Jakobswegzeichen, der stilisierten gelben Muschel auf blauem Grund, gekennzeichnet. Verwendet wird eine eigene Kreation, die aber immerhin von Vacha bis Ulm nicht wechselt. Es handelt sich um eine weiße Muschel auf blauem Grund. Auch die heranführende Via Regia, die auch Ökumenischer Pilgerweg genannt wird, hat ein eigenes Markierungszeichen. Dieser Weg ist mit einer gelben Muschel auf blauem Grund gekennzeichnet. Hinterlegt sind zwei gekreuzte Pilgerstäbe. In Vacha wechselt dann das Wegzeichen zur weißen Muschel auf blauem Grund.

Zwischen Vacha und Würzburg ist der Rhönklub für die Markierung verantwortlich (💻 www.rhoenklub.de). Aufgefallen ist mir, dass der Weg, wie bei allen anderen Wanderwegen auch, in zwei Richtungen markiert ist. Das ist auf vielen anderen Jakobswegen nicht Standard. Sie können auf diesem Weg also auch ohne Weiteres in Gegenrichtung laufen. Die jeweilige Richtung wird durch zusätzlich angebrachte Pfeile angegeben.

In Würzburg wechselt die Zuständigkeit für die Markierung zum Schwäbischen Alb Verein (💻 www.albverein.de). Die Zeichen sind die Gleichen, tragen aber eine andere Aufschrift. Auch sind sie nun richtungsweisend ausgeführt.

Die auf ein Zentrum (= Santiago de Compostela) gerichteten Strahlen (= Wege der Jakobspilger) der Muschelsymbolik geben Anlass dazu, dieses Kennzeichen so anzubringen, dass es auch die Richtung weist. Das vom Strahlenbündel gebildete Zentrum ist also je nach Wegverlauf nach rechts, links oder vorne (an Laternenmasten, Verkehrsschildern o. Ä. nach oben) ausgerichtet. Achten Sie auf Fehlplatzierungen! Auch ab Würzburg ist der Weg weiterhin in beide Richtungen markiert.

Pilgerpass und Pilgerstempel

Wer in den preisgünstigen Pilgerunterkünften übernachten will, muss in aller Regel einen Pilgerpass, in dem die Pilgerwanderung dokumentiert wird, vorweisen können.

Der Pilgerpass (auf Spanisch *credencial*), oft verbunden mit einem Empfehlungs- oder Geleitschreiben, war das wichtigste Dokument für Pilgerreisende des Mittelalters. Nur so konnten Sie in Herbergen und Hospitälern auf Aufnahme hoffen oder mit Hilfe in der Not rechnen. Das ist heute ähnlich und hat sich zuerst im Norden Spaniens etabliert, auf dem Hauptweg, in den die Wege aus ganz Europa einmünden. Die Infrastruktur der preisgünstigen Herbergen, die dort seit den 1950er-Jahren wieder entstanden sind, ist allein denjenigen vorbehalten, die zu Fuß, mit dem Rad und zu Pferd pilgern. Die Stempel im Pass dokumentieren den zurückgelegten Weg und belegen, dass man berechtigt ist, in einer Herberge zu übernachten. Einzelpersonen haben Vorrang vor Gruppen. Wer ein bestimmtes Reglement einhält, bekommt am Ziel im Pilgerbüro der Kathedrale von Santiago de Compostela eine Urkunde, die Compostela, ausgehändigt.

Die in Spanien gängige Praxis konnte auch auf andere europäische Länder übertragen werden. Zwar gibt es nicht überall so viele Herbergen, doch Freunde der Jakobuspilgerschaft und vor allem viele Kirchengemeinden haben sich bereit erklärt, Pilgerinnen und Pilgern auf ihrem Weg Gastfreundschaft entgegenzubringen. Voraussetzung ist die Vorlage eines *credencial*, des Pilgerbriefs oder Pilgerpasses. Ausgestellt wird dieser, zumeist gegen eine kleine Gebühr oder Spende, von allen Jakobusgesellschaften. Jakobusgesellschaften empfehlen in der Regel den offiziellen spanischen Pass zu erwerben. Sie unterstützen damit die Jakobusgesellschaft vor Ort und die Kathedrale in Santiago de Compostela.

Ökumenischer Pilgerstempel am Jakobsweg Unterfranken, Etappe 9

Durch zusätzliches Einkleben von weiteren Seiten können Sie ihn beliebig verlängern und wer weiß, vielleicht übertragen Sie ja auch irgendwann mal den letzten Stempel an der Kathedrale von Santiago de Compostela in Ihr Buch. Dann haben Sie alle Stempel zusammen.

Tragen Sie auf dem Dokument Ihren Namen und Anschrift, den Start Ihrer Pilgerschaft und das Ziel sowie das Datum, an dem Sie die Reise beginnen, ein und lassen Sie den Pass einmal täglich stempeln. Auf diesem Weg haben vor allem die vielen kleinen Kirchen einen Stempel für Sie bereitliegen und wenn Sie alle Stempelstellen finden, kommt auch ganz schön viel zusammen. So haben Sie auch gleich eine schöne Dokumentation Ihrer Reise. Im Text sind die mir bekannten Stempelstellen mit dem Symbol ⊙ gekennzeichnet.

Radpilgern

Der hier beschriebene Wanderweg ist in großen Teilen nicht für das Befahren mit Tourenrädern geeignet. Mit dem Mountainbike kommen Sie ja (fast) überall hin. Aber mit Gepäck wird auch das in bestimmten Bereichen eine Herausforderung. Ich habe bei diesem Pilgerführer auf Ausweichempfehlungen verzichtet, da es für den gesamten Weg eine eigene Wegführung für Radfahrerinnen und Radfahrer gibt. Auch wenn man zu Fuß auf dem Weg pilgert, trifft man ab und zu auf diese Markierungen. Die Informationen zum Radpilgerweg von der Rhön an die Donau finden Sie unter 💻 www.pilgern-bayern.de/wege-bayern/radpilgern.

Telefon

Die Netzabdeckung auf dem gesamten Weg ist durchweg als ausreichend zu bezeichnen. Mit Funklöchern ist in Deutschland allerdings auch immer zu rechnen. In der Regel hilft es aber schon zu warten, bis man eine Anhöhe erreicht oder aus dem Wald herausgefunden hat.

Unterkunft

Mit der Wiederbelebung der europäischen Pilgerwege ist auch das Thema Gastfreundschaft eng verknüpft. Gastfreundschaft gilt in allen Kulturen und Religionen als hohes Gut und bildet die Grundlage jedes Reisens. Nur wenn ich sicher sein kann, im fremden Land freundlich und wohlwollend aufgenommen zu werden, kann ich unbeschwert meinem Ziel entgegengehen. Historisch gesehen kümmerten sich die Hospitäler (☞ Ochsenfurt und Aub) und Klöster um die Beherbergung von Fremden. Heute sind es vor allem Privatzimmer, Gasthöfe und Hotels, die für die Beherbergung und Verköstigung der Reisenden sorgen.

Pilgergruppe am Gasthof am Berg, Etappe 24

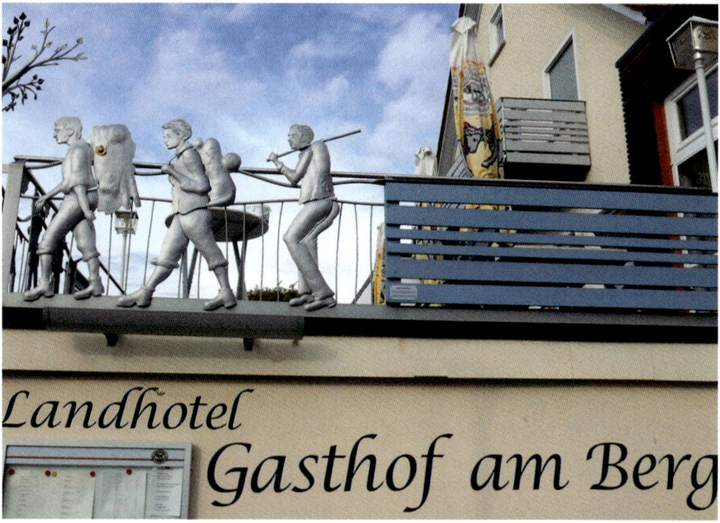

Viele Menschen, die in der Nähe des Pilgerweges wohnen, zeigen eine hohe Solidarität mit den Pilgerinnen und Pilgern und haben sich bereit erklärt, ein leer stehendes Zimmer oder Ähnliches anzubieten. Manchmal wird Pilgerinnen und Pilgern auch die Teilnahme an gemeinsamen Mahlzeiten angeboten. Die Kirchengemeinden am Weg bilden auch ein wichtiges Rückgrat für die Beherbergung.

Bei den Informationen zu den Orten finden Sie auch immer einige Unterkünfte aufgeführt, bei denen ich mich bemüht habe, möglichst alle speziell für Pilgerinnen und Pilger bereitgestellten Quartiere zu erfassen. Hotels und Pensionen sind nicht vollständig erfasst. Insbesondere in den Städten informieren Sie sich sinnvollerweise besser bei den Touristinformationen über verfügbare Betten oder suchen Passendes auf entsprechenden Internetportalen wie 💻 www.booking.com, 💻 www.airbnb.de, 💻 www.hrs.de, 💻 www.hotel.de usw.

☺ Wenn Sie über die Buchungsportale ein Zimmer buchen, zahlen Sie oft einen höheren Preis als direkt in der Unterkunft. Benutzen Sie die Portale zum Suchen, aber rufen Sie nach Ihrer Auswahl direkt bei der Unterkunft an. Bei Touristinformationen ist das nicht der Fall. Da buchen Sie in der Regel kostenfrei, da diese sich über die Tourismusabgabe finanzieren, die Sie in jedem Fall immer zusätzlich zum Übernachtungspreis zahlen.

Sollte eine Unterkunft Ihrer Meinung nach in den Führer aufgenommen werden oder auch wenn Sie als Vermieter fehlen, so schreiben Sie uns (✉ info@conrad-stein-verlag.de).

☺ Meine Empfehlung: Buchen Sie Ihre Unterkunft rechtzeitig im Voraus, spätestens am Morgen Ihrer Anreise. Bei Pilgerunterkünften braucht es mitunter eine längere Vorlaufzeit, da Privatleute nicht jederzeit zu erreichen sind und sich auch gerne auf den Besuch einstellen. Kirchengemeinden sind in der Regel (wenn nicht anders angegeben) nur zu den Öffnungszeiten der Pfarrbüros zu erreichen. Dort vereinbaren Sie dann eine möglichst präzise Ankunftszeit. Es muss ja jemand da sein, der Sie einweist. Insbesondere gilt dies für die Wochenenden.

⛺ Ich habe mich bemüht, auch die Campingplätze an diesem Weg zu erfassen, sofern sie in praktikablen Entfernungen vom Weg liegen. Nicht immer gibt es ausreichend Plätze in Entfernungen, die Tagesetappen entsprechen. Wildcampen ist in Deutschland verboten. Fragen Sie bei Bedarf besser an geeigneten Privatgrundstücken (z. B. Bauernhöfe) nach, ob Sie für eine Nacht Ihr Zelt aufschlagen dürfen.

Die unter Informationen beschriebene Fränkische Jakobusgesellschaft führt zu den beschriebenen Wegen ein ausführliches Unterkunftsverzeichnis. Es kann auf der Webseite abgerufen werden.

Mitunter finden Sie bei den Übernachtungsbetrieben keine Preise angegeben. Das kann dann daran liegen, dass es z. B. tagesaktuelle, an die Nachfrage angepasste Preise gibt oder dass Vermieterinnen und Vermieter flexibel auf unvorhergesehene Kostensteigerungen reagieren wollen. Rufen Sie einfach an und fragen nach dem Preis.

Bei Hotel-Restaurants angegebene Schließzeiten/Ruhetage beziehen sich auf den gastronomischen Bereich. Wie bereits unter „Einkaufen, Essen und Trinken“ erwähnt, ist in aller Regel trotzdem eine Übernachtung und Abendessen möglich. Sprechen Sie im Vorfeld die Bedingungen mit den Vermieterinnen und Vermietern ab.

Updates

Der Conrad Stein Verlag veröffentlicht Updates zu diesem Buch, die direkt vom Autor oder von Leserinnen und Lesern dieses Buches stammen. Bitte suchen Sie vor Ihrer Abreise auf der Verlags-Homepage www.conrad-stein-verlag.de diesen Titel. Unter dem Punkt „Updates“ finden Sie alle wichtigen Informationen. Der links abgebildete QR-Code führt Sie direkt zu der richtigen Seite.

Verkehrsmittel unterwegs, Pilgern ohne Gepäck

Für Pilgergruppen sind unterschiedliche Modelle für die Organisation des Gepäcktransportes auf Langstreckenwanderungen denkbar. In jedem Falle erfordert es einige Vorplanung und Organisation. So könnten Absprachen mit den örtlichen Taxiunternehmen getroffen werden. Auch sind Hotelunternehmen manchmal bereit, den Gepäcktransport gegen eine Gebühr zu übernehmen. Wirtschaftlich im Rahmen bleiben die Gebühren schon bei Gruppengrößen von 3-5 Personen. In einigen wenigen Fällen, da wo ich es genau weiß, habe ich auf die Bereitschaft von Beherbergungsunternehmen zum Gepäcktransport hingewiesen.

Erlebt habe ich auch schon Gruppen, die ein Begleitfahrzeug mitführten. Die Fahrerinnen und Fahrer kommen dann aber nicht in den Genuss des Wanderns. Das kann gewünscht sein, es gibt aber auch die Möglichkeit, sich jeweils abzuwechseln.

So ist jeder einmal für den Gepäcktransport verantwortlich und hat dann gleichzeitig einen Ruhetag oder mehr Zeit für Besichtigungen.

Wer nicht auf durchgehenden Gepäcktransport angewiesen ist, kann für Teilstrecken auch die öffentlichen Verkehrsmittel nutzen. Das ist dann der Fall, wenn eine Bahn- oder Buslinie mit verlässlichem Takt die Wanderstrecke begleitet. Sie buchen dann ein Hotel, eine Pension etc. für zwei oder mehrere Tage und fahren jeweils zum Ausgangs- bzw. vom Endpunkt zurück. Weitere Vorteile sind, dass zur Übernachtung auch oft günstigere Ferienwohnungen infrage kommen. Manchmal gibt es auch bereits ab zwei Übernachtungen Rabatte bei den Unterkünften.

Den Ortsbeschreibungen habe ich Informationen zu den öffentlichen Verkehrsmitteln und manchmal auch Anregungen für gepäckfreie Touren zugefügt.

Bahnhaltepunkte am Weg oder nahebei sind dabei immer aufgeführt. Informationen zu den Buslinien und Haltestellen stellen nur eine Auswahl der meines Erachtens relevanten Haltepunkte dar.

Das heißt: Immer dann, wenn es einen Taktverkehr oder zumindest eine ausreichend häufige Bedienung gibt, die z. B. Tagesetappen und die abendliche Rückreise in ein festes Quartier ermöglichen oder zur Unterbrechung oder Abkürzung einer Etappe genutzt werden kann, habe ich Informationen zum Busverkehr ergänzt.

Die wegen einer besseren Übersichtlichkeit nicht aufgeführten, aber durchaus vorhandenen weiteren Bushaltepunkte, werden in solch geringer Frequenz bedient, dass sie einer verlässlichen Etappenplanung nicht dienlich sind. Bei unvorhergesehen Ereignissen wie ungünstiger Witterung, Verletzungen o. Ä., die eine vorzeitige Abreise oder Unterbrechung nötig werden lassen, werden Sie diese zusätzlichen Möglichkeiten mithilfe der Fahrpläne vor Ort oder der aufgeführten Webseiten aber herausfinden.

Zur Verbindungssuche habe ich in den Ortsbeschreibungen einige Adressen der lokalen Anbieter angegeben. Diese stellen manchmal nur eine zusätzliche, aber mitunter auch einen direkteren Zugang zu Übersichten und Fahrplänen dar. In aller Regel kommt man mit der DB-App oder den Auskunftsportalen der Länder, die im Folgenden aufgeführt sind, sehr gut zurecht. Auch dafür gilt: Einen schnellen und direkten Zugang finden Sie über die jeweiligen Smartphone-Apps.

Landesfahrplanauskünfte:

- ▷ Bayern: 💻 www.bayern-fahrplan.de
- ▷ Baden-Württemberg: 💻 www.bwegt.de
- ▷ Thüringen: 💻 www.bus-bahn-thueringen.de
- ▷ Landkreis Fulda (im Verkehrsverbund Rhein-Main): 💻 www.rmv.de

☺ Eine Schwierigkeit bei der Planung von Busfahrten ist es, die richtige Haltestelle in einem Ort zu benennen. Ohne die bekommt man keine Auskunft. Die Liste der Vorschläge, welche die Apps oder Reiseplaner bereitstellen, ist oft lang und beinhaltet auch unbrauchbare Vorschläge, wie z. B. reine Schulbushaltestellen. Durch Herumprobieren bekommen Sie vielleicht irgendwann ein brauchbares Ergebnis. Besser ist es, die Haltestellen zu kennen, an denen die Regional- und Schnellbusse des Regelverkehrs halten. Sie liegen meist an den Hauptstraßen und in den Ortszentren. In der App Google Maps gibt es eine Einstellung zu den Kartendetails, die Informationen zum ÖPNV einblendet und insbesondere auch die Namen der Haltestellen verrät. Zudem sind dort inzwischen auch Angaben zu den verkehrenden Linien zu finden. Auch die unter GPS genannten elektronischen Wanderkarten von mapy.cz haben die meisten Bushaltestellen namentlich aufgeführt.

Wandern mit Hund

Menschen, die mit ihrem Hund unterwegs sind, finden bei den aufgeführten Übernachtungsmöglichkeiten auch immer wieder Hinweise auf hundefreundliche Beherbergungsbetriebe. Gekennzeichnet sind diese mit dem kleinen Symbol 🐕 und ergänzt – soweit bekannt – mit den dafür anfallenden Kosten. Nicht alle Gastgeberinnen und Gastgeber weisen auf ihren Webseiten ausdrücklich auf die Unterbringungsmöglichkeit eines Vierbeiners hin. Das bedeutet aber nicht, dass dieses in jedem Fall kategorisch ausgeschlossen ist. Auf Anfrage erhalten Sie Auskunft. Bei meinen Recherchen bin ich immer wieder auf die Aussage gestoßen, dass insbesondere kleine Hunde kein Problem darstellen. Der Weg selbst wird in tierischer Begleitung sicher an Qualität gewinnen, bedarf aber bezüglich der Übernachtungsfrage etwas mehr Planung.

Jakobsweg von der Rhön an die Donau

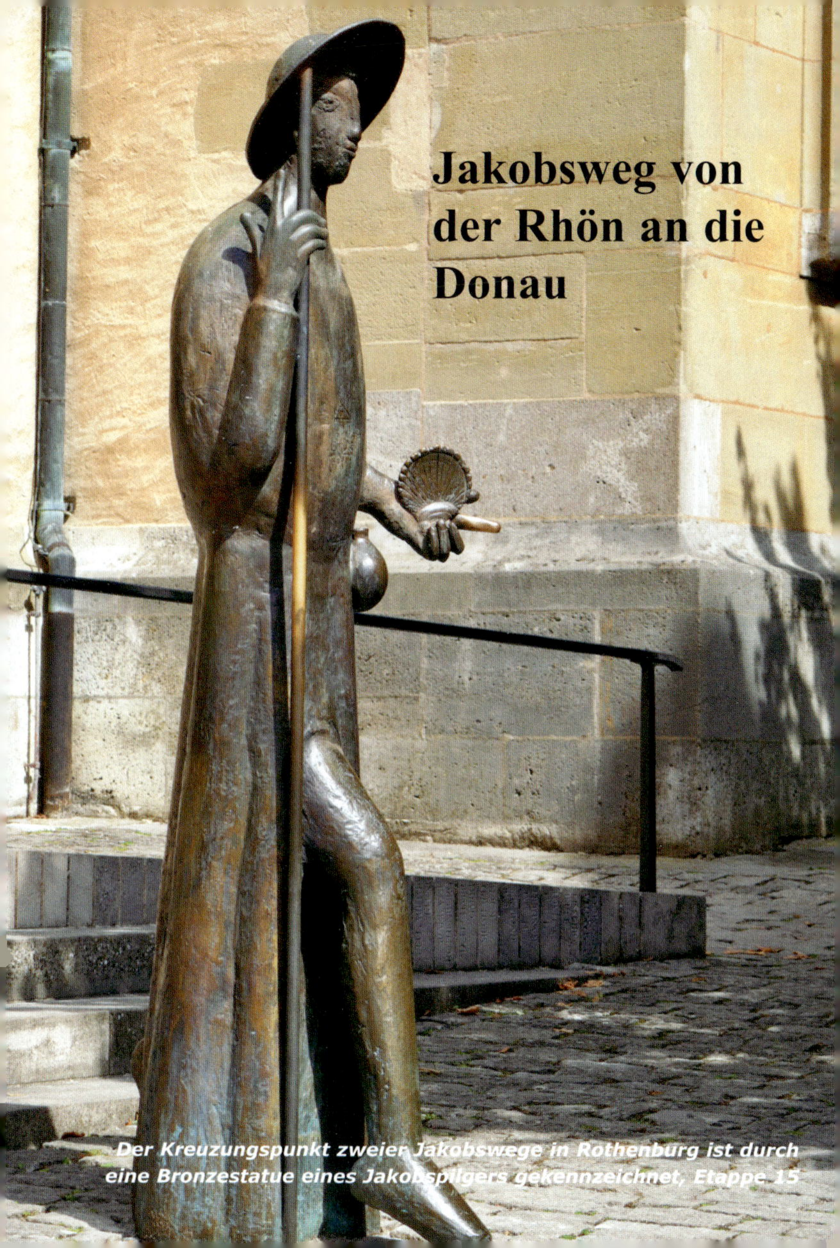

Der Kreuzungspunkt zweier Jakobswege in Rothenburg ist durch eine Bronzestatue eines Jakobspilgers gekennzeichnet, Etappe 15

Zubringerweg Etappe 1: Hörschel – Oberellen

11,9 km, 4 Std., 293 m, 250 m, 198-427 m

0,0 km	200 m	Hörschel, Bf.
7,2 km	427 m	Abzweig Ökumenischer Pilgerweg v. Rennsteig
11,9 km	247 m	Oberellen, Friedensteinstraße

In Hörschel endet die Beschreibung der Via Scandinavica mit der Option – bei Interesse an der schönen Stadt – nach Eisenach weiterzuwandern und von dort über den Ökumenischen Pilgerweg Vacha zu erreichen. Ab Eisenach ergibt sich ein nur 1,4 km längerer Weg. Der kürzeste Weg von Hörschel führt, wie hier beschrieben, über den gut markierten Rennsteig zum kleinen Örtchen Clausberg. Kurz danach biegen Sie scharf rechts Richtung Hütschhof in den von Eisenach kommenden Ökumenischen Pilgerweg (Via Regia) vom Rennsteig ab und laufen noch bis Oberellen oder wahlweise auch bis Wünschensuhl.

Hörschel (Eisenach)

Gasthaus Tor zum Rennsteig, Unterstr. 2-4, 99817 Eisenach-Hörschel, 03 69 28/926 99, 01 75/482 43 87, Gaststätte 906 05, info@rennsteig-beginn.de, www.rennsteig-beginn.de, 26 Betten, ÜF Preise auf Anfrage, am Weg

Christel Bindel, Mühlstr. 34, 99817 Eisenach, 03 69 28/902 76, 01 62/898 53 89, rennsteigbindel@web.de, www.rennsteigbindel.de, 2 Betten, ÜF EZ € 40, DZ € 60, Grillplatz, , 350 m, am Weg nach Eisenach

Kanuclub-Hörschel, Anmeldung zwingend unter 01 57/77 55 35 54 oder 01 63/418 33 23 u. 03 69 28/911 03, suse.schumann@t-online.de, www.kanuclub-hoerschel.de, Preise auf Anfrage, 200 m, direkt an der Werra

Weitere Übernachtungsmöglichkeiten gibt es im **OT Neuenhof**:

Landhotel Zur guten Quelle, Hörscheler Str. 14, 99817 Eisenach, 03 69 28, 903 75, info@landhotel-gute-quelle.de, www.landhotel-gute-quelle.de, ÜF DZ ab € 85, 1,4 km

Pension am Rennsteig, Eisenacher Weg 19, 99817 Eisenach, 03 69 28/904 55, 01 71/676 77 15, info@pension-am-rennsteig.de, www.pension-am-rennsteig.de, Ü EZ € 40, DZ € 55, DBZ € 70, € 8, Außenpool, 1,4 km

Taxizentrale Eisenach, 036 91/88 86 08

Es besteht eine Busanbindung Richtung Eisenach, Vacha.

Hörschel hat einen Bahnhof an der Regionalbahnstrecke Eisenach – Bebra.

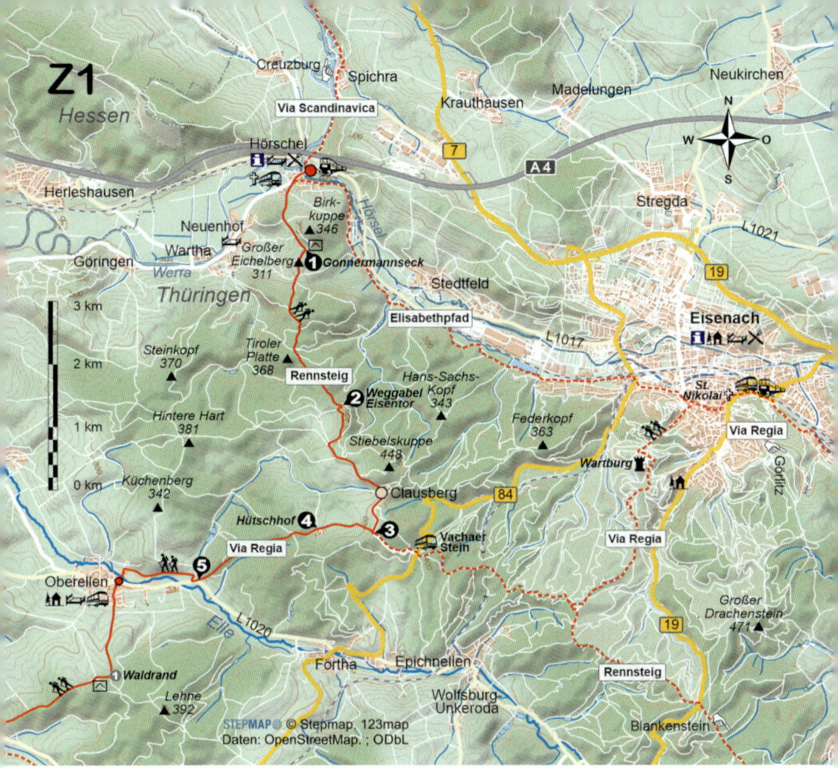

Hörschel liegt am Zusammenfluss von Hörsel und Werra. Unübersehbar überragt die 732 m lange Werratalbrücke der Autobahn A4 den Ortsteil von Eisenach um bis zu 85 m. Seit 1830 ist Hörschel Start- bzw. Endpunkt des berühmten Kammweges über den Thüringer Wald, einem der über 300

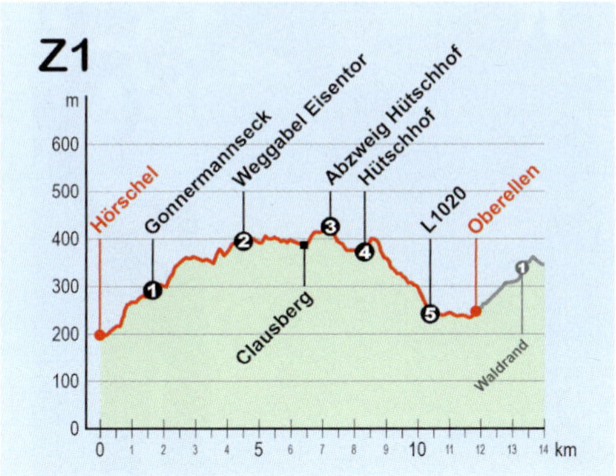

Rennsteige und Rennwege im deutschen Sprachraum. Dabei handelt es sich um alte historische Höhenwege. Der thüringische Rennsteig ist nachweislich über 1.000 Jahre bekannt, wurde zu touristischen Zwecken allerdings erst 1830 von Julius v. Plänckner erfasst und beschrieben.

Sie gehen vom Bahnhof Hörschel zur Rennsteigstraße hinunter und dort rechts über die Hörsel hinüber nach Hörschel. Im Ort biegen Sie halb links in die Brautgasse ab, die Markierung, das Mareile genannte große „R", ist unübersehbar. Sie passieren das Rennsteighaus und halten sich etwas weiter an der Gabelung rechts.

Auf der Höhe erreichen Sie das Gonnermannseck (⇧ 288 m) ❶ und eine Schutzhütte. Auf der nächsten Anhöhe folgen Sie dem Querweg rechts. Der Weg steigt noch einmal kräftig und verläuft dann flacher über eine Wiese. Am Waldrand geht es rechts abwärts in den Wald und in eine Senke und geradeaus wieder aufwärts.

Sie kommen an eine Kreuzung, die Weggabel Eisentor ❷ heißt, und gehen rechts. Der Weg ist Richtung Vachaer Stein ausgewiesen. Am Waldrand biegt der Weg links ab und trifft bald auf einen breiten Querweg. Hier gehen Sie rechts und nach hundert Metern wieder rechts auf einen Waldrandweg.

Sie erreichen einen breiten Schotterweg, dem Sie nun links durch die Wiesen folgen. An der Siedlung Clausberg folgen Sie rechts der Ortsstraße zur Höhe und müssen jetzt Acht geben!

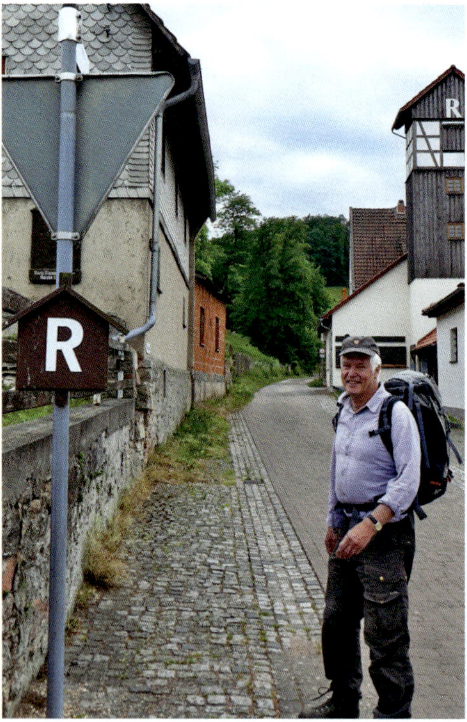

Hier beginnt der berühmte Rennsteig

Bevor der Rennsteig halb links in einen parallel zur Straße verlaufenden Waldweg führt, biegen Sie scharf rechts von der Straße Clausberg/Am Rennsteig ab Richtung Hütschhof ❸.

↳ Wenn Sie dem Rennsteig nur 700 m weiter folgen, kommen Sie zum **Vachaer Stein** an der B84. Dort hält der Bus zwischen Marksuhl und Eisenach. Es handelt sich dabei um einen der bedeutendsten Passübergänge des Thüringer Waldes, über den bereits die Hohe Straße oder Via Regia von Leipzig nach Frankfurt am Main führte. Erinnert wird am Pass auch an ein geschichtlich bedeutsames Ereignis. Nach der Völkerschlacht bei Leipzig zog das geschlagene Heer Napoleons 1813 über diesen Pass.

Am Hütschhof endet die Straße ❹. Sie gehen geradeaus, einen Waldweg aufwärts über eine Höhe (Kreuzung) hinweg, abwärts bis an eine Straße (L1020) ❺ und dort etwa 60 m nach rechts. (Auf den Karten heißt der Weg zwischen Hütschhof und L1020 Napoleonsweg.) Dann biegen Sie rechts wieder von der Straße ab und nach weiteren 60 m links in einen Weg parallel zur Straße.

Am Ortsrand biegen Sie links in die Eltestraße ab und folgen ihr bis zur Ortsdurchgangsstraße (Friedensteinstraße) in Oberellen.

Oberellen (Gerstungen)

Birgit und Frank Heichel, Friedensteinstraße 34, 99834 Oberellen, 01 73/382 74 00, birgit.heichel@t-online.de, ➲ 80 m, Ü für max. sechs Pilgerinnen und Pilger € 15 p. P. Wer Bettwäsche braucht, zahlt dafür € 5 extra. Sie können im eigenen warmen Schlafsack, aber auch mit einem Seiden- oder Leinenschlafsack (warme Decken sind vorhanden) übernachten, Küche, Getränke und Snacks können erworben werben, ➲ 80 m.

Pension Stutzel, Friedensteinstraße 37, 99834 Oberellen, ☏ 03 69 25/614 05, 01 52/08 75 00 78, 12 Betten, Küche, Ü EZ € 48, DZ € 60, F € 8, ➲ 80 m

Mit den Buslinien 117, 119 und 183 ist Oberellen an Eisenach angebunden. Etwa alle zwei Stunden besteht eine Direktverbindung (Fahrtzeit 35 Min). In den Zwischenzeiten steigen Sie in Förtha um (Fahrtzeit 51 Min.). Über die bei Vacha aufgeführten Webseiten bekommen Sie bei Bedarf genauere Informationen.

Oberellen ist ein ansehnliches Fachwerkdorf mit knapp 900 Einwohnerinnen und Einwohnern. Gegenüber der Kirche existiert noch ein Schloss genannter, repräsentativer größerer Fachwerkbau aus der Renaissancezeit. Die Eichsfelder Adelsfamilie von Hanstein konnte durch die Säkularisation der Klosterbesitztümer profitieren und im Jahr 1543 an die Herrschaft über Oberellen gelangen.

Zubringerweg Etappe 2: Oberellen – Vacha

23,9 km, 7 Std., 30 Min. ↑ 493 m, ↓ 513 m, ⇧ 222-454 m

0,0 km	⇧ 247 m	Oberellen, Friedensteinstraße
3,8 km	⇧ 229 m	Wünschensuhl
8,9 km	⇧ 435 m	Lehnhäuschen, Frauensee
15,0 km	⇧ 386 m	Aussicht Monte Kali
22,0 km	⇧ 239 m	Oberzella
23,9 km	⇧ 227 m	Vacha

In Hörschel an der Werra sind Sie gestern gestartet. In Vacha werden Sie die Werra wieder erreichen. In Oberellen und auch Wünschensuhl laufen Sie noch durch offenes Gelände, dann aber lange durch ausgedehnte Wälder. Bis auf 450 m Höhe steigt der Weg. Immer bewegen Sie sich nahe an der thüringisch-hessischen Grenze. Kurz vor Oberzella kommt der Weg dann wieder aus dem Wald.

Sie gehen geradeaus über die Friedensteinstraße hinweg. Auch an der folgenden versetzten Kreuzung gehen Sie geradeaus weiter bergauf. Oberhalb des Siedlungsbereiches führt ein schöner Grasweg zur Höhe. Weite Blicke gehen über Land.

Am Waldrand biegt der Weg dann rechts zu einer Pausenbank ab ❶. Ein wenig gepflegter Trampelpfad setzt sich am Waldrand fort und mündet nach 230 m in einen breiten, querenden Schotterweg. Hier gehen Sie links zur sehr kleinen Schutzhütte und wieder rechts auch auf breitem Schotterweg in der bisherigen Richtung weiter.

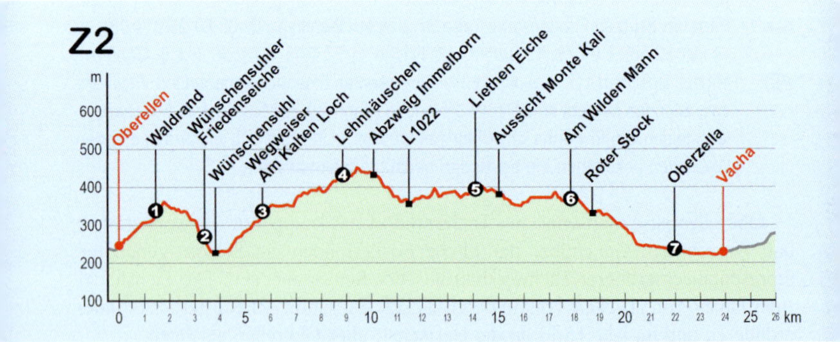

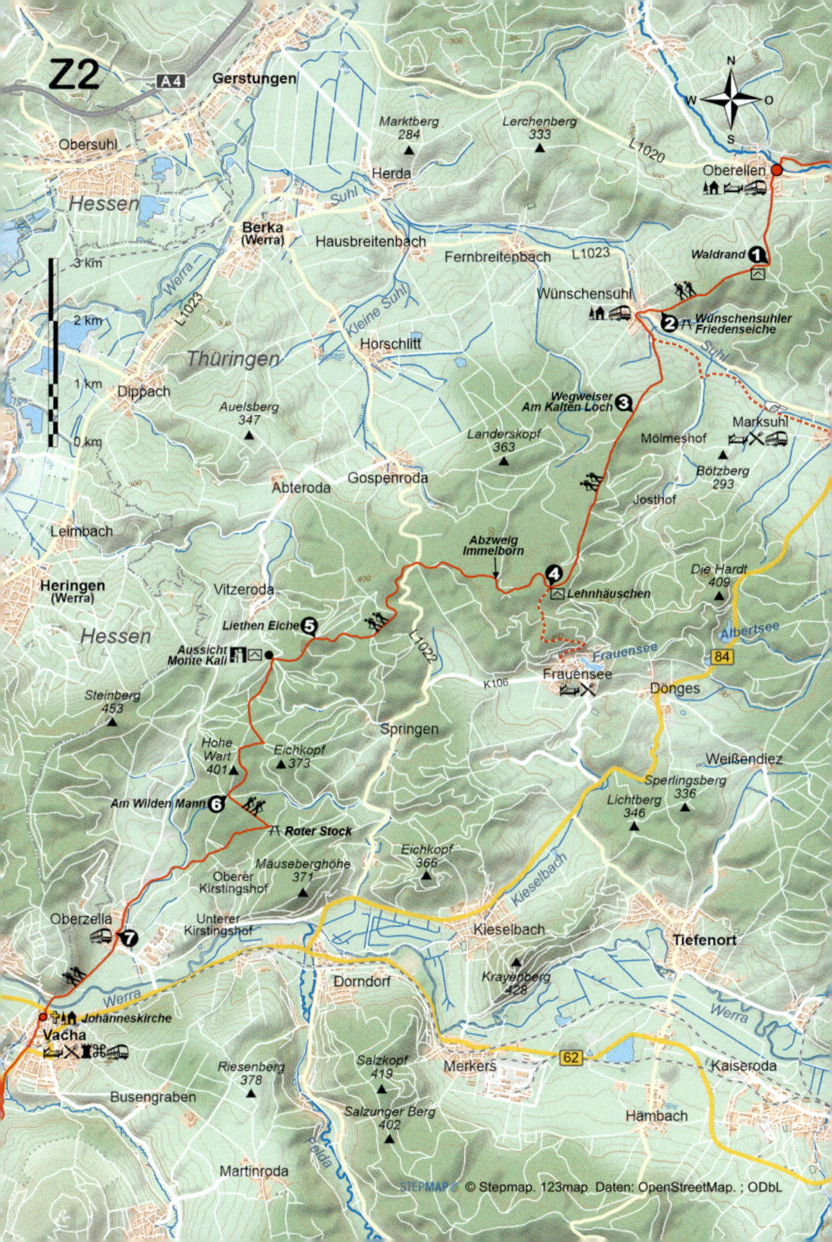

Z2
A 4
Gerstungen
Obersuhl
Marktberg
284
Lerchenberg
333
L1020
Oberellen
Herda
Hessen
Suhl
Berka
(Werra)
Hausbreitenbach
Fernbreitenbach
L1023
Waldrand
3 km
Werra
L1023
Wünschensuhl
Wünschensuhler
Friedenseiche
2 km
Kleine Suhl
Horschlitt
Suhl
Thüringen
Wegweiser
Am Kalten Loch
1 km
Dippach
Auelsberg
347
Marksuhl
Mölmeshof
0 km
Landerskopf
363
Bötzberg
293
Abteroda
Gospenroda
Josthof
Leimbach
Abzweig
Immelborn
Die Hardt
409
Heringen
(Werra)
Vitzeroda
Lehnhäuschen
Albertsee
Hessen
Liethen Eiche
L1022
Aussicht
Monte Kali
Frauensee
84
Frauensee
K106
Dönges
Steinberg
453
Springen
Weißendiez
Hohe
Wart
401
Eichkopf
373
Sperlingsberg
336
Lichtberg
346
Am Wilden Mann
Roter Stock
Eichkopf
366
Kieselbach
Mäuseberghöhe
371
Oberer
Kirstingshof
Oberzella
Unterer
Kirstingshof
Kieselbach
Tiefenort
Dorndorf
Krayenberg
428
Werra
Werra
Johanneskirche
Vacha
62
Kaiseroda
Merkers
Salzkopf
419
Riesenberg
378
Busengraben
Salzunger Berg
402
Hämbach
Martinroda
Felda
STEPMAP © Stepmap. 123map Daten: OpenStreetMap. ; ODbL

Wenn der Schotterweg links abwärts abbiegt, gehen Sie geradeaus auf dem Grasweg weiter. Weitere abzweigende Wege bleiben unbeachtet. Es geht geradeaus mal im Wald, mal am Waldrand entlang und schließlich abwärts.

Sie kommen an einem schönen Rastplatz an der **Wünschensuhler Friedenseiche ❷** vorbei. Weite Blicke über Wünschensuhl sind von diesem Wiesenplatz aus möglich. Wünschensuhl erreichen Sie an der Fahrstraße, die links nach Marksuhl führt. Sie gehen rechts zur überdachten Bushaltestelle.

Wünschensuhl (Werra-Suhl-Tal)

Pilgerhostel mit sechs Schlafplatzen, Maria und Ralf Pelster, Am Rehlos 2, 99837 Wünschensuhl, ☏ 03 69 25/609 23, 01 74/281 93 92, Ü Mai-Oktober € 20, Voranmeldung erwünscht, es gibt Matratzen und leichte Decken, sodass in der warmen Zeit ein Leinen- oder Seidenschlafsack reicht, Bettwäsche gegen Gebühr möglich, warmer Schlafsack empfohlen, Verpflegung/Lebensmittel nach Absprache, Küche, am Weg

Der Bus 180 fährt alle ein bis zwei Stunden (kein Takt) über Marksuhl nach Eisenach (Fahrtzeit 31 Min.). Über die bei Vacha aufgeführten Webseiten bekommen Sie bei Bedarf genauere Informationen.

Im 12. Jh. sollen in Wünschensuhl 38 sorbische Familien eine neue Heimat gefunden haben. Sie bauten eine erste Kirche und nannten ihr Dorf Wendisch Sula. Neben der Landwirtschaft übten sie das Handwerk des Besenbinders aus.

Nach der Bushaltestelle biegen Sie links Richtung Hintergasse/Wäldersgasse und an der Kreuzung (Pilgerhostel) links in die Wäldersgasse ab. Am Dorfende treffen Sie auf einen Rastplatz inmitten einer Gabelung.

Links kommen Sie nach Marksuhl (Radweg).

Marksuhl

Hotel Zum Goldnen Engel, Marktplatz 7, 99834 Marksuhl, ☏ 03 69 25/939 49, hotel@zum-goldnen-engel.de, zum-goldnen-engel.de/hotel.htm, Ü EZ € 30, DZ € 52, F € 6, E 4 km

Durch die Lage an der Hohen Straße (Via Regia), der alten Handelsstraße zwischen Frankfurt/Main und Leipzig, der heutigen B84 konnte Marksuhl sich zu einem ansehnlichen Markflecken entwickeln. Wie Oberellen kam es mit der Reformation in weltlichen Besitz. Renaissanceschloss und Kirche bilden auch hier das repräsentative Zentrum.

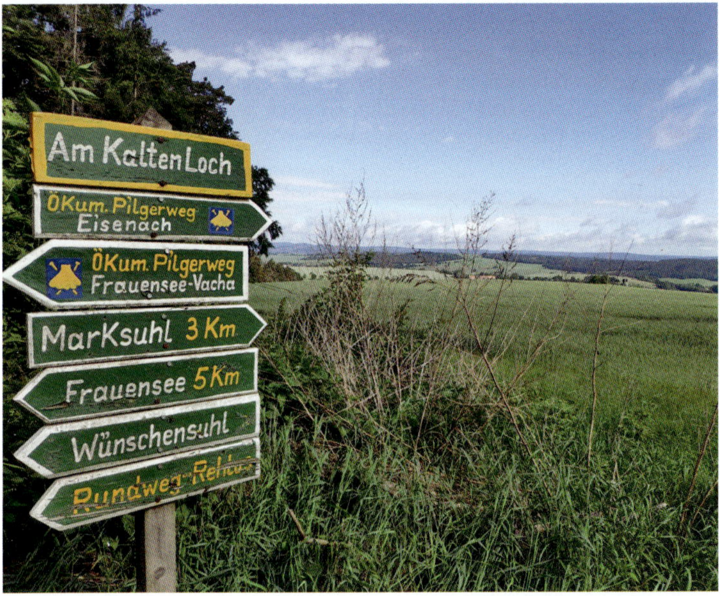

Ausblick am Kalten Loch

Ihr Weg führt rechts weiter in einen aufwärtsführenden Feldweg. An einem breiten Querweg gehen Sie rechts und kommen zu einem überdachten Rastplatz. Der Wegweiser hier heißt **„Am kalten Loch" ❸.** Sie haben einen herrlichen Weitblick über Wünschensuhl und Umgebung.

Folgen Sie dem Hauptweg weiter aufwärts bis zu einer Wegspinne mit dem Wegweiser **„Über dem kleinen Lehngraben"**.

Der erste breite Weg bleibt rechts liegen. Auch links bleiben zwei Wege unbeachtet. An der vorausliegenden Gabelung wählen Sie den rechten Weg.

Es geht noch bergan bis zu einer Wegkreuzung mit der ⌂ Schutzhütte **Lehnhäuschen** und dem Wegweiser „Am Lehnhaus" ❹. Geradeaus und auch links zeigen die Wegweiser Richtung Frauensee.

↳ Frauensee liegt am Westufer des gleichnamigen kleinen Sees. Schloss und Kirche prägen die Ortsmitte. Der Gasthof im Dorf kann eventuell als Zwischenübernachtung dienen. Die Zimmer sind allerdings auch häufig mit Monteuren belegt. An Wochenenden könnten Sie aber Glück haben.

Wenn Sie auf dem kürzesten Weg nach Frauensee zur Übernachtung wollen, gehen Sie am Lehnhaus geradeaus bis zum Wegweiser „Almas Buchenhallen". Hier biegen Sie rechts und an der gleich folgenden Gabelung wieder links ab und laufen nun beständig abwärts, ohne abzuzweigen bis zum Wegweiser „In den Taubenlöchern". Hier nehmen Sie den zweiten Weg rechts.

Frauensee

Gasthof Zum goldenen Stern, Friedensstraße 19, 36460 Frauensee, ☎ 03 69 63/618 47, info@stern-frauensee.de, www.stern-frauensee.de, ÜF EZ ab € 30, DZ ab € 40, Mo, Di Ruhetag, 2,4 km

Für den Rückweg können Sie abkürzend an der Friedhofskapelle geradeaus dem Lulluspfad an die L1022 folgen. Dort treffen Sie wieder auf den Pilgerweg.

Der Pilgerweg biegt am Lehnhäuschen rechts ab. Am Abzweig **Immelborn** halten Sie sich links. Sie erreichen eine Straße (L1022, Am Kreuz) gehen geradeaus darüber hinweg und an der nachfolgenden Gabelung links. Sie kommen an eine Kreuzung, gehen geradeaus, jetzt auf leichtfallendem Weg, bis an eine weitere Kreuzung. Auch hier gehen Sie geradeaus, jetzt wieder aufwärts.

An der **Liethen Eiche** ❺ treffen Sie auf einen breiten Querweg und gehen links bis zur Schutzhütte **Ruhebank**. Nur wenige Meter entfernt am Waldrand ist ein eindrucksvoller Blick zum Monte Kali bei Heringen an der Werra möglich.

Monte Kali

Schon ein paar Male werden Sie diesen riesigen Salzberg wahrgenommen haben. Er besteht fast aus reinem Kochsalz, d. h. zu 96 % aus Natriumchlorid. Etwa zwei Drittel des hier im Werra-Kalirevier geförderten Salzes sind unbrauchbarer Abraum und nur ein Drittel ist wertvoller Kalidünger. So wächst der Berg stündlich um etwa 900 Tonnen.

Der Grund, warum man das Salz nicht anderweitig, z. B. als Streusalz, einsetzt, dürfte daran liegen, dass die Ablage auf Halden günstiger ist als die Trennung von toxischen Hilfsstoffen, die beim Aufbereitungsprozess das Salz verunreinigt haben. Problematisch ist die Lagerung aber auch, da mit dem Regenwasser Salze ausgewaschen und nur teilweise wieder aufgefangen werden und dadurch im Rahmen der ausgehandelten Verschmutzungsrechte in die Fließgewässer gelangen.

Sie überqueren hier geradeaus eine Teerstraße. Es folgt ein Wegedreieck gleichwertiger Wege. Sie gehen links und leicht aufwärts bis zu einer Waldhütte, die allerdings verschlossen ist. Unterm Vordach lässt sich aber Schutz bei schlechter Witterung finden. Hier gehen Sie scharf rechts weiter.

Am „**Wilden Mann**" ❻ (verschiedene untergeordnete Wege zweigen ab) biegt Ihr Weg linksherum und erreicht die Pausenbank ⛼ **Roter Stock**. Dort gehen Sie scharf rechts weiter.

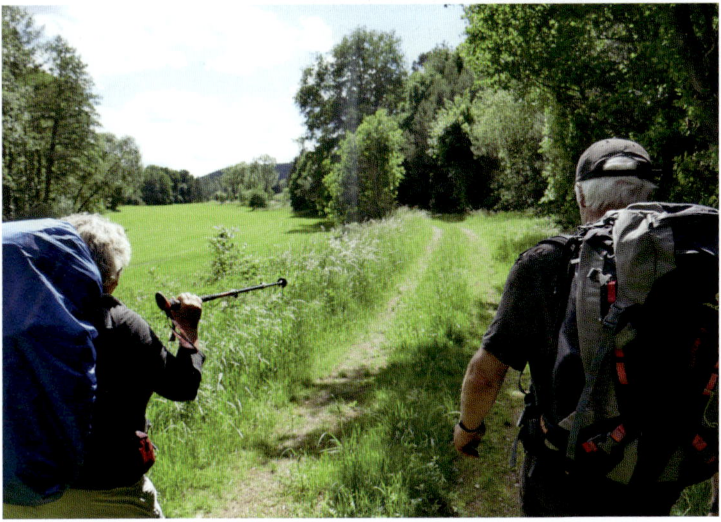

Pilger im Wiesental vor Oberzella

Jetzt fällt der Weg zunehmend, ohne steil zu werden. Offenes Gelände wird in einem Bachtal erreicht. Es führt ein Wiesenweg weiter. Die ersten Kuppen der Rhön sind zu sehen. Sie erreichen **Oberzella** ❼.

Im Zentrum des Dorfes folgen Sie der Straße linksherum bis zur querenden Fahrstraße 🚌 und dort rechts Richtung Philippstal. Sie überqueren die Straße und nutzen den parallel verlaufenden Radweg. Schon bald kommt Vacha in Sicht. Über die **Brücke der Einheit** und vorbei am **Einheitsmann** geht es vor die Stadt. Die Straße Untertor führt geradeaus vorbei an der **Burg Wendelstein** und dann rechts in die Stadt hinein zum Kirchplatz mit der **Johanneskirche**. Gegenüber befinden sich die Stadtbibliothek und die Pilgerherberge.

Vacha

Stadtverwaltung, Bahnhofstraße 21, 36404 Vacha, ☏ 03 69 62/26 10, www.vacha.de, Mo, Di, Do, Fr 9:00-12:00, Di, Do zusätzlich 13:00-18:00, am Weg

Pilgerherberge, Kemenate, Kirchplatz 8, 36404 Vacha, die Anmeldung erfolgt über die **Rhönbuchhandlung**, Olaf Ditzel, Widemarkter Straße 2, ☏ 03 69 62/210 86, Mo-Fr von 9:00-13:00 u. 14:00-18:00, Sa 9:00-12:00, in der übrigen Zeit (abends, an Feiertagen und an Wochenenden) sind die Herbergseltern unter 01 51/25 80 45 84 zu erreichen, 12 Plätze in zwei Räumen + Gemeinschaftsraum, Küche, Decken und Bettwäsche auf Anfrage gegen Gebühr, warmer Schlafsack empfohlen, , € 15 p. P., bitte mindestens einen Tag vorher anmelden, am Weg.

Gasthaus & Hotel **Zum Oechsetal**, Jahnweg 15, 36404 Vacha, ☏ 03 69 62/717 74 74 u. 243 70, www.thueringen.info/zum-oechsetal.html, ÜF EZ € 42, DZ € 69, € 10, kein Ruhetag, 50 m, 850 m südlich vom Zentrum

Gasthof Kellerhaus, Bahnhofstr. 14, 36404 Vacha, ☏ 03 69 62/530 01, www.kellerhaus-vacha.de, Di-So 11:00-14:00 und 17:00-23:00 (So 22:00), 440 m

Den Pilgerstempel bekommen Sie in der Rhönbuchhandlung.

Von Vacha (vom Busbahnhof am alten Bahnhof) bestehen recht komfortable Anschlüsse nach Eisenach. Im Stundentakt fahren Busse der Linie 100 nach Bad Salzungen. Hier steigen Sie in den Zug (Gesamtfahrzeit etwa 1 Std.). Der Bus 100 fährt in Gegenrichtung über Philippstal nach Bad Hersfeld. Auch in Richtung Geisa bestehen etwa stündlich Busverbindungen.
www.bus-bahn-thueringen.de, www.vg-wartburgregion.de.

⌘ **Stadtmuseum mit Puppensammlung** und **Mahnmal Grenzturm Vacha**. Das Stadtmuseum befindet sich in erhaltenen Teilen der Burganlage (Wendelstein) aus dem 12. u. 13. Jh. am Untertor. Der restaurierte Burgturm dient als Aussichtsturm.

Neben der Stadtgeschichte wird eine Puppensammlung gezeigt, die zu den umfangreichsten in Thüringen zählt.

♦ Burg Wendelstein, 36404 Vacha, ☏ 03 69 62/228 39, museum-vacha@t-online.de, April bis 1. Advent Di, Do, Fr 10:00-17:00, Mi 10-12:00, Sa, So, Fei 14:00-17:00.
Die Besichtigung der ehemaligen Führungsstelle (Mahnmal Grenzturm Vacha) kann für Gruppen ganzjährig unter obiger Telefonnummer oder unter ☏ 03 69 62/26 10 angemeldet werden.

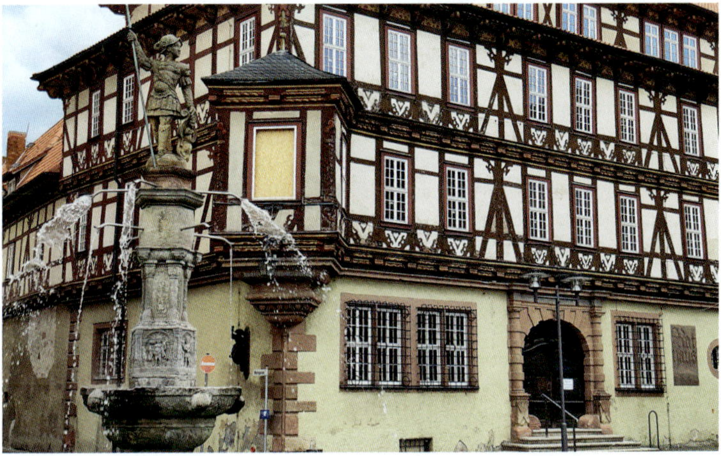

Die Widemark ist heute das Rathaus in Vacha

Vacha entwickelte sich im Schutze einer Burg am Übergang der unter königlichem Schutz stehenden Handelsstraße Via Regia. Zwischen Fulda und Leipzig fanden Kaufleute und andere Reisende hier anfangs eine Furt und später eine Brücke über die Werra. Spätestens seit dem 12. Jh. nutzten auch Rom- und Jakobspilgerinnen und -pilger diese Altstraße.

Die heutige Werrabrücke stammt aus dem Jahr 1342. Sie ist zu Fuß und mit dem Rad passierbar. Sehenswert ist weiterhin das 1613 erbaute Wohnhaus des Statthalters Caspar von Widemarkter. Heute ist der Prachtbau das Rathaus. Davor steht der Vitus-Brunnen.

Weitere beeindruckende Fachwerkbauten sind zu sehen. Forscht man ein wenig über den Ursprung der Bauart, so erfährt man, dass sie in den hessischen Stilen ausgeführt sind. Vacha und auch das weitere, heute zu Thüringen gehörende Grenzgebiet gehörte ursprünglich der Fürstabtei zu Fulda, seit 1648 der Landgrafschaft Hessen-Kassel und kam erst 1815 an das Großherzogtum Sachsen-Weimar-Eisenach.

Es ist überaus lohnend, ein wenig durch die älteste Stadtsiedlung Westthüringens zu spazieren. Auf vielen Tafeln können Sie sich ausgiebig über die Geschichte der Gebäude informieren. Vielleicht werfen Sie auch einen Blick in die ev. Johanneskirche. Sie ist ungewohnt als Querhaus eingerichtet. Der Altar steht mittig an der Langwand. Die Bestuhlung ist auf diesen ausgerichtet (Renaissance).

Vacha lag während des Kalten Krieges im Sperrgebiet direkt an der deutsch-deutschen Grenze ohne jede Chance auf weitere Entwicklung. Heute ist es wieder eine lebendige Kleinstadt.

Aus Vacha stammt der um 1450 geborene Servitenmönch **Hermann Künig.** Er schrieb im Anschluss an eine Wallfahrt nach Santiago de Compostela den ersten deutschen Pilgerführer.

Die Erstausgabe ist 1495 erschienen. Eine Ausgabe mit Faksimiles und den Übersetzungen in Hochdeutsch können Sie in der Rhönbuchhandlung käuflich erwerben. Künig beginnt seine Beschreibung im schweizerischen Einsiedeln, von wo sein Weg über Genf, Montpellier und Toulouse weiterführte. Im Jahr 1368 hatte sich eine Gruppe der Servitenmönche, deren Mitglied Hermann Künig wurde, in der Vorstadt vor dem Obertor niedergelassen. Heute ist nur noch eine Kapelle am Klosterstandort erhalten (am Weg, Ortsausgang). Es handelt sich dabei um den ehemaligen Chor der Kirche, der zur Friedhofskapelle umgebaut wurde. Sehenswert sind die gotischen Wandmalereien.

Den Schlüssel bekommen Sie in der Rhönbuchhandlung.

Panorama von Vacha

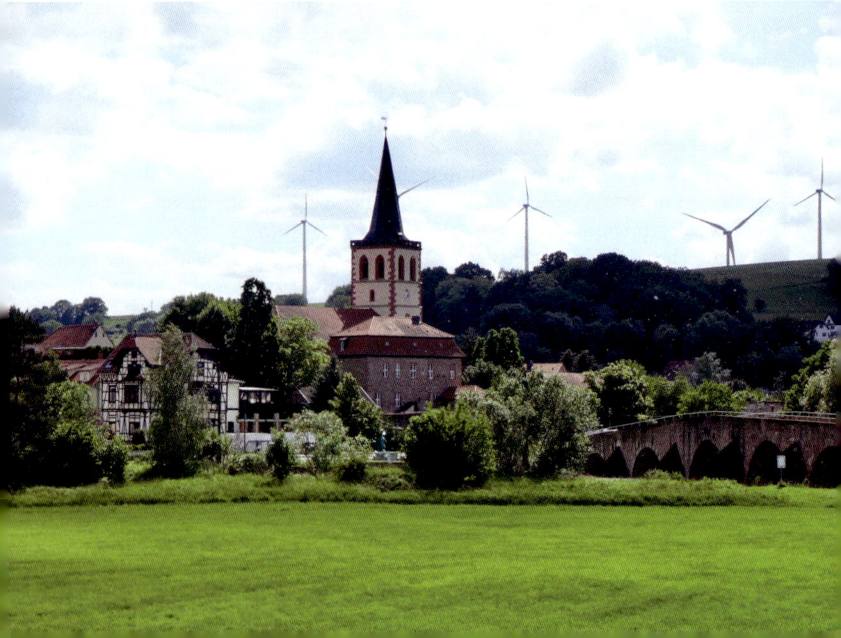

Etappe 1: Vacha – Geisa

23,2 km, 7 Std., ↑ 391 m, ↓ 327 m, ⇧ 227-482 m

0,0 km	⇧ 227 m	Vacha
4,1 km	⇧ 303 m	Sünna
8,6 km	⇧ 327 m	Radweg oberhalb Bermbachs
17,2 km	⇧ 365 m	Bremen, St. Jakobus d. Ä. ✝ ⊙, Lützenbachshof
20,3 km	⇧ 425 m	Schutzhütte am Fußballplatz y
23,2 km	⇧ 285 m	Geisa

Alle Orte, die Sie heute durchwandern, teilen ein Schicksal: Sie lagen in den Jahren zwischen 1952 und 1990 im Sperrgebiet der DDR. Für einen Schutzstreifen von 5 km vor der innerdeutschen Grenze galten besondere Bedingungen. Die „Aktion Ungeziefer" war der Tarnname für eine der im Vorfeld durchgeführten „Säuberungsaktionen". Alle diejenigen, die als politisch unzuverlässig eingestuft waren, wurden zwangsweise in das Landesinnere umgesiedelt. Aber auch Hofstellen, die zu nah an der Grenze standen, wurden enteignet und dem Erdboden gleichgemacht. Im Amt Geisa waren das allein 30 Höfe, die verschwanden. Für die Verbliebenen galten strenge Auflagen. Wirklich spürbar ist die stark belastende Vergangenheit für die Wanderinnen und Wanderer heute nicht. Aber vielleicht kommt ja hier und da das Gespräch darauf und Sie erfahren Details aus erster Hand. Geisa am Tagesziel ist dann der letzte Ort in Thüringen auf diesem Pilgerweg. Von dort führt der Weg an einer historisch bedeutsamen Stelle über den Grenzstreifen hinüber und verbleibt eine Weile in Hessen.

Wenn Sie an der Kirche vorbeigegangen sind, gehen Sie links zum Marktplatz und dann geradeaus zur Stadt hinaus. An der Klosterkirche treffen Sie auf die Frankfurter Straße, der Sie geradeaus, bald am Gasthof zum Oechsetal vorbei folgen. Am Parkplatz am Freibad überqueren Sie die Straße und wandern halb links in den Nebenweg, der in den Hang des Öchsenberges führt.

Öchsenberg

Den Öchsenberg werden Sie sicher schon wahrgenommen haben. Es ist der Hausberg von Vacha und der erste, für die Rhön so typische Kegelberg. Einen besonders schönen Blick auf den Berg hat man von höher gelegenen Standorten in der Stadt wie z. B. aus dem Küchenfenster der Pilgerherberge. Er wird manchmal als der nördlichste Gipfel der Rhön bezeichnet. Das stimmt aber nur für Thüringen. In Hessen liegen der Dreienberg und der Landecker Berg noch weiter nördlich.

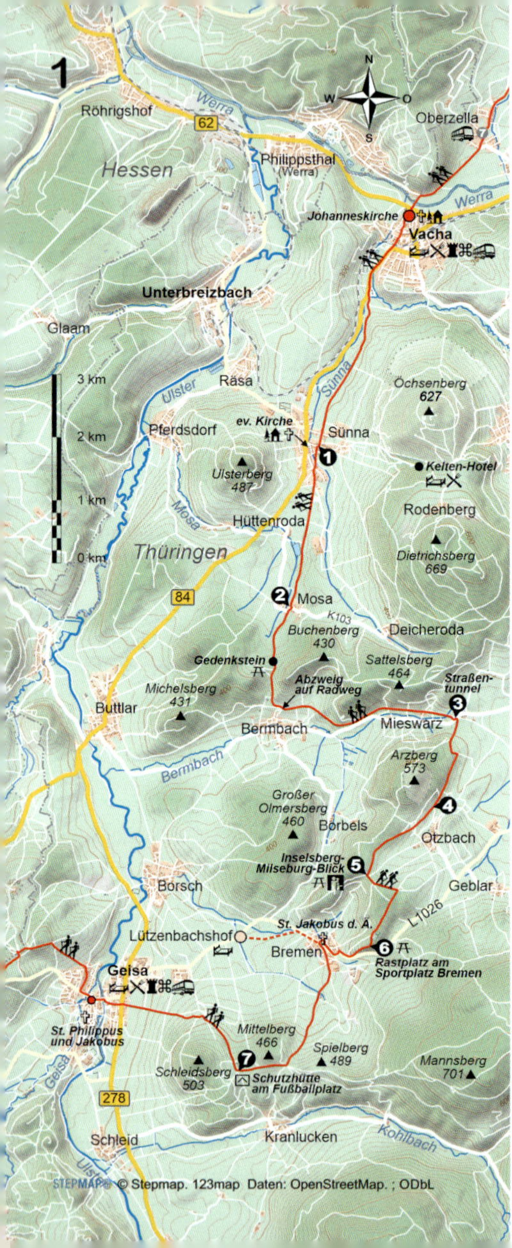

Der Basaltabbau am Gipfel gehört inzwischen der Vergangenheit an. Jetzt ist der gleich dahinter liegende Dietrichsberg dran. Wallanlagen auf dem Öchsenberg belegen eine keltische Besiedlung bereits in der vorrömischen Zeit. Eine ganze Stadt (Oppidum) zog sich vom Gipfel bis in den Hang hinunter. Dies unterstreicht die Bedeutung des Werraübergangs schon um 800 v. Chr. und es ist auch ein Hinweis auf die Existenz der Hohen Straße in vorchristlicher Zeit, der Sie weiter folgen. Die ältesten Spuren menschlichen Lebens auf dem Öchsenberg sind bronzezeitliche Hügelgräber.

Sie folgen dem Hangweg immer geradeaus. Jeweils links bergwärts führende Wege bleiben außer Acht.

Rechts unmittelbar an der Grenze in Hessen gelegen ist wieder eine **Abraumhalde** zu sehen. Sie gehört zum **Werk Werra der K+S Kali GmbH**, das aus einem Verbund der ehemals selbstständigen Werke Hattorf, Wintershall, Unterbreizbach und Merkers besteht. Mit rund 4.200 Beschäftigten ist das Werk einer der wichtigsten Arbeitgeber der Grenzregion Thüringen/Hessen und eines der weltweit wichtigsten Kalireviere überhaupt. In Sünna überqueren Sie geradeaus die Oechsenbergstraße (die links zum Keltendorf führen würde) und treffen dann auf die querende Thomas-Müntzer-Straße ❶.

Die hier noch in großer Anzahl vorhandenen giebelständigen Fachwerkhäuser sind bis zu 300 Jahre alt. Es ergibt sich ein recht einheitliches Straßenbild, das an das mittelalterliche Dorf erinnert. Die Häuserzeilen gelten als sehenswert.

Sünna (Unterbreizbach)

evangelisch-lutherische Kirchgemeinde Sünna, Pfarramt Sünna, Pfarrer Henning Voigt, Hirtenplatz 6, 36414 Sünna, 03 69 62/210 85, evangpfarramtsuenna@freenet.de, 5 Matratzen, , auf Spendenbasis, 220 m

Kelten-Hotel, Goldene Aue 1, 36414 Sünna, 03 69 62/26 70, info@keltenhotel.de, www.keltenhotel-rhoen.de, ÜF EZ € 74, DZ ab € 84, € 9, 1,6 km. Das Hotel liegt auf halber Höhe im Sattel zwischen Oechsen- und Dietrichsberg in 430 m Höhe. Beim Bau des Hotels wurde zugleich ein Keltendorf errichtet, das auch besichtigt werden kann, tägl. 10:00-18:00.

Die **ev. Kirche in Sünna** ist ein barockes Kleinod. Sie wird auch als Bilderkirche bezeichnet. Eine Besichtigung (offene Kirche) sollte auf keinen Fall versäumt werden. Sie liegt etwas abseits des Weges (200 m), bildet aber zusammen mit dem Pfarrhaus ein kleines Zentrum. Umfassende Informationen finden Sie auf der Webseite.

kirche-sünna.de

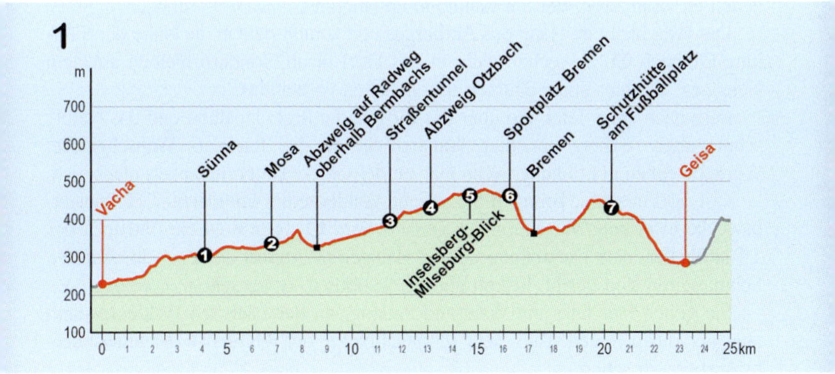

Sünna wurde im Jahr 1001 zum ersten Mal erwähnt. Die Kirche diente als Wehrkirche. Bis heute sind Schießscharten in der Friedhofsmauer zu sehen.

Der Pilgerweg biegt rechts in die Thomas-Müntzer-Straße ein, führt nach 30 m aber wieder links über den Kulmenweg weiter.

➪ Laufen Sie vorher 200 m entlang der Thomas-Müntzer-Straße bis zum Hirtenplatz und schauen Sie sich auch die Kirche an.

Der trifft auf die Deichenrodaer Straße, auf der es links zum Siedlungsende geht. Hier fächert sich die Straße in drei Arme auf. Sie nehmen den weiterführenden Radweg in der Mitte. In **Mosa** ❷ biegt der Weg links an die K103. Wenig oberhalb plätschert Wasser aus einem Brunnen. Sie folgen der Straße rechts, biegen nach 80 m aber wieder links davon in den Radweg ab.

Nach etwa 700 m passieren Sie einen **Gedenkstein** ⩩ genau auf der Grenze zwischen Sünna und Bermbach, der an eine Pilgerwanderung von 2012 erinnert. Nach weiteren 700 m gehen Sie am Abzweig Sängerwiese, wie bei allen vorherigen Abzweigen, geradeaus bis an eine querende Radtrasse, die auf einem alten Bahndamm geteert ist. Hier biegen Sie links ein.

Der Weg steigt auf dem Damm sanft an.

Sie bleiben knapp 3 km auf dem Radweg. Kurz vor einem Tunnel (Straßenüberführung) ❸, gehen Sie rechts zur Straße hoch. Auffällig sind auch die weiteren Markierungen des Rhönclubs. Auf der Straße gehen Sie 20 m nach links und dann rechts in einen Feldweg. Der Wegweiser zeigt Richtung Bremen und Eisenacher Haus. Am Feldrand gehen Sie wieder rechts und sind nun auf einem herrlichen Panoramaweg, der am Waldrand entlangführt.

Der Weg bleibt im Hang des **Arzberges** und kommt bald in die Nähe der Siedlung **Otzbach** ❹. Sie gehen nicht in das Dorf hinab, sondern bleiben auf dem Hangweg, der hier unter Bäumen und Büschen vorbeiführt.

Kurz nach einer Tafel, die über das Biosphären Reservat Rhön und das Naturschutzgebiet Arzberg berichtet, kommen Sie an den Rastplatz **Wunschglocke**. Wünsche gehen in Erfüllung, wenn man an der Glocke läutet. Jedenfalls manchmal.

Gut 500 m weiter kommen Sie an eine Waldecke mit überdachter ⩩ Pausenbank die Inselsberg/Milseburgblick genannt wird ❺. Hier steht ein Bildstock der **14 Nothelfer**, eine Darstellung der 14 Heiligen (Märtyrer) des 2.-4. Jh. Auf den Schmalseiten sind der hl. Joseph und St. Jakobus d. Ä. zu sehen.

Sie gehen hier links am Waldrand entlang, an der nächsten Waldecke dann aber geradeaus in den Wald. Sehr schön ist hier in der Rückschau der umwanderte Arzberg zu sehen.

Sie stoßen auf einen Querweg und gehen dort rechts. Nach kurzem Abstieg treffen Sie auf eine Straße. Sie gehen links den Pflasterweg aufwärts zum Bremer Sportplatz und Vereinsheim, wenden sich nach rechts und erreichen eine schöne Wiese mit überdachter ⛩ Pausenbank ❻ mit Aussicht und Wegkreuz. Steil bricht das Gelände hier ab.

Halb rechts führt ein Pfad am Kiefernwald steiler abwärts. Zuletzt über Wiesengelände wird ein geteertes Sträßchen erreicht. Hier gehen Sie links abwärts.

Unten biegt der Weg links ab und führt dann rechts auf der Bremer Hauptstraße weiter bis zur katholischen Bremer St.-Jakobus-Kirche (⊙ Pilgerstempel, barocke Jakobusstatue).

Das nur gut 300 Einwohnerinnen und Einwohner zählende Dorf Bremen ist heute Teil der Einheitsgemeinde Geisa. Eine erste Erwähnung fand der Ort im Jahr 1150. Ein Zusammenhang mit der Namensgebung der gleichnamigen Hansestadt ist nicht bekannt.

☺ ↳ Wenn Sie in Lützenbachshof 🛏 übernachten wollen, folgen Sie am einfachsten bereits von Bremen aus nach der Kirche rechts der Bremer Hauptstraße. Nach 400 m biegen Sie links in einen Feldweg ab. Der führt zu den Pensionen, ➲ 1,4 km.

🛏 **Fam. Martin Seng**, Lützenbachshof 155, 36419 Geisa, ☏ 03 69 67/752 68, 📱 016 32 48 78 40, ✉ martin.seng@gmx.de, 💻 www.luetzenbachshof.de, Ü EZ ab € 35, DZ ab € 45, F € 8, ➲ 1,4 km (von Bremen)

♦ **Landpension Oberlützenbachshof**, Familie Norbert Peter, Lützenbachshof 156, 36419 Geisa, ☏ 03 69 67/706 17, ✉ info@oberluetzenbachshof.de, 💻 oberluetzenbachshof.de, ÜF EZ € 50, DZ € 82, ➲ 1,4 km (von Bremen)

Mit der Bremer Hauptstraße umrunden Sie die Kirche und wandern links die Kranluckener Straße wieder aufwärts. Am Abzweig Bremer Aue gehen Sie geradeaus und an einer Gabelung halb rechts auf der Kranluckener Straße weiter.

Nach den Gebäuden der ehemaligen LPG und heutigen Agrargenossenschaft Ulstertal gibt es noch einmal eine Gabelung, an der Sie rechts, nun lange aufwärts bis an eine Kreuzung auf der Höhe laufen.

Sie gehen rechts bis zu einer ⌂ Schutzhütte mit Bolzplatz ❼. Dort geht es wieder rechts zwischen zwei Kegelbergen hindurch. Im Abstieg steht ein Wegweiser. Hier biegen Sie noch einmal links ab, weichen aber nach 50 m halb rechts auf einen Grasweg aus, der nun durch einen schönen Wacholderhain auf Geisa zuführt.

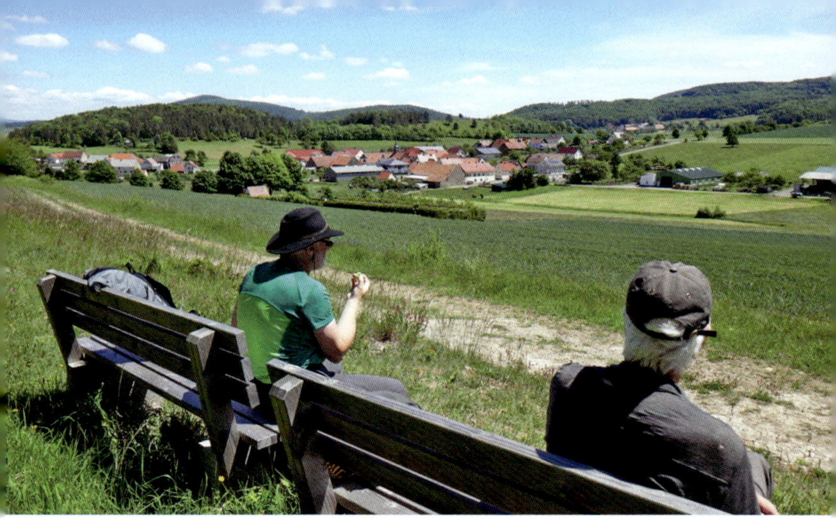

Rast mit Rhönblick

Sie erreichen die B278 an einigen Verbrauchermärkten, gehen geradeaus darüber hinweg zu einem Brunnenplatz am Kulturhaus. Nach halb rechts überqueren Sie erst den Platz zur Ulsterbrücke hin und dann den Fluss. Am Gasthof Goldener Stern biegt die Hauptstraße rechts ab und auf ihr auch der Weg. (➪ Zur Geisschänke geht es geradeaus über die Straße Eisfeld und dann links in die Straße An der Geis. Zur sehenswerten Stadt und zum Hotel im Schloss gehen Sie links die Werner-Deschauer-Straße aufwärts.)

Geisa

Stadtverwaltung Geisa, Marktplatz 27, 36419 Geisa, ☎ 03 69 67/690, info@geisa.de, www.stadt-geisa.org, Di, Do, Fr, 8:00-12:00, zusätzl. Di 14:00-18:00, Do 14:00-16:00, ➲ 320 m

Gaststätte Geisschänke, Veronika Uhlig, An der Geis 27, 36419 Geisa, ☎ 03 69 67/706 51, info@geisschaenke.de, www.geisschaenke.de, Ü EZ € 35, DZ € 65, F € 5, ➲ 720 m

♦ **Schloss Geisa**, Point Alpha Akademie gGmbH, Schlossplatz 4, 36419 Geisa, ☎ 03 69 67/59 35 50, info@schlossgeisa.de, www.schlossgeisa.de, ÜF EZ ab € 72,50, DZ ab € 99, ➲ 340 m

✕ **Gasthof zum goldenen Stern**, Bahnhofstraße 1, 36419 Geisa, ☎ 03 69 67/758 37, Mi-Sa 17:30-24:00, So 10:00-14:00, 17:30-22:00, ➲ am Weg

☞ Vacha. Zusätzlich zu den Regionalbuslinien gibt es einen Ortsverkehr zwischen den 11 Ortsteilen, Linie 114.

✞ ⦿ Die kath. Kirche St. Philippus und Jakobus ist ein spätgotischer Bau aus der Wende zum 16. Jh. Der hübsche achteckige Fachwerkturm beherbergt seit 2003 auch ein Glockenspiel aus 49 Bronzeglocken. Die automatische Spielanlage bringt sie täglich um 11:00, 15:00 und 19:00 zum Klingen. Der Pilgerstempel liegt in der Kirche aus.

tagsüber geöffnet

⌘ **Anneliese Deschauer Galerie + Stadtmuseum**

Schlossplatz 1+2, 36419 Geisa, ☎ 03 69 67/691 50, info@geisa.de, www.geisa.de, Juni-Sep Di, Do, Fr 11:00-15:00, So, Fei 11:00-16:00, Mai-Okt nur an den Werktagen geöffnet

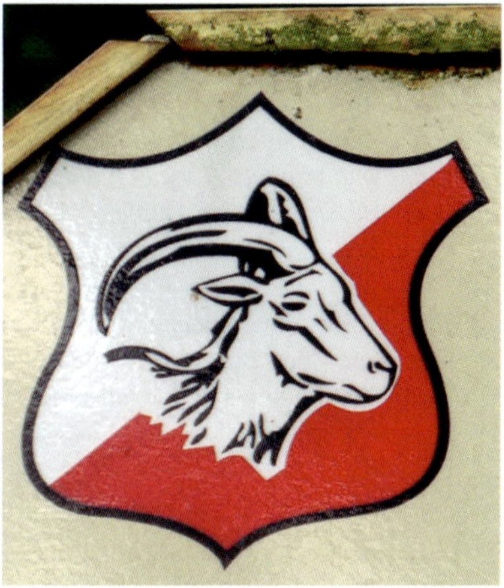

Wappentier auf dem Werbeschild für die Gaststätte

Geisa trägt die Ziege, die hier Geis heißt, im Namen. Das Wappentier der Stadt ist überall auffällig präsent. Eine Unterkunft heißt Geisschänke. Der Weg dorthin An der Geis und der Bach genauso. Der Wirt erzählt die Geschichte von dem Ziegenbock, der beim Karnevalsumzug mitmarschieren sollte, dies aber nur tat, wenn er einen Kümmerling bekam. Unterwegs blieb er stehen und war durch nichts anderes zu bewegen als durch einen weiteren Kümmerling. Letztlich brauchte er eine ganze Lage dieses Magenbitters bis zum Ziel. Selbstverständlich ist der Ziegenbock auch das Wappentier des Karnevalsvereins.

Geisa ist aber auch ein wichtiges wirtschaftliches Zentrum im mittleren Ulstertal. Auf Ihrem Stadtrundgang zum Schloss, Museum und Rathaus sollten Sie auch die Steinsetzung zum ehemaligen Zentgericht (mittelalterliche Gerichtsstätte 11. Jh.) auf dem Gangolfiberg nicht auslassen. Geisa gehört zur Ferienregion **Hessisches Kegelspiel**. Am weiteren Weg liegen Rasdorf, Hünfeld und die Marktgemeinde Haunetal, die sich mit insgesamt sieben teilnehmenden Gemeinden zur Touristischen Arbeitsgemeinschaft mit dem trefflich bildhaften Namen zwecks gemeinschaftlicher Bewerbung ihrer Region zusammengeschlossen haben.

Etappe 2: Geisa – Hünfeld

19,8 km, 7 Std., 398 m, 403 m, 263-479 m

0,0 km	285 m	Geisa
1,9 km	404 m	Point Alpha
5,3 km	328 m	Rasdorf
12,0 km	398 m	Haselstein, Mariengrotte,
15,9 km	373 m	Parkplatz am Weinberg
19,8 km	276 m	Hünfeld

Sie überqueren heute die ehemalige deutsch-deutsche Grenze an einer geschichtlich besonders brisanten Stelle. Point Alpha lag an der Linie der sogenannten Fulda-Gap (Fulda-Lücke), an der die NATO eine Invasion der Truppen des Warschauer Paktes für möglich hielt. Point Alpha und das Haus auf der Grenze zählen heute zu den größten Anziehungspunkten an der ehemaligen innerdeutschen Grenze. Dann wandern Sie durch die wunderbare Welt der Kegelberge über Rasdorf und Haselstein nach Hünfeld. Neben den weiten Aussichten ist das NSG Weinberg bei Hünfeld ein landschaftlicher Höhepunkt.

Am Gasthof zum goldenen Stern biegen Sie rechts in die Rasdorfer Straße ab. Sie überqueren den Bach Geisa und biegen wenig weiter rechts in die Buttlarer Straße ab. Am Ende gehen Sie links nun steiler auf einem Grasweg zur Höhe ₳.

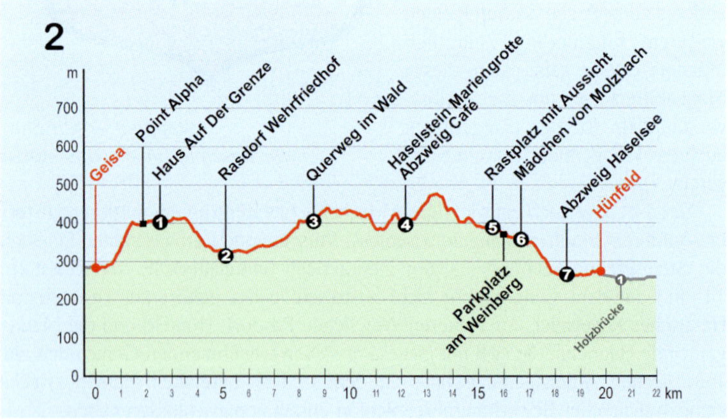

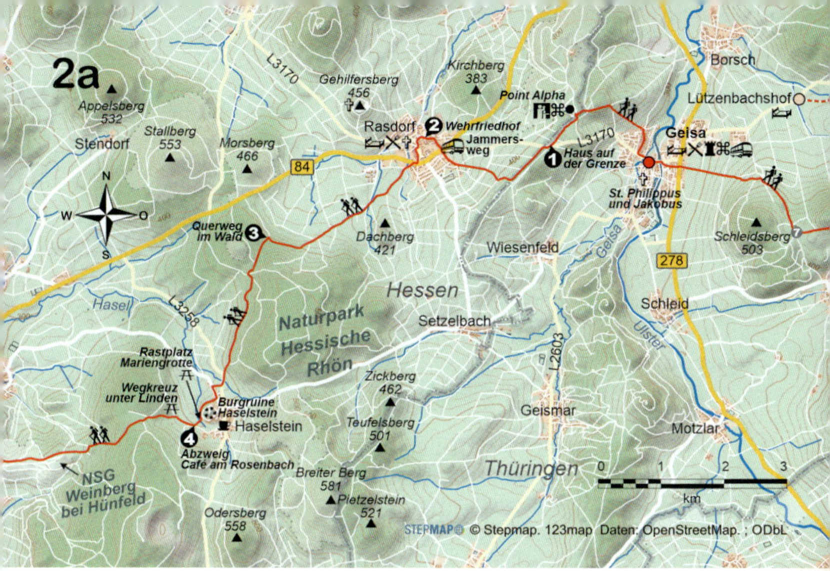

Dort geht es links weiter. Am ehemaligen geschleiften Fischerhof treffen Sie auf den Kolonnenweg.

Die Grenze knickt hier im rechten Winkel ab. Sie gehen geradeaus auf die Grenztürme zu. Linker Hand der Osten, rechter Hand der Westen mit der heutigen Gedenkstätte, dem Museum und dem Camp der Amerikaner, Point Alpha.

Gedenkstätte Point Alpha

Grenztruppen der DDR bzw. des Warschauer Paktes und der NATO standen sich hier Auge in Auge gegenüber. Die beiden nah beieinanderstehenden Wachttürme könnten die verhärteten Fronten des vergangenen Kalten Krieges kaum besser symbolisieren. US-Beobachtungsstützpunkte entlang der Zonengrenze gab es viele, doch dieser hier hatte eine besonders brisante Bedeutung. Point Alpha lag an der Linie der sogenannten Fulda-Gap (Fulda-Lücke), an der die NATO eine Invasion der Truppen des Warschauer Paktes für möglich hielt. Aber nicht nur diese polit-strategischen Überlegungen führten zur Wahl des Beobachtungsstützpunktes an dieser Stelle, sondern auch die geografisch aussichtsreiche Lage. Von keiner anderen Stelle des Grenzweges aus konnte man so weit in das Ulstertal hineinschauen.

Der Museumskomplex Point Alpha informiert umfassend über diese Geschichte.

⌘ www.pointalpha.com, April-Okt 10:00-18:00, Nov-März 10:00-16:30

Vorbei an Rekonstruktionen von vier Ausbaustufen der Grenzsicherungsmaßnahmen – Fahrzeugsperre und Beobachtungsturm sind im Original erhalten – geht es am Kolonnenweg noch 600 m weiter zum Haus auf der Grenze ❶.

Haus auf der Grenze

Der moderne Museumskomplex dient der Aufarbeitung der deutsch-deutschen Grenzgeschichte und informiert darüber. Es ist nicht wirklich auf der Grenze, aber über den Kolonnenweg hinweg erbaut worden. Somit wird dieses im Original mit zu einem Ausstellungsobjekt. Es gibt eine sehr umfangreiche Sammlung zur Grenzgeschichte.

☞ Point Alpha

Am Museum überquert Ihr Weg die Passstraße, führt nach rechts über die eigentliche Grenze und biegt dann links in einen zu Hessen gehörenden Feldweg ab (Schotter), der parallel zum Kolonnenweg führt.

☺ Wenn Sie wollen, können Sie aber auch noch dem Kolonnenweg folgen, denn an der Passstraße beginnt auch der künstlerisch, in Anlehnung an den christlichen Kreuzweg gestaltete **Weg der Hoffnung**. In vierzehn monumentalen Schrottskulpturen wird der Leidensweg Jesu zu den Auswirkungen der unmenschlichen Grenze in Beziehung gesetzt. Er beginnt an der Passstraße mit der Station 1: Willkür – Jesus wird zum Tod verurteilt. Der Weg endet an der Station 14: Hoffnung – der Leichnam Jesu wird ins Grab gelegt. Erläutert wird die Intention der Installation auf einer Tafel an der Passstraße. Wenn Sie 50 m vor der Station 11: Mord – Jesus wird ans Kreuz geschlagen, rechts über einen Trampelpfad den ehemaligen Todesstreifen und das heutige Grüne Band zum Wanderweg nach Rasdorf hin überqueren, brauchen Sie nicht wieder zurück zur Passstraße laufen, sondern haben (fast) den gleichen Weg.

Bevor der Schotterweg in einen Grasweg übergeht, biegen Sie rechtsherum und gehen genau auf den voraus liegenden Gehilfersberg zu.

Gehilfersberg

Der kreisrunde, im Gipfel dicht bewaldete, auffällige Bergkegel trägt eine Kapelle. Dach und Turmhelm ragen aus dem Wald hervor. Die Kapelle ist Maria und den 14 Nothelfern geweiht. Sie gehört zu den wichtigsten Wallfahrtsstätten Hessens. Ein Teil des Waldes wird heute als Friedwald oder wie es hier heißt Friedhofswald vermarktet.

An einer Gabelung gehen Sie rechts und an einer Kreuzung geradeaus. Sie erreichen eine Siedlungsstraße, auf der Sie weiter abwärts bis über eine querende Fahrstraße hinweg (Bushaltestelle „Rasdorf/Jammersweg") in den Jammersweg spazieren. 220 m weiter biegen Sie an der Kreuzung links in die Straße Geisaer Tor ab und laufen bis zu einem Wehrfriedhof, der besondere Beachtung verdient ❷.

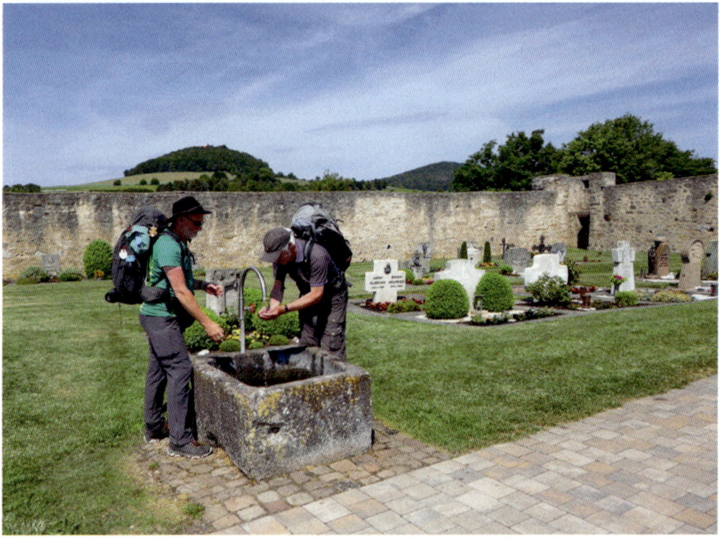

Erfrischendes Wasser auf dem Wehrfriedhof Rasdorf

Wehrfriedhof

Der Wehrfriedhof ist eine gut erhaltene, wehrhafte Anlage der Siedlung, die sich um das Kloster und spätere Stift Rasdorf herum entwickelte. Die Mauern sind bis zu 5 m hoch. Die Ecktürme waren durch offene Wehrgänge miteinander verbunden. Anstelle des heutigen Zugangs stand früher ein Torhaus, das ständig von einem Kirchner bewohnt wurde. Im Zentrum der Anlage befand sich die St.-Michael-Kirche, die in Form eines griechischen Kreuzes errichtet worden war.

In der Senke folgen Sie halb links der Straße Selmbach und dann links aufwärts der Bäckergasse zur Stiftskirche.

Rasdorf

Landgasthof Zum Adler, Christiana Stark, Am Anger 1, 36169 Rasdorf, 066 51/422, info@zum-landgasthof-adler.de, www.zum-landgasthof-adler.de, Ü EZ € 39,50, DZ € 63, F € 7,50, am Weg

Trattoria Il Calabrese Ristorante Candioti GmbH, Am Anger 20, 36169 Rasdorf, 066 51/919 71 71, täglich außer Mi ab 17:30, So auch 11:30-14:30, am Weg

Rasdorf liegt im Landkreis Fulda. Busverbindungen finden Sie außer auf den im Abschnitt „Verkehrsmittel unterwegs" genannten Portalen auf der Webseite der Verkehrsverbundes Rhein-Main. www.rmv.de

Die Stiftskirche Rasdorf wurde 1274 im gotischen Stil erneuert. Sie geht vom Grundriss und unter Einbeziehung einiger romanischer Bauteile auf ein Werk des Fuldaer Abts Rabanus Maurer zurück. Als kunstgeschichtlich besonders wertvoll gelten die byzantinischen Säulen und Kapitelle. Aus der romanischen Zeit sind auch zwei gedrungene Säulen mit Tierkapitellen eingebaut. Stempel gibt es in der Kirche.

tagsüber geöffnet

In Rasdorf ist bereits Anfang des 9. Jh. eine Klostergründung als Nebenkloster von Fulda belegt. 32 oder 34 Mönche zogen damals mitsamt einer Schülerschaft in diese Gegend. Nach Zerstörung des Klosters durch die Ungarn wurde die Einrichtung zum Kollegiatstift. Die Besiedlung Rasdorfs setzte vermutlich mit der Klostergründung ein. Festgestellt wurden zwei Dorftypen, ein Haufen- und ein Angerdorf.

Über den ausladenden Dorfanger spazieren Sie nun nach Süden (WC am nördlichen Rand) bis zur querenden Fahrstraße am Landgasthof Zum Adler. Wenige Schritte weiter links befindet sich auf der anderen Straßenseite der **Dorftreff Via Regia** mit Supermarkt, Metzgerei und Bäcker.

Ihr Weg führt nach rechts, aber nur 40 m, dann biegen Sie links in die Straße Eichsfeld ab. In der Straßenkurve gehen Sie geradeaus in eine Nebenstraße und auch an der Gabelung folgen Sie geradeaus dem Sträßchen. Auch an weiteren Abzweigen bleiben Sie auf dem Hauptweg.

Der Weg steigt beständig an, verliert schließlich die Teerdecke und führt dann in den Wald.

Im Wald gehen Sie an einem Querweg ❸ links weiter aufwärts. An einem weiteren Querweg gehen Sie wieder links und 60 m weiter rechts davon ab. Der Weg verläuft nun höhengleich und führt zuletzt rechts abwärts an eine Straße.

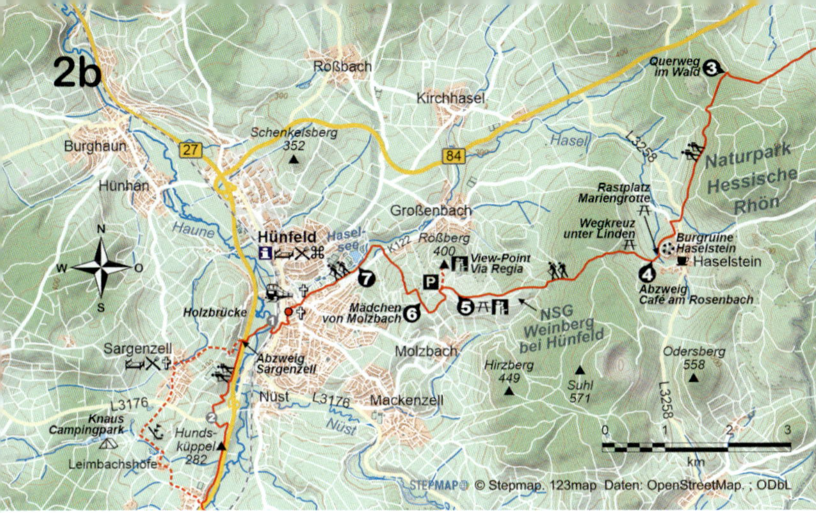

Sie gehen links bis über den Bach, biegen dann rechts in einen Feldweg ab, kommen zu einer anderen Straße und gehen links aufwärts bis zum Abzweig Großenbacher Straße. Hier biegen Sie rechts ab. Die Straße wird zum schmalen Pfad, der im Wald um einen Berg herumführt. Wenn links ein Weg zur Burgruine (Haselstein) ausgeschildert ist, gehen Sie rechts auf den unterhalb sichtbaren Teerweg und auf ihm abwärts in eine Senke. Nach dem Rastplatz Mariengrotte überqueren Sie den Bach und erreichen eine Querstraße ❹.

Wenn Sie hier links gehen, kommen Sie zu einem Café.

Café am Rosenbach, St. Mauritius-Str. 1, 36167 Haselstein, ☏ 066 52/66 07, www.cafe-rosenbach.de, Di-So 14:00-18:00, ➲ 500 m

Ihr Weg führt hier rechts und an der sofort folgenden Gabelung geteerter Wege wieder rechts. Am Wegkreuz unter Linden gehen Sie dann links aufwärts. Es ergibt sich nun rückwärtig ein schöner Blick zurück zur Burgruine Haselstein. Auf der Höhe biegen Sie links in einen Querweg und wenn dieser links abbiegt, rechts in einen Feldweg. Es geht wieder abwärts über eine Wiese in den Wald. An einer Gabelung breiter Wege gehen Sie links, jetzt in offenes Gelände und schließlich unter einer Stromleitung hindurch. Danach achten Sie darauf, geradeaus vom breiteren Weg rechts in einen Feldweg abzuweichen.

Sie haben auf dem nun folgenden weitgehend offenen Höhenrücken beständig weite Sicht in die Bergwelt und nach Hünfeld. Es folgt ein Rastplatz mit Aussicht ❺. Immer wieder stehen Wellenliegen am Weg.

NSG Weinberg

Das Naturschutzgebiet Weinberg gehört zu den unter besonderem Schutz stehenden Natura 2000 Gebieten. Europaweit werden Gebiete von „gemeinschaftlicher Bedeutung" z. B. als Fauna-Flora-Habitat (FFH) oder nach der Vogelschutzrichtlinie zum Erhalt der Artenvielfalt gepflegt und entwickelt. Geschützt wird hier ein Magerrasen auf basischem Untergrund. Das sind Graslebensräume, die zu den artenreichsten Gebieten Deutschlands gehören.

Sie kommen schließlich an einen Wanderparkplatz (Parkplatz am Weinberg), von dem ein Abstecher zum Aussichtspunkt Via Regia ausgeschildert ist (➲ 370 m). Sie folgen hier links der Straße, die über einen Rücken im Rechtsbogen eine Talsenke umgeht. ⇘ Alternativ könnten Sie am Parkplatz geradeaus auch durch die Senke zur gegenüberliegenden Höhe wandern.

Wenn die Straße fast die Anhöhe wieder erreicht hat, biegen Sie rechts in einen zweispurigen, gesandeten Feldweg ab.

Sie treffen an einer Pausenbank mit einer Linde und einer Tafel über das reiche Mädchen von Molzbach ❻ auf eine Gabelung und gehen rechts.

Das reiche Mädchen von Molzbach

Die besonderen Bodenverhältnisse, der hohe Kalkgehalt, werden dafür verantwortlich gemacht, dass ein solch spektakulärer Fund überhaupt möglich war. Immerhin war der bronzezeitliche Grabhügel, der sich an dieser Stelle befand, schon etwa 3.000 Jahre alt. Er barg 24 Bestattungen und wurde über einen Zeitraum von 1.000 Jahren immer wieder belegt. Bei dem hier erwähnten Mädchen fand man besonders viele kostbare Grabbeigaben, Stücke, die wohl in ihrem Besitz gewesen waren, denn Sie trug sie schmückend an den entsprechenden Körperstellen. Im **Konrad-Zuse-Museum** in Hünfeld bekommen Sie Detailinformationen zu den Fundstücken.

Im Weiteren biegen Sie links in einen Grasweg ab und an einem Querweg gehen Sie nach rechts. Am nachfolgenden Wegdreieck gehen Sie links. Die Wegweiser zeigen immer Richtung Haselsee und geben eine gute Orientierung. Sie überschreiten schließlich die K122, die links nach Hünfeld führt, und wandern geradeaus bis an einen Radweg, dem Sie links folgen.

Am Abzweig Haselsee ❼ gehen Sie geradeaus Richtung Hünfeld Stadtmitte weiter. Sie passieren Kleingartenanlagen, wandern durch eine Parkanlage und erreichen das **Bonifatiuskloster** Hünfeld. An der querenden Fahrstraße ist die Innenstadt am nicht mehr vorhandenen Großenbacher Tor erreicht. Links herüber ist ein Kreisverkehr und rechts ein Supermarkt zu sehen.

Geradeaus folgen Sie der Einkaufsstraße, die sich Großenbacher Tor nennt, und der sich anschließenden Töpferstraße. An einer Kreuzung biegen Sie links in die Straße Fuldaer Berg ab und erreichen die kath. **St.-Jakobus-Kirche**. Am Kirchplatz befindet sich auch das Konrad-Zuse-Museum.

Hünfeld

Tourist-Information, Am Anger 2, 36088 Hünfeld, 066 52/18 01 95, info@hessisches-kegelspiel.de, www.hessischeskegelspiel.de, Mo-Do 9:00-15:00, Fr 8:00-12:00, 220 m, am Großenbacher Tor rechts

St. Bonifatiuskloster, Klosterstraße 5, 36088 Hünfeld, 066 52/945 37, gaestebuero@bonifatiuskloster.de, www.bonifatiuskloster.de, Ü EZ € 55, DZ € 97, Tagungshaus, Mahlzeiten möglich, am Weg

♦ **Die Finca**, Bachstr. 3, 36088 Hünfeld, 066 52/982 60 30, 01 70/626 97 07 und 01 76/21 23 97 92, olive@rhoentapas.de, finca.rhoentapas.de, ÜF Preise auf Anfrage, Abendessen zubuchbar, Jakobspilger haben sich in Hünfeld eine Finca ausgebaut, 400 m, am Großenbacher Tor links über den Kreisverkehr hinaus der Molzenbacher Straße folgen, bis links die Bachstraße abzweigt

Gasthof Schützenhof, Fuldaer Berg 3, 36088 Hünfeld, 066 52/22 16, mail@schuetzenhof-huenfeld.de, www.schuetzenhof-huenfeld.de, ÜF Preise auf Anfrage, Montag Ruhetag, 50 m, Bahnhofsnähe

♦ **Best Western Plus Konrad Zuse Hotel**, Josefstraße 1, 36088 Hünfeld, 066 52/747 50, info@konrad-zuse-hotel.de, www.konrad-zuse-hotel.de, ÜF EZ/DZ € 109, 70 m, Großenbacher Tor

Rasdorf

Hünfeld hat einen Bahnhof an der Regionalbahnstrecke Fulda – Kassel. Da die Fahrtzeit nur 10 Min. beträgt, ist es so auch möglich, am Abend bereits nach Fulda zu fahren und am Morgen zurückzukommen, um einen Tag mit nur leichtem Gepäck zu wandern und mehr Zeit für die Besichtigung der Barockstadt zu haben.

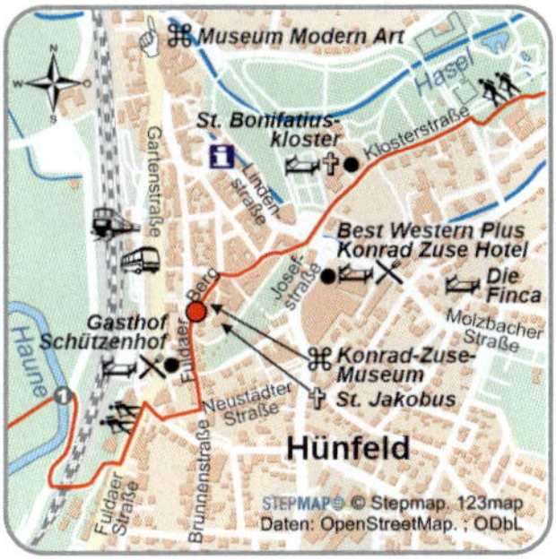

Eine **Pfarrkirche** bestand in Hünfeld etwa seit dem Jahre 1200. Diese war bereits Jakobus dem Älteren geweiht. Als sie baufällig wurde, errichtete man an gleicher Stelle die jetzige Kirche im gotischen Stil (ab 1506). Die zwischenzeitlich barocke Einrichtung ist heute wieder entfernt und neugotischen Schnitzaltären eines Würzburger Meisters gewichen.

tagsüber geöffnet

⌘ **Konrad-Zuse-Museum mit Stadt- und Kreisgeschichte.** Konrad Zuse hat überwiegend in Hünfeld gelebt. Er gilt als Vater des Computers.

♦ Kirchplatz 4–6, 36088 Hünfeld, ☏ 066 52/91 98 84,
✉ zuse-museum@huenfeld.de, 💻 www.zuse-museum-huenfeld.de,
🚪 Di, Mi, Fr, Sa, So 15:00-17:00

⌘ **Museum Modern Art**. Im ehemaligen Gaswerk der Stadt Hünfeld, einem denkmalgeschützten Jugendstilbau aus dem Jahr 1907, befindet sich das Museum Modern Art. Es beherbergt eine umfangreiche Kunstsammlung, die der Museumsgründer und Künstler Jürgen Blum (1933-2015) in vielen Jahren zusammengetragen hat.

♦ Hersfelder Straße 25, 36088 Hünfeld, ☏ 066 52/724 33,
✉ museum-modern-art@huenfeld.de, 💻 www.museum-modern.art,
🚪 Do-So 15:00-18:00

Hünfeld ist das einzige Mittelzentrum im Biosphärenreservat Rhön und bedeutender Arbeitgeber für über 6.000 Beschäftigte. Neben gewerblichen und industriellen Arbeitsplätzen entwickelt sich Hünfeld auch zusehends zu einem Verwaltungs- und Dienstleistungsstandort.

Neoromanische Klosterkirche in Hünfeld

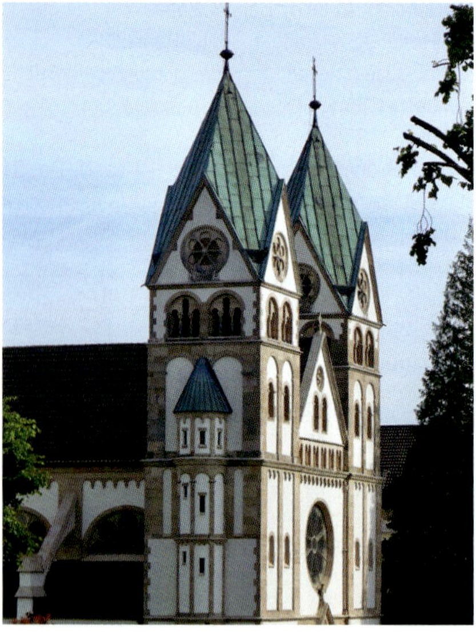

Hünfelds Geschichte war bis 1802 eng mit der Geschichte eines von Fulda aus gespendeten Benediktinerklosters bzw. späteren Chorherrenstiftes verbunden. 1895 wurde dann von Missionaren des Oblatenordens ein neues Kloster gegründet und die heutige Klosteranlage und Klosterkirche im neoromanischen Stil errichtet. Bis 1971 diente das katholische Kloster auch als theologische Hochschule. Heute ist es vor allem ein Tagungs- und Exerzitienhaus. Die Klosterkirche, in der auch Konzerte stattfinden, ist tagsüber geöffnet.

Etappe 3: Hünfeld – Fulda

21,1 km, 7 Std., ↑ 280 m, ↓ 296 m, ⇧ 251-387 m

0,0 km	⇧ 276 m	Hünfeld
1,4 km	⇧ 256 m	Abzweig Sargenzell
5,8 km	⇧ 305 m	Mariaruh
8,0 km	⇧ 321 m	Abzweig Hauneseekreuz, Marbach
12,0 km	⇧ 286 m	Steinau
17,0 km	⇧ 384 m	Petersberg
21,1 km	⇧ 260 m	Fulda, Dom

Ihr Weg folgt heute dem Haunetal in südlicher Richtung bachaufwärts, in Teilen über den Haunetalradweg. Kurz hinter Steinau biegt das Tal mit dem Radweg nach Osten ab, während Sie den weiter südlich gelegenen Petersberg erklimmen. Die Bischofsstadt Fulda liegt Ihnen dann zu Füßen.

Blick vom Petersberg

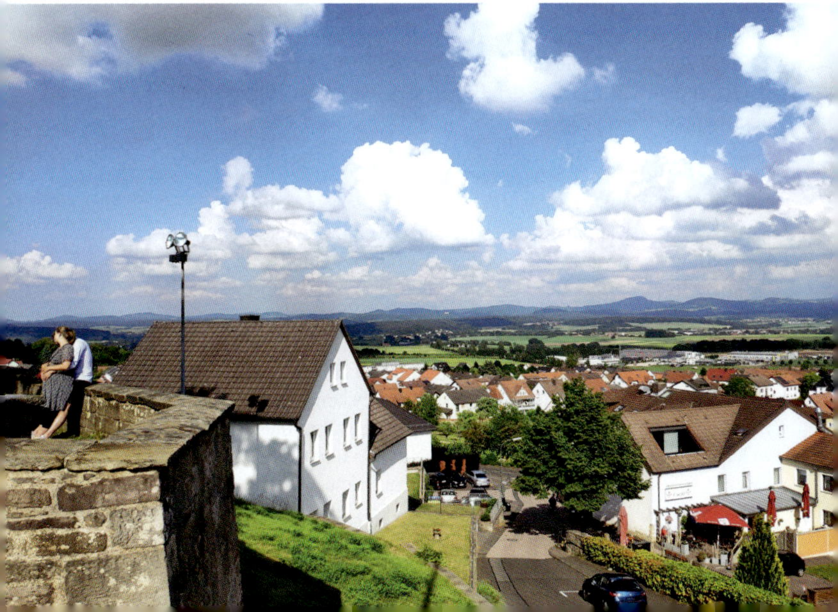

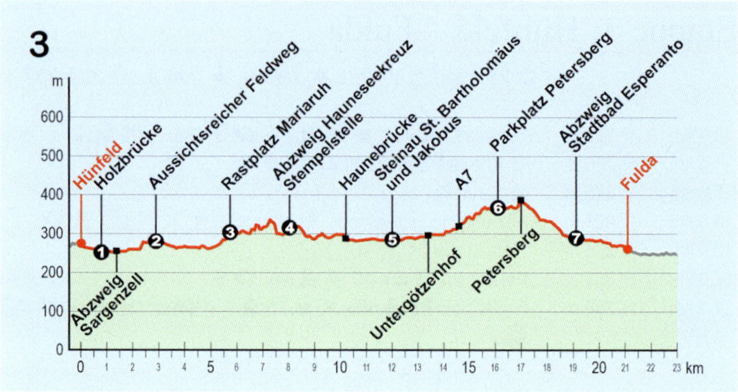

Dem Fuldaer Berg folgen Sie weiter abwärts und dann auch der verlängernden Brunnenstraße bis zur ersten Kreuzung in der Senke. Dort biegen Sie rechts ab und wandern bis zur Fuldaer Straße, auf der es 140 m nach links geht (↬ geradeaus kommen Sie zum Bf., ➲ 350 m).

Gegenüber dem Autohaus biegen Sie rechts von der Hauptstraße ab und überqueren auf einer Brücke die Gleisanlagen. Dahinter folgen Sie rechts der abwärtsführenden Straße. Nach 200 m überqueren Sie links auf einer Holzbrücke ❶ das Flüsschen Haune und folgen dem Radweg.

Nach dem Überqueren der B27 finden Sie einen Hinweis auf eine Variante über Sargenzell.

↬ Abstecher nach Sargenzell

Die Alte Kirche in Sargenzell trägt die „Jakobsmuschel an der Tür", was in diesem Falle nicht ursächlich mit dem Jakobuspilgerweg zusammenhängt. Die „Jakobsmuschel an der Tür" wird vom Arbeitskreis dörfliche Kultur e. V. Marburg für besonders „hartnäckige kulturelle-denkmalpflegerische Bürgerarbeit" verliehen, zeichnet also ein von Bürgerinnen und Bürgern gerettetes Denkmal aus. Ausgezeichnet wurde hier der Förderverein, der sich um den Erhalt und die Renovierung der Alten Kirche in Sargenzell gekümmert hat.

Dies allein wäre allerdings noch kein hinreichender Grund, eine Variante des Pilgerweges über Sargenzell zu legen, vielmehr war es die große Anziehungskraft, welche der um Erntedank für zwei Monate (Sep und Okt) in der Alten Kirche ausgelegte 4,5 x 6 m große Früchteteppich auf viele Menschen ausübt. Seit 1988 entsteht jährlich ein anderes Motivbild aus Früchten, Samenkörnern, Blumen und Blütenblättern.

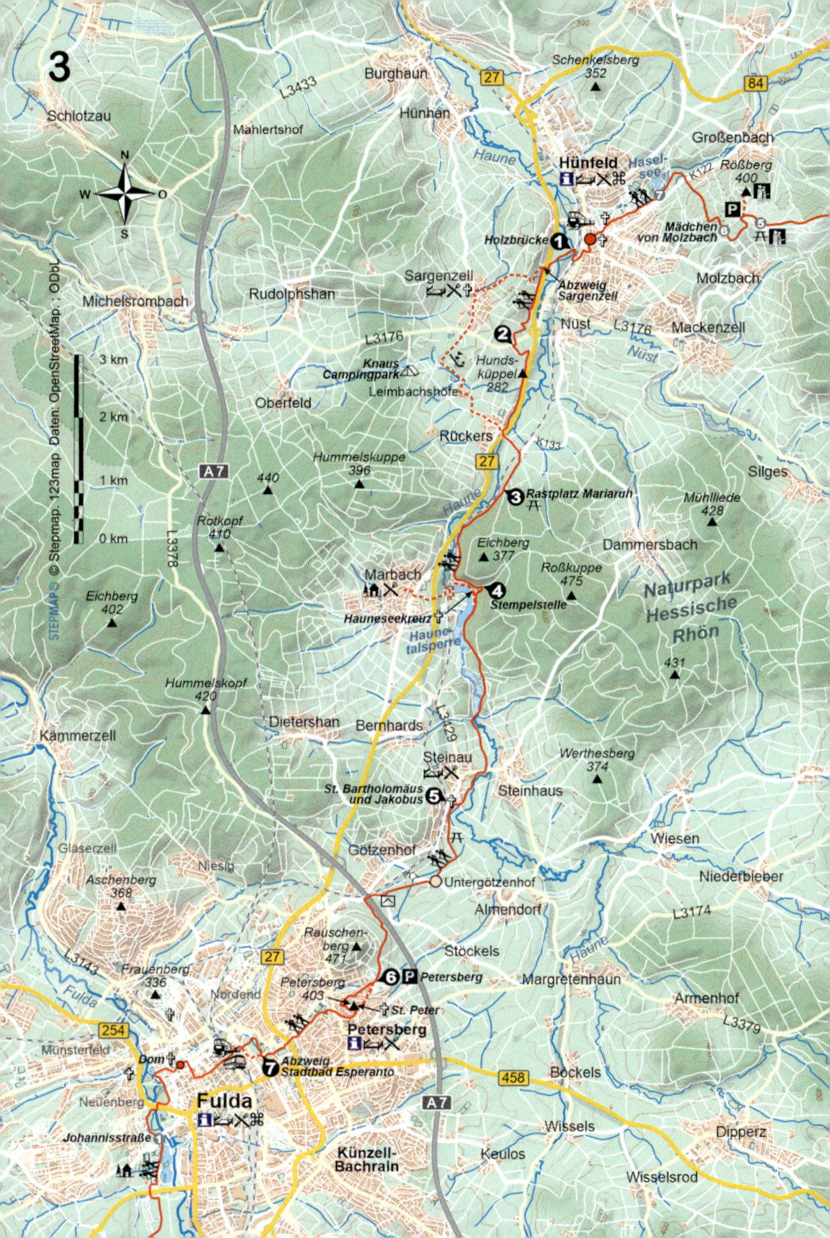

3
Burghaun
Hünhan
Schenkelsberg 352
Großenbach
Hünfeld
Haselsee
Rößberg 400
K122
Mädchen von Molzbach
Holzbrücke 1
Abzweig Sargenzell
Sargenzell
Molzbach
Mackenzell
Nüst
L3176
Schlotzau
Mahlertshof
L3433
Michelsrombach
Rudolphshan
Knaus Campingpark
Hundsküppel 282
2
Leimbachshöfe
Oberfeld
Rückers
K133
Hummelskuppe 396
440
3 Rastplatz Mariaruh
Mühlliede 428
Silges
Rotkopf 410
L3378
A7
Eichberg 377
Roßkuppe 475
Dammersbach
Marbach
4 Stempelstelle
Hauneseekreuz
Haunetalsperre
Naturpark Hessische Rhön
431
Eichberg 402
Hummelskopf 420
Dietershan
Bernhards
L3429
Kämmerzell
Steinau
Werthesberg 374
St. Bartholomäus und Jakobus 5
Steinhaus
Gläserzell
Niesig
Götzenhof
Wiesen
Untergötzenhof
Niederbieber
Aschenberg 368
Almendorf
L3174
Rauschenberg 471
Stöckels
Haune
L3143
Frauenberg 336
Fulda
Nordend
Petersberg 403
6 Petersberg
Margretenhaun
Armenhof
St. Peter
Petersberg
L3379
254
Münsterfeld
Dom
7 Abzweig Stadtbad Esperanto
458
Böckels
Neuenberg
Fulda
A7
Johannisstraße
Künzell-Bachrain
Wissels
Dipperz
Keulos
Wisselsrod
3 km
2 km
1 km
0 km
N
O
S
W
STEPMAP © Stepmap, 123map Daten: OpenStreetMap, ODbL

In dieser Zeit lohnt sich also ein Abstecher. Detailinformationen zu Öffnungszeiten und den genauen Zeitraum erhalten Sie auf der unten angegebenen Webseite. Die Variante ist 1,1 km länger als der Hauptweg.

Nach Sargenzell folgen Sie am Abzweig rechts dem Sträßchen. Zusätzliche Markierungen sind ein weißes Andreaskreuz und ein rotes Dreieck. Der Weg steigt leicht an, die Teerdecke verliert sich bald, dann gabelt sich der Weg. Gehen Sie hier rechts zur Höhe hinauf (Bildstock, Grenzsteine, Pausenbank, Blick nach Sargenzell) und geradeaus darüber hinweg wieder abwärts zu einem Teersträßchen und dort links in den Ort hinein. An der Gabelung biegen Sie rechts in den Salugoweg ab, gehen über ein Bächlein hinweg und dann links zur Kirche.

Sargenzell (Hünfeld)

Gast- und Pensionshaus **Reiterhof Stock**, Am Bettelstein 3, 36088 Sargenzell, 066 52/26 82, gaststaette-reiterhof-stock@t-online.de, www.gasthaus-reiterhof-stock.de, ÜF auf Anfrage, 1,3 km vom Abzweig am Hauptweg

Alte Kirche Sargenzell

♦ Salugoweg 1, 36088 Sargenzell, www.fruechteteppich.de, täglich 10:30-16:30

An der Kirche biegen Sie links in die Durchgangsstraße ab und folgen ihr bis an die querende L3176. Gehen Sie geradeaus darüber hinweg, nun auf einem Schotterweg über Golfplatzgelände bis zu einer Wegekreuzung mit Wegweiser. Hier geht es nach links weiter.

☺ Zum Knaus Campingpark kommen Sie, wenn Sie geradeaus Richtung Freizeitanlage Praforst wandern.

Knaus Campingpark, Dr. Detlev-Rudelsdorff-Allee 6. 36088 Hünfeld (OT Praforst) huenfeld@knauscamp.de, www.knauscamp.de/huenfeld-praforst, Ü Zelt € 10,40, € 9,90 p. P., 500 m, 2,3 km von Rückers

Am Ortsschild Leimbachshöfe biegen Sie rechts in ein Sträßchen und nach 180 m, vor einem größeren Ziegelgebäude, wieder links von der Straße ab. An der Gabelung wandern Sie rechts am Mittelleimbachshof entlang zum Wegkreuz auf der Höhe und dort geradeaus bis an eine Straße. Diese führt links nach Rückers.

An der Kirche biegen Sie links in die Durchgangsstraße und nach 60 m rechts ab zur Brücke über die Bundesstraße und die Haune. Sie befinden sich nun auf dem Hauptweg.

Der Hauptweg biegt links in eine Parallele zur Umgehungsstraße ab. Nach 300 m entfernt sich der Weg von der Schnellstraße, um ein Straßenkreuz zu umgehen. Zweimal biegen Sie links ab und erreichen eine andere Straße, die Sie geradeaus überschreiten. Dem erreichten Teerweg folgen Sie rechts für 30 m, dann biegen Sie links in einen aussichtsreichen Feldweg ab ❷. An einem Hochsitz ist der Weg nach links markiert und am erreichten Teerweg rechts.

Dieser führt wieder an der B27 entlang und erreicht **Rückers** über eine Siedlungsstraße. Noch vor der kath. Kirche biegt der Weg links Richtung Dammersbach ab. Die B27 und die Haune werden über- und die Bahnlinie unterquert. Danach biegt die Straße links und Sie in den rechten der beiden rechts abgehenden Wege ab. Noch einmal geht es rechts in eine Parallele zur Bahnstrecke.

Ein links abzweigender, in den Wald führender Weg wird ignoriert. Sie bleiben auf dem Hauptweg und kommen so auch in den Wald. Am Waldrand befindet sich der Rastplatz Mariaruh ❸.

Der Waldweg führt Sie oberhalb von Bahngleisen, Haune und Bundesstraße an die Haunetalsperre, biegt zunächst im steilen Hang links ab und erreicht eine Gabelung. Sie gehen rechts weiter, jetzt an der Längsseite des Sees, aber noch oberhalb des Wassers. Der Weg fällt nun und erreicht bereits nach 70 m eine weitere Gabelung ❹. Hier ist auch eine ⦿ Stempelstelle eingerichtet.

Rechts beginnt hier ein Abstecher zur PilgerHÖHLe Marbach (➲ 1,9 km). Er führt zum Hauneseekreuz hinab, das nahe am Ufer der Talsperre steht. Dort gehen Sie rechts zum Staudamm hinauf. Offiziell müssen Sie ganz über den Damm und dann rechts ins Tal zur Eisenbahnbrücke. Sie können aber auch nach dem Ablauf rechts das Treppchen am Damm abwärts zur Brücke gehen und sparen dann 300 m Weg.

Nach der Brücke führt der Weg im Linksbogen zu einem Sträßchen. Sie gehen rechts und durch einen Straßentunnel bis an eine Straßenverzweigung. Hier gehen Sie geradeaus über die Straße hinweg und wandern halb rechts einen gepflasterten Fußweg abwärts zur Gartenstraße und biegen links ein. Wenn diese links abbiegt, gehen Sie geradeaus und an der nächsten Ecke halb rechts. Dann erreichen Sie den Steinweg. Etwas weiter links befindet sich das Quartier. Auf (fast) demselben Weg kommen Sie zum Hauptweg zurück, brauchen aber am Hauneseekreuz nicht links den steilen Weg bergauf gehen, sondern folgen geradeaus dem Uferweg.

Marbach (Petersberg)

PilgerHÖHLe, Sandra & Frank Hohl, Steinweg 20, 36100 Marbach,
☏ 06 61/60 70 33 u. 01 51/20 79 14 08, info@pilger-on-tour.de,

www.pilger-on-tour.com/pilgerhoehle, 4 Betten, nur mit Pilgerausweis und Anmeldung, mude Pilgerinnen und Pilger werden gerne am Landgasthof Zellmuhle abgeholt, Ü gegen Spende, ➲ 1,9 km.

Marbach ist ein katholisch geprägter Ort mit rund 2.400 Einwohnerinnen und Einwohnern und einer für Durchreisende durchaus passablen Infrastruktur für die Versorgung.

Der Landgasthof Zellmühle, direkt am Haunesee, ist 2022 bis auf Weiteres allerdings geschlossen.

Ihr Weg führt geradeaus, sanft abwärts und erreicht schon fast am Zufluss des Sees das Ufer. Sie wechseln die Richtung nicht. An einem von rechts kommenden geteerten Radweg (Haunetalradweg) gehen Sie weiter geradeaus bis zu einer hölzernen Brücke. Hier überqueren Sie die Haune und folgen dem Radweg bis an eine Fahrstraße (L3429).

Sie gehen rechts und biegen nach 100 m links in den weiterführenden Radweg ab. Nach 280 m ist eine schöne Rastmöglichkeit am Hauneufer (Holzbrücke) erreicht. Sie überqueren den Bach nicht, sondern gehen rechts. Nach 60 m, hier verweist ein Hinweisschild auf den Gasthof Rhönblick, biegen Sie links ab.

Der Weg geht in eine Siedlungsstraße über und erreicht die kath. Kirche St. Bartholomäus und Jakobus ❺.

Steinau (Petersberg)

Gasthof Rhönblick, Stefan Faulstich, Hauptstr. 24, 36100 Steinau,
06 61/96 90 10, 01 51/50 42 42 61, info@landhotel-rhoenblick.de,
rhoenblick-steinau.de, ÜF EZ € 60, DZ € 90, DBZ € 99

Die kath. Kirche **St. Bartholomäus** und Jakobus ist ein moderner Saalbau von 1960, der auf eine Kapelle von 1704-1708 zurückgeht. Es gibt einen Pilgerstempel.

tagsüber geöffnet

Steinau wurde im Jahr 1105 das erste Mal erwähnt. Bis heute erinnert eine Burgruine (nahe am Weg, kurz bevor die Kirche erreicht ist, aber hinter einer Scheune gelegen nicht einsehbar) an eine Fehde derer von Steinau mit der Fürstabtei von Fulda im 13. Jh. Ein Abt wurde ermordet und in Folge die Burg zerstört.

Sie folgen der Siedlungsstraße nach links und dann dem weiterführenden Radweg, nach 350 m aber biegen Sie geradeaus vom Haunetalradweg ab. An einem Wegdreieck mit Pausenbank biegen Sie links in den Schotterweg ab.

Ein paar Schritte weiter, nachdem der Weg wieder eine Teerdecke bekommen hat, biegen Sie rechts in einen Feldweg, nach 300 m dann wieder links aufwärts zu einer Siedlung. Dabei überqueren Sie den Milseburgradweg.

Am Ortsrand von Untergötzenhof gehen Sie rechts und biegen kurz nach einer überdachten Bushaltestelle links in den Milseburgradweg ab. (Für Fußgänger ist eine Parallele vorgesehen.)

An einem Parkplatz ⊠ halten Sie sich am rechten Rand und unterqueren danach geradeaus die Autobahn A7. Sofort danach biegen Sie links wieder in den Radweg ab, der nun ansteigt und einen zweispurigen Hangweg am Rauschenberg erreicht. Sie wandern links weiter, nun auf einem herrlichen Panoramaweg. Die Wasserkuppe, die höchste Erhebung der Rhön, ist anhand seiner Gipfelbauten im Panorama gut auszumachen.

Sie erreichen eine Teerstraße und gehen links bis zu einem Parkplatz ❻. Hier zeigen die Markierungen halb rechts in die Eisenacher Straße.

☺ ↳ Bequemer haben Sie es, wenn Sie an dieser Stelle geradeaus der Friedenstraße bis zum Gasthof Altes Casino folgen und von dort rechts zur Grabeskirche St. Lioba hinaufsteigen.

Der markierte Weg führt zunächst abwärts, biegt rechts in den Geisaer Weg und nach 120 m links in die Heckenstraße ab. Nach weiteren 200 m biegen Sie links in einen Fußweg ab (Petersberger Pfaffenpfad), der zuletzt steil als Treppenweg zur Grabeskirche der heiligen Lioba auf den Gipfel des Petersbergs führt. Unterhalb der Kirche führt eine Straße zum Gasthof Altes Casino hinab.

Petersberg

Gemeindeverwaltung, Rathausplatz 1, 36100 Petersberg ☏ 06 61/620 60, gemeinde@petersberg.de, www.petersberg.de, Mo-Fr 8:00-12:00, zusätzlich Mo 13:30-15:30, Mi 14:00-18:00, ➲ 130 m

Gasthof Altes Casino, Langenburg 1, ☏ 06 61/96 90 70, info@gasthof-casino.de, www.gasthof-casino.de, ÜF EZ ab € 70, DZ ab € 104, bett+bike, ➲ am Weg

✞ **Propsteikirche St. Peter (Liobakirche).** Der berühmte Fuldaer Abt Rabanus Maurus ließ 836 ein Kloster (Benediktiner) und eine Kirche als Grabeskirche für die heilige Lioba auf dem Petersberg errichten.

Die Krypta ist bis heute erhalten. Lioba war eine Zeitgenossin und eine Verwandte von Bonifatius. Das Kloster entwickelte sich im 12. Jh. zu einer Propstei. 1802 wurde es aufgehoben. Heute gibt es wieder eine **Cella St. Lioba** die von Benediktinerinnen von der heiligen Lioba gegründet wurde. Sie übernehmen auch die Pflege der Grabeskirche.

♦ An St. Peter 1, April-Okt Di-So 10:00-11:30 u. 14:30-16:30, im Winter nur nachmittags

So wie die Grabeskirche der hl. Lioba auf dem Petersberg schon von Weitem den Weg weist, so ist auch die Aussicht von dort in die Rhön und auch hinunter nach Fulda eigentlich nur als grandios zu bezeichnen. Wer kann, verbringt die Nacht hier oben und überlässt sich für eine Weile dieser einzigartigen Atmosphäre. Mit einem nur kurzen Zwischenstopp sind die sich mit dem wechselnden Licht verändernden Szenarien kaum zu erfassen.

Die Gemeinde Petersberg umfasst seit 1971 unter anderem die am zurückgelegten Weg liegenden, bis dahin selbständigen Gemeinden Marbach, Haunetal und Steinau.

Am Gasthof Altes Casino biegen Sie rechts in die abwärtsführende Friedenstraße ab und gehen an der Kreuzung dann geradeaus in die Brauhausstraße. Von dieser biegen Sie halb rechts in den Rupertusweg ab, dem Sie auch an einer Querstraße geradeaus weiter folgen und von dem Sie dann aber in einen Fußweg abbiegen. An einer weiteren Querstraße, die Sie über ein paar Stufen erreichen, gehen Sie geradeaus und biegen dann links ab in den Pfaffenpfad. Der Fußweg führt durch Park- und Sportplatzgelände bis an die **Magdeburger Straße**.

Dort gehen Sie links unter der Straßenbrücke hindurch und biegen danach halb links wieder in einen Parkweg ab, der in die Straße Domänenweg übergeht. Wenn dieser links abbiegt, gehen Sie geradeaus auf dem Parkweg weiter.

Wegweiser zeigen nun Richtung Fulda/Innenstadt.

Nach 400 m, an einem Wegweiser, zeigt die Muschelmarkierung rechts (Richtung Stadtbad Esperanto) ❼ in einen abweichenden Fußweg. Der Weg durch die Parkanlage ist auch zu empfehlen.

Nur wenn Sie es eilig haben, können Sie 180 m einsparen, wenn Sie an dieser Stelle geradeaus gehen. Auch dort findet sich bald eine Markierung wieder. Sie erreichen dann eine Fahrstraße, gehen rechts und an der nachfolgenden Querstraße (Zieherser Weg) wieder rechts an einer Ziegelmauer entlang. Am Parkhaus Richthalle (gegenüber dem Hotel Esperanto) gehen Sie links zur Bahnhofsunterführung.

An einer Parkwegkreuzung biegen Sie links in den Schrebergartenweg ab und kommen so an den Zieherser Weg. 50 m weiter rechts biegen Sie links ab in die Nebenstraße An der Richthalle.

Parkhaus Richthalle

Die denkmalgeschützte Richthalle, die seit 2005 als bahnhofnahes Parkhaus genutzt wird, gehörte ursprünglich zu einem Ausbesserungswerk der Bahn. Seit 1867 wurden hier die Züge repariert und gewartet.

Die Straße führt zur Bahnhofsunterführung, die Sie nutzen. Jenseits der Unterführung folgen Sie geradeaus der Bahnhofstraße über zwei Querstraßen hinweg bis zur querenden Rabanusstraße. Auch hier geht es geradeaus weiter über den Universitätsplatz (halten Sie sich rechts) zum Alten Rathaus am Borgiasplatz mit dem **Sturmiusbrunnen**.

Auch hier gehen Sie weiter geradeaus zwischen Altem Rathaus und der Stadtpfarrkirche St. Blasius hindurch. Nach der Kirche biegen Sie rechts ab und kommen an der Ecke **Stadtschloss** zum Bonifatiusplatz mit dem **Bonifatius-Denkmal** und der i Tourist-Information. Nun, mittendrin im Barockviertel, kommen Sie weiter geradeaus gehend an der Hauptwache vorbei. Hier befinden sich heute ein Café und ein Restaurant. Gleich danach haben Sie einen herrlichen Blick auf den **Fuldaer Dom**, zu dem Sie links über den Domplatz oder der Markierung nach links entlang der Johannes-Dyba-Allee folgend gelangen.

☺ Wenn Sie von der Hauptwache zunächst geradeaus am Schlossgarten entlang der Pauluspromenade folgen, kommen Sie nach gut 100 m ohne Höhenunterschied auf den Michaelsberg mit der karolingischen **Michaelskirche**, von der Sie dann zum Dom hinabsteigen können.

Fulda

i **Tourismus und Kongress-Management**, Bonifatiusplatz 1, 36037 Fulda, ☏ 06 61/102 18 13, tourismus@fulda.de, www.tourismus-fulda.de, Mo-Fr 10:00-17:00, Sa, So, Fei 9:30-16:00, ➲ am Weg

Jugendherberge Fulda, Schirrmannstr. 31, 36041 Fulda/Neuenberg, ☏ 06 61/733 89, jh-fulda@jugendherberge.de, www.jugendherberge.de → Schnellsuche, bett+bike, ÜF ab € 34,80, ➲ 780 m, südlicher Stadtrand, vom Dom 2,1 km, ☞ Wegbeschreibung 4. Etappe

Frauenberg, Franziskaner & Antonius, Am Frauenberg 1, 36039 Fulda, ☏ 06 61/109 51 16, info@frauenberg-fulda.de, www.frauenberg-fulda.de, Tagungshaus und Hotel, ÜF EZ € 68, DZ € 85, ➲ 700 m, nördlich des Doms

🛏 **B&B Hotel Fulda**, Dalbergstraße 7, 36037 Fulda, ☏ 06 61/90 19 65 60, ✉ fulda@hotelbb.com, 💻 www.hotelbb.com, ÜF EZ € 69,50-89,50, DZ € 88-108, ➲ 350 m

♦ **Ibis Fulda City**, Kurfürstenstraße 3, 36037 Fulda, ☏ 06 61/25 05 60, ✉ H3286@accor.com, 💻 www.ibis.accorhotels.com, ÜF EZ € 71-97, DZ € 93-109, ➲ 200 m, am Bahnhof

🛏 ✕ **Hotel Zum Ritter**, Kanalstraße 18-20, 36037 Fulda, ☏ 06 61/25 08 00, ✉ info@hotel-ritter.de, 💻 www.toskanaworld.net, ÜF ab 77,50, DZ ab € 97, Biergarten und Restaurant am Haus, ➲ 200 m, westl. Altstadt

✕ **Restaurant Aubergine**, Haimbacher Straße 51, 36041 Fulda, ☏ 06 61/292 68 68, ✉ info@restaurant-aubergine.de, 🚪 11:30-14:00 (außer samstags) u. 18:00-22:00, Mo, Di Ruhetag, vegetarisches Restaurant, ➲ 1,7 km, 🚌 „Kettelerstraße“

🚌 Stadtbusverkehr und Busverbindungen in der Region finden Sie unter 💻 www.lng-fulda.de

🚆 Fulda ist ICE-Haltepunkt an der Schnellfahrstrecke Hannover-Würzburg, aber auch Nahverkehrszüge fahren hier Richtung Kassel-Wilhelmshöhe, Frankfurt und Gersfeld (Rhön). Die zuletzt genannte Strecke verläuft in etwa parallel zu den folgenden zwei Etappen. Die Bahnhöfe Eichenzell und Welkers liegen am Weg. Der Bf. Schmalnau ist von Thalau aus zu erreichen (➲ 2,8 km), der Bf. Gersfeld liegt 2,5 km vom Weg entfernt.

✞ Der **Dom St. Salvator** ist Hessens bedeutendste Barockkirche. Er wurde 1712 eingeweiht und ersetzt seitdem die berühmte Ratgar-Basilka, die 791-819 entstand und damals der größte Kirchenbau nördlich der Alpen war. Der Fuldaer Dom ist auch die Grabeskirche des bekannten Missionars Bonifatius, Bischof von Mainz und von Utrecht, (673-754/755). Seit der Erhebung der Fürstabtei Fuldas zum Fürstbistum im Jahr 1752 ist das Gotteshaus Kathedrale und damit Bischofskirche.

♦ Domplatz, 🚪 April-Okt Mo-Fr 10:00-18:00, Sa 10:00-15:00, So 13:00-18:00, im Winter Mo-Fr nur bis 17:00, Orgelmatineen von Juli-Okt und im Advent jeden Sa von 12:05-12:35

✞ ⊙ **Michaelskirche**. Sie gehört zu den ältesten Kirchen Deutschlands. Dabei stammt die noch gute erhaltene Krypta noch aus dem 9. Jh., die Kirche selbst wurde im 10. Jh. erneuert und im 11. Jh. noch einmal umgebaut. Es handelt sich um die Grabeskirche der Fuldaer Äbte.

♦ Michaelsberg 1, April-Okt, täglich 10:00-18:00, Nov-März täglich 10:00-12:00 u. 14:00-18:00

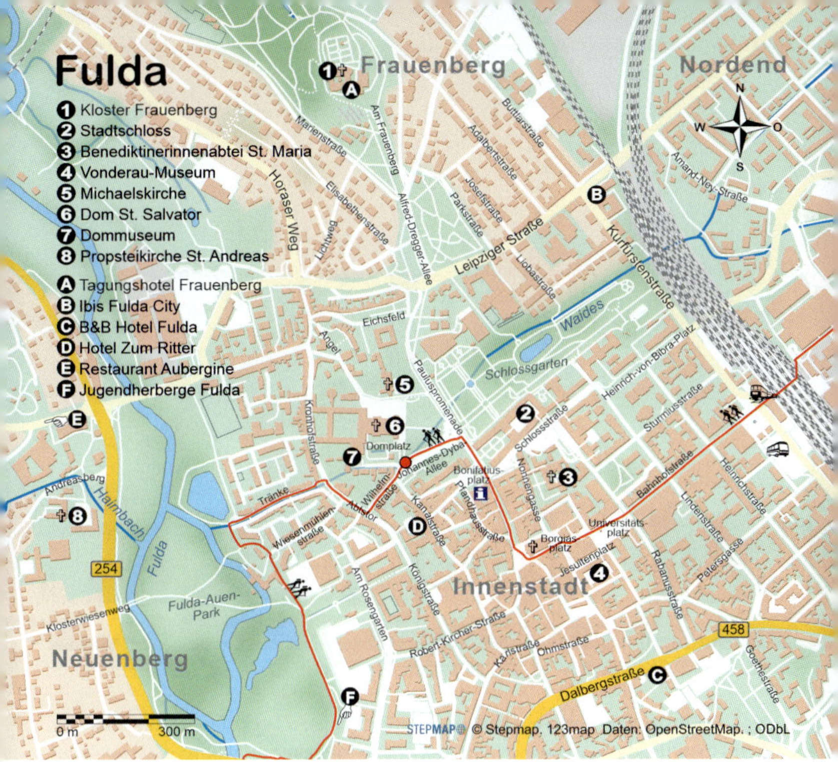

✞ Die **Benediktinerinnenabtei St. Maria** liegt seit 1626 am Rande der Altstadt. Die Klostermauer ist ein Teil der Stadtbefestigung. Der Klostergarten wird seit Jahrhunderten ökologisch bewirtschaftet. Erfahrungen und Anleitungen zur Gartenkultur werden in vielen Schriften, die im Klosterladen erworben werden können, dargestellt. Das Kloster selbst ist mit Kreuzgang, Refektorium, Dormitorium, Backhaus und Werkstätten in alter Tradition erhalten.

Die Abteikirche wurde in großen Teilen von der 1997 in Fulda verstorbenen Künstlerin und Benediktinerin Lioba Munz ausgestattet (Glasfenster, Haupt- und rechter Seitenaltar, das große Hängekreuz über dem Hauptaltar, Oster- und Altarleuchter).

♦ Nonnengasse 16, Klosterkirche 6:00-20:00, Klosterladen Mo-Sa 10:00-11:30 u. 14:00-15:30, Klostergarten Mai-Sep Sa 14:00-16:00, Einblick vom Klosterladen zu den Öffnungszeiten des Ladens möglich

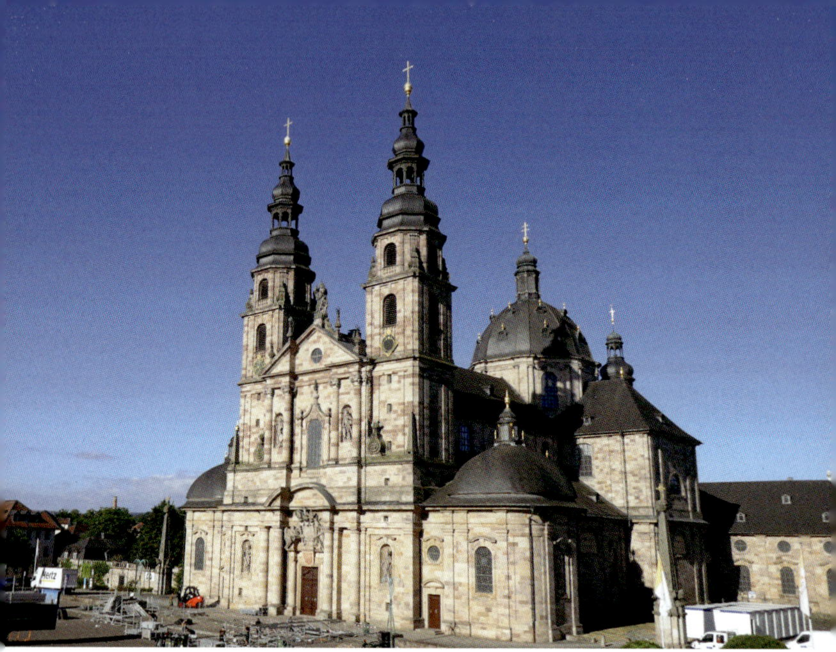

Der Dom St. Salvator ist das Wahrzeichen Fuldas

✝ **Kloster Frauenberg**. Die barocke Klosteranlage liegt auf einem altstadtnahen Hügel Fuldas. Am selben Ort soll einmal die einfache Hütte des Bonifatius gestanden haben. Von hier haben Sie einen wundervollen Ausblick über die Stadt und in die Kuppen der Rhön. Sie können hier auch übernachten, ☞ Fulda.

♦ Frauenberg 1, Klosterkirche täglich von 7:30-18:30

✝ **Propsteikirche St. Andreas**, schönes Ensemble von Kirche und Kloster aus dem 11. Jh.

♦ Andreasberg 5, ☏ 06 61/731 02. Eine Besichtigung der ottonischen Krypta ist nach Voranmeldung möglich, ➲ 850 m, Stadtrand, westl. der Fulda.

⌘ **Stadtschloss, historische Räume**. Das Barockschloss der Fürstäbte und Fürstbischöfe Fuldas wird heute weitgehend von der Stadtverwaltung genutzt. Einige Prunksäle können aber besichtigt werden. Sie geben einen Einblick in die höfische Wohnkultur des 18. Jh.

♦ Schlossstraße 1, Di-So 10:00-17:00 (außer wenn gerade Trauungen stattfinden, was vor allem Fr u. Sa der Fall sein kann), Führungen 10:30 u. 14:00, Fr nur 14:00

⌘ **Vonderau-Museum**, Kulturgeschichte, Naturkunde, Malerei/Skulpturen mit regionalem Bezug

♦ Jesuitenplatz 2, Di-So 10:00-17:00

⌘ ⦿ **Dommuseum**, Schatzkammer, Kloster- und Bistumsgeschichte, barocke liturgische Geräte, Textilien und Reliquiare, Skulpturensammlung

♦ Domplatz 2, Di-Sa 10:00-12:30, 13:30-16:00, So 12:30-16:00

Für Pilgerinnen und Pilger ist Fulda mit seinen nur knapp 70.000 Einwohnerinnen und Einwohnern eine Stadt, die schnell zu überschauen ist. Viele Sehenswürdigkeiten liegen direkt oder nahe am Weg. Um sich aber ein wenig mit der Stadt vertraut zu machen, braucht es außer dem Abend der Ankunft wenigstens einen zusätzlichen halben Tag, besser aber einen Pausentag mit zwei Übernachtungen. Dann ist auch Zeit zur Besichtigung der Klöster Frauenberg und St. Maria und der vielen Kleinigkeiten, die erst beim Durchstöbern der Altstadt auffallen.

Die Geschichte Fuldas beginnt mit der Klostergründung durch den bayrischen Missionar Sturmius, der im Auftrag des Bonifatius handelte, mit dem Ziel, die Christianisierung Germaniens voranzutreiben. Gleichzeitig entstanden um das Kloster herum Siedlungen der Bauern und Handwerker. Münz-, Markt- und Zollrechte folgten Anfang des 11. Jh. und 1114 wurde Fulda das erste Mal als Stadt erwähnt. Sein barockes Gepräge bekam Fulda Anfang des 18. Jh. Die Finanzen der Abtei waren zuvor saniert worden und so konnte der regierende Fürstabt den Baumeister Johann Dientzenhofer mit dem Bau eines neuen Doms beauftragen. Auch das heute noch vorhandene barocke Stadtschloss entstand in dieser Zeit durch denselben Baumeister. 1764, also gerade einmal vor 260 Jahren, wurde die erste Chaussee (auf dem Reißbrett geplante und befestigte Landstraße) Hessens zwischen Fulda und Frankfurt eröffnet.

In der Michaelskirche

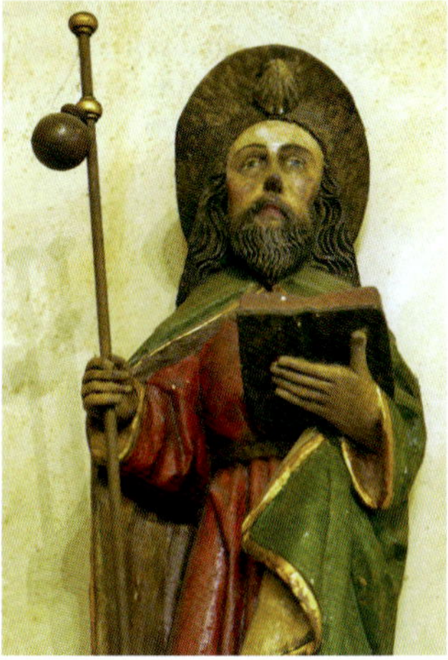

Seine zentrale Bedeutung für die Region hat Fulda bis heute behalten. Es ist Kreisstadt und Oberzentrum der Fuldaregion sowie Universitätsstadt und Bischofssitz.

Etappe 4: Fulda – Welkers

12,9 km, 4 Std., 74 m, 40 m, 248-297 m

0,0 km	260 m	Fulda, Dom
4,3 km	258 m	Abzweig Johannesberg,
6,6 km	272 m	Bronnzell
9,5 km	285 m	Eichenzell
12,9 km	292 m	Welkers

Die recht kurze Etappe gibt Gelegenheit noch einen halben Tag in Fulda zu verweilen und erst mittags loszumarschieren. Sie könnten auch in der Morgenkühle das überwiegend schattenlose Wegstück bis Welkers laufen und mit dem Zug nach Fulda zurückfahren, um am nächsten Tag wieder dort einzusteigen. Auch lässt sich die kurze Etappe nutzen, die Propstei Johannesberg und das Museum Schloss Fasanerie in das Besichtigungsprogramm mit einzubeziehen. Große Teile des Weges sind heute nicht so spannend, da es überwiegend über geteerte Radwege geht. Autobahnen und Schnellstraßen rauben dem Fuldatal, durch das der Weg führt, zudem seine Beschaulichkeit. So könnten Sie auch überlegen, erst in Eichenzell oder Welkers in den Weg einzusteigen.

Auf Höhe des Doms folgen Sie geradeaus der weiterführenden Wilhelmstraße und kommen so an die Straße Abtstor. Überqueren Sie die Straße und gehen Sie dann rechts weiter. An der Kunsthandlung Fuchs werden Sie halb links auf einen Nebenweg geleitet, der vor einem Kanal links abbiegt. Hier kommt das Wasser des Baches Waides, der Fulda meist unterirdisch durchquert, für einen Moment ans Tageslicht.

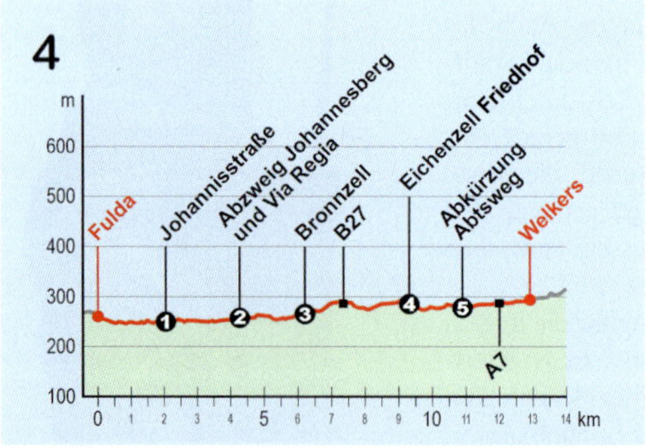

Wenn der Bach wieder im Untergrund verschwindet, gehen Sie links, passieren einen Wasserspielplatz und erreichen einen Wegweiser. Rechts ist hier ein Abstecher Richtung Haimbach (sehr alter

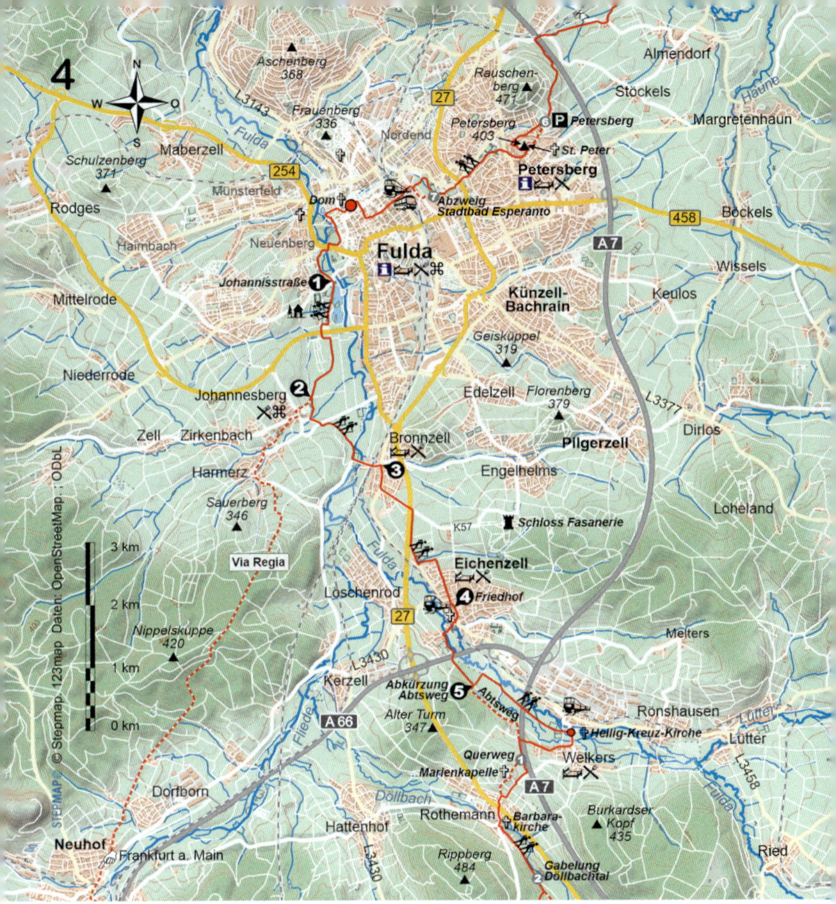

Kirchenstandort) mit der Muschel markiert. Den Abstecher habe ich nicht erkundet. Sie gehen links weiter und folgen am kleinen Kreisel geradeaus dem Fußweg und dem sich anschließenden Radweg. Der weicht einer Umgehungsstraße rechts aus und unterquert sie wenig weiter gemeinsam mit der Fulda. (Halten Sie sich an den gepflasterten Fußweg.) Im Anschluss überqueren Sie die Fulda über eine Holzbrücke und halten sich danach links.

600 m weiter überqueren Sie die Johannisstraße ❶, ⇱ die rechts zur Jugendherberge (➲ 780 m) und links Richtung Stadtzentrum führt. Sie gehen geradeaus, passieren nun Sportstätten und linker Hand zwei Teichanlagen.

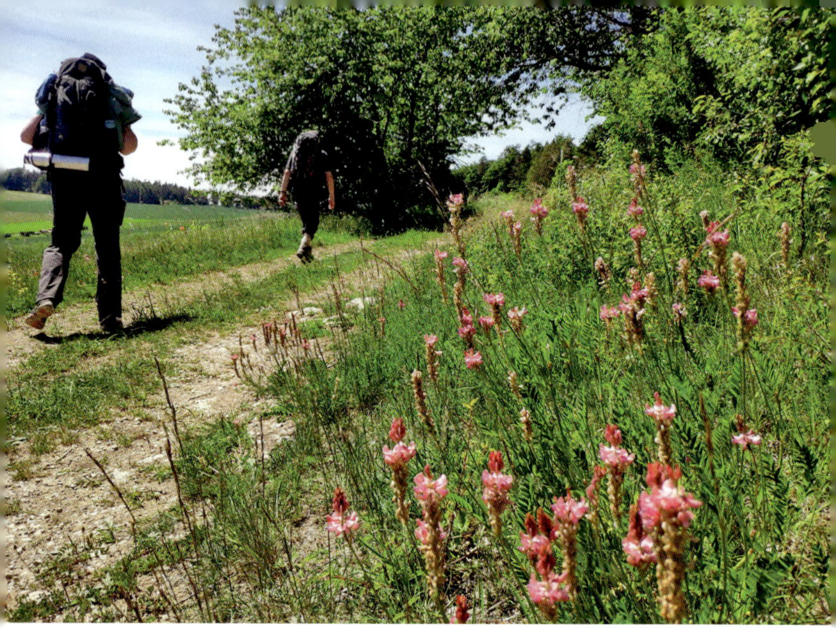

Besonders im Frühjahr begleitet ein Blütenmeer die Pilger

Gleich nach den Tennisplätzen weichen Sie dem Westring aus und biegen rechts in eine Nebenstraße, die im Bogen unter dem Westring hindurchführt und noch einmal links abbiegt. Dann biegen Sie rechts wieder in den Radweg ein.

Nach einem weiteren Kilometer kommen Sie zum deutlich mit Wegweisern und Informationstafeln versehenen Abzweig zur Propstei Johannesberg ❷.

Johannesberg (Fulda) ✗ 🍷 ⌘

⌘ Bei der ehemalige **Benediktinerpropstei Johannesberg** handelt es sich um eine schlossartige barocke Anlage. Im Rahmen einer Führung können die historischen Räume, Gartenanlage, Kirche, eine Handwerkssammlung (Werkzeuge, Werkstätten, Arbeits- und Restaurierungstechniken sowie Zunftgegenstände) und eine Sammlung von Modellfachwerkbauten aus Deutschland und Polen besichtigt werden.

♦ Propstei Johannesberg gGmbH, ☏ 06 61/941 81 30, 🚪 Juni-Sep, jeden 1. Sonntag im Monat um 14:30 und nur nach telefonischer Anmeldung bis donnerstags 12:00, Außenbesichtigung jederzeit auch mit der Handy-App-Führung möglich 💻 izi.travel/de/f8e3-propstei-johannesberg/de.

✗ 🍷 **Wallfahrerschänke** Johanneshaus, Di-Fr 11:30-14:30 und 17:00-22:30

Es zweigt hier rechts nicht nur der Weg zur Propstei ab, sondern auch die **Via Regia Richtung Frankfurt**. Schon mehrfach haben Sie seit Fulda das europäische Jakobswegzeichen, die gelbe, stilisierte Muschel auf blauem Grund wahrgenommen. Mit diesem europäischen Zeichen ist der Weg rechts nach Frankfurt markiert.

Ihr Weg führt hier weiter geradeaus auf dem Radweg Richtung Würzburg und ist auch weiterhin mit der Muschel des Rhönclubs markiert.

Sie erreichen bald die Johannesberger Straße, die rechts auch nach Johannesberg führt. Sie gehen aber links auf dem gegenüber entlangführenden Radweg bis an eine Straßenverzweigung. Geben Sie etwas Obacht, wenn Sie dort die abzweigende Straße geradeaus überqueren.

An einem Sportplatz kommen Sie wieder an eine Straße, an der es dann links bis zur Ortsmitte von Bronnzell ❸ weitergeht.

Bronnzell (Fulda)

Hotel-Gasthof Jägerhaus, Bronnzeller Straße 8, 36043 Bronnzell, 06 61/94 17 50, kontakt@jaegerhaus-fulda.de, jaegerhaus-fulda.de, ÜF Preise auf Anfrage

Bronnzell gilt als ältester Stadtteil von Fulda. Bereits 743 ging es in den Besitz des Klosters Fulda über. Der Name leitet sich aus dem lateinischen *proxima cella* ab und bedeutet die dem Kloster am nächsten gelegene Zelle.

Folgen Sie rechts der Bronnzeller Straße zu einem Kreisverkehr und gehen Sie dort links die Fasaneriestraße aufwärts. Die Anlage der Straße als Lindenallee und der Name lassen es schon erahnen: Die Straße wurde für den hohen Kirchenadel angelegt. Sie führt schnurgerade zum Museum Schloss Fasanerie.

⌘ **Museum Schloss Fasanerie**, Barockanlage aus der Mitte des 18. Jh. als Sommerresidenz der Fürstbischöfe von Fulda erbaut, 30 ha Landschaftspark, 60 Schauräume zur höfischen Wohnkultur des 18. und 19. Jh., bedeutende Porzellansammlung

♦ Fasaneriestraße, April-Okt Di-So 10:00-17:00, an allen Adventswochenenden Sa/So 13:00-17:00, Parkanlage jederzeit zugänglich

Ihr Weg biegt aber vorher, nach dem Überqueren der vierspurigen B27, rechts in einen Landwirtschaftsweg Richtung Eichenzell ab. Bevor Sie dann am Ortsrand auf die Hauptstraße treffen, bleiben Sie links auf der Nebenstraße.

Dann biegen 30 m weiter wieder links in einen Schotterweg ab, der am Siedlungsrand entlangführt.

Am Ende der Siedlung – jedenfalls 2022, das angrenzende Brachland hat noch Potential für weitere Neubauten – biegen Sie rechts in einen Pflasterweg ab, dem Sie nun immer geradeaus über mehrere Querstraßen hinweg auch durch älteres Siedlungsgebiet folgen. Der Weg wird schließlich zur Siedlungsstraße und endet an einer Querstraße. Gehen Sie links und nach 50 m wieder rechts, dann kommen Sie am Friedhof ❹ vorbei und gehen am Ende geradeaus abwärts (Ritterweg) an einem Gasthof (ursprünglich Gasthof Adler) vorbei zum schicken Rathaus von Eichenzell (ehemals Schloss).

Sie gehen rechts zur Kirche und dann links zur Gersfelder Straße (Eiscafé, Bäckerei, Pizzeria).

Ihr Weg führt nun nach rechts und dann links über die Bahnlinie hinüber.

Eichenzell

🛏 **Hotel Kramer**, Fuldaer Str. 4, 36124 Eichenzell, ☏ 066 59/16 91, ✉ info@hotel-kramer.de, 💻 www.hotel-kramer.de, ÜF EZ ab € 68, DZ ab € 99, DBZ, VBZ € 150 (Doppelbett + Doppelstockbett), ➲ 100 m

🛏 ☺ Auf der Webseite von Eichenzell finden sich weitere Unterkünfte, die allerdings entweder Ferienwohnungen sind oder unbequem weit vom Weg entfernt liegen, im Notfall evtl. aber weiterhelfen, 💻 www.eichenzell.de.

🚆 ☞ Fulda

Eichenzell ist eine selbständige Gemeinde im Landkreis Fulda mit etwa 11.000 Ew., die sich allerdings auf viele kleine Dörfer verteilen. Am Weg liegen Welkers, Rothemann, Büchenberg und Döllberg. Der Ursprung des Ortes soll eine Zelle, eine Einsiedelei oder Klause gewesen sein, die von Hunnen zerstört und von einem Abt Haicho wieder aufgebaut und Haichoniscelle genannt worden sein. Das Wahrzeichen von Eichenzell ist das Renaissance-Schlösschen, das heutige Rathaus. Es wurde 1548 als Rittersitz der Herren von Ebersberg genannt von Weyhers erbaut. Auf Gemeindegebiet liegen auch das Museum Schloss Fasanerie und ein Wartturm. Über beide Sehenswürdigkeiten werden Sie gegenüber vom Rathaus auf einer großen Tafel informiert.

Nach der Bahnlinie überqueren Sie noch die Fulda und biegen dann links in den Radweg Richtung Welkers ab (Wegweiser). Der unterquert bald die Autobahn A66 (Abzweig von der A7 nach Frankfurt a. M.). Es folgt ein kurzes schattiges Wegstück im Uferwald. Am Ende des Waldstücks biegt Ihr Weg mit dem Radweg links ab ❺.

↳ Wer nicht nach Welkers will, kann hier 1,7 km abkürzen, wenn er rechts dem Abtsweg (roter liegender Tropfen) folgt. Nach 80 m biegt der Weg links ab und führt am Waldrand entlang bis zur Autobahn A7. Genau vor der Autobahnbrücke biegen Sie rechts in einen Feldweg ab, der an ein Sträßchen hinaufführt. Auf diesem kommt der Pilgerweg aus Welkers hier oben an.

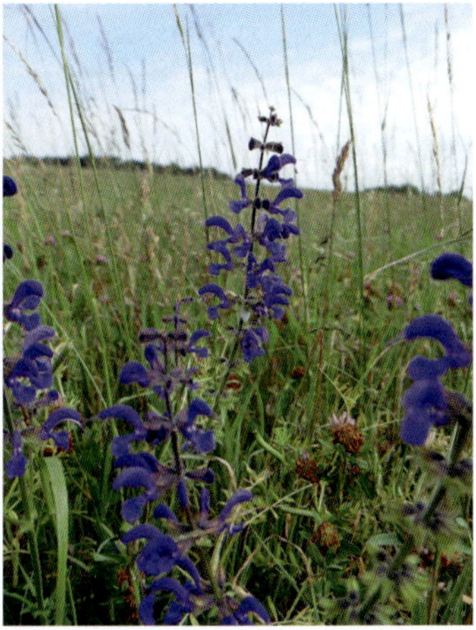
Wiesensalbei am Wegesrand

Der Radweg biegt nach 250 m (in den Fuldawiesen) rechts ab und führt unter der Autobahn A7 hindurch nach Welkers. An der Heilig-Kreuz-Kirche wird der Ort erreicht. Links geht es zum Hotel und rechts setzen Sie den Weg fort.

Welkers (Eichenzell)

Landgasthof Buch, Talstraße 27, 36124 Eichenzell, ☏ 066 59/91 54 80, info@landgasthof-buch.de, landgasthof-buch.de, ÜF EZ € 75, DZ € 98, ➲ 120 m

☞ Fulda

Die moderne **Heilig-Kreuz-Kirche** wurde 1968-70 erbaut. Sie steht zwischen den zwei Ortsteilen von Welkers auf der grünen Wiese, da, wo einmal eine Siedlung geplant war, von der aber nur die Kirche verwirklicht wurde. In der Kirche befindet sich ein wertvoller gotischer Flügelaltar (1509), der aus der historischen Fuldaer Radgar-Basilika stammt. Im Zentrum ist eine Kreuzigungsgruppe dargestellt. Ihr zur Seite sind Figuren des Martin von Tour, Antonius des Einsiedlers, Jakobus d. Ä. und des hl. Sebastian gestellt.

♦ Der Vorraum ist tagsüber geöffnet. Der Pilgerstempel ist im Vorraum zugänglich.

Welkers gehört heute zur Gemeinde Eichenzell. Der Industriepark Rhön, der sich nördlich der Eisenbahnlinie bis zum Autobahndreieck A7/A66 im Fuldatal ausbreitet, hat die Gemeinde zu einem größeren Wohn- und Industriestandort entwickelt.

Etappe 5: Welkers – Thalau

12,6 km, 4 Std., ↑ 302 m, ↓ 216 m, ⇧ 292-411 m

0,0 km	⇧ 292 m	Welkers
2,4 km	⇧ 297 m	Rothemann
6,8 km	⇧ 396 m	Büchenberg, St Jakobuskirche
9,3 km	⇧ 297 m	Döllbach
12,6 km	⇧ 287 m	Thalau, St. Jakobuskirche

Vom Tal der Fulda wandern Sie zunächst über eine recht flache Höhe in das Döllbachtal hinüber, steigen dann aber noch einmal gut 100 Höhenmeter nach Büchenberg hinauf, um die schöne Jakobuskirche zu besichtigen. Von dort geht es wieder in das Döllbachtal hinab und entlang der Talaue des Thalaubaches nach Thalau, wo wieder eine Jakobuskirche steht.
Die Etappen 4 und 5 lassen sich auch zu einem Wandertag zusammenfassen.

Nach 180 m biegen Sie rechts in die Vogelsberger Straße ab, der Sie zurück an die Autobahn A7 folgen. Gleich nachdem Sie die lange Talbrücke wieder unterquert haben, biegen Sie links in einen Feldweg ab. Der Weg führt parallel zur Autobahn bis auf einen Querweg ❶.

An dieser Stelle sind zwei Varianten möglich.

Sehr viel schöner, 60 m kürzer, aber mit einem kleinen Anstieg verbunden, erscheint mir der Weg über die kleine bewaldete Kuppe, die dem Autobahnrastplatz seinen Namen verliehen hat (Steinhauck). Wenn Sie am Querweg rechts und nach 70 m an einer Birke links auf dem Feldweg zum Wäldchen auf der Höhe gehen, treffen Sie wieder auf einen Querweg, dem Sie links folgen. Über einen Querweg hinweg (rechts führt dieser zur Marienkapelle auf dem Gipfel) kommen Sie auf einem fünften Weg an eine Kreuzung. Den zweiten Weg von links gehen Sie abwärts. An einem Transformator führt geradeaus ein Fußweg weiter zur Welkerser Straße, der Sie geradeaus an die querende B27 in Rothemann folgen.

Wenn Sie links am Autobahnrastplatz Steinhauck vorbeigehen und mit dem Weg rechts abbiegen, erreichen Sie die Welkerser Straße, der Sie rechts nach **Rothemann** folgen. Über die B27 gehen Sie geradeaus hinweg. Nach dem ersten Haus können Sie links herüber einen Lebensmittelladen erreichen (über Mittag geschlossen, Sa/So nur vormittags geöffnet) und folgen der Barbarastraße zur **Barbarakirche** (Infotafel).

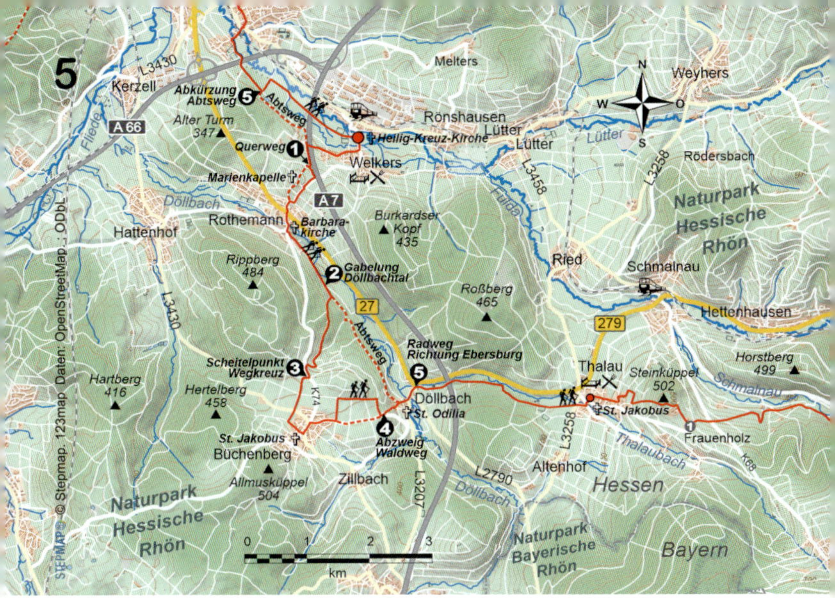

50 m weiter, am Wendelinus-Denkmal vor der alten Schule (Infotafel), biegen Sie links in die Straße Am Wiesenborn ab. Am Ende der Siedlung wird die Straße zum Schotterweg. Sie laufen geradeaus im Hang des Döllbaches immer leicht aufwärts. An einer Gabelung ❷ gleichwertiger Wege gehen Sie halb rechts weiter. Nach weiteren gut 200 m biegt der Pilgerweg rechts vom Hangweg ab.

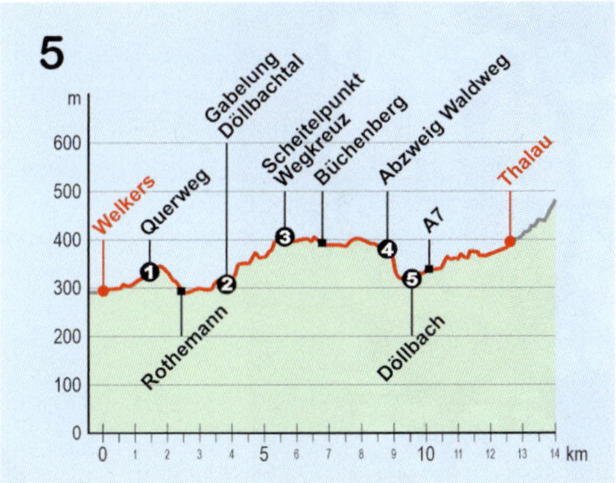

↳ Es gibt hier die Möglichkeit, geradeaus auf dem Abtsweg (roter liegender Tropfen) durch das Döllbachtal direkt nach Döllbach zu laufen. Dann haben Sie allerdings die schöne Jakobuskirche in Büchenberg nicht gesehen, aber einen um

3,2 km kürzeren Weg. Wenn Sie die Abkürzung bevorzugen, bleiben Sie auf dem weiter leicht steigenden Hangweg, der bald in den Wald führt. Zuletzt treffen Sie auf eine Siedlungsstraße, der Sie abwärts an die Straße Am Berg folgen und links einbiegen. Sie haben den Pilgerweg nun wieder erreicht.

Sie steigen auf dem breiten Schotterweg steil hinauf. Alle rechts abzweigenden Wege bleiben außer Acht. Am Ende des Schotterweges führt ein Pfad weiter. Im Hochwald geht es noch einmal halb rechts (auch Wanderweg 7), dann geht der Weg in einen Grasweg und schließlich in einen Schotterweg über. Der steigt weiter zu einem geteerten Querweg an. Sie gehen rechts und folgen ihm zu einer Straße. Hier gehen Sie links und erreichen nach 150 m den Scheitelpunkt an einem Wegkreuz ❸.

Sie gehen hier rechts in einen abwärtsführenden Nebenweg, nach 100 m aber links davon ab in einen Feldweg. Diesem folgen Sie geradeaus durch eine Senke, über einen Querweg und eine Straße hinweg, bis es an einem Querweg geradeaus nicht mehr weitergeht. Sie wandern links nach Büchenberg hinab.

Jakobusdarstellung in Büchenberg

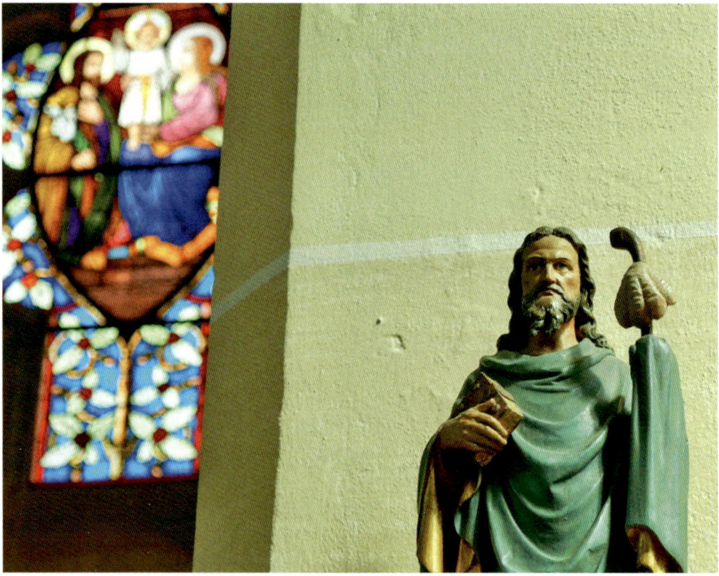

Büchenberg (Eichenzell) ✞ ⊙

✞ Die kath. Dorfkirche **St. Jakobus** wurde 1907 fertiggestellt. Es gibt einen Pilgerstempel und eine Jakobusfigur.

tagsüber geöffnet

An der Kreuzung unterhalb der Kirche biegen Sie links in die Jakobusstraße ab. Am Gasthof Sonne (geschlossen) biegen Sie rechts ab in die Döllbachstraße. Am Ortsausgang biegt der Weg links von der Kreisstraße ab.

☺ Sie können sich den folgenden Schlenker der Hauptroute sparen, wenn Sie der ruhigen Straße geradeaus folgen und dabei gut 500 m Weg abkürzen.

Dorfkirche St. Jakobus Büchenberg

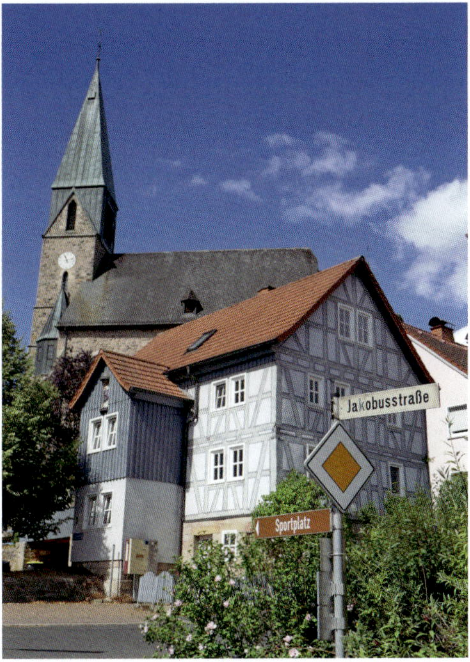

Der Weg biegt auf der Höhe rechts ab und führt weiter bis an den Waldrand. Rechts gehen Sie zur Kreisstraße zurück und mit ihr links in den Wald.

Nach 60 m im Wald biegen Sie links von der Straße in einen Waldweg ab und wandern steil hinunter an den Siedlungsrand von Döllbach. Vom erreichten Teerweg biegen Sie gleich links in die Straße Am Berg ab und wandern abwärts zur Ortsdurchgangsstraße. Dabei überqueren Sie geradeaus den Wendelinusweg, der rechts zur **Odilienkapelle** führt (➲ 200 m). Informationen zum ehemaligen Wallfahrtsort mit der **Odilienquelle** und der Kapelle bekommen Sie erst an der Hauptstraße an einer überdachten Bushaltestelle.

Die heilige Odilie ist zuständig bei Augenleiden und die Quelle dort soll wegen ihrer heilenden Wirkung aufgesucht worden sein. Sie folgen der Hauptstraße (Odilienstraße) nach links, überqueren die B27 und setzen dann den Weg auf dem Radweg Richtung Ebersburg ❺ fort. Der führt im Tal des Thalaubaches unter der Autobahn A7 hindurch nach Thalau.

Am Ortsrand überqueren Sie die Landstraße und gehen geradeaus in den Ort, kommen am Gasthof und am Supermarkt vorbei und biegen danach links in die Bonifatiusstraße ab. Nach der Bäckerei gehen Sie rechts und gleich wieder links zur Kirche.

Thalau (Ebersburg)

Pension Schlag, Kreuzbergstraße 7, 36157 Ebersburg-Thalau, ☏ 066 56/272, pension-schlag@t-online.de, www.pension-schlag.de, Ü EZ € 30, DZ € 40, (kleine Appartements). Frühstück wird nicht angeboten. Das bekommen Sie beim Bäcker im Ort, 50 m, neben der Kirche.

Gasthof zum Hirsch, Altenhofer Str. 1, 36157 Ebersburg-Thalau, ☏ 066 56/276, info@gasthaus-hirsch-thalau.de, www.gasthof-hirsch-thalau.de, Di-Sa 17:30-21:00, So/Fei auch über Mittag

✞ ⊙ Die kath. Pfarrkirche **St. Jakobus** ist im neugotischen Stil von 1858-1860 erbaut worden. Bis dahin gab es seit etwa 1600 nur eine Kapelle. Vor der Kirche steht eine lebensgroße Jakobusfigur. Auch am Hochaltar ist eine Jakobusfigur zu sehen. In der Kirche ist auch ein Stempel ausgelegt.

tagsüber geöffnet

Thalau gehört bereits zu Ebersburg. Der Name leitet sich vermutlich von Talaue, also einem Wiesental, ab.

Etappe 6: Thalau – Kloster Kreuzberg

22,5 km, 7Std., 30 Min. ↑ 826 m, ↓ 332 m, ⇧ 395-889 m

0,0 km	⇧ 287 m	Thalau, St. Jakobuskirche
2,2 km	⇧ 498 m	Frauenholz
6,1 km	⇧ 460 m	Gichenbach, Haderwaldhütte (Brotzeitstube)
10,3 km	⇧ 620 m	Rommers
17,5 km	⇧ 640 m	Oberweißenbrunn
22,5 km	⇧ 875 m	Kloster Kreuzberg

Der Weg führt heute in das Biosphärenreservat Rhön zurück und zwar an seiner höchsten Stelle, der Hohen Rhön. Der höchsten Erhebung, der Wasserkuppe, kommen Sie sehr nahe, aber zunächst steigen Sie in einem Nebental der Fulda lange bergauf. Am ehemaligen Gasthof Schwedenschanze überqueren Sie nicht nur die hessisch-bayrische Landesgrenze, sondern auch die bedeutende Wasserscheide zwischen Weser und Rhein. Das abfließende Wasser strebt nun nicht mehr über die Nebenbäche zur Fulda und zur Weser, sondern über die Fränkische Saale zum Main und Rhein. Am Ziel liegt das Kloster Kreuzberg knapp unterhalb des Gipfels vom dritthöchsten Berg der Rhön, dem Kreuzberg, der auch als „Heiliger Berg der Franken" gilt.

Da die Anstiege auch immer wieder in kleinere Zwischentäler führen, lässt sich diese Etappe mit den zu bewältigenden 826 Höhenmetern als die bisher anspruchsvollste bezeichnen. Mit einer Zwischenübernachtung bereits in Oberweißenbrunn können Sie die Etappe deutlich um 250 Höhenmeter und 5 Streckenkilometer verkürzen.

Sie gehen an der Kirche vorbei und danach rechts die Wasserkuppenstraße ganz hinauf. Oben biegen Sie links in die Straße Hühnerkropf ab (Richtung Mariengrotte). Die Straße teilt sich nach 100 m. Sie gehen rechts weiter bergan. Am Siedlungsrand wird die Straße zum Schotterweg und erreicht den Waldrand. Hier biegt Ihr Weg rechts aufwärts.

☺ Wenn Sie vorher nur 15 m weiter geradeaus gehen, sehen Sie rechts im Wald die **Mariengrotte**.

Bunte Bergwiesen unterwegs

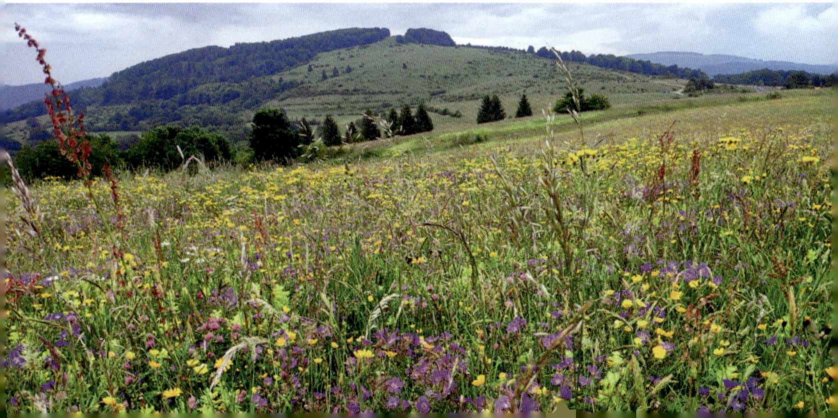

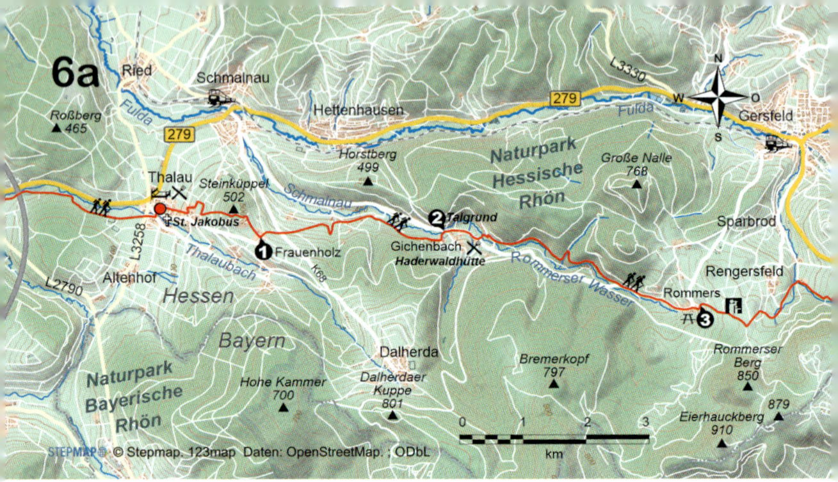

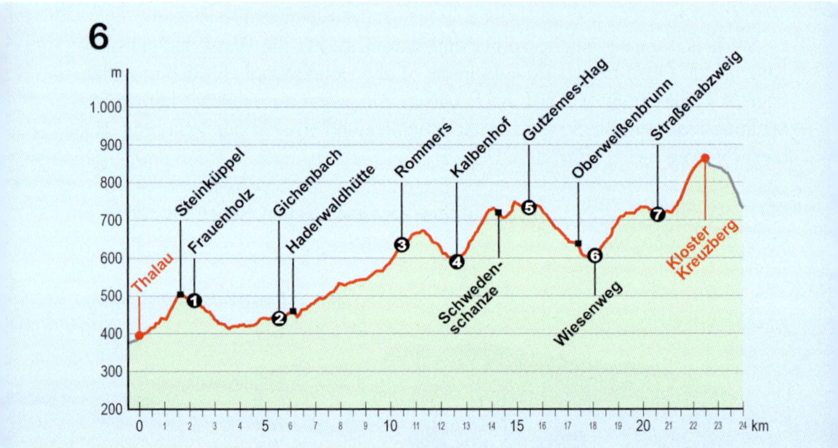

Im Anstieg am Waldrand passieren Sie eine Pilgerstele mit Steinhaufen und der Anregung, sich durch Ablegen eines Steines einer Last zu entledigen oder durch Aufnahme eines Steines anderen beim Tragen ihrer Last zu helfen.

An einem querenden Teerweg gehen Sie rechts und an der 11. Station der Ebersburger-Ritter-Rätsel-Tour links weiter zur Höhe und bis an den Waldrand. Hier gehen Sie 10 m nach rechts bis zur Pausenbank und dann links auf schmalem Pfad im Wald weiter bergan.

Der Pfad führt über den **Steinküppel** hinüber, biegt nach der Höhe leicht rechts und erreicht einen Schotterweg, auf dem Sie links, nun bei herrlicher Sicht weit in das Tal der Schmalnau hinein, nach Frauenholz weiterziehen. Links herüber ist mal wieder die Wasserkuppe zu sehen.

An der 10. Station der Ebersburger-Ritter-Rätsel-Tour treffen Sie auf ein Teersträßchen und gehen geradeaus in das zu Thalau gehörende Bergdorf **Frauenholz** ❶ hinein. An der Querstraße geht es dann links weiter.

Sie folgen dem Sträßchen nun über eine größere Straße (K68) hinweg abwärts. Am Ortsschild Ebersburg biegen Sie rechts in ein anderes Sträßchen ab, das wieder sanft aufwärtsführt. Der Weg verläuft im Talhang des Baches Schmalnau, in **Gichenbach** biegt er dann links in den Talgrund ❷ und folgt dort rechts der Talstraße. Sie passieren die Haderwaldhütte.

✕ ☕ **Haderwaldhütte** (Brotzeitstube), 36129 Gersfeld-Gichenbach, ☏ 066 56/18 84, ✉ doris@haderwaldhuette-gichenbach.de 💻 haderwaldhuette-gichenbach.de, 🚪 Mo-Mi und Fr ab 12:00, Sa, So ab 10:00, ➲ am Weg

Kurz danach biegt der Weg links von der Straße ab und erreicht den Bach (die Schmalnau heißt hier Rommerser Wasser) an einem ⩩ Pausenplatz. Sie überqueren den Bach und steigen im anderen Talhang kurz zu einem Sträßchen auf, gehen links und biegen nach wenigen Metern rechts in einen Waldweg ab.

Der Weg bleibt nun in etwa höhengleich im Hang und erreicht schließlich wieder die Talstraße. Sie steigen nun links mit der Straße steiler an. Das Bergdorf **Rommers** liegt aussichtsreich im Talschluss. Kurz nachdem Sie es hinter sich haben, biegen Sie rechts von der Straße in einen Feldweg ab. Sie kommen an eine letzte Hofstelle ⩩ ❸ und gehen geradeaus weiter zur Höhe. Oberhalb der Hofstelle biegen Sie noch einmal rechts ab und befinden sich mal wieder auf einem Weg mit Weitblick. Die Wasserkuppe ist recht nah am Weg deutlich zu sehen.

Voraus gibt es dann einen beschrankten Weg.

Truppenübungsplatz Wildflecken

Der beschrankte Weg führt auf das militärische Sperrgebiet, das zu Übungszwecken 1938 von der Wehrmacht eingerichtet wurde und heute der Bundeswehr und auch NATO-Truppen dient. Das Betreten ist strengstens verboten. Der Name leitet sich vom östlich des Areals im Tal der Sinn gelegenen Markt Wildflecken ab. Ganz in der Nähe des Ortes ist die Rhön-Kaserne angesiedelt. Sie wandern hier an der Nordgrenze des zur Hochrhön zählenden Übungsgeländes entlang.

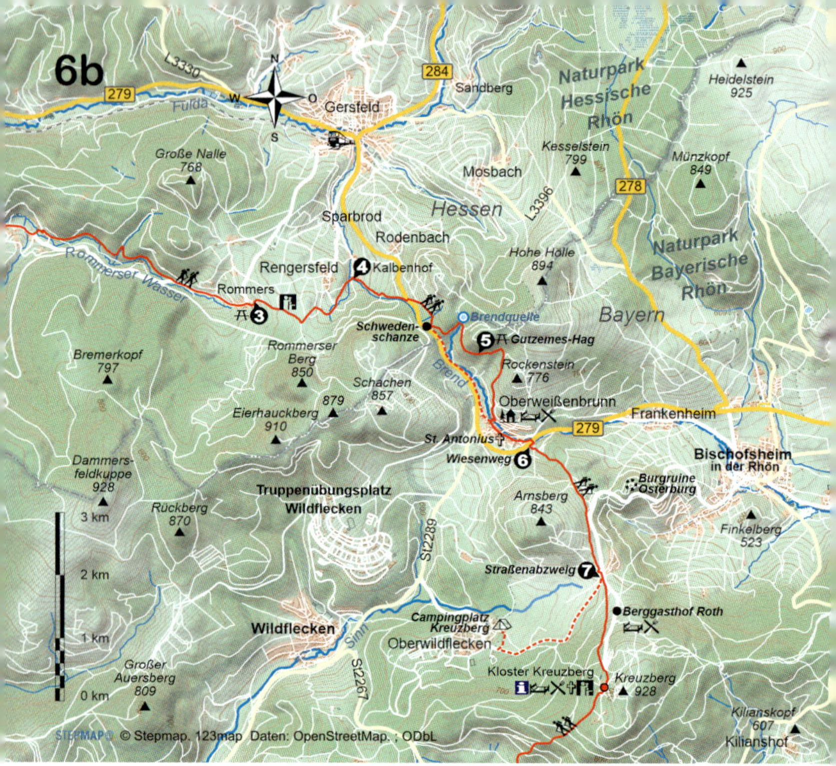

Biegen Sie hier links in ein Teersträßchen ab. Das führt auf das Dorf **Rengersfeld** zu. Nach einer Rechtskurve biegt das Sträßchen links ab. Sie aber gehen geradeaus in einen Feldweg. Am Waldrand überqueren Sie einen Bach, ignorieren gleich danach einen rechts abzweigenden Weg. Nach einer abgehenden Feldzufahrt biegt Ihr Weg links ab und führt mit dem Bach abwärts.

An der erreichten Straße laufen Sie rechts bis zum **Kalbenhof** (Ortsschild) ❹ und biegen dort rechts in die Hofzufahrt ein. Am Hof vorbei wandern Sie auf dem Feldweg aufwärts, erreichen eine Straße (B279), gehen kurz nach links und folgen dann rechts dem schönen Pfad oberhalb der Straße. Sie erreichen ein Sträßchen, gehen rechts auch an einem Skilift vorbei bis fast zurück an die B279.

Die Straße erreicht hier den Pass am ehemaligen Gasthof **Schwedenschanze**. Sie überschreiten hier oben die hessisch-bayrische Grenze und laufen nun nach Unterfranken. 100 m bevor die Straße erreicht ist, zeigt ein Pfeil links zu einem beschrankten Forstwirtschaftsweg, dem Sie folgen.

↳ Wer 1,5 km abkürzen will, kann auch bis 50 m vor die Straße laufen und dort links in den zur Straße parallelen Radweg einbiegen. Der führt automatisch an die Dorfstraße und durch Oberweißenbrunn hindurch (Jakobsweg für Radfahrerinnen und Radfahrer).

Der Weg steigt leicht an. Nach rund 500 m achten Sie auf den Abzweig, der rechts nahe der **Brendquelle** in eine kleine Talschlucht, über das Bächlein und steil wieder aufwärts zu einem Wendeplatz für Waldfahrzeuge führt. Sie folgen dem Wirtschaftsweg und treffen nach rund 600 m auf die für eine Wasserentnahme sehr praktisch gefasste **Gutzemes-Hag Brönn** (Quelle) ❺ und eine Pausenbank. Es folgen andere Pausenplätze. An einem plätschert wieder Wasser aus dem **Jakobsbrönn**, an dem aber ein Schild „Kein Trinkwasser" angebracht ist. Dafür gibt es Aussicht auf einen nahen Berggipfel mit Gipfelkreuz (Rockenstein ⇧ 776 m).

Der Weg fällt nun deutlich. An einer Gabelung halten Sie sich rechts und kommen danach geradeaus über den Kötzenheckenweg nach Oberweißenbrunn. An der Querstraße gehen Sie rechts, überqueren die Brend und erreichen an der Pension Rhönlust die Ortsdurchgangsstraße und gehen links.

Oberweißenbrunn (Bischofsheim)

Gasthof zum Lamm, Geigensteinstraße 26, 97653 Oberweißenbrunn, ☎ 097 72/930 30, info@gasthof-zum-lamm.de, www.gasthof-zum-lamm.de, ÜF EZ € 40,50, DZ € 74, Pilgerzimmer mit Etagendusche ab € 25, € 7,50, ➲ am Weg

Gasthof-Pension Mühlengrund, Frau M. Rauh, Mühlengrund 3 + 5, 97653 Oberweißenbrunn, ☎ 097 72/445, zum-muehlengrund.de, ÜF EZ € 40 DZ € 74, € 5, Di, Mi Ruhetag, ➲ am Weg

Pension Rhönlust, Geigensteinstr. 50, 97653 Oberweißenbrunn, ☎ 097 72/442, info@gasthof-rhoenlust.de, www.gasthof-rhoenlust.de, ÜF EZ € 40,50, DZ € 76, € 3, ➲ am Weg

Direktvermarkter Schmitt GbR, **Bio-Rhönbauer,** Mühlengrund 45, 97653 Oberweißenbrunn, ☎ 097 72/411, Sa 8:00-13:00, Mi 8:00-18:00, ➲ am Weg

✞ ⊙ Die kath. Kirche **St. Antonius Eremit und St. Vitus** stammt aus dem Jahr 1961. Sie ersetzt einen Vorgängerbau von 1739. Die Einrichtungsgegenstände stammen zum Teil noch aus der abgerissenen Kirche (Rokoko). Es gibt einen schönen Pilgerstempel.

tagsüber geöffnet

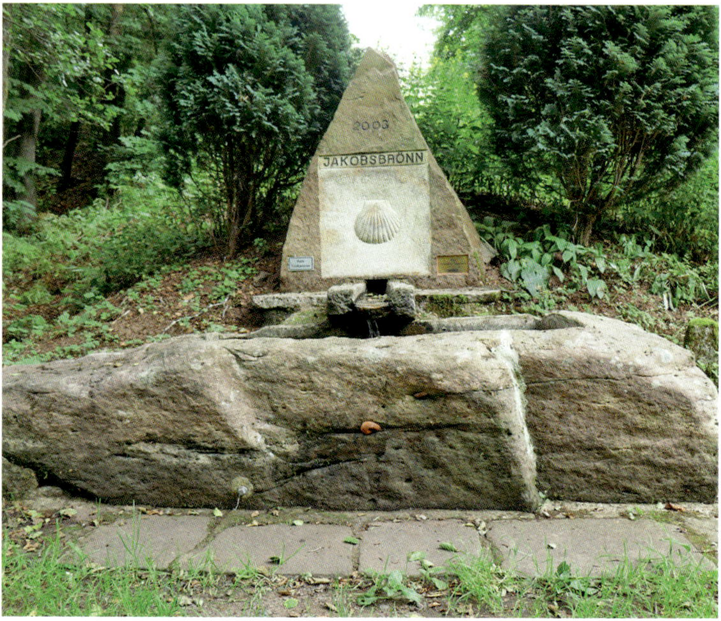

Jakobsbrönn bei Oberweißenbrunn

Oberweißenbrunn gehört heute zu Bischofsheim und liegt im Landkreis Rhön-Grabfeld. Es ist der am höchsten gelegene Ort in Unterfranken. Bedeutung hat der Skitourismus. Die Pensionen sind aber ganzjährig buchbar. So finden auch Pilgerinnen und Pilger hier einen schönen Etappenort.

Sie passieren den Gasthof zum Lamm. Danach biegen Sie halb rechts in die Nebenstraße Mühlengrund ab und kommen so zur Pension Mühlengrund. Direkt am Gasthof vorbei laufen Sie auf schmalem Wiesenpfad zu einem Radweg. Sie biegen links ein und unterqueren im Rechtsbogen die B279.

An der Gabelung folgen Sie nun rechts dem geteerten Weg 100 m bergan und biegen dann links in den Wiesenweg ab ❻.

Über Waldwiesen steigen Sie bergan und erreichen einen Querweg. Rechts geht es weiter aufwärts im Hang des Arnsbergs. Am Wasserbehälter gehen Sie geradeaus weiter aufwärts. Bald wird der Weg eben und fällt sogar etwas ab zu einem Parkplatz an der Straße, die von Bischofsheim hier hochführt. Sie überqueren einen Straßenabzweig (nach Oberwildflecken) ❼.

↳ Folgen Sie der Straße rechts nach Oberwildflecken. Am Ortseingang führt dann der Erlenweg rechts zum Campingplatz Kreuzberg.

Campingplatz Kreuzberg, Schulstraße 7, 97772 Oberwildflecken, ☎ 097 45/22 94, 01 71/197 17 00, info@camping-kreuzberg.de, campingplatz-kreuzberg.jimdosite.com, Ü € 5 p. P., Zelt € 4, € 1,50, 2,5 km

↳ Vom Parkplatz können Sie auch einen Berggasthof erreichen, wenn Sie am Straßenabzweig (nach Oberwildflecken) links zum Straßendreieck gehen und dort rechts der Straße zum Kreuzberg folgen.

Berggasthof Roth, Familie David und Manuela Roth, Kreuzberg 10, 97653 Bischofsheim, ☎ 097 72/12 45, gasthof-roth@t-online.de, www.berggasthof-roth.de, Ü EZ € 34,50, DZ € 59, F € 5,50, € 6, Mi, Do Ruhetag, 750 m

Der Wanderweg verläuft unterhalb der Straße, die zum Kloster Kreuzberg hinaufführt. Links oberhalb sehen Sie den Gasthof Roth direkt an der Straße liegen. Im Wald lässt sich eine alte Wegpflasterung noch gut erkennen. Schon kurz vorm Kloster überschreiten Sie einen querenden breiten Weg geradeaus und erreichen die Klosterzufahrt an einem Parkplatz. Sie gehen rechts und laufen die letzten Meter die Zufahrt zum Kloster hinauf.

Kloster Kreuzberg (Bischofsheim)

Tourist-Information Kloster Kreuzberg, Kreuzberg 1, 97653 Bischofsheim, ☎ 097 72/93 28 53, info@bruder-franz-haus.de, www.bischofsheim.info/bruder-franz-haus.html, April-Okt tägl. 10:00-12:00 u. 13:00-18:00, im Winter am Nachmittag nur bis 16:00, am Weg

Franziskaner Klosterbetriebe GmbH, Kreuzberg 2, 97653 Bischofsheim, ☎ 097 72/912 40, info@kloster-kreuzberg.de, kloster-kreuzberg.de, ÜF € 40 p. P. (Etagenbad), ÜF EZ € 62, DZ € 113 (Zimmer mit Bad), Ermäßigung in der Nebensaison, € 15, am Weg

Der Kreuzberg ist mit 928 m der dritthöchste Berg der Rhön. Schon lange bevor die Franziskaner hier oben siedelten, war es ein Wallfahrtsort. Er wird auch „Heiliger Berg der Franken“ genannt, was möglicherweise auch ein Hinweis auf eine bereits vorchristliche Kultstätte der Kelten am Gipfel sein könnte. Hinweise gibt es auch auf eine heilige Esche, die sich einst am Gipfel befunden haben soll. Der bis in das 16. Jh. gebräuchliche Name Aschberg (Eschenberg) wird manchmal so erklärt. Der Name Kreuzberg entstand erst ab 1582 mit der Errichtung einer Kreuzigungsgruppe am Gipfel.

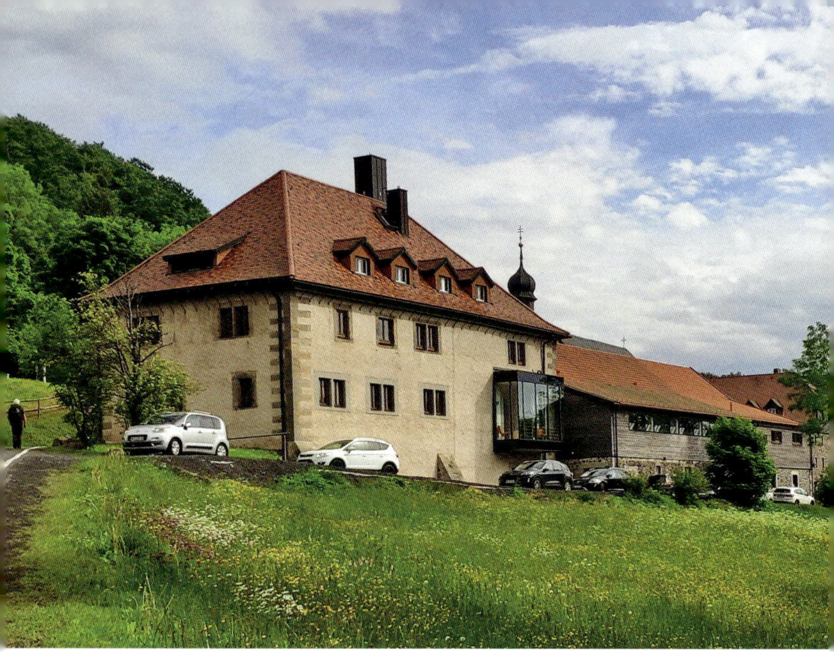

Ankunft am Kloster Kreuzberg

Erst ab 1677 begann man mit der Einrichtung eines Klosters und 1731 entstand die Bierbrauerei. Seitdem wird hier das Kreuzbergbier gebraut und ausgeschenkt, was den Berg zum meist besuchten Ort der Rhön aufsteigen ließ. Heute finden Sie hier zwischen Kloster und Klosterkirche professionell betriebene Biergärten, Restaurants und das Gästehaus. Auch der Berggasthof Elias gleich gegenüber ist in Klosterhand. Früher, so steht es in den Klosterannalen, wurde das Bier kostenlos an die Pilgerinnen und Pilger abgegeben, die sich wiederum nicht kleinlich zeigten und ein ordentliches Biergeld hinterlegten. Dieser Brauch hielt sich bis 1920. Dann wurde er wegen zunehmenden Missbrauchs abgeschafft. Trotz des täglichen Trubels lässt sich hier in angenehmer und ruhiger Atmosphäre übernachten.

Zum Gipfel des Kreuzberges führen ein Treppenweg sowie ein Kreuzweg mit 14 Stationen. Die drei hier lebenden Franziskaner haben seelsorgerische Aufgaben. Regelmäßig finden Exerzitien und Einkehrtage statt. Die heilige Messe wird jeden Morgen um 9:00 in der Klosterkirche gefeiert. Prozessionen und Wallfahrten gibt es etwa 60-mal im Jahr.

Etappe 7: Kloster Kreuzberg – Strahlsbach

22 km, 7 Std., ↑ 247 m, ↓ 837 m, ⇧ 255-875 m

0,0 km	⇧ 875 m	Kloster Kreuzberg
6,3 km	⇧ 539 m	Langenleiten
11,3 km	⇧ 290 m	Premich
19,2 km	⇧ 284 m	Frauenroth
22,0 km	⇧ 295 m	Strahlsbach

Der Südhang des Kreuzbergs, durch den Sie nun absteigen, ist überwiegend mit Wald bewachsen und deutlich steiler als der Nordaufstieg. Doch schon bereits vor Langenleiten haben Sie die steile Wegführung hinter sich gelassen und wandern nun durch das hügelige und aussichtsreiche Rhönvorland. Am Bach Aschach haben Sie den tiefsten Punkt des Weges erreicht, von dem es nach Strahlsbach wieder etwas ansteigt.

Der Abstieg vom Kreuzberg über den Jakobussteg

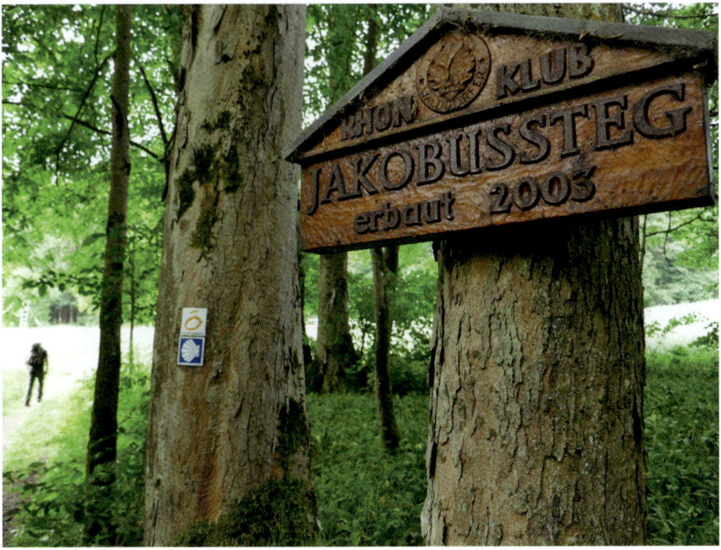

Sie laufen links der Klosterkirche oder auch zwischen der Kirche und den Gebäuden in südlicher Richtung bis zum Wegweiser vor dem Hutladen. Hier ist der Jakobsweg rechts Richtung Langenleiten ausgeschildert. Es gibt noch einmal einen Wegweiser.

Dort gehen Sie links in den Wald. Sie folgen zunächst dem Hauptweg. An einer Gabelung gehen Sie rechts und gleich darauf geradeaus auf einem schmaleren, leicht abwärtsführenden Pfad weiter.

Nach und nach wird der Weg steiler. An Querwegen gehen Sie geradeaus und bergab. Sie passieren eine Pausenbank. Nach einer Waldwiese gehen Sie auf einem breiteren Weg nach rechts und gleich wieder links steiler abwärts.

Nach einer Senke führt der Weg wieder leicht über den Jakobussteg bergan und an einer Gabelung rechts.

Nach stetigem, leichtem Anstieg erreichen Sie einen Forstweg an einer Rasthütte mit breiten Tischen und Bänken ❶ und einer Informationstafel zum Jakobsweg. Sie folgen der Forststraße nach links, biegen nach 100 m aber wieder rechts davon ab.

Der Weg biegt rechts ab – dabei können Sie bereits das Dorf Langenleiten erblicken –, geht über in eine Siedlungsstraße und führt dann links auf der Hauptstraße (Lindenstraße) entlang.

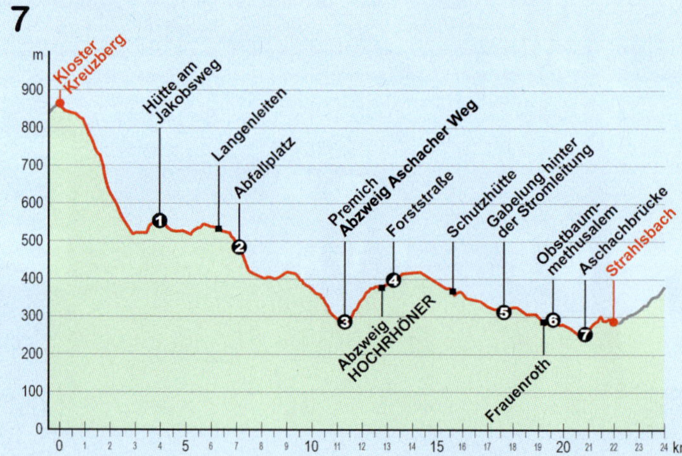

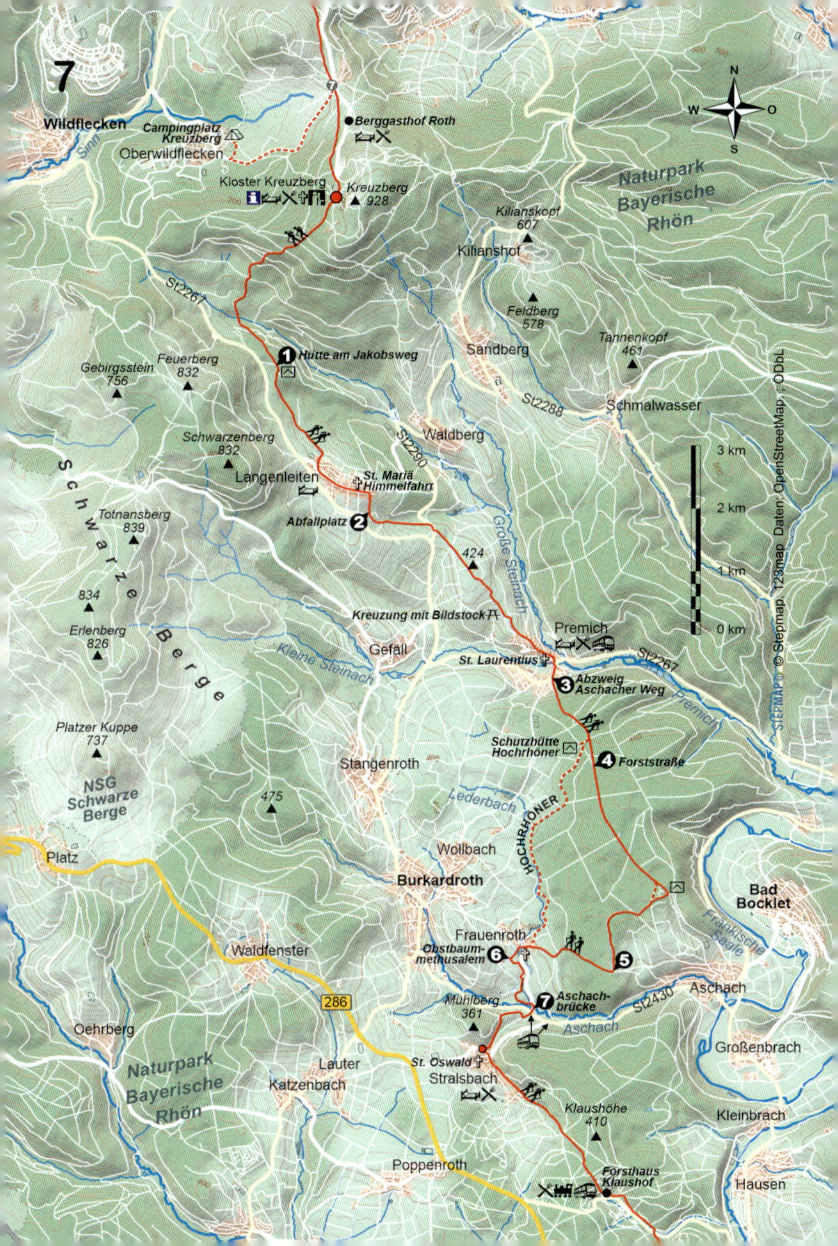

7
Wildflecken
Sinn
Campingplatz Kreuzberg
Oberwildflecken
Berggasthof Roth
Kloster Kreuzberg
Kreuzberg
928
N
W
O
S
Naturpark Bayerische Rhön
Kilianskopf
607
Kilianshof
St2267
Feldberg
578
Tannenkopf
461
Sandberg
1
Hütte am Jakobsweg
Gebirgsstein
756
Feuerberg
832
St2288
Schmalwasser
St2290
Waldberg
Schwarzenberg
832
3 km
2 km
1 km
0 km
© Stepmap, 123map Daten: OpenStreetMap ; ODbL
STEPMAP
Schwarze Berge
Langenleiten
St. Mariä Himmelfahrt
Abfallplatz
2
Totnansberg
839
Große Steinach
424
834
Erlenberg
826
Kreuzung mit Bildstock
Premich
Gefäll
Kleine Steinach
St. Laurentius
St2267
3
Abzweig Aschacher Weg
Premich
Platzer Kuppe
737
Schutzhütte Hochrhöner
4
Forststraße
Stangenroth
NSG Schwarze Berge
475
Lederbach
HOCHRHÖNER
Wollbach
Platz
Burkardroth
Bad Bocklet
Fränkische Saale
Frauenroth
Obstbaum-methusalem
6
5
Waldfenster
Aschach
286
Mühlberg
361
7
Aschach-brücke
St2430
Aschach
Oehrberg
Großenbrach
Naturpark Bayerische Rhön
Lauter
St. Oswald
Katzenbach
Stralsbach
Klaushöhe
410
Kleinbrach
Poppenroth
Forsthaus Klaushof
Hausen

Langenleiten (Sandberg)

Pension Böhnlein, Lindenstr. 5, 97657 Langenleiten, ☏ 097 01/90 74 74, ÜF € 21-26 p. P., am Weg

Bäckerei, Cafè und Dorfladen, Lindenstraße 58, 97657 Langenleiten, Mo-Fr 7:30-12:30 u. 14:30-18:00, Sa 7:00-12:00, am Weg

Pfarrkirche **St. Mariä Himmelfahrt** mit Jakobusfigur und Pilgerstempel tagsüber geöffnet

Als die Siedler aus der Ortschaft Premich ab dem Jahr 1689 auf die „Lange Leite" zogen, bauten sie in langen Reihen links und rechts einer Dorfstraße die Häuser. Stallungen, Gärten und Felder schlossen sich hinten an. Ein Bach floss mitten durch die Siedlung. Gräben waren abgezweigt zur Versorgung der Felder. Die alte Dorfstruktur ist bis heute erkennbar. Den Bach allerdings gibt es nicht mehr. Der Raum zwischen den Häusern hat nicht eine, sondern zwei überbreite Straßen, die durch einen schmalen Rasenstreifen mit wenigen noch jungen Bäumen voneinander getrennt sind. Zu beiden Seiten gibt es jeweils Bürgersteige. Von dort ist bis an die Höfe gepflastert. Das rare Grün, der viele Teer und Betonstein wirken trostlos. Die Ortsmitte ist eine Erholung. Kirche, Bäckerei, Café, ein kleiner Laden, Bushaltestelle und ein Brunnen bieten dort Abwechslung.

Nach der Ortsmitte sind es noch einmal 500 m entlang der beiden Dorfstraßen. Am Dorfende steht ein Wegkreuz an einer Gabelung. Sie gehen rechts abwärts bis zu einem Schutt- und Grünabfallsammelplatz ❷. Gehen Sie hier links weiter abwärts bis an eine Straße und dort rechts 130 m aufwärts. Links biegen Sie dann wieder von der Straße in einen Landwirtschaftsweg ab. Ihr Weg führt nun auf Premich zu. An einer Verzweigung biegen Sie halb rechts in das Teersträßchen ein und gehen weiter geradeaus bis an eine Kreuzung mit Pausenbank. Dort gehen Sie links und nach 100 m wieder rechts in das Dorf hinunter.

An einem Dorfplatz (Ehrenmal) gehen Sie links weiter abwärts und an einem Transportunternehmen rechts über den Bach Kleine Steinach zu einer Fahrstraße, die Sie an der Schönen Aussicht erreichen.

Premich (Burkardroth)

Schöne Aussicht, Steinbergstraße 5, 97705 Premich, ☏ 097 01/906 87 68, ÜF EZ € 37, DZ € 68, am Weg

Der Bus 8142 fährt an Werktagen 6-mal am Tag nach Bad Kissingen, Sa 2-mal, So 3-mal.

Die meisten Dörfer in der Region sind ab Anfang des 16. Jh. entstanden. Aufgrund einer starken Bevölkerungszunahme begann man den Wald am Hang zum Kreuzberg hin mit einer Genehmigung des Würzburger Fürstbischofs zu roden und die Dörfer zu errichten. Premich entstand ab 1518. Die Pfarrkirche St. Laurentius brannte 1847 nieder und wurde neugotisch wieder aufgebaut.

Sie laufen die Straße 170 m aufwärts und biegen dann links in den Aschacher Weg ab ❸. Wenn die Straße rechts abbiegt, gehen Sie auf einem Grasweg geradeaus weiter zum Waldrand.

Am letzten Haus gehen Sie rechts und wieder links weiter aufwärts. Der leicht steigende Pfad führt immer geradeaus über mehrere Querwege hinweg an eine nicht geteerte Forststraße ❹.

↳ Am dritten Querweg, hier steht ein Bildstock von 1698 an einem gepflegten Platz mit Pausenbank, biegt der HOCHRHÖNER® (gelbes Ö) rechts vom Jakobsweg ab.

Auch dieser Wanderweg führt nach Frauenroth, allerdings auf einer um 2,1 km kürzeren und – wie ich finde – abwechslungsreicheren Strecke. Wenn Sie abkürzen wollen, gehen Sie an der beschriebenen Kreuzung rechts zu einer Wegekreuzung und dort links. Nach 80 m, an einer Schutzhütte biegen Sie rechts in einen schmalen Pfad ab, der sich für 1 km durch den Wald schlängelt und dann auf einen breiteren Weg trifft.

Sie gehen links zu einem Waldwirtschaftsweg und dort rechts, kommen an den Waldrand und haben nun schöne Blicke über die Felder am Lederbachtal.

An einem Abzweig (Wegweiser) biegen Sie scharf nach links und kommen bald auch wieder in den Wald, laufen aber immer in der Nähe des Waldrands und des Lederbachs. Nach 1,2 km folgt ein Querweg, in den Sie links einbiegen. Nach weiteren 200 m, erneut an einem Querweg, behalten Sie rechts die südliche Orientierung bei.

Sie erreichen schließlich die ersten Hofstellen von Frauenroth. Der Weg bekommt eine Teerdecke und biegt dann auf Höhe eines wenig attraktiven Rastplatzes rechts in einen Pflasterweg, der an die Straße Zum Ruhbrunnen führt. Sie gehen rechts auf dem Jakobsweg weiter, der zunächst mit dem HOCHRHÖNER® zusammen weiterführt.

Sie gehen links auf diesem noch ansteigenden breiten Weg wieder über mehrere Querwege hinweg, bis dieser schließlich rechts abzweigt. Jetzt biegen Sie geradeaus von diesem Hauptweg in einen etwas schmaleren Weg ein.

☺ Wenn Sie allerdings auf dem breiten Hauptweg bleiben, können Sie 300 m abkürzen.

Der markierte Weg erreicht nach weiteren 350 m eine ⌂ Schutzhütte. Hier biegen Sie nach rechts ab und erreichen den breiten Forstweg wieder.

Sie gehen links, biegen nach 30 m aber rechts und wieder links in einen unscheinbaren Pfad ab, über den Sie an einen anderen Wirtschaftsweg gelangen. Dort gehen Sie rechts. An einer sofort folgenden Gabelung halten Sie sich links.

Grabplatten in der Grabeskirche der Stifter von Frauenroth

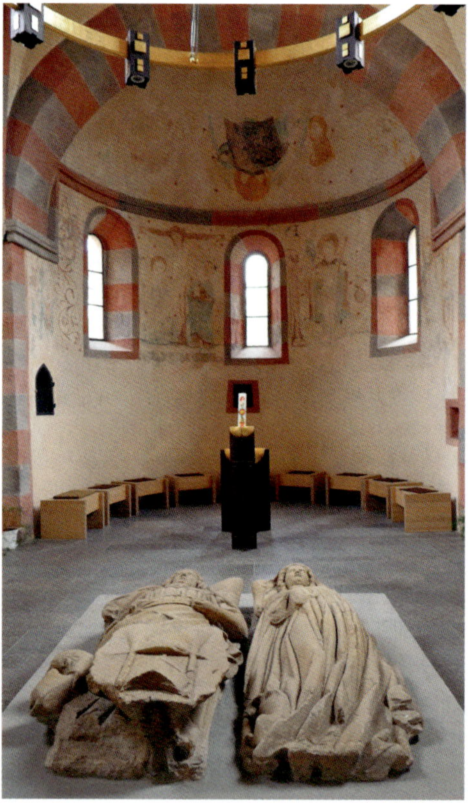

Der Weg führt im Linksbogen durch den Wald an ein offenes Gelände, unterquert dort eine Stromleitung und erreicht eine Gabelung ❺. Sie gehen rechts bis auf einen breiten Forstweg und dort wieder rechts in den Wald.

An einer Gabelung gehen Sie links bis an eine Gabelung mit Wegweiser. Rechts führt Ihr Weg nach Frauenroth. Am Siedlungsrand erreicht der HOCHRHÖNER® Ihren Weg. Sie gehen geradeaus und dann die zweite Straße links. Über die querende Hauptstraße führt der Weg leicht nach rechts versetzt hinweg in den Schmalzmühlweg. ↳ Vorher empfiehlt sich der Abstecher zur ✝ Klosterkirche links entlang der Hauptstraße (➲ 60 m).

Frauenroth (Burkardroth)

Der Kreuzritter und Minnesänger Otto von Henneberg und Botenlauben lies 1231 das Zisterzienserinnenkloster „Novalis sanctae Mariae cella dominarum" zu Ehren und Lob der hl. Jungfrau Maria und Allerheiligen an dieser Stelle erbauen. Ein Schleier soll seiner Frau Beatrix von Courtenay auf der Burg Botenlauben vom Kopf geweht und an dieser Stelle wiedergefunden worden sein. Das wurde als Zeichen für einen guten Platz angesehen.

Das Kloster entwickelte sich prächtig, da es vom Stifter reich belehnt worden war, bis es 1525 von Bauern der Umgebung geplündert und teilweise zerstört wurde. 1691 übernahmen 7 Bauern aus Burkardroth und Wollbach die Güter und gründeten das Dorf Frauenroth. Erhalten ist die Klosterkirche mit der Grablege Ottos und seiner Frau.

Nach knapp 300 m ist ein Obstbaummethusalem ❻ (Frauenrother Wilde) erreicht. Hier ist linker Hand eine Spur in die Wiese gemäht, der Sie im Zickzack durch die Wiesen und Felder folgen.

Sie kommen schließlich an einen Landwirtschaftsweg, gehen links zu einer Straße und dort rechts über den Bach ❼ hinüber zur Talstraße 🚌 Richtung Bad Kissingen und Kreuzberg.

Sie gehen geradeaus über die Straße hinweg einen Schotterweg aufwärts, biegen nach 160 m aber rechts zur Höhe hin ab. An der Verzweigung auf der Höhe gehen Sie geradeaus nach Strahlsbach hinein, das Sie am Landgasthof Zum Weißen Rössl erreichen.

Strahlsbach (Burkardroth) 🛏 ✕ ✞ 🚌

🛏 ✕ **Landgasthof Zum Weißen Rössl**, Von-Henneberg-Straße 15, 97705 Strahlsbach,
☏ 097 34/201, ✉ kontakt@weisses-roessl-rhoen.de,
💻 www.weisses-roessl-rhoen.de, ÜF Preise auf Anfrage

🚌 ☞ Premich. Die Bushaltestellen sind im Aschachtal nahe am Weg an der St2430.

✞ Die Strahlsbacher **Bergkirche St. Oswald** stammt aus den Jahren 1801 (Altbau) und 1971 (Neubau). Die alte Kirche wurde 1971 durch einen schlichten Betonbau erweitert.

🚪 tagsüber geöffnet

Strahlsbach ist heute Teil der Gemeinde Burkardroth. Es liegt am Fuße des Mühlbergs, 40 Höhenmeter oberhalb des Aschachtals. Vermutlich hängt die Ortsgründung mit der Entwicklung des Klosters Frauenroth zusammen.

Etappe 8: Strahlsbach – Poppenhausen

25,1 km, 8 Std., 608 m, 652 m, 196-412 m

0,0 km	295 m	Strahlsbach
3,1 km	330 m	Forsthaus Klaushof
7,9 km	202 m	Bad Kissingen BANK
16,2 km	382 m	Abzweig Ramsthal,
21,4 km	367 m	Reichelstanne
25,1 km	250 m	Poppenhausen, St. Jakobuskirche BANK

Von Strahlsbach wandern Sie sanft aufwärts bis zum Forsthaus Klaushof. Das Café/Restaurant ist im Verein mit dem umliegenden Wildpark ein beliebtes Ausflugsziel für Einheimische und Kurgäste aus Bad Kissingen. Parkwege führen weiter in den Badeort am Ufer der Fränkischen Saale. Hier könnten Sie bleiben und erst einmal entspannen oder meiner Beschreibung weiter durch die letzten Ausläufer der Rhön bis Poppenhausen folgen. Wer sich zunächst in der mondänen Kurstadt etwas umsehen möchte, kann das auch in Ruhe tun, wenn er diese Etappe mit einer Zwischenübernachtung in Ramsthal verkürzt.

Sie biegen links in die Von-Henneberg-Straße ab und folgen ihr bis zum Feuerwehrhaus. Dort biegen Sie halb rechts von der Fahrstraße ab (ganz rechts führt ein Weg zur Bergkirche hoch).

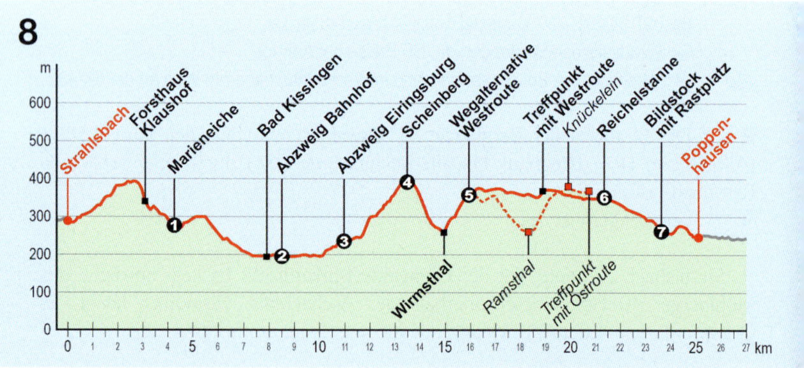

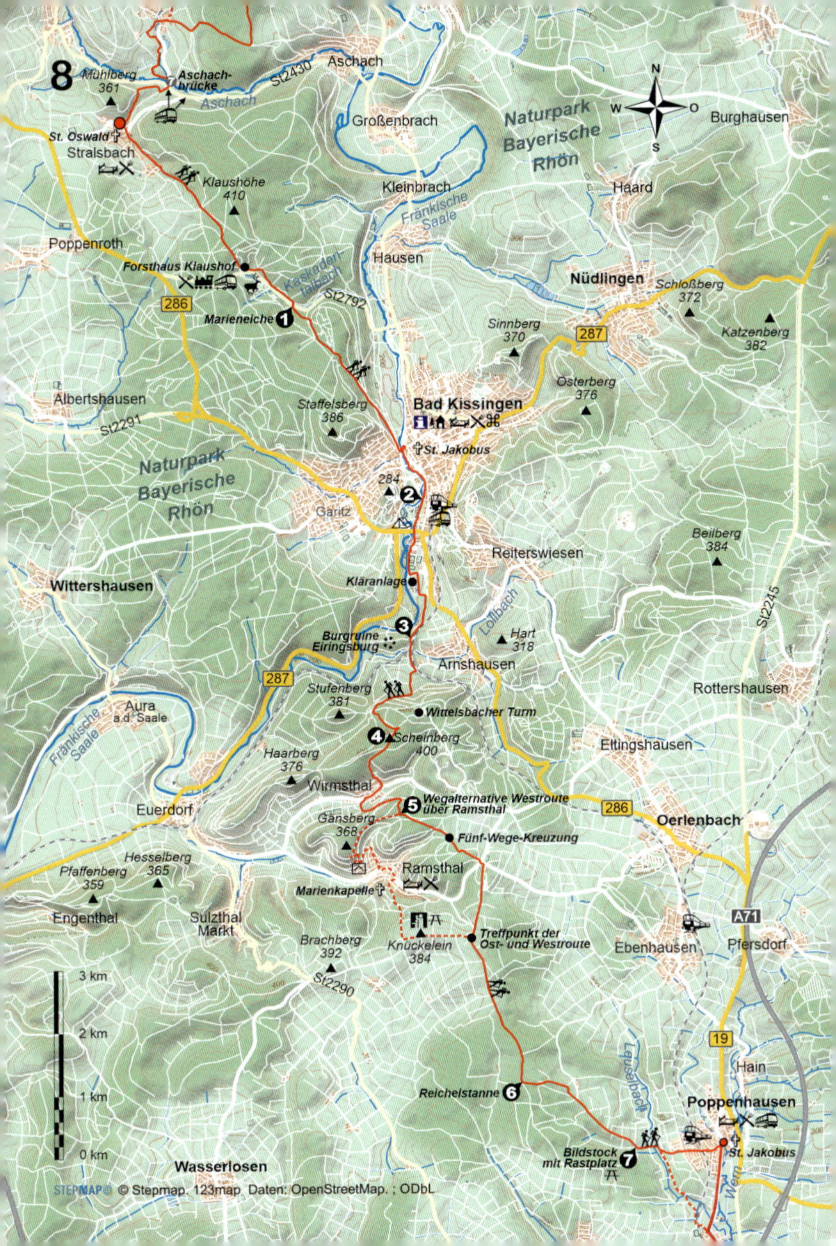

8
Mühlberg 361
Aschachbrücke
Aschach
St2430
Großenbrach
Naturpark Bayerische Rhön
Burghausen
St. Oswald
Stralsbach
Klaushöhe 410
Kleinbrach
Haard
Fränkische Saale
Poppenroth
Hausen
Forsthaus Klaushof
Kaskadental
St2792
Nüdlingen
Schloßberg 372
286
Marieneiche 1
Sinnberg 370
287
Katzenberg 382
Osterberg 376
Albertshausen
Staffelsberg 386
Bad Kissingen
St2291
St. Jakobus
Naturpark Bayerische Rhön
284
2
Garitz
Reiterswiesen
Beilberg 384
Wittershausen
Kläranlage
3
Lollbach
Burgruine Eiringsburg
Hart 318
St2245
287
Arnshausen
Stufenberg 381
Rottershausen
Aura a.d. Saale
Wittelsbacher Turm
Fränkische Saale
4 Scheinberg 400
Haarberg 376
Eltingshausen
Wirmsthal
5 Wegalternative Westroute über Ramsthal
286
Oerlenbach
Euerdorf
Gänsberg 368
Fünf-Wege-Kreuzung
Hesselberg 365
Ramsthal
Pfaffenberg 359
Marienkapelle
A71
Engenthal
Sulzthal Markt
Treffpunkt der Ost- und Westroute
Ebenhausen
Pfersdorf
Brachberg 392
Knückelein 384
St2290
3 km
2 km
19
1 km
Hain
Lauselbach
Reichelstanne 6
Poppenhausen
0 km
Bildstock mit Rastplatz 7
St. Jakobus
Wern
Wasserlosen
STEPMAP © Stepmap. 123map. Daten: OpenStreetMap. ; ODbL

Am Metallbau Albert biegen Sie halb links in den Silberdistelweg ab. Am Ende biegen Sie links in die Straße Im Oberdorf ab und folgen ihr durch die Rechtskurve bis an ihr Ende. Ein Schotterweg führt weiter im Hang gemütlich aufwärts.

Auf der Höhe gehen Sie an der Kreuzung geradeaus und an der 70 m weiter folgenden Gabelung halb rechts. Der schöne Waldweg führt auf einen breiten Wirtschaftsweg.

Sie gehen rechts und nach 50 m wieder links davon ab. An einer weiteren Gabelung ist Ihr Weg dann halb links Richtung Klaushof ausgeschildert. Achten Sie auf die Markierung. Es gibt viele Spazierwege.

☺ Zusätzlich sind auch die Wegzeichen des HOCHRHÖNERS® angebracht.

Forsthaus Klaushof, Klaushofstraße 102, 97688 Bad Kissingen, 09 71/78 58 78 18, www.forsthaus-klaushof.com, Do-Di 11:00-22:00, kann je nach Wetter abweichen, schauen Sie auf die Homepage

Wildpark Klaushof, Klaushofstraße 101, 97688 Bad Kissingen, ☏ 09 71/807 31 33, April-Okt tägl. 10:00-18:00, im Winter bis 17:00.

Vom Eingang des Wildparks unterhalb der Café-Terrasse Klaushof fährt zu den Öffnungszeiten des Wildparks jeweils 15 Min. nach jeder vollen Stunde ein Bähnchen nach Bad Kissingen.

Der Bus 8113 fährt werktags 6-mal am Tag vom Wildpark nach Bad Kissingen. Sa/So gibt es ebenfalls einige Abfahrten anderer Linien, Fahrtzeit 15-20 Min.

Vom Klaushof laufen Sie halb links die geteerte Zufahrt abwärts, kommen an die Hauptstraße (St2792), betreten sie aber nicht, sondern gehen links leicht aufwärts, nach 100 m aber halb rechts in einen Waldweg. Sie biegen an der nachfolgenden Gabelung noch einmal halb rechts in einen anderen Pfad ab, der zu einer Bachbrücke führt. Hier überqueren Sie Bach und Straße und kommen zur Marieneiche ❶, einem vom Wind gefällten Baumriesen.

Sie biegen hier halb links ab und laufen bis an einen Radweg und dort geradeaus darüber hinweg zu einem Parkweg. Jetzt biegen Sie rechts ab und folgen dem Parkweg, ohne abzuweichen, bis Sie an das Ufer der Fränkischen Saale in Bad Kissingen kommen.

Sie überqueren die Saale auf der Fußgängerbrücke, die sich im weiten Bogen zum anderen Ufer hinzieht.

Der Pilgerweg ist nicht durch die Stadt markiert, sondern führt von der Brücke 2-mal rechts zum Fluss und biegt dort links in den Uferweg ein.

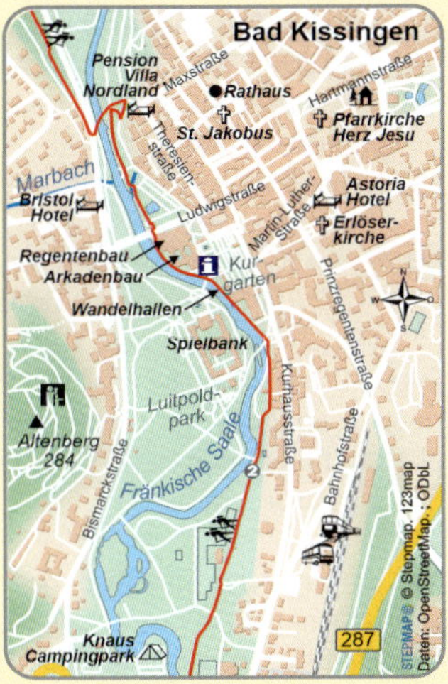

➭ Das Zentrum erreichen Sie jeweils mit den Straßen, die vom nun erreichten Ufer wegführen. Auf jeden Fall sollten Sie die ✝ Jakobuskirche besuchen. Dort bekommen Sie den ⊙ Pilgerstempel. Dafür können Sie dem Brückenbogen auf dem weiterführenden Fußweg bis zur Straßenecke folgen und dann halb links in die Maxstraße einbiegen. Zwei Straßen lassen Sie rechts liegen, dann biegen Sie rechts in die Spitalgasse ab und kommen so vorbei am Rathaus zur Jakobuskirche (➲ 270 m). Sie laufen an der Kirche vorbei bis zur querenden Ludwigstraße und gehen dort wieder rechts. Am Regentenbau erreichen Sie die Ludwigsbrücke, überqueren den Fluss aber nicht, sondern folgen dem Uferweg nach links.

Die Innenstadt bietet auch Einkaufsmöglichkeiten, Cafés, Eisdielen und Restaurants.

Bad Kissingen

Tourist-Information Arkadenbau, Kurgarten, 97688 Bad Kissingen, ☏ 09 71/804 84 44, ✉ kissingen-tourismus@badkissingen.de, täglich 9:30-17:30, telefonisch erreichbar: Mo-Fr 8:30-20:00, Sa/So 10:00-14:00, ➲ am Weg

Pilgerunterkunft im kath. Pfarramt Bad Kissingen, Hartmannstraße 4, 97688 Bad Kissingen, ☏ 09 71/699 82 80, 3 Betten, 5 Notbetten, Decken vorhanden (leichter Leinen-oder Seidenschlafsack reicht), Ü gegen Spende (€ 10), unbedingt vorher anmelden, nur mit Pilgerausweis, 8:30-12:00 u. 15:00-17:00, ➲ 580 m

Pension Villa Nordland, Bed & Breakfast OHG, Theresienstr. 4, 97688 Bad Kissingen, ☏ 09 71/711 20, ✉ contact@pension-villa-nordland.de, www.pension-villa-nordland.de, Ü EZ € 56, DZ € 79, F € 10,50, ➲ am Weg

♦ **Bristol Hotel Bad Kissingen**, Bismarckstraße 8, 97688 Bad Kissingen, ☏ 09 71/82 40, ✉ info@bristol-badkissingen.de, www.bristol-badkissingen.de, ÜF EZ ab € 69, DZ ab € 89, ➲ 200 m

♦ **Astoria Hotel**, Martin-Luther-Straße 1, 97688 Bad Kissingen, ☏ 09 71/785 70 40, ✉ info@astoria-badkissingen.de, www.astoria-badkissingen.de, Ü EZ ab € 55, DZ ab € 65, F € 11, ➲ 320 m

Knaus Campingpark Bad Kissingen, Euerdorfer Straße 1, 97688 Bad Kissingen, 09 71/78 51 39 66, badkissingen@knauscamp.de, www.knauscamp.de/bad-kissingen, Ü Zelt € 8, € 10,50 p. P, am Weg, ganz im Süden der Stadt

Das Busnetz in und um Bad Kissingen ist auf der Seite www.mobil-kg.de ausführlich dargestellt.

Von Bad Kissingen fahren Züge Richtung Gemünden (Main) oder Schweinfurt. Es gibt u. a. Direktverbindungen nach Würzburg.

Die **Jakobikirche** war bis 1884 Pfarrkirche und ist heute Sakralraum für die russisch-orthodoxe Gemeinde. Sie wirkt auf mich wie ein Theatersaal mit Logenplätzen. Es gibt dort einen Pilgerstempel.

tagsüber geöffnet

Das bayrische Staatsbad Bad Kissingen wurde 2021 zum Weltkulturerbe gekürt, kann sich in den Bereichen, die gemeint sind, auch wirklich sehen lassen. Regentenbau, Arkadenbau und Wandelhallen kosten in Teilen zwar etwas Eintrittsgeld, sind aber sehenswert (10:00-17:00). Bereits im 18. Jh. wurde ein Kurgarten geschaffen und unter den bayrischen Regenten Ludwig I. und Prinzregent Luitpold repräsentative Gebäude errichtet. Vom Klassizismus bis zur Belle Époque des frühen 20. Jh. reichen die Formensprachen. Schließlich sollten ja die bis dahin berühmtesten Bäder in Baden-Baden und Karlsbad an Anziehungskraft übertroffen werden. Grundlage des Heilbades aber waren und sind bis heute die vielen verschiedenen hier vorgefunden, teils kohlensäurehaltigen Mineralquellen.

Auf dem Pilgerweg erreichen Sie den Regentenbau über den Rosengarten an der Ludwigbrücke. Ihr Weg bleib am Fluss. An der nächsten Brücke (Fußgänger) ist linker Hand die Tourist Information in einem Teil des Arkadenbaus untergebracht. Folgerichtig heißt die Brücke Arkadensteg. Sie führt zur Spielbank. Sie bleiben diesseits und durchwandern nun einen Teil des Kurparks.

300 m nach der folgenden Brücke (führt in den Luitpoldpark) finden Sie einen Zugang zum Bahnhof ❷ und nach weiteren 200 m einen weiteren (jeweils 300 m).

Am Campingplatz wird eine Straße unterquert, es folgen Sportanlagen und dann stehen Sie vor der Kläranlage. Sie wird nach links und dann rechts umgangen, ein Supermarkt ist in Sichtweite. Sie landen vor einer großen Wiese und folgen dort links dem Teerweg. Nach 100 m ist ein schmaler Höhenrücken erreicht. Hier biegen Sie rechts in den Waldweg ab. Im Frühjahr begleitet Sie ein Blütenmeer aus Hohlem Lerchensporn und Buschwindröschen.

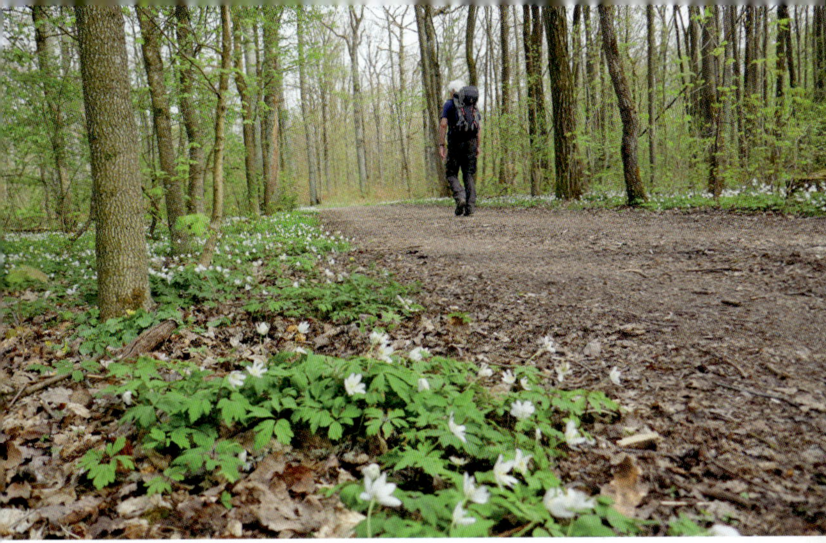

Durch schöne Wälder führt der Weg nach Poppenhausen

An einer Gabelung gehen Sie links. Der Weg steigt weiter an und erreicht eine weitere Gabelung ❸. ↬ Rechts können Sie hier die Ruine der **Eieringsburg** erreichen.

Sie gehen links zur Bahnstrecke hinab zu einer Fußgängerbrücke. Der Weg führt hier über die Brücke in den Zwischenraum sich verzweigender Bahngleise und rechts auf schmalem Pfad durch Buschwerk bis auf einen geteerten Querweg. Dort gehen Sie rechts und wieder links auf den Wittelsbacher Turm auf der Höhe zu.

✋ Bei meiner Recherchewanderung 2022 war die Brücke gesperrt und eine Umleitung ausgeschildert. Falls die baufällige Brücke noch nicht erneuert ist, gehen Sie dort geradeaus steil abwärts in ein Bachtal (Lollbach), dort links an eine Straße und wieder links unter dem Viadukt hindurch, aber vor dem nachfolgenden Bahntunnel rechts aufwärts auf geteertem Weg an einen weiteren geteerten Querweg. An Wegzeichen sah ich nur das WT vom Wittelsbacher Turmrundweg. Sie gehen links und gleich wieder rechts in Richtung Wittelsbacher Turm, der oben aus dem Wald ragt.

In der Rechtskurve biegen Sie geradeaus in einen Feldweg ab (Markierung fehlte), der zum Waldrand hinaufführt und dann rechts am Waldrand entlang. Der Weg führt danach geradeaus in den Wald.

Nach 200 m biegen Sie links in einen schmaleren Weg, nach 40 m aber rechts wieder davon ab. Der Pfad führt sanft aufwärts auf einen breiten Forstwirtschaftsweg. Hier gehen Sie links bis an eine Gabelung auf der Höhe und dort im spitzen Winkel rechts über eine nur noch flache Kuppe (Scheinberg) ❹ hinüber.

Geradeaus geht es über eine Kreuzung hinweg wieder abwärts. Ein schöner schmaler Waldweg führt Sie an den Ortsrand von Wirmsthal.

Wirmsthal liegt noch im Landkreis Kissingen und ist heute Teil der Gemeinde Euerbach. Das Dorf wird als der nördlichste Weinort des Anbaugebietes Franken bezeichnet. Früher war hier auch der Obstbau verbreitet, wovon noch einige Streuobstwiesen zeugen. Wirmsthal schmiegt sich mit seinen Häusern und Weinbergen wundervoll in den unteren Südhang des Scheinberges und zieht sich noch bis hin zum Talboden, den die Sonne bis zum späten Abend erwärmt.

An der erreichten Straße biegen Sie links ein und gehen im Bogen abwärts zur Hauptstraße und dort rechts weiter. Nach 340 m biegen Sie dann halb links in den Wiesenweg ⛼ ab. In der Senke befindet sich ein Spielplatz.

Gehen Sie an der Kreuzung geradeaus am Spielplatz vorbei in einen ebenen geteerten Weg. Nach nur 40 m aber gehen Sie links in den steilen aufwärtsführenden Feldweg.

Sie erreichen eine Gabelung an einem aussichtsreichen ⛼ Picknickplatz und gehen links auf breitem Schotterweg in den Hang. Wenn die Höhe erreicht ist, biegen Sie rechts, bei eindeutiger Markierung, in einen Waldweg ab. Nach 80 m folgt eine Waldwegekreuzung. Auch hier gehen Sie rechts.

Auf der Höhe an einem Querweg teilt sich der Weg in eine **West- und eine Ostroute** (Wegweiser) ❺.

Die Westroute über Ramsthal laufen Sie dann, wenn Sie dort übernachten wollen (➲ 2,3 km). Dadurch können Sie die lange Etappe entscheidend verkürzen. Andernfalls nehmen Sie die kürzere Ostroute nach Poppenhausen.

Westroute: Sie folgen dem breiten Kammweg nach rechts – er ist beständig leicht abwärtsgerichtet – zunächst zu einem schönen Aussichtspunkt mit Wiesenplatz. Das Gedicht Mondnacht von Joseph v. Eichendorff ist hier zur Besinnung angeschlagen und passt auch perfekt zur Stimmung dieses Platzes:

„Und meine Seele spannte
Weit ihre Flügel aus,
Flog durch die stillen Lande,
Als flöge sie nach Haus."

20 m weiter stehen Tisch und Bank. Noch etwas weiter dehnt sich ein Weinberg bis zur Höhe und weit hinunter nach Ramstal. Noch etwas weiter kommen Sie an einer Urban-Statue an ein geteertes Sträßchen und gehen links.

Urban I. oder der heilige Urbanus

Er lebte nach Überlieferungen Anfang des 3. Jh. und war für acht Jahre Bischof von Rom. Sein Gedenktag ist der 25. Mai, eigentlich sein Todestag, aber zufällig auch der Beginn der Weinblüte. Die Statue hier im Weinberg zielt auf seine Schutzfunktion für den Weinstock und die Winzer, die vermutlich aber aufgrund einer Verwechslung mit dem Urbanus von Langres (5. Bischof von Langres am Jakobsweg im Burgund) zustande kam. Der lebte 150 Jahre später und versteckte sich erfolgreich hinter einer Weinrebe vor seinen Verfolgern und erhielt so das Attribut einer Weintraube. Urbanus der I. jedenfalls, so wird es hier ausführlich auf einer Tafel erzählt, gab den Anlass zur Gründung einer Urbanus-Bruderschaft in Ramsthal.

Dass sich sein Gedenktag vor allem zum Vorwand eines ungebremsten Weinkonsums entwickelte, führte bald zum Verbot der Bruderschaft, aber nicht zur Beendigung des Brauchtums.

In zwei weiteren Kehren folgen Sie dem Sträßchen den Weinberg hinab. Unterwegs stehen eine ⌂ Schutzhütte und noch weitere Informationstafeln am Weg. Am Ortsanfang biegen Sie rechts in die Siedlungsstraße ab und folgen ihr zur Hauptstraße in den Ort.

Ramsthal

Gästehaus Ingrid, Natalie Kojah, Im Schäffthal 1, 97729 Ramsthal,
☏ 097 04/603 98 50, ✉ gaestehausingrid@t-online.de,
🖳 www.gaestehausingrid.de, ÜF EZ € 55, DZ € 80, ➲ am Weg

✕ **Roland Wahler**, Gasthof und Metzgerei, Hauptstraße 28, 97729 Ramsthal,
☏ 097 04/15 50, ✉ info@gasthof-wahler.de, 🖳 www.gasthof-wahler.de,
Mo Ruhetag, Zimmerpreise und Anmeldung nur telefonisch, ➲ am Weg

☺ Weitere Zimmer finden Sie über Buchungsportale.

Ramsthal ist ein freundliches fränkisches Weindorf in einem Seitental der Fränkischen Saale. Das Prädikat „Weindorf mit Charme“ aus der Imagebroschüre trägt es nach meinem Eindruck zu Recht. Die besondere Lage im steilen Talkessel trägt neben ausreichender Infrastruktur wie Bäckerei, Metzgerei, Winzerstuben und Übernachtungsmöglichkeiten dazu bei.

Sie gehen links entlang der Hauptstraße bis zum Weingut Baldauf. Dort gehen Sie rechts Richtung Kapelle ein paar Stufen aufwärts und dann geradeaus einen anfangs geteerten Weg den Berg hinauf. Am Abzweig zur Marienkapelle gehen Sie geradeaus weiter und auch an einer Kreuzung gehen Sie geradeaus, nun flacher steigend, weiter zu einer Betonstraße an einer Hofstelle. Sie steigen rechts nur noch leicht an. 320 m nach der Hofstelle biegen Sie links zu einer schon sichtbaren Baumgruppe und zum höchsten Punkt der Feldlandschaft ab ⩫.

Knückelein

Der weithin sichtbare, leicht kegelig aus der Feldlandschaft herausragende höchste Punkt der Gemarkung Ramsthal bietet eine wunderbare Rundumsicht. Eine Windrose erleichtert die Einordnung der umgebenden Berge. Den Kreuzberg werden Sie aber sicher auch so anhand seiner Antenne leicht im Norden erkennen können. Eine Sitzgruppe macht den Ort zum Rastplatz. Ein Kreuz und ein Gedenkstein sind hier aufgestellt.

Sie folgen der Straße am Knückelein vorbei bis in einen Waldstreifen. Bevor die Straße steiler fällt, biegen Sie rechts in einen Schotterweg ab. Der führt Sie an ein Sträßchen mit Wegweiser (Bergkreuz) und Bildstock und wieder auf den Hauptweg. Rechts steigt Ihr Weg wieder leicht bergan.

Sie laufen den breiten Kammweg nach links und erreichen eine Fünf-Wege-Kreuzung mit Wegkreuz. Rechts ergibt sich noch eine Möglichkeit, nach Ramsthal abzubiegen. Sie gehen geradeaus am Waldrand entlang mit Blick über die offene Höhe mit den Windrädern. An einem Querweg gehen Sie nach links, nach 100 m aber rechts durch den Eichenwald bis zu einem Verkehrskreisel. Dieser wird geradeaus überquert. Danach biegen Sie rechts in einen geteerten Forstwirtschaftsweg ab. Der Weg führt in eine Senke und erreicht eine Betonstraße. Dort geht es links wieder aufwärts. Am Wegweiser Bergkreuz, kurz vor einem Bildstock, stößt von rechts die **Variante aus Ramsthal** dazu.

Nach weiteren knapp 1,4 km endet die Straße am Waldrand. Sie gehen geradeaus auf breitem Weg in den schönen Wald hinein. Nach weiteren 1,4 km erreichen Sie eine Wegkreuzung, an der ein Wegweiser mit dem Hinweis „**Reichelstanne 356 m**“ steht ❻. Sie biegen nach links Richtung Poppenhausen und Euerbach ab. Von diesem breiten Waldweg weichen Sie nicht ab. Er fällt jetzt leicht und erreicht ein Teersträßchen, dem Sie geradeaus weiter in ein Tal folgen.

An einem Bildstock, schon im Tal, ist ein Rastplatz ❼ eingerichtet. Der Weg zweigt links ab und überquert den Leuselbach an Wassergewinnungsanlagen.

Kurz nach der Bachüberquerung gibt es eine **Abkürzungsmöglichkeit**. Sie ist z. B. für alle, die durchmarschieren oder die noch zur Pilgerherberge Löwenzahn weitergehen möchten, geeignet. Poppenhausen wird umgangen und Kronungen direkt angesteuert. Dadurch verkürzt sich der Weg um 1 km (☞ Etappe 9 und 9A).

An der Gabelung nach dem Bach gehen Sie dann rechts Richtung Kronungen, Oberwerrn und Schweinfurt (Wegweiser „Leuselbachtal"). Der Radweg folgt der Talaue. An einer Verzweigung halten Sie sich links, erreichen die Bahnstrecke und wandern wenig weiter links unter der Bahn hindurch (Wegweiser). Am Kreisverkehr treffen Sie auf den Hauptweg, der von links aus Poppenhausen hier eintrifft. Gehen Sie geradeaus mit der Straße am Ring nach Kronungen hinein.

An der Gabelung (Wegweiser „Leuselbachtal") gehen Sie geradeaus aus dem Tal hinaus Richtung Poppenhausen, das Sie über die Bahnhofstraße erreichen. Am Rathaus treffen Sie auf die Hauptstraße. Gegenüber steht die St. Jakobus dem Älteren geweihte Kirche.

Poppenhausen

Landgasthof **Goldener Stern**, Hauptstraße 22, 97490 Poppenhausen, ☎ 097 25/710 70, geniessen@stern-poppenhausen.de, goldener-stern-poppenhausen.jimdofree.com, ÜF EZ € 42, DZ € 75, Mo Ruhetag, Zimmerbelegung von 17:00-20:00 auch am Ruhetag möglich, 190 m

Der Bus 8136 fährt bis zu zweimal in der Stunde (zu manchen Zeiten aber auch nur etwa zweistündlich) nach „Schweinfurt, Obertor". Das gibt Ihnen die Möglichkeit, Ausweichquartiere in Schweinfurt aufzusuchen, Fahrtzeit 20 Min. Mit dieser Linie kommen Sie auch zur Pilgerherberge Löwenzahn. Mit Umstieg und Anschluss ab Obertor zur Bushaltestelle „Benno-Merkle-Straße" haben Sie nur 30-36 Min. Fahrtzeit (☞ Etappe 9A).

Einmal in der Stunde halten Züge auf der Strecke zwischen Bad Kissingen und Schweinfurt in Poppenhausen. Auch der Zug kann Ihnen zum Aufsuchen von Ausweichquartieren dienen.

Die Kirche **St. Jakobus d. Ältere** wurde 1743 erneuert. Der Turm ist fast 200 Jahre älter. Jakobusfiguren gibt es in einer Nische an der Außenfassade sowie im Kirchenraum. Ein Pilgerstempel liegt aus.

tagsüber geöffnet

Poppenhausen liegt bereits im Landkreis Schweinfurt. Pilgerinnen und Pilger finden hier eine gute Infrastruktur für die Versorgung.

Etappe 9: Poppenhausen – Stettbach (Hauptroute)

18,4 km, 6 Std., ↑ 241 m, ↓ 218 m, ⇧ 226-311 m

0,0 km	⇧ 250 m	Poppenhausen, St. Jakobuskirche
5,0 km	⇧ 238 m	Euerbach
7,9 km	⇧ 236 m	Geldersheim
13,0 km	⇧ 284 m	Egenhausen
16,8 km	⇧ 252 m	Eckartshausen
18,4 km	⇧ 275 m	Stettbach

Auf dem Gemeindegebiet von Poppenhausen entspringt das Flüsschen Wern, das im Verlauf dieser Etappe zur groben Orientierung dient. Mehrfach werden Sie unterwegs auf die Interkommunale Allianz Oberes Werntal, einen Zusammenschluss von 10 Werntalgemeinden, hingewiesen. Dabei geht es z. B. um Entwicklung und Erhalt lebendiger Ortskerne, um die Erfassung und Restaurierung ortsbildprägender und regionaltypischer Anwesen. Ein besonderer Schwerpunkt liegt auch auf der Entwicklung der regionalen ökologischen Landwirtschaft, die aktuell bereits 28 % der Fläche im Oberen Werntal einnimmt.

Von der teilnehmenden Gemeinde Poppenhausen wandern Sie zu zwei weiteren Gemeinden des Zusammenschlusses: Euerbach und Geldersheim. Weitere kleine Dörfer liegen am Weg, der überwiegend durch flaches, hügeliges Agrarland führt. Wegen seiner hohen Fruchtbarkeit wird das sogenannte Schweinfurter Gau, durch das es geht, seit ewigen Zeiten zum intensiven Ackerbau genutzt.

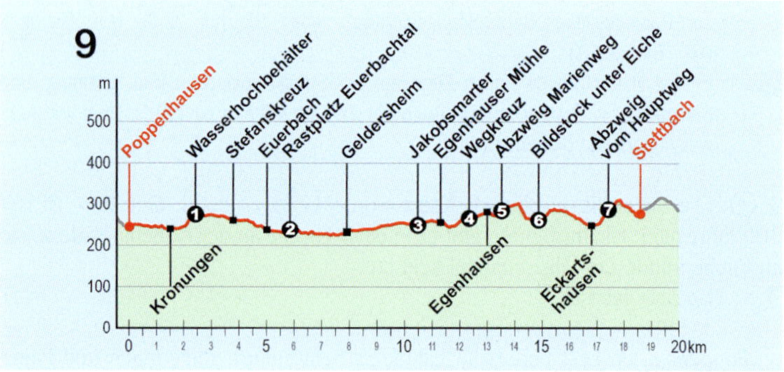

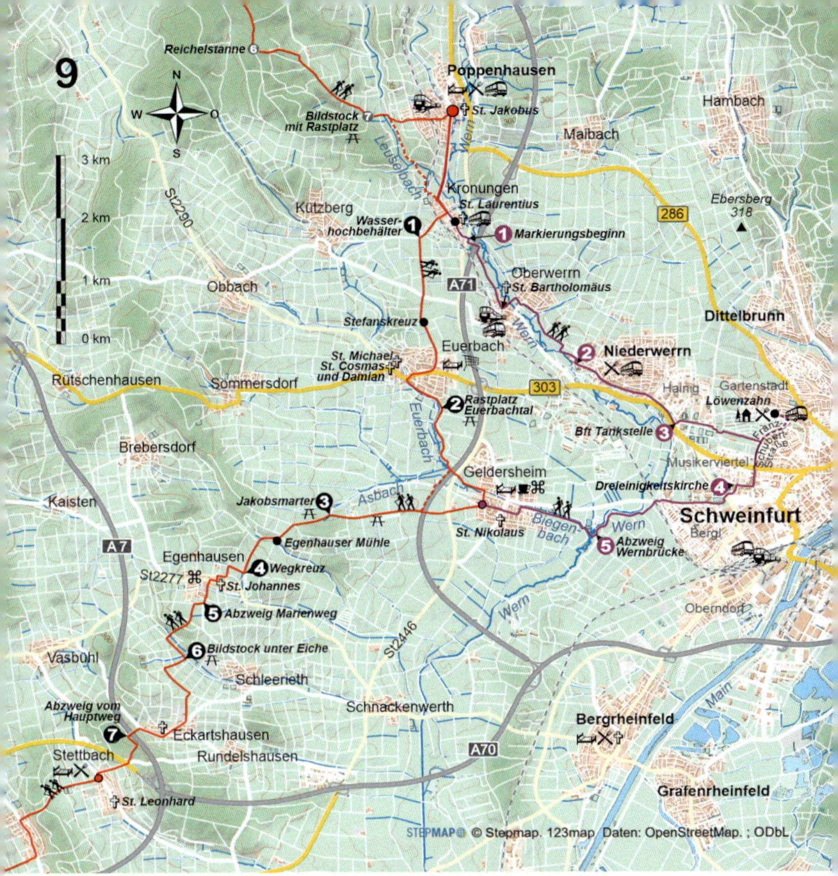

Am Rathaus biegen Sie rechts in die Hauptstraße ab und wandern auf dem Radweg an ihr entlang nach Kronungen. Am Kreisverkehr biegen Sie links in die Straße Am Ring ab und nach 250 m, auf halbem Weg zur Kirche St. Laurentius, rechts in die Kützberger Straße.

Sie folgen der Straße bis auf die Höhe vor der Hochspannungsleitung am Wasserhochbehälter ❶. Hier biegen Sie links in ein kleines Landwirtschaftssträßchen ab und wandern bei bester Aussicht über den Höhenrücken. Voraus sind die Kühltürme des stillgelegten Kernkraftwerks Grafenreinfeld zu sehen. Sie passieren ein steinernes Kreuz.

Sühnekreuz

In der Mehrheit gelten Kreuze dieser Art, nämlich aus einem Stein gefertigte, als Sühnekreuze. Sie wurden überall dort zum Zeichen der Sühne aufgestellt, wo ein Mord oder eine andere schwere Straftat geschehen war und diese nun in privaten Verhandlungen zwischen Opferpartei und Täter als gesühnt angesehen wurden. Sühnekreuze entstanden vom 12.-16. Jh. Erst mit der Einführung der Halsgerichtsordnung Kaiser Karls V. im Jahr 1533 wurde diese Art der privaten Abmachungen verboten und die Straftäter der geltenden Gerichtsbarkeit unterstellt.

Dieses Kreuz am Wegesrand, so wird es auf der beigefügten Tafel erzählt, hat einen anderen Entstehungsgrund. Es trägt die Aufschrift S. Stefan und wird deshalb **Stefanskreuz** genannt. Von Euerbacher Bürgerinnen und Bürgern soll es aus Dankbarkeit aufgestellt worden sein. Ein plünderndes, durch Unterfranken ziehendes Heer soll kurz vor Euerbach im Nebel das Dorf verfehlt haben und vorbeigezogen sein.

Etwas weiter steht eine Informationstafel zum Jakobsweg Oberes Werntal. Insbesondere werden die Sehenswürdigkeiten von Euerbach erläutert.

Am Bibelgarten der ev. Kirche in Euerbach

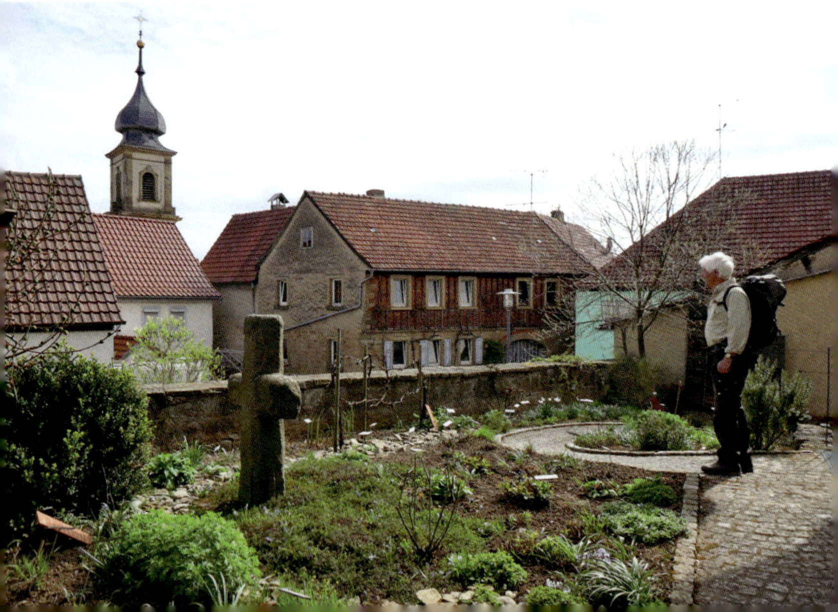

Euerbach erreichen Sie über eine Siedlungsstraße, der Sie geradeaus bis auf die Hauptstraße folgen. Dort gehen Sie rechts. (Wer noch einkaufen will, geht 70 m vor Erreichen der Hauptstraße links.)

Linker Hand passieren Sie bald das Rathaus. Dort bekommen Sie einen Pilgerstempel. Nur 50 m weiter achten Sie rechter Hand, am Zimmermannsplatz, auf den **Jakobusbildstock** von 1518. Danach erreichen Sie eine Bachbrücke. Sie führt über den Euerbach. Der Pilgerweg biegt vor der Brücke links ab und führt am Bach entlang. Vorher sollten Sie unbedingt geradeaus in das alte Zentrum laufen, um die Kirchenburg und die neue und alte kath. Kirche zu besuchen (➲ 270 m).

Euerbach

Ferienwohnung Ingrid Wüllerich, Untere Mühle 1, 97502 Euerbach, ☏ 097 26/457. Pilgerinnen und Pilger werden gerne auch für eine Nacht beherbergt, Voranmeldung nötig, Verpflegung und Preise nach Absprache, ➲ am Weg

Es gibt zwei Pilgerstempel in Euerbach, den einen im Rathaus und einen ökumenischen, der sich aus einer roten und einer schwarzen Hälfte zusammensetzt. Um Letzteren zu bekommen, müssen Sie beide alten Kirchen besuchen. Sie stehen aber nah beieinander.

Die kath. **St. Michaelkirche** – die alte, muss man sagen, denn unweit davon steht auch eine sehenswerte moderne St. Michaelkirche – wird nur noch gelegentlich benutzt. Errichtet wurde sie als Schlosskapelle im barocken Stil von 1739-1742 vom berühmten Baumeister Balthasar Neumann. Im seit der Reformation überwiegend evangelischen Euerbach durfte sie aber von den Katholikinnen und Katholiken von Anfang an mitbenutzt werden. Die Kirche ist leider in der Regel verschlossen. Sie bekommen den Schlüssel aber in der Kirchgasse 11, ein paar Häuser weiter.

Die ev. Kirche **St. Cosmas und Damian** ist romanischen Ursprungs. Sie steht mitten in einer gut erhaltenen mittelalterlichen Gadenanlage. Die für die Region typische Form einer Kirchenburg ist hier besonders gut erhalten und gepflegt. Ein- und zweigeschossige Einzelbauten umschließen schützend wie eine Stadtmauer die Ortskirche, die als Fluchtburg, aber auch als Lagerraum für Rüben, Kartoffeln, Wein und Apfelmost und teils auch als Wohnraum diente. Auch eine Zehntgade, die anderswo Zehntscheune genannt wird, enthält das Gebäudeensemble. Es gibt allerhand Altertümliches, wie z. B. die Schiebesteine vor den Fensterluken, die es nur in dieser Gegend gibt, zu entdecken.

tagsüber geöffnet

Euerbach ist ein altes Dorf. Erwähnt wird es auf einer Schenkungsurkunde von 839, auf der Ludwig der Fromme, Sohn Karls des Großen, das Königsgut der Abtei Fulda überschreibt. Seit Mitte des 15. Jh. sind die Herren von Steinau-Steinrück die Herren in Euerbach. An der Kirchenburg finden Sie weitere Informationen und Anregungen für einen kleinen Rundgang zum alten Schloss, zum alten Rathaus und zum jüdischen Friedhof.

Sie folgen dem Radweg durch das renaturierte Tal ⩸ ❷ der Euer bis zur Autobahn A71. Der Pilgerweg vollzieht hier einen Bogen, um nach Geldersheim zu gelangen.

↳ Sie können an dieser Stelle den Weg um 1,6 km verkürzen, wenn Sie vor der Autobahnbrücke rechts auf dem Radweg Richtung Werneck und Schnakenwerth weiterwandern. An der nächsten Autobahnbrücke, ein Handymast steht dort, ist der Pilgerweg wieder erreicht. Hier biegen Sie rechts in einen Landwirtschaftsweg ab.

Der Pilgerweg führt unter der Autobahn und der St2446 hindurch. Am Abzweig Raiffeisenstraße gehen Sie rechts und treffen nach 250 m auf den Wegweiser Geldersheim. ↳ Links führt die Straße Oberdorf in den Ortskern (➲ 300 m) und rechts aus Geldersheim wieder hinaus.

Geldersheim

🛏 **Zehnthof Geldersheim**, Harald Künzig, Oberdorf 11, 97505 Geldersheim, ☏ 097 21/80 26 16, ✉ info@zehnthof.de, 💻 www.zehnthof.de, Pilgerzimmer, Gästezimmer und FeWo, ÜF Preise auf Anfrage, ➲ 280 m

♦ **Gästezimmer Elfriede Klement**, Frankenstraße 4, 97505 Geldersheim, ☏ 097 21/88 8 09, 📱 01 52/26 54 81 60, ✉ elfi.klement@gmx.de. Frau Klement hat ein offenes Herz für Pilgerinnen und Pilger und drei freie Zimmer, Ü in Betten mit Bettwäsche gegen Spende, Verpflegung (Abendessen u. Frühstück) möglich, ➲ 500 m

⊙ Altenheim St. Martin gegenüber der Kirche

✞ Die kath. **St.-Nikolaus-Kirche** aus den Jahren 1610-1618 ersetzt einen spätromanischen Vorgängerbau. Als besonders sehenswert gelten die barocken Malereien Mariä Himmelfahrt, der Trinität sowie die Kreuzwegstationen des Malers Johann Peter Herrlein.

🚪 tagsüber geöffnet

⌘ **Archäologisches Museum Geldersheim**

♦ In den Gaden, Mo-Fr 8:00-12:00, Mo u. Do auch 13:00-17:00, So 14:00-17:00

Noch älter bzw. früher erwähnt als Euerbach ist Geldersheim. Bereits im Jahr 763 wurde der Ort in einer Urkunde der Abtei Fulda genannt. Die einstige mittelalterliche Bedeutung als Zentralort der Region, als wohlhabender Marktflecken und als Pfalz der fränkischen Könige sieht man dem Ort, zumindest auf den ersten Blick, nicht an. Heute ist es vor allem ein beliebter Wohnort im Grünen für Auspendlerinnen und Auspendler. Im Zentrum ist die fränkische Kirchenburg in Teilen erhalten. Ursprünglich war das Schultor zwischen Rathaus und Fränkischem Hof der einzige Zugang zum von Gaden umrahmten Kirchhof. Heute öffnet sich die Westseite zum Altenheim St. Martin. Eine Besonderheit ist die Frühmesskapelle auf dem Kirchhof, die heute der ev. Gemeinde als Versammlungsraum dient.

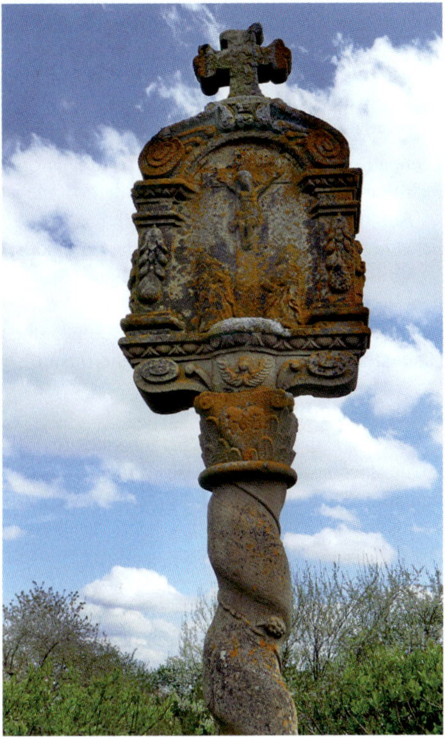

Einer der vielen fränkischen Bildstöcke am Weg

Achten Sie an der Verzweigung darauf, halb links der Straße Grenzhof zu folgen. Diesmal führen Brücken über Staatsstraße und Autobahn. Dann wandern Sie geradeaus leicht aufwärts in die weite Feldflur.

Auf der Höhe ist ein Rastplatz mit Wegkreuz und Wellenliege 70 m vom Weg entfernt eingerichtet. Geradeaus führt ein zweispuriger Plattenweg weiter.

Sie laufen in ein flaches Tal und gehen an einer Gabelung halb links. Hier stehen eine ⩪ steinerne Bank, ein Bildstock und ein Findling zusammen. Es handelt sich hier um die sogenannte **Jakobusmarter ❸**. Der Bildstock erinnert, so geht es aus der Inschrift des Findlings hervor, an zwei Geldersheimer Jakobuspilger. Der Bildstock stammt aus dem Jahr 1536

(Marter oder Marterl ist ein in Österreich und Bayern gebräuchlicher Ausdruck für Bildstock).

Der Weg führt weiter in den Talgrund. Auf dem Wegweiser steht **„Bei der Egenhauser Mühle"**. Ein Bächlein wird überquert. Sie wandern hier halb links Richtung Steineck, Werneck und anderer Ziele wieder aufwärts.

Auf der Höhe stehen ein Wegkreuz und der Wegweiser **„Wasserbehälter Schelmengraben" ❹**. Noch bevor der betonierte Querweg erreicht ist, gehen Sie rechts Richtung Bildstockzentrum, nach 250 m links in einen Feldweg und vor den Siedlungshäusern rechts zum Friedhof ♠.

Biegen Sie auf dem Friedhof links zur Kirche hin ab und gehen von dort zur Hauptstraße (St.-Johannes-Straße) und dann rechts.

Egenhausen (Werneck) ✞ ⌘

✞ Die kath. **Pfarrkirche St. Johannes d. Täufer** besitzt eine dem Spätrokoko zuzuordnende Einrichtung. Sie wurde 1766 nach Plänen eines Nachfolgers von Balthasar Neumann (Johann Michael Fischer) erbaut. Der Friedhof ist mit Sandsteingrabmälern ausgestattet.

🚪 tagsüber geöffnet

⌘ Seit 2010 ist in Egenhausen das **Fränkisches Bildstockzentrum** ansässig. Seine Aufgabe ist es, die seit dem Mittelalter errichteten zahlreichen Bildstöcke zu schützen und zu erhalten. Sie gehören zum Kulturbesitz und sind Markenzeichen der fränkischen Landschaft. Entstanden sind sie aus einer tief verwurzelten Volksfrömmigkeit heraus. Eine moderne Dauerausstellung informiert über die Kulturgeschichte der Bildstöcke. Fragen, die sich im Zusammenhang mit den zahlreichen Wegbegleitern ergeben, finden hier vielleicht eine Antwort?

♦ St.-Johannes-Straße 73, 97440 Egenhausen, ☏ 097 22/220, ✉ kontakt@bildstockzentrum.de, 💻 www.bildstockzentrum.de, 🚪 Ostern bis Allerheiligen So 11:00-17:00, ➲ 180 m, von der Kirche geradeaus der St.-Johannes-Straße folgen

Egenhausen ist ein bäuerlich geprägtes Straßendorf mit modernerem Siedlungsgebiet und denkmalgeschützter Kirche.

Zur Fortsetzung biegen Sie schon nach wenigen Metern links in die Brunnenstraße Richtung Schleerieth ab (überdachte Bushaltestelle mit großer ⛼ Sitzbank) und folgen ihr für 400 m noch über den Siedlungsrand hinaus.

Sinnvoll ist es nun, den Markierungen des Marienweges zu folgen. Dies nicht nur weil die Jakobswegmarkierungen an entscheidenden Stellen fehlen (2022), sondern auch, weil es keinen Sinn ergibt, ein (etwas) längeres Straßenstück in Kauf zu nehmen, das gleichzeitig ein Umweg ist.

Biegen Sie mit dem Marienweg rechts ❺ in den Feldweg und am nächsten Feldweg links ab und laufen Sie an den Waldrand und zum Wegweiser „**Goldgarten**". Geradeaus gehen Sie nun (auch wieder mit der Jakobsmuschel) durch den schönen Eichen-Hainbuchen-Wald, über eine Kreuzung hinweg in den Talgrund und über den Bach hinüber an einen geteerten Weg und dort links.

Am Bildstock mit ⛼ Pausenbank unter einer großen Eiche ❻, gehen Sie rechts aus dem Tal hinaus, aber nur bis auf halbe Höhe. Dort biegen Sie links in einen Betonweg ab, dem Sie 600 m folgen. Dann biegen Sie rechts in einen Grasweg ab, der zwischen den Feldern (verblasste Markierung auf der Straße) bis an den Ortsrand von Eckartshausen führt. Gehen Sie hier links zur Fahrstraße und auf ihr rechts in die Ortsmitte.

Eckartshausen (Werneck) ✞ ⊙

✞ ⊙ In der spätgotischen **Wallfahrtskirche Mariä Heimsuchung** befindet sich das Grabmal eines unbekannten Jakobuspilgers und seiner Frau (1499). Die Grabplatte ist im Außenbereich zu sehen! Die Kirche ist geöffnet und hat einen Pilgerstempel. Ziel der Wallfahrerinnen und Wallfahrer ist ein Gnadenbild der Mater Dolorosa.

🚪 tagsüber geöffnet

Sie folgen hier links der Straße Am Lindenbrunnen (Richtung Arnstein). Der gleichnamige Rad-/Fußwegweiser zeigt Richtung Stettbach und Schraudenbach. Wenn die Straße leicht ansteigt, biegen Sie halb links in einen nicht geteerten Waldwirtschaftsweg ab, der im leichten Bogen auf die Autobahn zu und dann drunter durchführt. ☝ Direkt nach der Unterquerung biegen Sie links vom breiten Hauptweg ab ❼. Der Weg biegt rechts ab und führt zur Höhe, dort geradeaus über einen breiten Wirtschaftsweg hinweg und auf einem Pfad durch den wunderschönen Mischwald zu einer Straße. Dort gehen Sie rechts auf einer Brücke über den Autobahnzubringer hinüber.

Sie kommen nach Stettbach hinunter und gehen an der Hauptstraße links. An der nächsten Ecke biegt der Pilgerweg rechts Richtung Schraudenbach ab, geradeaus Richtung Werneck geht es zum Gasthof.

Stettbach (Werneck)

Landgasthof Zum Rebstock, Fam. Krückel, Kirschental 38, 97440 Stettbach
097 22/12 34, info@krueckelstettbach.de, www.krueckel-stettbach.de,
Ü EZ € 45 (mit Etagendusche € 28), DZ € 56 (mit Etagendusche € 42), DBZ € 60, F € 5, Do u. Sa sind Ruhetage im Restaurant, Übernachtungen sind trotzdem möglich, für eine Verpflegung kann dann nicht immer gesorgt werden, 280 m.

Kath. **Pfarrkirche St. Leonhard**, drei spätgotische Schnitzfiguren aus der Schule Riemenschneiders sind zu sehen.

tagsüber geöffnet

Ausweichquartiere gibt es in Bergrheinfeld. Es ist zu Fuß nicht zu erreichen. Die Gasthöfe bieten aber einen Abholservice.

Bergrheinfeld

Gasthof Zum Weißen Ross, Hauptstraße 65, 97493 Bergrheinfeld,
097 21/78 97 00, gasthof@weissesrossrudloff.de
www.weissesrossrudloff.de, ÜF EZ € 56-64, DZ € 97-108, € 5

♦ **Hotel Astoria, Wilh. Weide KG**, Schweinfurter Straße 117, 97493 Bergrheinfeld,
097 21/970 10, info@hotelastoria.com, www.hotelastoria.com,
Ü EZ € 60-80, DZ € 80-100, DBZ € 110-130, F € 7,50

Das ursprüngliche Straßendorf landwirtschaftlicher Prägung liegt in unmittelbarer Nachbarschaft zu Schweinfurth am Main. Um das alte Dorf sind großflächige Siedlungsgebiete entstanden, wodurch die Einwohnerzahl auf über 5.000 gestiegen ist.

Etappe 9A: Poppenhausen – Geldersheim

(über Pilgerherberge Löwenzahn)

14,9 km, 5 Std., 45 m, 50 m, 221-248 m

0,0 km	250 m	Poppenhausen, St. Jakobuskirche
1,7 km	243 m	Kronungen
3,6 km	240 m	Oberwerrn
6,3 km	233 m	Niederwerrn
8,9 km	233 m	Schweinfurt, Franz-Schubert-Straße, Löwenzahn (Gartenstadt)
14,9 km	236 m	Geldersheim

Die Industrie-, Verwaltungs- und Hochschulstadt Schweinfurt liegt zwar in der Nähe des Weges, ein Halt oder ein Besuch ist dort aber eigentlich nicht vorgesehen. Einziger Grund, einen Abstecher dorthin zu unternehmen, ist die Pilgerherberge Löwenzahn am gleichnamigen Restaurant Löwenzahn in der Schweinfurter Gartenstadt. Damit Pilgerinnen und Pilger auch ihren Weg dorthin finden, ist ein Abzweig über den Radweg ab Kronungen markiert. Der Weg führt über Ober- und Niederwerrn bis an die von Sportstätten und Gewerbeparks sowie der Schul- und Hochschullandschaft dominierte Peripherie Schweinfurts. Die Innenstadt wird nicht berührt und ist daher hier auch nicht näher beschrieben. Damit Sie nicht den ganzen Weg nach Kronungen wieder zurücklaufen müssen, ist der Abstecher, den Hauptweg abkürzend, über Geldersheim markiert.

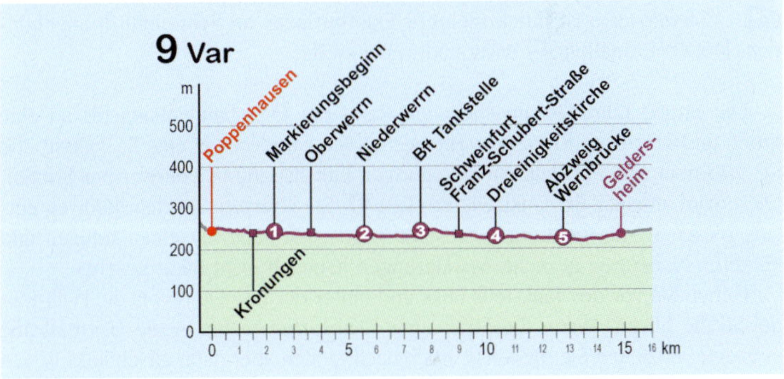

Am Rathaus von Poppenhausen biegen Sie rechts in die Hauptstraße und wandern auf dem Radweg an ihr entlang nach **Kronungen**. Am Kreisverkehr biegen Sie links in die Straße Am Ring und wandern ganz durch das Dorf. Auf Höhe der Kirche finden Sie eine Bushaltestelle.

Kronungen ist bereits in das Stadtbusnetz von Schweinfurt einbezogen. Es hält der Bus 25. Zur Pilgerherberge fahren Sie bis Richard-Wagner-Str. (23-28 Min.) und laufen den Rest zu Fuß (1,5 km), Detailinformation:
www.stadtwerke-sw.de.

Am Ortsende überqueren Sie die B19 und folgen dem gegenüber weiterführenden Radweg. Dort beginnt auch die Markierung der Alternativroute ❶. Der geteerte breite Weg führt unter der Autobahn A71 hindurch nach **Oberwerrn** .

Am Ortsrand steht eine Informationstafel zum Jakobsweg. Sie gehen geradeaus bis zur kath. Kirche St. Bartholomäus und dort links in die Werngasse.

Wenn diese links abbiegt, wandern Sie geradeaus auf dem Fußweg weiter über das Flüsschen Wern hinüber und biegen noch in den Wiesen rechts vom Asphaltweg ab in einen Fußweg (Wegweiser).

Sie kommen an eine Straße, gehen links und biegen gleich wieder rechts in den Werntalradweg ab. Markierungen habe ich selten gefunden, als Orientierung dient aber der Radweg, der vor **Niederwerrn** BANK rechts und wieder links abbiegt. Am Friedhof biegen Sie noch einmal rechts in die Friedhofstraße und danach links in die Durchfahrtsstraße (Schweinfurter Straße) ab ❷.

Niederwerrn ist durch mehrere Stadtbuslinien an Schweinfurth angebunden, Detailinformation: www.stadtwerke-sw.de.

Die Straße führt Sie am südlichen Rand der Ortschaft entlang bis an eine große und sehr laute Kreuzung. Hier gehen Sie geradeaus in eine Sackgasse und für 500 m in eine Parallele zur vierspurigen Einfallstraße (Niederwerrner Straße). Diese wird an einer Bft-Tankstelle erreicht ❸. Sie könnten nun dem Radweg entlang dieser Straße Richtung Innenstadt folgen. Ich habe mir einen ruhigen und kürzeren Nebenweg gesucht. Markierungen habe ich nicht mehr gesehen.

Gehen Sie vor der Tankstelle links und hinter der Eishalle rechts die Willi-Kaidel-Straße hinauf. Wenn die Straße vor Kleingärten rechts in die Heeresstraße einbiegt, vollziehen Sie die Kurve noch nach, gehen aber dann gleich links in den Weg entlang der Kleingärten. Nach 100 m biegen Sie noch einmal rechts in den außerhalb der Gärten vorbeiführenden Fußweg.

Nach 650 m treffen Sie auf die Franz-Schubert-Straße.

Dieser folgen Sie links, nun auch wieder mit den Markierungen, um zur Pilgerherberge zu kommen (➲ 880 m). Es geht über die Querstraße Galgenleite (der Straßenname ist ein Hinweis auf die historische Hinrichtungsstätte) hinweg in die Benno-Merkle-Straße und 40 m weiter links in die Gartenstadtstraße.

Gartenstadt (Schweinfurt)

Pilgerherberge Löwenzahn, Gartenstadtstr. 37, 97424 Schweinfurt, Löwenzahn GmbH, Petra Zöls, ☏ 097 21/20 11 30, ganzjährig ab 17:30, Ende Aug/Anfang Sep wegen Urlaub evtl. geschlossen, Ü 4 Plätze u. ein Notbett, € 10 als Spende, Bettwäsche vorhanden, (Wasserkocher), ➲ ☞ Wegbeschreibung, Bushaltestelle Benno-Merkle-Straße

Restaurant Löwenzahn, Kontaktdaten siehe Pilgerherberge, www.löwenzahn-sw.de, Mi-So ab 17:30, Do-So auch 11:30-14:00. Der Schwerpunkt des Angebots liegt bei vegetarischen Gerichten mit Produkten aus der Region.

Die Schweinfurter Gartenstadt ist ein Wohnquartier, das sich seit den 1920er-Jahren entwickelt hat. Ursprünglich stammt die Idee der Stadtplanung im Grünen aus England und ist eine Antwort auf die zunehmende Enge und die schlechten Wohnbedingungen in den Kernstädten als Folge der Industrialisierung. Mithilfe des bis heute tätigen Bauvereins (Wohnungsbaugenossenschaft) wurden vor den Toren Schweinfurts überwiegend Ein- und Zweifamilienhäuser sowie Reihenhäuser mit viel Raum für Kleingärten und Kleintierhaltung geschaffen.

Für den Rückweg zur Hauptroute laufen Sie auf der Franz-Schubert-Straße nach Süden. Diesmal über die breite Niederwerrner Straße hinweg noch in die Richard-Wagner-Straße. Die nächste Querstraße (Ignaz-Schön-Straße) überqueren Sie am besten gleich zum Olympia-Morata-Gymnasium hin, ein Urban-Gardening-Projekt ist hier zu sehen, und gehen rechts bis zum nächsten Abzweig an der **Dreieinigkeitskirche** (Wegweiser) ❹. Biegen Sie hier links in den Radweg nach Geldersheim ab und halten Sie sich an der nachfolgenden Straßeneinmündung rechts auf dem Radweg, der unter dem John-F.-Kennedy-Ring hindurchführt. Sie folgen dem Weg durch die Linkskurve bis an sein Ende und biegen dann nach rechts ab.

Ihr Weg führt nun zwischen Sportstätten und Wohnhäusern weiter über den Radweg Richtung Geldersheim.

Sie treffen auf eine Straße, biegen rechts ab und gehen dann geradeaus unter einer Bahnlinie hindurch. Gleich danach biegen Sie links in den Fußweg ab, der hier vom Radweg getrennt angelegt ist. Beide führen nun gleichauf mit dem Lauf der Wern. Sie erreichen eine Gartenhaussiedlung, halten sich halb rechts in den Wiesen, wo nun viele Spielgeräte stehen und viel Platz zum Grillen, Spielen und Feiern ist.

Jetzt achten Sie darauf, vom breiten Weg rechts abzubiegen. Ein rot-weiß-roter Pfahl ist mit dem Muschelsymbol versehen ❺. Sie überqueren die Wern und an einem Querweg links den Biegenbach. Rechts an ihm entlang wandern Sie nun auf den Kirchturm von Geldersheim zu.

Geldersheim erreichen Sie an der Feuerwehr. Sie gehen links und dann rechts durch das historische Untertor mit der Straße Unterdorf in die Ortsmitte. ⇨ Die Kirchenburg liegt wenige Schritte links des Weges.

Sie folgen nach der Besichtigung geradeaus der Straße Oberdorf zur querenden Raiffeisenstraße. Hier steht der Wegweiser Geldersheim an der Hauptroute. Die Beschreibung von Geldersheim und die des weiteren Weges finden Sie in Etappe 9.

Etappe 10. Stettbach – Güntersleben

24,1 km, 7 Std., 30 Min., 295 m, 322 m, 215-375 m

0,0 km	275 m	Stettbach
1,7 km	280 m	Schraudenbach
9,0 km	268 m	Binsbach
14,1 km	329 m	Abstecher Gramschatz
19,2 km	368 m	Guckenberg
24,1 km	264 m	Güntersleben BANK

Wieder geht es über landwirtschaftlich genutzte Höhen, durch Zwischentäler und kleine Kirchdörfer und auch wieder an das Flüsschen Wern. In Gänheim werden Sie es überqueren. Längst orientiert es sich nicht mehr südlich, sondern ist in westlicher Richtung unterwegs zum Main. Aus dem Tal geht es noch einmal etwas steiler nach Binsbach und dann kontinuierlich zum Gramschatzer Wald hinauf. Die zweite Hälfte des Weges führt durch diesen Wald.

Von Stettbach folgen Sie der Straße über eine Höhe hinweg nach **Schraudenbach** und gehen dort auf der Durchgangsstraße zur Kirche.

Die **kath. Kuratiekirche St. Jakobus d. Ä.** mit ihrer Rokoko-Turmfassade wurde 1752 nach Plänen von Balthasar Neumann errichtet (☞ Würzburg). In der Mitte des Altars befindet sich eine lebensgroße Figur des St. Jakobus.

tagsüber geöffnet

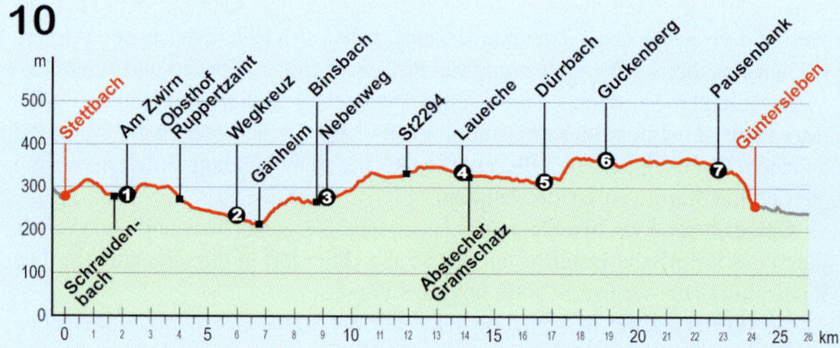

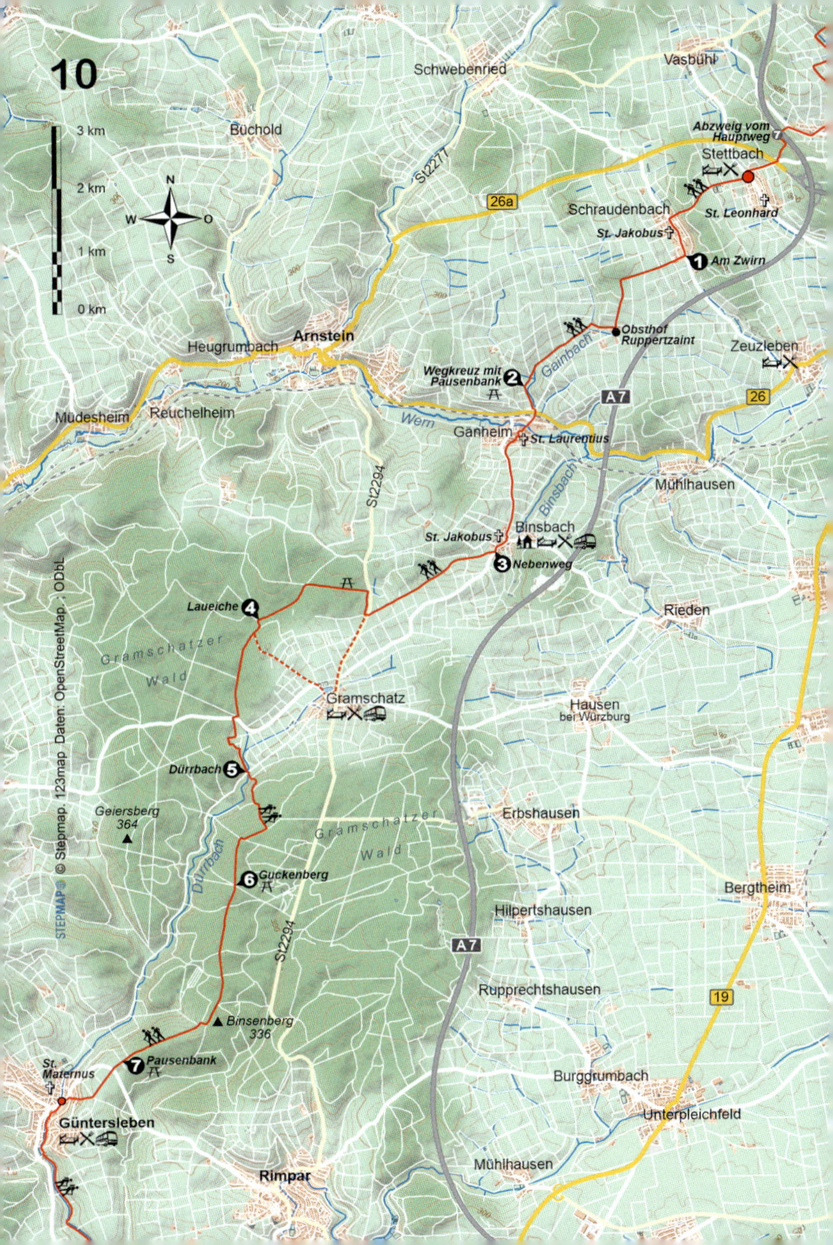

10
3 km
2 km
1 km
0 km
N
W
O
S
Schwebenried
Vasbühl
Büchold
St2277
Abzweig vom Hauptweg
Stettbach
26a
Schraudenbach
St. Leonhard
St. Jakobus
Am Zwirn
Obsthof Ruppertzaint
Arnstein
Heugrumbach
Zeuzleben
Wegkreuz mit Pausenbank
Gainbach
A7
26
Mudesheim
Reuchelheim
Wern
Gänheim
St. Laurentius
Mühlhausen
St2294
Binsbach
St. Jakobus
Nebenweg
Laueiche
Rieden
Gramschatzer Wald
Gramschatz
Hausen bei Würzburg
Dürrbach
Geiersberg 364
Erbshausen
Gramschatzer Wald
Guckenberg
Dürrbach
Bergtheim
Hilpertshausen
St2294
A7
Rupprechtshausen
19
Binsenberg 336
Pausenbank
St. Maternus
Burggrumbach
Güntersleben
Unterpleichfeld
Mühlhausen
Rimpar
STEPMAP © Stepmap, 123map Daten: OpenStreetMap, ODbL

↳ Von Schraudenbach aus lässt sich (notfalls) ein Gasthof erreichen, wenn Sie der Straße an der Kirche vorbei immer geradeaus folgen.

🛏 ✕ **Zum Auerhahn**, Oberes Tor 9, 97440 Zeuzleben (Werneck), ☏ 097 22/33 44, 💻 www.zum-auerhahn.de, Ü EZ € 38, DZ € 58, F € 6-12, Metzgerei, kreativ-fränkische Küche, Di Ruhetag, ➲ 2,9 km

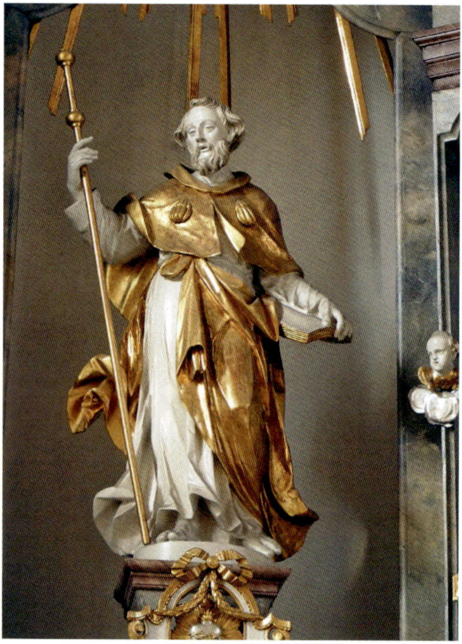

Barocke St. Jakobusdarstellung in Schraudenbach

Am Ortsausgang biegen Sie rechts in die Siedlungsstraße Am Zwirn ab ❶. Am Ende der Straße führt ein Feldweg geradeaus, leicht versetzt, weiter zur Höhe. Ihr Weg führt diesmal nicht an der Höhe entlang, sondern darüber hinweg. Ein breiter Querweg wird oben überschritten. Sie gehen wieder abwärts bis an den Waldrand und dort links weiter am Waldrand entlang, geradeaus über eine Kreuzung hinweg (Wegkreuz) an den Rand eines Obsthofes hinunter.

Gehen Sie nicht bis auf den Hof, es sei denn Sie wollen einen Blick in die überdachte Obstplantage werfen, sondern vor dem ersten Gebäude rechts.

Im Talgrund erreichen Sie ein Quersträßchen und gehen links weiter im Bachtal abwärts. Weiter unten im herrlichen Tal kommen Sie an einem Wegkreuz mit ⛼ Pausenbank ❷ vorbei, das an einer Gabelung passend platziert ist. Sie gehen halb links im Tal weiter bis an eine Fahrstraße und dort links mit der Straße unter den Brücken hindurch nach Gänheim.

An der Rechtskurve der Straße gehen Sie geradeaus von der Straße ab Richtung Kirche. Die Wern wird überschritten. Der Brückenheilige Johannes Nepomuk ist hier platziert.

Johannes Nepomuk

Johannes Nepomuk, ein Angestellter der Kirche im 14. Jh., weigerte sich einer Legende nach, gegenüber dem eifersüchtigen böhmischen König Wenzel IV. das Beichtgeheimnis bezüglich der Königsgemahlin zu brechen. Daraufhin wurde er von der Prager Karlsbrücke gestürzt. Andere Quellen geben Machtinteressen zwischen Staat und Kirche als Grund für den Brückensturz an. Nepomuk jedenfalls wurde im 18. Jh. von der katholischen Kirche wegen seiner Standhaftigkeit bis in den Märtyrertod heiliggesprochen und da es zur Heiligsprechung eines Wunders bedarf, ist folgendes notiert: Bei der Öffnung des Grabes von Johannes Nepomuk im Jahr 1719 fand man seine Zunge völlig unversehrt vor.

An der Gabelung nach der Brücke gehen Sie rechts zur ✞ Kirche St. Laurentius von **Gänheim**. Nach der Kirche und vor dem Gasthof biegen Sie links in die Bergstraße ab.

Sie kommen an die Fahrstraße und gehen neben ihr auf dem Radweg weiter zur Höhe und darüber hinweg nach Binsbach. Auf der Hauptstraße durchlaufen Sie den ganzen Ort. Rechter Hand taucht in der Nähe der Kirche die Pilgerherberge auf, gleich danach der Binsbacher Hof und dann steht dort auch die Kirche St. Jakobus d. Ä. 60 m von der Straße zurückgesetzt.

Binsbach

Pilgerherberge im alten Pfarrhaus, 97450 Binsbach, ☏ 093 63/56 51 u. 093 63/5242 u. 093 63/334, 📱 01 52 28 71 68 97, ✉ arnoissing@hotmail.com, 💻 www.pfarrhaus-binsbach.de, ganzjährig, Anmeldung erwünscht, kein Pilgerausweis erforderlich, Ü € 15, F € 3, 6 Betten mit Bettwäsche, (Küche), keine Einkaufsmöglichkeit vor Ort, ein paar Lebensmittel stehen aber bereit, ➲ am Weg

Landhaus Binsbacher Hof (Destille), Ammannstraße 10, 97450 Binsbach, ☏ 093 63/99 44 30 u. 093 63/14 07, 📱 01 71/527 61 91, ✉ pension@wecklein.de, 💻 www.wecklein.de, Ü EZ € 45 DZ € 60, DBZ € 70, F € 8, ➲ am Weg

⊙ Einen Pilgerstempel finden Sie in der Kirche.

Die Linie 452 fährt bis zu 8-mal am Tag zwischen Arnstein und Würzburg über Binsbach, ☞ Würzburg.

Binsbach ist wie Gänheim eine uralte Siedlung, die verwaltungstechnisch zur Kleinstadt Arnstein gehört. Die Rokoko-Kirche aus dem Jahre 1733 im Zentrum ist Jakobus d. Ä. geweiht und ersetzt einen Vorgängerbau. Auffällig sind die vielen Schnapsbrennereien im Dorf.

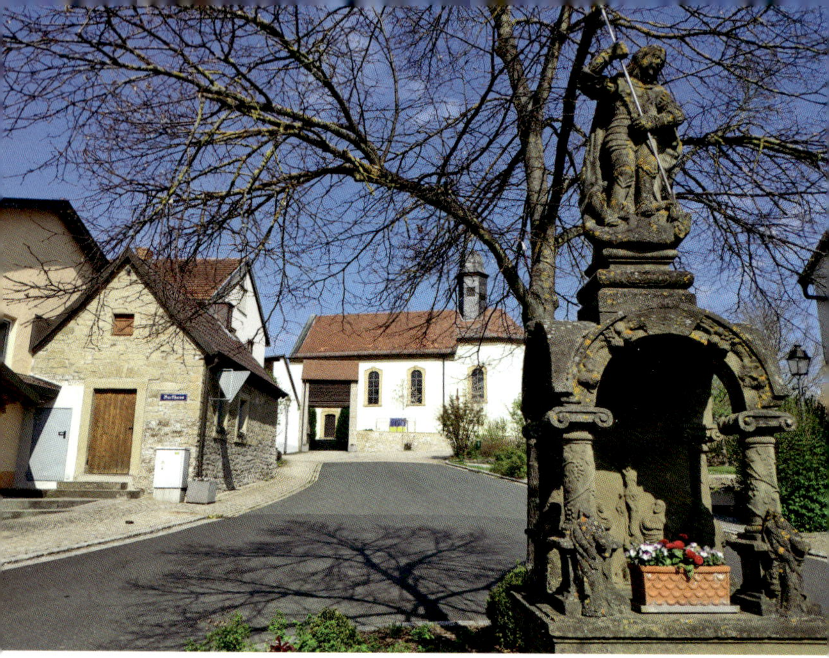

Prozessionshäuschen und Jakobuskirche in Binsbach

Am Ortsende biegen Sie halb rechts auf einen Nebenweg ab ❸. Der Teer verliert sich. Ein Feldweg, dem Sie geradeaus über die Höhe hinweg folgen, schließt sich an. Sie überqueren die St2294 geradeaus (km 11,4).

↳ Links kommen Sie auf kürzestem Wege nach Gramschatz (➲ 1,5 km).

Gramschatz

🛏 ✕ 🚌

🛏 ✕ Altfränkischer Landgasthof **Goldener Hirschen**, Arnsteiner Str. 1, 97222 Gramschatz, ☎ 093 63/17 44, ✉ info@goldener-hirschen-gramschatz.de, 💻 www.goldener-hirschen-gramschatz.de, Ü EZ € 40, DZ € 65, DBZ € 90, F € 5, kein Ruhetag, Mittagstisch, ➲ 650 m

🛏 **Gästehaus Goldene Krone**, Arnsteinerstr. 3, 97222 Gramschatz, ☎ 093 63/1557, ✉ kronegramschatz@t-online.de, 💻 www.goldene-krone-gramschatz.de, Ü EZ € 36, DZ € 70, DBZ € 90, VBZ € 100, F € 6, 🐕 auf Anfrage, ➲ 650 m

🚌 Die Linie 452 fährt bis zu 8-mal am Tag zwischen Arnstein und Würzburg über Gramschatz, ☞Würzburg.

Die nur 4,5 Straßenkilometer entfernte Autobahnabfahrt von der A7 zusammen mit der ruhigen Lage auf einer Rodung im Gramschatzer Wald sorgt für den Fortbestand der Unterkünfte und des Gasthofes mit weiten Öffnungszeiten in Gramschatz. Auch für Jakobspilgerinnen und Jakobspilger bietet sich hier eine weitere Möglichkeit für eine flexible Etappeneinteilung.

Nur 50 m weiter biegen Sie vom geradeaus weiterführenden Weg ab und folgen der Markierung rechts in den Wald. Nach 400 m erreichen Sie einen breiten Forstweg, dem Sie links folgen.

Nach weiteren 1 km Wegstrecke (⽊ Rastplatz unterwegs) erreichen Sie eine Forstwegkreuzung. Hier gehen Sie nach links. Ab hier ist der weitere Weg auch zusätzlich mit der Markierung WH für den Würzburger-Haus-Weg gekennzeichnet. Im Zweifel können Sie sich im Folgenden auch daran orientieren.

Nach wiederum 1 km ist ein Querweg erreicht. Rechter Hand steht hier ein Methusalem-Baum, die sogenannte **Laueiche ❹**. Gehen Sie links weiter zu einer weiteren Weggabel und dort rechts.

↳ Nach 150 m führt links ein Feldweg nach Gramschatz (➲ 1,8 km).

Sie gehen geradeaus und erreichen den Waldrand an einer Straße, die ↳ links nach Gramschatz führt. Gehen Sie rechts zum Wanderparkplatz und überqueren Sie danach die Straße. Sie laufen die Böschung hinab und folgen dem Weg am Waldrand entlang und dann geradeaus über eine Wiese bis an einen Querweg.

Sie gehen hier rechts zum Waldrand zurück und dann links über ein paar Ecken daran entlang. Die Panoramaaussicht geht nach Gramschatz.

An einem Sträßchen gehen Sie nach links über den Dürrbach ❺ hinüber und dann gleich wieder rechts auf schmalem Weg am Bach entlang zum Wald. Es beginnt ein schmaler aufwärtsführender Pfad, der in einen breiten Querweg mündet. Hier gehen Sie rechts, nach weniger als 200 m aber wieder links davon ab (eindeutig gekennzeichnet auch als WH).

Ein kurzweiliger Pfad führt weiter zur Höhe. Dort biegen Sie rechts in einen breiten Querweg ab. Es folgt ein weiterer breiter Querweg, in den Sie rechts einbiegen. Der Weg biegt gleich darauf nach links und erreicht nach 700 m den überdachten ⽊ **Rastplatz Guckenberg ❻**. (In den Karten als Maria Einsiedel bezeichnet.)

An der nachfolgenden Kreuzung gehen Sie geradeaus und das auch an drei weiteren Kreuzungen. Nach 2,3 km biegt WH links ab. Der Pilgerweg führt weiter geradeaus. 370 m weiter gabelt sich der Weg. Hier biegen Sie halb rechts vom breiten Hauptweg ab.

Nach einem Linksbogen wandern Sie auf einem parallelen Weg über eine offene Höhe. Bald verschwindet der Wald auch ganz. Sie kommen an eine Pausenbank ❼, dann führt der Weg abwärts und geradeaus über eine Straße hinweg. Sie überqueren eine weitere Straße und gehen danach steil abwärts durch Siedlungsgebiet nach Güntersleben (über den Heulenberg). Sie erreichen eine querende Fahrstraße (Rimparer Straße) und gehen links. Bevor Sie auf der Straße über die Brücke des kleinen Dürrbachs gehen, biegt der Weg links in einen Pfad, der am Bach entlangführt. Wenn Sie über die Brücke hinübergehen, laufen Sie direkt auf das Gästehaus Schäffer zu.

Güntersleben

Gästehaus Schäffer, Gramschatzer Str. 1, 97261 Güntersleben, ☏ 093 65/897 63 10, 01 63/205 33 84, gaestehaus-schaeffer@gmx.de, www.gaestehaus-wuerzburg.de, Ü EZ € 32 (Etagenbad), €48 (mit eigenem Bad), DZ € 60 (Etagenbad), € 80 (mit eigenem Bad), € 10, moderne, schöne Zimmer, direkt nebenan ist eine Bäckerei/Café, 50 m.

♦ **Pension Ilona,** Rimparer Straße 16, 97261 Güntersleben, ☏ 093 65/882 80 76, 01 62/192 02 57, pensionilona@googlemail.com, www.pension-ilona.de, Ü EZ € 40, DZ € 60, DBZ € 75, F € 7,50, € 8, 100 m

Gasthof Altenberg, Schulstraße 14-16, 97261 Güntersleben, ☏ 093 65/88 10 80, täglich außer Di ab 17:00, 700 m

Der Bus 19 fährt über 30-mal am Tag (Sa/So deutlich seltener) zwischen Güntersleben und Würzburg über Veitshöchheim, ☞Würzburg.

Das ehemals kleine, von der Landwirtschaft existierende Dorf Güntersleben hat sich durch die Nähe zur Großstadt Würzburg zu einem Siedlungsraum für Menschen, die in Würzburg arbeiten, entwickelt. Seit 1965 hat sich die Einwohnerzahl mehr als verdoppelt (rund 4.400 Ew.). Viele Ein- und Zweifamilienhaussiedlungen sind hier in den steilen Hängen des Dürrbachtals entstanden. Die Landwirtschaft wird nur noch von einem Haupterwerbsbetrieb und einigen wenigen Nebenerwerbslandwirten betrieben. Es gibt auch noch bescheidenen Weinbau.

Pfarrlich gehörte Güntersleben zunächst zu Veitshöchheim, das rund 5 km weiter südlich im Maintal gelegen ist. Im Jahr 1345 wurde es aber selbstständige Pfarrei. Die für das Dorf viel zu große Kirche rührt von den für eine gewisse Zeit bedeutsamen Wallfahrten nach Güntersleben her. Der Namenspatron, St. Maternus (4. Jh.), war erster Bischof von Köln und auch in Trier aktiv. Niemand weiß heute mehr, wie die sonst in der Region nicht mehr anzutreffende Patenschaft zustande kam.

Etappe 11: Güntersleben – Würzburg

12,5 km, 4 Std., ↑ 189 m, ↓ 261 m, ⇧ 172-297 m

0,0 km	⇧ 264 m	Güntersleben
3,7 km	⇧ 276 m	Gadheim
8,4 km	⇧ 183 m	Dürrbachtal
8,9 km	⇧ 236 m	Steinberg und Schloss Steinburg
12,5 km	⇧ 184 m	Würzburg, Dom St. Kilian

Vom Mittelpunkt Europas bis zum administrativen und kulturellen Zentrum Unterfrankens – so ließe sich diese Etappe überschreiben. Der Mittelpunkt Europas oder besser der Mittelpunkt der Europäischen Union ist wandelbar, je nachdem welche Mitgliedstaaten der Staatenbund gerade umfasst, liegt er an einer anderen Stelle. Nach dem Austritt Großbritanniens ist er in die unterfränkische Provinz, wenig nördlich von Würzburg geraten und gibt Anlass, ein paar Flaggen zu hissen. Würzburg selbst nimmt seine Metropolfunktion seit Jahrhunderten ein und ist nach der Barockstadt Fulda ein weiterer städtischer Glanzpunkt auf Ihrem Weg zur Donau.

Die kurze Etappe orientiert sich am winzigen Dürrbach. Erst wandern Sie im schmalen Tal und dann über die begleitenden Höhen. Schon wähnen Sie sich der Großstadt nahe, ein Blick ins Maintal ist bereits möglich, da legt sich der Dürrbach quer. Er hat eine tiefe Kerbe in den Kalkstock gegraben. So geht es noch einmal steil bergab und wieder hinauf zum Steinberg, der auch den Main jenseits zu einem Bogen zwingt. Der Lohn der Mühe ist ein wundervoller Blick über Würzburg.

Der Pfad vor dem Dürrbach heißt Bachweg und führt Sie zunächst hinter die Gärten, dann durch eine Siedlungsstraße an die querende Roßstraße. Hier gehen Sie rechts und gleich wieder links auf dem Radweg im Tal des kleinen Baches weiter.

Nach insgesamt 2,9 km kommen Sie an einen Radwegweiser. Der weist Ihnen den Weg rechts aus dem Tal hinaus nach Gadheim.

Der erreichten Gadheimer Straße folgen Sie links und treffen gleich rechter Hand auf die **St.-Markus-Kapelle** von 1301 ❶. Bis 1666 war sie St. Jakobus dem Älteren geweiht. Leider ist die Kapelle geschlossen. Etwas weiter liegen eine Bäckerei/Café und das Ausbildungshotel am Weg.

Gadheim (Veitshöchheim)

Ausbildungshotel, St. Markushof, Gadheim 19, 97209 Gadheim, ☏ 09 31/46 08 90, rezeption@caritas-donbosco.de, caritas-donbosco.de/ausbildungshotel, Ü Preise auf Anfrage, ➲ am Weg

Busanschluss nach Würzburg Busbahnhof (Hbf.), ca. halbstündlich, Fahrtzeit 19 Min.

Das kleine Gadheim besteht nur aus ein paar Hofstellen, wenigen Wohnhäusern und neuerdings auch aus den Einrichtungen des Berufsbildungswerks der Caritas Don Bosco gGmbH, die mit einem Hotel und einer Gärtnerei vertreten ist. Verwaltungstechnisch gehört es zum 3 km entfernt im Maintal liegenden Veitshöchheim. Seit dem Austritt Großbritanniens aus der EU hat es sich ergeben, dass der geografische **Mittelpunkt der EU** in das Gemeindegebiet fällt. Ein Felsblock mit eingepflanzter Messlatte markiert diese Stelle. Drumherum ist ein kleiner, beflaggter Rastplatz eingerichtet, Informationstafeln sind aufgestellt.

Zum Mittelpunkt Europas gehen Sie nach dem Hotel und der Bushaltestelle rechts in einen geteerten Nebenweg und knapp 300 m an einem Feld linker Hand entlang. Sie sehen die Flaggen schon wehen und biegen bei der nächsten Möglichkeit links in den Stichweg ein. Gleich nach dem kleinen Festplatz gehen Sie links zurück zur Gadheimer Straße. Auf dieser gehen Sie 60 m nach links und dann rechts in den Rimparer Weg. Dieser gehört wieder zum Pilgerweg. Es handelt sich um einen Umweg von 600 m.

Wer den Abstecher nicht nachvollzieht, folgt der Gadheimer Straße etwa 100 m weiter geradeaus und biegt dann links in den Rimparer Weg ab. Am Waldrand gehen Sie rechts auf einem breiten Schotterweg weiter. Der ist jedenfalls markiert. Sie können aber auch den schmalen, parallelen Pfad am Waldrand nutzen. Sie überqueren geradeaus eine Straße und passieren ein Gewerbegebiet. Es folgt ein kleiner Versatz ❷. Sie gehen kurz rechts, dann links und wieder am Waldrand entlang. Wieder lässt sich der parallele Pfad im Wald nutzen.

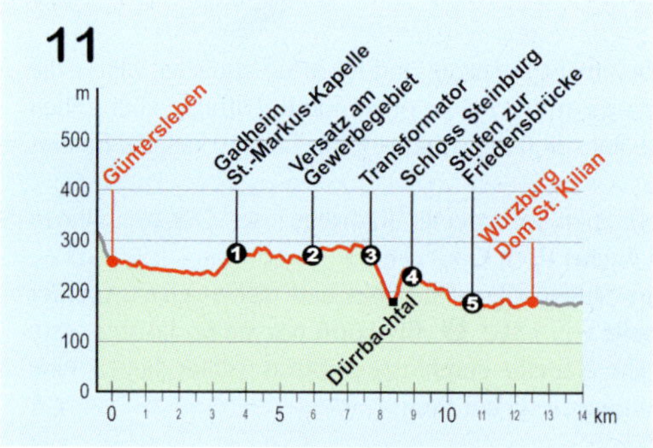

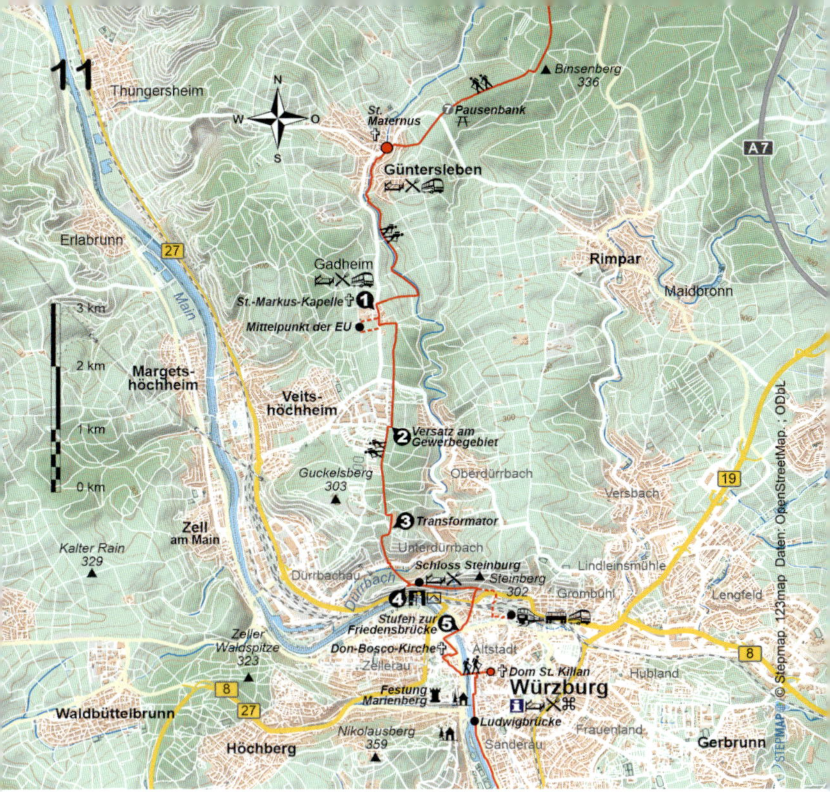

Nach kurzem steilem Aufstieg, jetzt im Wald, erreichen Sie Wiesengelände vor einem querenden Schotterweg. Sie betreten den Schotterweg nicht, sondern gehen links über die Wiese bis vor ein Solarfeld und dort rechts.

Am Transformator ❸ überqueren Sie die Straße, passieren einen Parkplatz und folgen geradeaus einem Grasweg durch Buschwerk abwärts. Es befinden sich bald Gärten und ein Weinberg am Weg, der nun zur Zufahrt geteert ist. Steil geht es abwärts in das Dürrbachtal. Die Talstraße wird überquert. Sie gehen links und gleich wieder rechts zum Bach und klettern an der Gegenseite einen teils geländerten Fußweg wieder aufwärts, bis Sie auf dem Oberen Steinbergweg landen.

Wenn Sie hier nur wenige Meter nach rechts gehen, sehen Sie eine Pausenbank, von der es eine herrliche Aussicht über ganz Würzburg gibt ❹. Auch steht dort eine kleine Schutzhütte für Schlechtwetter.

Steinberg

Wohl alle, die ein wenig aufmerksam mit dem Zug über Würzburg gefahren sind, kennen diesen Berg. Vom Bahnhof und auch aus dem Zug heraus hat man ihn im Blickfeld. Auf mich hat er aus der Perspektive mit seiner gleichförmigen, nahezu ununterbrochenen Anordnung der Rebstöcke immer einen etwas langweiligen Eindruck hinterlassen. Doch hat man Muße, etwas genauer hinzuschauen, sieht man auch die langen Steinmauern, welche die Wege vorm Abrutschen im steilen Hang schützen. Nahezu immer spazieren hier die Menschen auf und ab, denn von hier oben bietet sich ein grandioser Ausblick auf die Stadt am Main. Der Steinberg ist einer von acht innerstädtischen Würzburger Weinbergen. Die Lagen werden als Stein und Steinharfe bezeichnet. Auf dem mineralhaltigen Muschelkalkboden wird bereits seit dem 8. Jh. Wein angebaut, heute vor allem die Rebsorten Silvaner und Riesling.

Ganz oben auf dem Steinberg steht das Hotel Schloss Steinburg.

Hotel Schloss Steinburg, Reußenweg 2, 97080 Würzburg am Main, 09 31/970 20, hotel@steinburg.com, www.steinburg.com, ÜF EZ ab € 120, DZ ab € 199, am Weg

Zur Fortsetzung des Weges gehen Sie links zwischen Hotel und Weinberg mit schönem Blick über Würzburg gemächlich abwärts. Direkt vor dem Weingut am Stein zeigt die Markierung nach rechts. Gemeint ist nicht der breite Wirtschaftsweg, sondern der direkt an der Hausecke beginnende Treppenpfad.

Einigen wird die Schleife, die der Pilgerweg über den Main hinüber in das Mainviertel und zurück in die Altstadt schlägt, vielleicht etwas umständlich vorkommen. Denjenigen sei aber versichert, dass es eine große Freude bedeutet, sich der Stadt über die Alte Mainbrücke zu nähern. Wer allerdings schon müde ist oder nur wenig Zeit mitbringt und vielleicht noch abreisen will, kann abkürzend am Weingut am Stein geradeaus weiter dem Berg (Mittlerer Steinbergweg) bis zur Auffahrt der Nordtangente abwärts folgen. Biegen Sie hier links in die Abfahrt (wenig Verkehr) und laufen Sie im Rechtsbogen unter der Schnellstraße hindurch. An der Kreuzung gehen Sie weiter geradeaus in die Füchsleinstraße. Die führt an den Gleiskörper am Bahnhof. Links beginnt ein „Geheimgang“, der unter dem Schienenstrang hindurch bis an die Bismarckstraße führt, die Sie links zum Bahnhofsvorplatz mit dem Busbahnhof und einer Straßenbahnhaltestelle bringt.

An der querenden Ständerbühlstraße gehen Sie 15 m nach rechts und dann weiter in der bisherigen Richtung unter Nordtangente und Gleisanlagen hindurch an die Rotkreuzstraße. Auch dieser folgen Sie geradeaus bis an die breite Veitshöchheimer Straße. An der Ampelanlage überqueren Sie die Straße, gehen links und dann rechts auf den Parkplatz, den Sie schräg nach links überqueren.

In der Ecke führen ein paar Stufen zur Friedensbrücke hinauf ❺. Überqueren Sie hier den Main und biegen Sie am Ende der Brücke links in die Dreikronenstraße ab. Nach knapp 300 m biegen Sie rechts in die Straße Am Dicken Turm und dann rechts in die querende Alte Kasernstraße ab. Die geht im Linksbogen in die Straße Schottenanger über, die zur **Don-Bosco-Kirche** (Schottenkirche) führt (☞ Würzburg). Dies ist der offizielle Endpunkt des Jakobsweges Vacha – Fulda – Würzburg. Es beginnt der Fränkisch-Schwäbische Jakobsweg von Würzburg nach Ulm. Eine Bronzetafel erinnert an die Einweihung der ersten Etappe des Fränkisch-Schwäbischen Jakobsweges im Jahr 1999.

Wer in Würzburg den Jakobsweg beginnt, kann gut am historischen Schottenanger im Mainviertel von Würzburg starten. Ich führe Sie an dieser Stelle aber noch in das Herz der Altstadt und zum Würzburger Dom.

Folgen Sie der Straße Schottenanger links zur gotischen ev.-luth. **Deutschhauskirche**. Sie wurde im zweiten Weltkrieg nicht beschädigt. Ihre ursprüngliche Ausstattung aber durch militärische Nutzung nach der Säkularisation 1805 zerstört. Ein schmaler Durchgang führt zwischen Turm und Kirchenschiff vom Schottenanger zur Zeller Straße, der Sie links abwärts folgen. Linker Hand ist ein Bildstock zu sehen, an dessen Schmalseite Jakobus mit Pilgerstab, Hut und Buch abgebildet ist. Vermutet wird, dass der Spender des Bildstocks Jakobus genannt wurde, hier also sein Namenspatron abgebildet wird.

Sie erreichen die Uferstraße, gehen rechts und überqueren nach 50 m den Main über die Alte Mainbrücke. Geradeaus erreichen Sie nach 360 m den St.-Kilians-Dom.

Wenn Sie vor dem Dom links den Straßenbahnschienen folgen, erreichen Sie nach weiteren 170 m den (Oberen) Markt mit der Marienkapelle am Unteren Markt und der Tourist-Information im Falkenhaus.

Würzburg

i **Tourist-Information** & Ticket Service im Falkenhaus am Markt, Marktplatz 9, 97070 Würzburg, ☏ 09 31/37 23 98, falkenhaus@wuerzburg.de, www.wuerzburg.de, Di, Mi, Fr 10:00-16:00, Do 10:00-18:00, Sa 10:00-14:00, Mo Beratung bei CTW (Congress Tourismus) in der Turmgasse 11, 8:30-17:00

Dominfo, Domstraße 40, ☏ 09 31/38 66 29 00, am Dom Mo-Sa 9:30-17:30

Pilgerherberge Käppele, Spittelbergweg 2, 97082 Würzburg, ☏ 09 31/79 40 77 60, info@kaeppele-wuerzburg.de, www.kaeppele-wuerzburg.de, 9 Betten in 8 Zimmern, Bettwäsche, weitere Plätze für Isomatte und Schlafsack sind möglich, die Anmeldung ist erwünscht, ein Pilgerausweis ist erforderlich, (keine Einkaufsmöglichkeit in der Nähe), Ü € 15, ➲ 800 m, 400 m zur Straßenbahn und 1,8 km zum Dom St. Kilian (Innenstadt).

♦ **Jugendherberge Würzburg**, Fred-Joseph-Platz 2, 97082 Würzburg, ☏ 09 31/467 78 60, wuerzburg@jugendherberge.de, www.jugendherberge.de → Schnellsuche, ÜF ab € 33,40, ➲ 380 m, unterhalb der Festung Marienburg, Flussnähe

♦ **Babelfisch Hostel** Würzburg, Haugerring 2, 97070 Würzburg, ☏ 09 31/304 04 30, www.babelfish-hostel.de, Ü ab € 23,90 (MBZ), EZ etwa ab € 54, DZ ab etwa € 68, Tagespreise, F € 6,90, ➲ 800 m, Bahnhofsvorplatz

Hotel Franziskaner, Franziskanerplatz 2, 97070 Würzburg, ☏ 09 31/356 30. info@hotel-franziskaner.de, www.hotel-franziskaner.de, Ü EZ € 67, DZ € 106, DBZ € 155, F € 11, € 8, ➲ 250 m, Altstadt

Central Hotel, Koellikerstraße 1, 97070 Würzburg, ☏ 09 31/460 88 40, info@centralhotel-wuerzburg.de, centralhotel-wuerzburg.com, ÜF EZ ab € 71,50, DZ ab € 104, ➲ 450, Altstadt, in der Nähe der Juliuspromenade

♦ **City Hotel Würzburg**, Semmelstraße 28 + 30, 97070 Würzburg, ☏ 09 31/780 09 90, info@cityhotel-wuerzburg.de, www.cityhotel-wuerzburg.de, Ü EZ ab € 72, DZ ab € 92, F € 9,90, ➲ 600 m, Altstadt.

☺ Auf der linken Mainseite und 6,5 km südlich von Würzburg Zentrum befindet sich der Campingplatz Kalte Quelle, ☞ Etappe 12.

Fahrpläne, Netzplan und Ticketpreise finden Sie unter www.vvm-info.de.

☺ Die Kulturlinie 9 fährt von April-Okt. halbstündlich die meisten Sehenswürdigkeiten an. Darunter befindet sich auch die Marienburg. www.wvv.de/kulturlinie

Würzburg ist Fern- und Nahverkehrsbahnhof und Endpunkt der Schnellfahrstrecke Hannover – Würzburg.

☺ Die Regionalbahnlinie RE80 von Würzburg nach Treuchtlingen führt im Stundentakt durch zwei der nachfolgenden Etappenorte (Ochsenfurt und Uffenheim). Rothenburg o. d. Tauber ist mit einem Umstieg in Steinach b. Rothenburg ebenfalls von Würzburg aus gut zu erreichen. Wer lange Etappen nicht ausschließt, könnte die Strecke in drei Tagesetappen von einem festen Standort in der Nähe einer Bahnstation absolvieren. Fahrtzeit Würzburg – Ochsenfurt 18 Min., Würzburg – Uffenheim 34 Min., Würzburg – Rothenburg o. d. T. 1 Std. 10 Min.

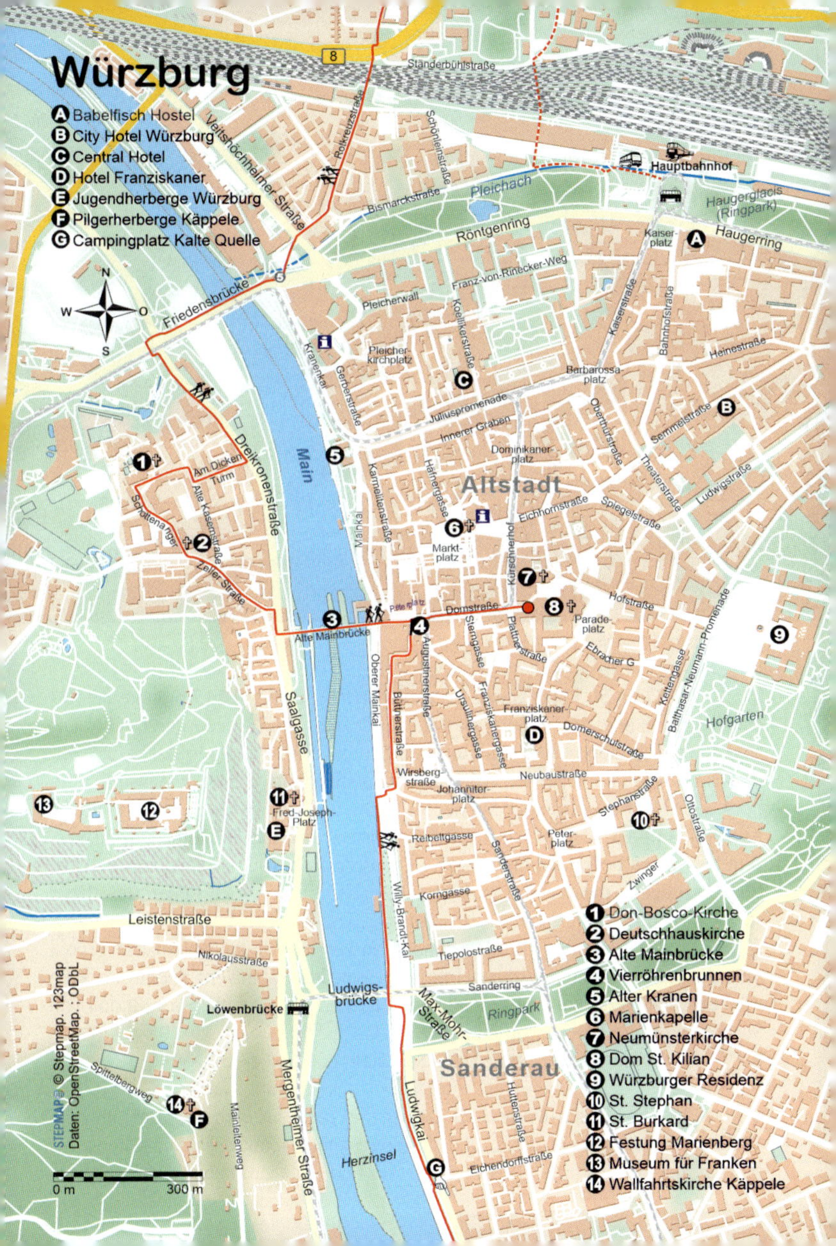
Würzburg
A Babelfisch Hostel
B City Hotel Würzburg
C Central Hotel
D Hotel Franziskaner
E Jugendherberge Würzburg
F Pilgerherberge Käppele
G Campingplatz Kalte Quelle
1 Don-Bosco-Kirche
2 Deutschhauskirche
3 Alte Mainbrücke
4 Vierröhrenbrunnen
5 Alter Kranen
6 Marienkapelle
7 Neumünsterkirche
8 Dom St. Kilian
9 Würzburger Residenz
10 St. Stephan
11 St. Burkard
12 Festung Marienberg
13 Museum für Franken
14 Wallfahrtskirche Käppele
Hauptbahnhof
Altstadt
Sanderau
Main
Röntgenring
Haugerring
Friedensbrücke
Alte Mainbrücke
Ludwigsbrücke
Löwenbrücke
Hofgarten
Ringpark
Herzinsel
0 m
300 m
STEPMAP © Stepmap, 123map
Daten: OpenStreetMap, ODbL

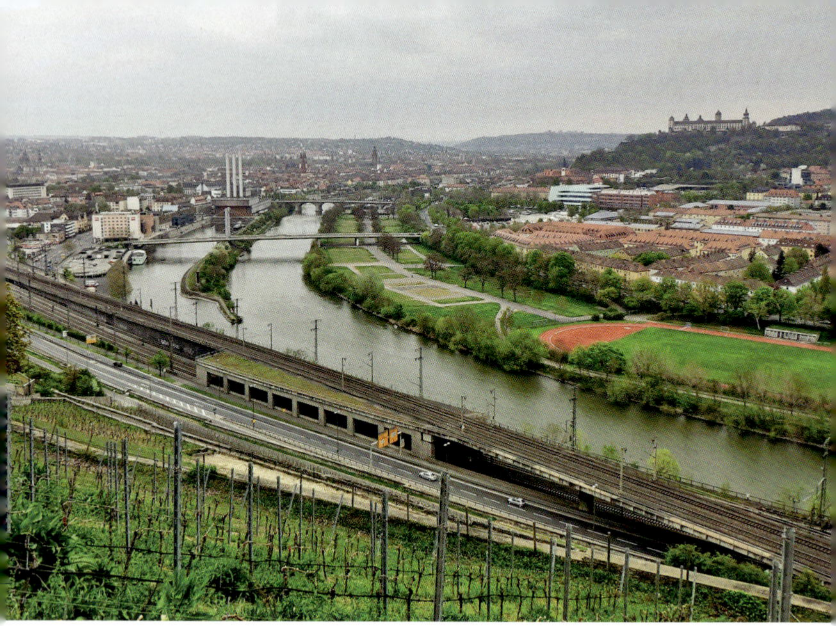

Blick vom Steinberg auf Würzburg

✝ Am **Dom St. Kilian** wurde bereits ab 1040 gebaut. 1945 brannte die Kirche komplett aus, die äußere Gestalt wurde bis 1967 wiederhergestellt. Die angebaute Schönbornkapelle gilt als eine bedeutende Schöpfung Balthasar Neumanns und ist Grablege der Würzburger Fürstbischöfe aus dem Hause Schönborn. Der Namenspatron der Kirche, St. Kilian, war ein iroschottischer Missionar, geboren um 640, der mit seinen zwei Gefährten, Kolonat und Totnan, seine Mission in Franken begonnen haben soll. Er wird deshalb als Frankenapostel verehrt. Begraben liegen die drei in der Neumünsterkirche, die gleich neben dem Dom steht.

Die Schädel allerdings sind gesondert in kostbare Reliquienbehälter gefasst und werden im Dom verwahrt. Unter den Bischofsgrabmälern finden Sie auch zwei aus der Werkstatt Riemenschneiders. Es sind die Grabmale von Rudolf von Scherenberg und Lorenz von Bibra.

♦ www.dom-wuerzburg.de, Mo-Sa 10:00-17:00, So/Fei 13:00-18:00

✝ Die **Don-Bosco-Kirche** (Schottenkirche) steht an dem Standort, an dem 1138 eine erste Jakobuskirche und das sogenannte Schottenkloster seitens iroschottischer Benediktiner erbaut wurde. Am Ende des Zweiten Weltkrieges wurden die vorhandenen Gebäude weitgehend zerstört. Auf den Ruinen bauten die Salesianer Don Boscos ihr heutiges Refugium auf. Die Caritas Don Bosco GmbH kümmert sich um Menschen mit besonderem Förderbedarf (☞ Gadheim).

Jeden Do (außer an gesetzl. Feiertagen) um 17:00 findet eine öffentliche Eucharistiefeier statt.

✞ Die **Wallfahrtskirche Käppele** steht hoch über Würzburg auf dem Nikolausberg. Ziel der Wallfahrerinnen und Wallfahrer ist eine wundertätige Pieta, für die die Kirche nach Plänen von Balthasar Neumann 1747-1750 errichtet wurde. Ein Stationsweg mit 14 Kapellen und lebensgroßen Figurengruppen führt dort hinauf.

♦ kaeppele-wuerzburg.de, Sommerzeit 8:00-18:00, Winterzeit 8:00-16:00

✞ Die **Marienkapelle** ist eine gotische Hallenkirche aus dem 14. Jh., die trotz ihrer Größe nie den Status einer Kirche erlangt hat. Sie steht dekorativ auf dem Marktplatz und war die Kirche der Bürgerschaft. Unter den vielen figürlichen Darstellungen im Außenbereich befindet sich auch eine Jakobusfigur. Sie ist an der Südecke des Chorraumes platziert. Unter den zahlreichen Seitenkapellen im Innern ist das Grabmal von Konrad von Schaumberg erwähnenswert. Es wurde von Tilman Riemenschneider erschaffen. Die kleinen Buden, die sich rundum an den Kapellensockel anlehnen, gab es bereits zur Zeit der Fertigstellung.

keine festen Öffnungszeiten

✞ ⊙ Ev.-luth. **Dekanatskirche St. Stephan**

♦ Wilhelm-Schwinn-Platz 1, wuerzburg-ststephan.de → Gemeindeleben → Pilger willkommen, täglich zwischen 9:00 u. 17:00. Der Stempel befindet sich im Vorraum der Kirche.

♜ Die **Festung Marienberg** steht auf dem 267 m hohen Marienberg. Bereits in der späten Bronzezeit gab es hier eine Wohnanlage und seit dem 8. Jh. die Residenz der fränkisch-thüringischen Herzöge. 741/42 stand hier die erste Würzburger Bischofskirche. Die aus dem 11. Jh. stammende Marienkirche im inneren Burghof geht auf diese erste Kirche zurück. Maria gilt als Schutzpatronin Frankens.

Die heutige Schlossanlage kann von außen während der Öffnungszeiten individuell oder inkl. einiger Räumlichkeiten im Rahmen einer Führung besichtigt werden.

♦ www.schloesser.bayern.de, April-Sep tägl. außer Mo 9:00-18:00, im Winter 10:00-16:30, Führungen stündlich

⌘ **Museum für Franken**, Staatliches Museum für Kunst- und Kulturgeschichte in Würzburg, Stadtgeschichte, Archäologie, Riemenschneider u. anderes

♦ Im Zeughaus der Festung Marienberg, ☏ 09 31/20 59 40, ✉ info@museum-franken.de, 🖳 museum-franken.de, 🚪 April-Okt Di -So 10:00-17:00, im Winter nur bis 16:00

⌘ Die **Würzburger Residenz** wurde als Wohnsitz der Fürstbischöfe von Würzburg in der Zeit von 1720-1742 geschaffen. Der barocke Prachtbau gilt als ein Meisterwerk von Balthasar Neumann und hat es auf die Welterbeliste der UNESCO geschafft. Seine baugeschichtliche Bedeutung wird in die von Schloss Schönbrunn in Wien oder Schloss Versailles bei Paris eingereiht. Nachdem im Krieg große Teile zerstört wurden, dauerte es 40 Jahre bis zur Wiederherstellung der Anlage. Von den etwa 340 Räumen der Residenz sind 42 Schauräume zu besichtigen, andere werden von der Universität und vom Martin-von-Wagner-Museum genutzt.

🚪 April-Okt täglich 9:00-18:00, im Winter 10:00-16:30

⌘ Die **Alte Mainbrücke** wurde 1473-1543 gebaut. Sie ersetzte eine romanische Brücke und war damals die einzige Brücke in Würzburg. Heute ist sie nur noch für den Fußgänger- und Radverkehr zugänglich. Sie ist ein beliebter Treffpunkt für Jung und Alt und an warmen und sonnigen Tagen nahezu immer belebt. Die Heiligenfiguren stammen aus der Zeit um 1730.

Würzburg ist Hauptstadt des bayrischen Bezirks Unterfranken und auch Sitz der Bezirksregierung. Gleichzeitig befindet sich in Würzburg das Landratsamt, also die Kreisregierung. Große Gebiete um die Stadt herum – auch das Ziel der folgenden Etappe, Ochsenfurth – werden von hier aus verwaltet. Würzburg ist auch Schul- und Hochschulstandort. Die älteste Universität Bayerns mit mehr als 35.000 Studierenden befindet sich hier. Seit Mitte des 8. Jh. (741 von Bonifatius verliehen) befindet sich in Würzburg ein Bischofssitz, also die Kirchenverwaltung, die über viele Jahrhunderte als Fürstbistum auch die weltlichen Machthaber stellte. Würzburg wird 704 das erste Mal als befestigte Stadt „castello Virteburh“ erwähnt.

Die Stadt hat im Laufe ihrer Geschichte ihre zentrale Bedeutung nie verloren und daher viele Reichtümer konzentriert, was sich in kunstvollen Bauten und im reichen kulturellen Leben ausdrückt. Wie bei den meisten deutschen Städten hat die historische Substanz am Ende des zweiten Weltkriegs stark gelitten. Vieles wurde aber wieder aufgebaut.

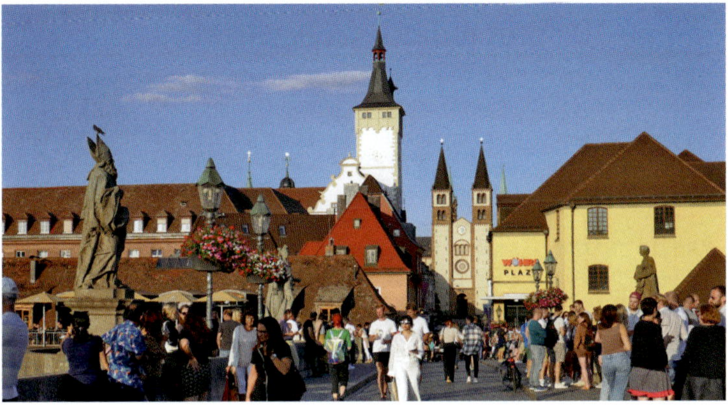

Die Alte Mainbrücke ist ein beliebter Treffpunkt

Würzburg ist stolz auf die vielen hochkarätigen Veranstaltungen wie das Mozartfestival, aber auch Aufführungen moderner Musik, Theater, Kunst und natürlich seine Museen. Würzburg ist nicht zuletzt auch Weinstadt, was sich u. a. in einer Fülle von sommerlichen Weinfesten in Würzburg selbst und seiner Umgebung ausdrückt.

Balthasar Neumann (1687-1753)

Balthasar Neumann ist zwar nicht in Würzburg geboren, er stammte aus dem Egerland, der heute tschechischen Stadt Cheb (Eger), er war aber mindestens seit 1714 im Dienst des Würzburger Hochstiftes tätig. Er gilt als einer der bedeutendsten Baumeister des Barocks und des Rokokos in Süddeutschland. Die zum Weltkulturerbe erhobene Residenz in Würzburg zählt zu seinen bedeutendsten Werken. Neben Kirchen, Klöstern und Schlössern schuf er auch Brücken, Wohn- und Geschäftsbauten.

Tilman Riemenschneider (1460-1531)

Auch er war kein gebürtiger Würzburger. Der weltberühmt gewordene Bildhauer stammt aus dem Eichsfelder Heilbad Heiligenstadt, schaffte aber den Sprung in die Würzburger Bürgerschaft durch Heirat. Seine Begabung als Bildhauer war gepaart mit einem guten Geschäftssinn. So hatte er bald ein florierendes Gewerbe und viele Angestellte und Schüler.

Seine Auftraggeber waren vor allem Vertreter des Klerus, aber auch die Bürgergesellschaft verschaffte ihm Aufträge.

Etappe 12: Würzburg – Ochsenfurt

21,2 km, 6 Std., 30 Min. ↑ 88 m, ↓ 79 m, ⇧ 170-200 m

0,0 km	⇧ 184 m	Würzburg, Dom St. Kilian BANK
4,2 km	⇧ 178 m	Heidingsfeld, Busbahnhof (Reuterstraße) BANK
7,8 km	⇧ 172 m	Staustufe Randersacker, Randersacker
12,1 km	⇧ 189 m	Eibelstadt
15,0 km	⇧ 189 m	Sommerhausen BANK
19,9 km	⇧ 189 m	Abzweig Thierbachtal
21,2 km	⇧ 192 m	Ochsenfurt BANK

Der Weg nach Ochsenfurt führt immer am Uferbereich des Maintals entlang. Er berührt dabei die schönen fränkischen Weinorte Randersacker, Eibelstadt und Sommerhausen. Dabei haben Sie die Möglichkeit zwischen dem überwiegend als zweispurige „Radautobahn" ausgebauten, leicht abkürzenden Maintalradweg und einer gemütlicheren und abwechslungsreicheren Variante zu wählen.

☺ Die hier vorgenommene Einteilung der 12.-13. Etappe lässt sich auf unterschiedliche Weise, je nach Bedürfnislage abändern. Etwas gemütlicher unterwegs sind Sie mit einer Übernachtung bereits in Sommerhausen. Abkürzen könnten Sie leicht mit der Straßenbahn, die bis Heidingsfeld, noch im Stadtbereich von Würzburg, verkehrt. (Die Straßenbahnlinien 3 und 5 fahren nach Heidingsfeld. Ausstieg ist am Haltepunkt „Reuterstraße".)

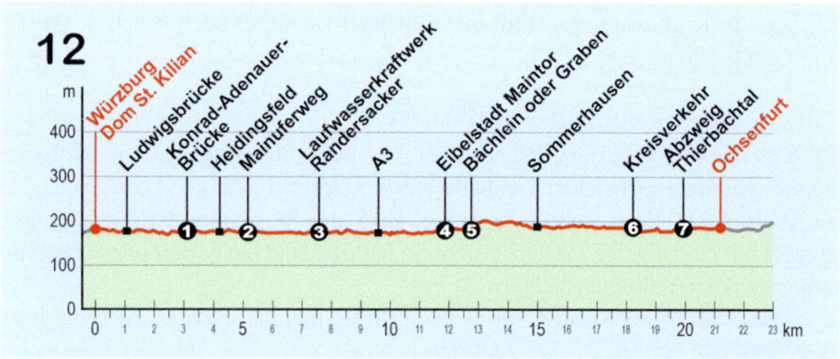

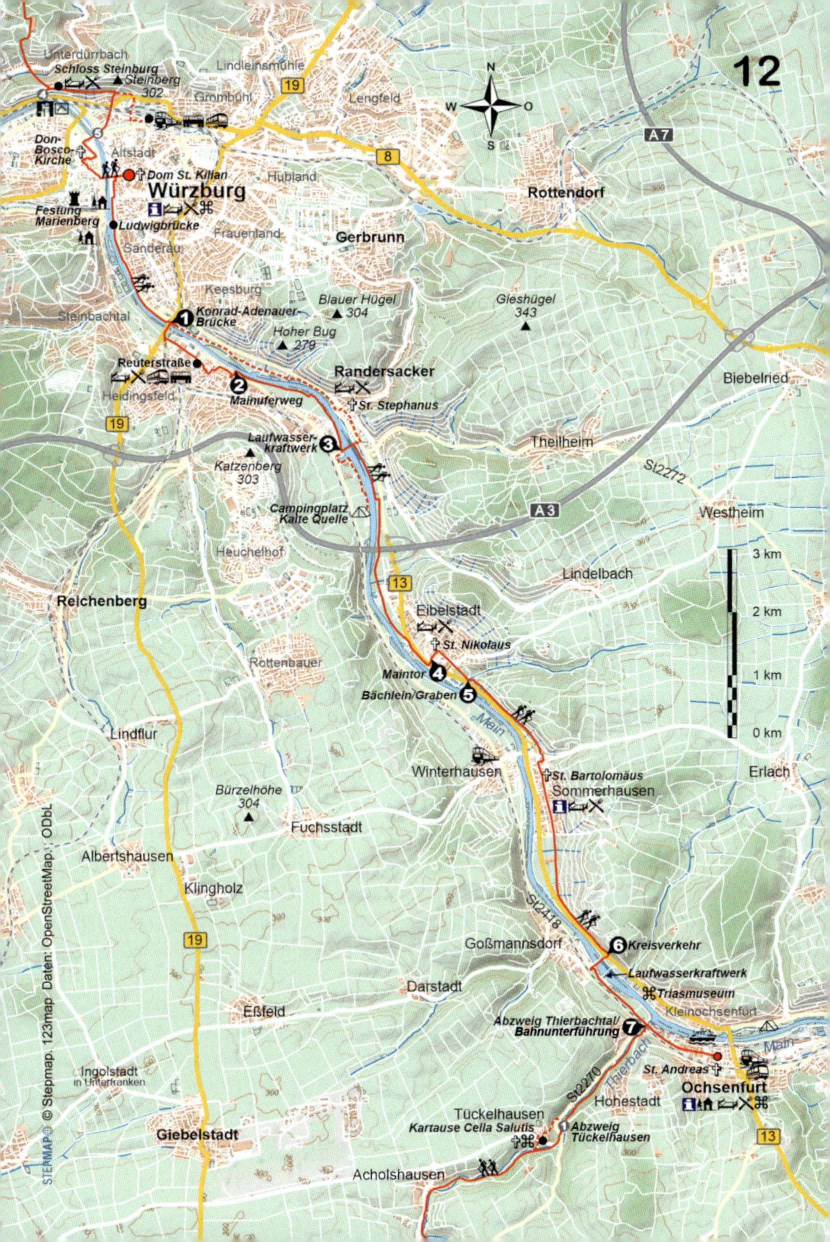
12
Unterdürrbach
Schloss Steinburg
Steinberg 302
Lindleinsmühle
Grombühl
Lengfeld
A7
Don-Bosco-Kirche
Altstadt
Dom St. Kilian
Würzburg
Hubland
Rottendorf
Festung Marienberg
Ludwigbrücke
Frauenland
Gerbrunn
Sanderau
Keesburg
Blauer Hügel 304
Gieshügel 343
Steinbachtal
Konrad-Adenauer-Brücke
Hoher Bug 279
Reuterstraße
Randersacker
Biebelried
Heidingsfeld
Mainuferweg
St. Stephanus
Laufwasserkraftwerk
Theilheim
Katzenberg 303
St2272
Campingplatz Kalte Quelle
A3
Westheim
Heuchelhof
3 km
Lindelbach
Reichenberg
Eibelstadt
2 km
St. Nikolaus
Rottenbauer
Maintor
1 km
Bächlein/Graben
Main
0 km
Lindflur
Winterhausen
St. Bartolomäus
Erlach
Sommerhausen
Bürzelhöhe 304
Fuchsstadt
Albertshausen
Klingholz
St2418
Goßmannsdorf
Kreisverkehr
Laufwasserkraftwerk
Triasmuseum
Darstadt
Kleinochsenfurt
Eßfeld
Abzweig Thierbachtal/ Bahnunterführung
Main
St. Andreas
Thierbach
Ingolstadt in Unterfranken
St2270
Ochsenfurt
Hohestadt
Tückelhausen
Kartause Cella Salutis
Abzweig Tückelhausen
Giebelstadt
Acholshausen
19
8
13
STERMAP © Stepmap. 123map Daten: OpenStreetMap ; ODbL

Wenn Sie Ochsenfurt auslassen und in der Pilgerherberge Gaukönigshofen übernachten, könnten Sie ohne Gewaltmarsch Uffenheim auch in zwei Tagesetappen erreichen.

Wenn Sie vom Dom kommen und nun den Weg weiterverfolgen, gehen Sie in Richtung der Alten Mainbrücke zurück. Am Brunnenplatz (**Vierröhrenbrunnen**), kurz vor dem Brückenaufgang am Eiscafé/Bistro Fontana, biegen Sie links in die Glockengasse ab.

Diese biegt rechts und wieder links ab und heißt dann Büttnerstraße. Sie folgen ihr bis an die Wirsbergstraße. Hier öffnen sich die Häuserzeilen zum Mainkai hin. Folgen Sie dem Uferweg flussaufwärts (links) unter der Ludwigsbrücke (auch Löwenbrücke genannt) hindurch.

Gleich danach gehen Sie links mit dem Radweg an die begleitende Landstraße und auf die Ufermauer hinauf. Der Fußweg trennt sich aber bald wieder vom Radweg und führt an das Ufer zurück. Markiert ist auch der HW4 (Hauptwanderweg 4 oder Main-Donau-Bodensee-Weg des Schwäbischen Albvereins). Laufen Sie noch unter der Fußgängerbrücke hindurch bis hinter die nachfolgende Konrad-Adenauer-Brücke ❶.

Ab hier sind **zwei Wege** möglich. Waren bis hierher Rad- und Fußweg noch überwiegend voneinander getrennt, führt der kommende Weg zunehmend mit dem Radverkehr auf einer Trasse. Das kann an manchen Tagen schon mal ungemütlich werden. Ein Stück des Zwei-Richtungs-Radweges können Sie sich ersparen, wenn Sie hier die Flussseite wechseln und nach Heidingsfeld am sehr viel ruhigeren anderen Ufer gehen. Im Frühjahr trällert dort noch die Nachtigall, nicht nur zur nächtlichen Stunde. Der Weg über Heidingsfeld, den ich hier favorisiere, ist 800 m länger.

➩ Wer von vornherein auf der rechten Mainseite bleiben will, erreicht Randersacker an einer Gabelung vor einer Festwiese, die auch Grill-, Picknick- und Spielplatz ist. Sie können hier links vom rechts weiterführenden Radweg abbiegen und durch die Straßenunterführung in den Ort gelangen.

Randersacker

Gästehaus Demling, Fam. Max Demling, Ochsenfurter Straße 7, 97236 Randersacker, ☏ 09 31/700 03 00, info@demling-randersacker.de, www.demling-randersacker.de, Ü EZ ab € 43, DZ ab € 69, F € 9,90, ➲ 140 m

Gasthof Bären, Würzburger Straße 6, 97236 Randersacker, ☏ 09 31/705 10, info@baeren-randersacker.de, www.baeren-randersacker.de, ÜF EZ ab € 83, DZ ab € 102, ➲ 140 m

🛏 ✕ **Gasthof Krone**, Würzburger Straße 16, 97236 Randersacker, ☏ 09 31/705 40, info@krone-randersacker.de, gasthof-krone.de, Ü EZ ab € 60, DZ ab € 80, F € 8,50, ➲ 150 m

♦ **Hotel & Restaurant Löwen,** Ochsenfurter Straße 4, 97236 Randersacker, ☏ 09 31/705 50, hotel@loewen-randersacker.de, www.löwen-randersacker.de Ü ab € 49,50, DZ ab € 80, F 8,50, ➲ 150 m

✞ Die spätromanische Hallenkirche **St. Stephanus** wurde aus hiesigem Quaderkalkstein errichtet. Während das Kirchenschiff verputzt ist, zeigt der Turm die abwechslungsreiche Struktur des Materials und die reiche Gliederung durch Lisenen, Halbsäulen mit Kapitellen, Rundbogenformen und Konsolen. Sie demonstrieren die guten Bearbeitungseigenschaften des Werksteins. Der Turm zählt zu den schönsten Kirchtürmen Frankens. Im Gegensatz zum Kirchenraum, blieb er in seiner ursprünglichen Form erhalten. Angelehnt an den Turm finden Sie eine kleine **Ölbergkapelle**. Dargestellt wird in der sogenannten Ölberggruppe die Szene am Abend vor der Kreuzigung auf dem Ölberg, den Jesus mit seinen Jüngern im Garten Gethsemane verbrachte. Sie besteht aus einer Jesusfigur, den schlafenden Jüngern Petrus, Johannes und Jakobus sowie einem Engel. Nun sind Ölbergkapellen wie diese im süddeutschen Raum zwar keine Seltenheit, sondern eher häufig an die Kirchen angebaut, nirgendwo sonst ist mir aber eine so gelungene Jakobusdarstellung begegnet.

Im Kircheninnern fiel mir besonders die Büste des hl. Urban an der linken vorderen Längswand des Hauptschiffes ins Auge, ☞ Ramstal.

🚪 tagsüber geöffnet

Randersacker ist ein bekannter fränkischer Weinort mit vielen selbst vermarktenden Weingütern und zahlreichen Weinstuben. Um Randersacker gab es aber auch bis zur Mitte des 20. Jh. umfangreiche Abbaugebiete (Steinbrüche) des hier anstehenden Quaderkalks für Bauzwecke. Die besonders dicken Ablagerungen von Meerestieren sind in einem weltweit einmaligen Vorkommen zwischen Würzburg und Rothenburg ob der Tauber zu finden.

Sie liegen bereits in einer leicht voneinander trennbaren Blockform vor und sind ein beliebter Werkstein.

Sie gehen rechts auf der Würzburger Straße, der Durchgangsstraße und passieren den Gartenpavillon, den Balthasar Neumann nach den Regeln des Goldenen Schnittes gebaut hat. Er steht auf einer Mauer und gilt als Sehenswürdigkeit. ↳ Wenn Sie in die links abgehende Maingasse und an der nächsten Möglichkeit rechts abbiegen, gelangen Sie zur Kirche.

Sie folgen weiter der Hauptstraße, biegen vor dem Hotel Löwen rechts in den Wiesenweg ab und gehen entweder ganz hinunter zum Uferweg oder nach 20 m links bis zur nachfolgenden Unterführung der Uferstraße und danach links.

Gehen Sie also links den Serpentinenweg oder wahlweise die Stufen zur Brücke hoch und überqueren Sie den Main. Am Ende biegen Sie links in den Radweg ab, der an eine Siedlungsstraße hinunterführt. Rechts unterqueren Sie die Eisenbahnlinie und wandern geradeaus durch Gewerbegebiet, bis Sie an einer Tankstelle den Busbahnhof und die Straßenbahnstation „Reuterstraße" erreichen. Folgen Sie geradeaus der Wenzelstraße oder wahlweise im kleinen Bogen dem parallel verlaufenden Weg durch das Nikolaustor bis zum Rathausplatz.

☺ Kurz bevor der Rathausplatz erreicht ist, steht in einer kleinen Anlage am Haus Nr. 13 ein Sühnebildstock aus dem Jahre 1432. Ein gewisser „rudiger cuncz" musste ihn als Sühne für einen Mord errichten und außerdem eine Pilgerfahrt nach Santiago de Compostela unternehmen.

Heidingsfeld (Würzburg)

Hotel Fischzucht, Julius-Echter-Staße 15, 97084 Heidingsfeld, ☏ 09 31/61 98 70, mail@hotel-fischzucht.de, www.hotel-fischzucht.de, Ü EZ € 82, DZ ab € 104, F € 12, 250 m, Altstadt

♦ **Hotel Brehm**, Stengerstraße 18, 97084 Heidingsfeld, ☏ 09 31/61 99 50, kontakt@hotel-brehm.de, www.hotel-brehm.de, Ü EZ/DZ ab € 80, F € 9, 350 m

Heidingsfeld ist in das Straßenbahnnetz von Würzburg eingebunden.

Die ehemals eigenständige Stadt Heidingsfeld wurde 1930 Würzburg eingemeindet. Sie hat heute mehr als 10.000 Einwohnerinnen und Einwohner. Die historische Bausubstanz wurde bis auf die Stadtmauer, die bis heute die Stadt fast vollständig umzieht, im zweiten Weltkrieg weitgehend zerstört. Es traf auch die Kirche, die bis auf den Turm um 1950 erneuert werden musste.

Am Rathausplatz biegen Sie links in das **Speierloch** (direkt am Edekamarkt), einen ehemaligen Wehrgang, und dann rechts in einen Parkweg, der außerhalb des Altstadtgeländes an der Mauer entlangführt. Einem Spielplatz weichen Sie rechts aus und gehen dann zweimal links, um an die Mainuferstraße (Seilerstraße) zu kommen. Sie überqueren die Straße und gehen (leicht nach rechts versetzt) geradeaus zum Mainuferweg ❷. Diesem überwiegend geteerten Weg entlang von Gärten und Ufergebüsch folgen Sie nun nach rechts für 2,3 km.

Der Weg mündet in eine Straßenzufahrt und ⇘ biegt dort rechts ab.

Sie aber folgen jetzt geradeaus einem Pfad durch Unterholz zur Staustufe des **Laufwasserkraftwerks Randersacker ❸**.

⇘ Wenn Sie hier rechts und nach der Gewerbehalle wieder links am Hafenbecken entlang dem Uferweg weiter folgen, kommen Sie zum Campingplatz Kalte Quelle.

⛺ **Campingplatz Kalte Quelle**, Winterhäuser Straße 160, 97084 Würzburg, ☏ 09 31/655 98, ✉ info@kalte-quelle.de, 💻 www.kalte-quelle.de, Ü € 9 (Zelt), € 6,50 p. P., 🚪 8. April-14. Okt, 🐕, ➲ 1,4 km

Hier überqueren Sie den Fluss in luftiger Höhe und kommen am anderen Ufer an den Maintalradweg, auf dem Sie rechts weiterwandern. (☺ Wer will, kann zunächst direkt am Ufer bleiben, bis er auf einen Bolzplatz trifft. Dahinter müssen Sie dann links herüber zum Radweg wechseln.)

⇘ Falls Sie nach Randersacker wollen, müssen Sie vom Laufwasserkraftwerk geradeaus unter der Uferstraße hindurch und dann links auf dem Wiesenweg in die Ortsmitte wandern (➲ 650 m).

Nach 3,6 km treffen Sie auf den Landgasthof **Mühle** mit Mainblick. Es gibt hier eine Unterführung unter der Bundesstraße hindurch. Bleiben Sie noch auf dem Radweg. An der nächsten Unterführung vor einem Spielplatz gehen Sie dann links durch das Maintor ❹ nach Eibelstadt hinein. Wieder ist hier die erwähnte Variante markiert. Sie können weiter dem Radweg folgen oder wie hier vorgeschlagen abwechslungsreicher und straßenferner den Weg durch die Weinberge nehmen.

Eibelstadt

🛏 ✕ **Landgasthof zur Mühle**, Mühle 1, 97246 Eibelstadt, ☏ 093 03/984 96 18, 💻 www.muehle-mainblick.de, Ü EZ € 40, DZ € 72, DBZ € 94, F Preis auf Anfrage, Mo, Di Ruhetag, 🐕 € 5, ➲ am Weg

🛏 🍷 **Weinforum Franken,** Hauptstraße 37, 97246 Eibelstadt, ☏ 093 03/984 50 90, ✉ info@weinforum-franken.de, 💻 www.weinforum-franken.de, Ü EZ ab € 67,50, DZ ab € 102, ➲ 300 m, im Zentrum

✝ Eibelstadt hat eine beachtenswerte Kirche. Es handelt sich um die kath. Pfarrkirche **St. Nikolaus**. Sie steht unübersehbar hinter dem Rathaus und stammt aus dem 13. Jh. Ihr heutiges Aussehen hat sie aber in der Zeit vom 15.-17. Jh. erhalten. Unter der überaus reichen Ausstattung sind besonders eine Kreuzigungsgruppe aus der Werkstatt Riemenschneiders sowie gotische Bildtafeln des alten Hochaltars, die man erst 1963 als Fußbodenbretter verarbeitet in der Empore wiedergefunden hat, hervorzuheben. Die Tafeln zeigen das Martyrium des Frankenapostels Kilian und seiner Gefährten, das Mittelbild einen Überfall auf Jakobuspilger. Ein Eibelstädter Bürger hatte 1468 an einer solchen Wallfahrt teilgenommen und sicher von seinen Abenteuern erzählt.

tagsüber geöffnet

Eibelstadt haben Sie durch das Maintor, eines der drei Tore der noch vollständig erhaltenen Stadtmauer, erreicht. Auffällig sind die vielen in den Stein gewetzten Hochwassermarken. Sie geben einen Hinweis darauf, warum die Stadtmauer so gut erhalten ist. Bei steigenden Fluten muss nur noch das Tor verschlossen werden, um das Wasser aus der Stadt zu halten. Am Tor angebracht ist der Hinweis auf das Lumpentürchen. Es diente dazu, Fußgängerinnen und Fußgänger auch nach Torschluss ein und auszulassen. Gleich hinter dem Tor ist das Wärterhäuschen erhalten. Über die Maingasse führt Ihr Weg zum Marktplatz mit der Mariensäule vor dem spätbarocken Amtshaus des Würzburger Domkapitels, das heute Rathaus und Sitz der Verwaltungsgemeinschaft Eibelstadt, Frickenhausen, Sommer- und Winterhausen ist. Schauen Sie sich ein wenig um in der Altstadt, denn es sind noch diverse repräsentative Bauten vergangener Jahrhunderte erhalten, wie der ehemalige Präsenzhof des Würzburger Domstiftes, verschiedene Adelshäuser, ehemalige Höfe von Stiften und Klöstern und Reste eines Königshofes aus der Stauferzeit. An der Stadtmauer stehen noch einige der ehemals 14 Wachttürme, die sich teilweise in Privatbesitz befinden. Als besonders imposant gilt der sogenannte Kere-Turm am Würzburger Tor aus dem Jahre 1573.

Am Marktplatz folgen Sie rechts der Hauptstraße aus dem Ort hinaus. Sie kommen nach einer Obstplantage zu einem Bächlein bzw. Graben ❺. Gleich danach gehen Sie links einen geteerten Weg aufwärts (auch Bildstockweg und HW4). An der Gabelung 70 m weiter gehen Sie rechts in den Hang und folgen dem aussichtsreichen Weg durch die Weinberge. Am Ende queren Sie eine Fahrstraße, folgen geradeaus einer Siedlungsstraße und gehen rechts durch die Ölspielstraße zur Hauptstraße hinunter und dort links durch das Würzburger Tor in die Altstadt von Sommerhausen.

Sommerhausen

Tourist-Information Eibelstadt, Sommerhausen & Winterhausen, Hauptstraße 15, 97286 Sommerhausen, ☎ 093 33/82 56, touristinfo@sommerhausen.de, www.sommerhausen.de, Mai-Okt. Mo-Fr 9:00-12:30, Sa 9:00-15:00, Fr zusätzlich 13:30-16:30, Nov-April Mo-Fr 9:00-12:00, ➲ am Weg

Hotel-garni Zum Weinkrug, Jürgen Reichert, Steingraben 5, 97286 Sommerhausen, ☏ 093 33/90 47, info@zum-weinkrug.de, www.zum-weinkrug.de, ÜF EZ € 59-75, DZ 90-98, DBZ € 135, ➲ 130 m, im Norden des Ortes

♦ **Gästezimmer Jambrovic**, Ulrich-Gast-Weg 3, 97286 Sommerhausen, ☏ 093 33/389, gaestezimmer-jambrovic.de, Ü EZ/DZ € 45, ➲ 200 m

Gasthof-Hotel Zum Schwan, Familie Geringer, Ochsenfurter Str. 9, 97286 Sommerhausen, ☏ 093 33/204, www.gasthaus-zum-schwan-sommerhausen.de, ÜF EZ € 44, DZ € 76, DBZ € 105, VBZ € 140, ➲ 380 m, im Süden des Ortes

♦ **Zum Goldenen Ochsen**, Hauptstraße 24, 97286 Sommerhausen, ☏ 093 33/203, info@goldenen-ochsen.de, www.goldenen-ochsen.de, ÜF EZ € 58-64, DZ 90-98, Mo, Di Ruhetag, ➲ am Weg

♦ **Ritter Jörg**, Maingasse 14, 97286 Sommerhausen, ☏ 093 33/973 00, mail@ritter-joerg.de, www.ritter-joerg.de, ÜF EZ ab € 67, DZ ab € 107, ➲ am Weg

Torturmtheater, Hauptstraße 1, Würzburger Tor, 97286 Sommerhausen, ☏ 093 33/268, kartenbestellung@torturmtheater.de, www.torturmtheater.de, Spieltage: Di-Fr 20:00, Sa 16:30 und 19:00, Kartenvorbestellung am Spieltag bis 16:00

⊙ Die Stempelstation befindet sich links neben der Tourist-Information in einem Innenhof frei zugänglich in einer Holzkiste (für mehrere Wege, gegenüber dem Gasthof zum Goldenen Ochsen).

Bahnstation ist Winterhausen auf der anderen (linken) Mainseite, ☞ Würzburg.

✞ Die ev. Pfarrkirche **St. Bartolomäus** steht ortsbildprägend unweit des Rathauses.

tagsüber geöffnet

Sommerhausen ist wohl der renommierteste unter den kleinen Weinorten am Main auf dem Weg zwischen Würzburg und Ochsenfurt. Das mittelalterliche Flair gepaart mit lebendiger Weinkultur ist im ganzen Ort gegenwärtig. Traufen- und giebelständige Häuser – mal in Bruchstein, mal verputzt oder in Fachwerk oder mit Treppengiebeln – und die Türme der vollständig erhaltenen Stadtmauer beleben die Straßenzüge – sogar ein Schloss steht an der der

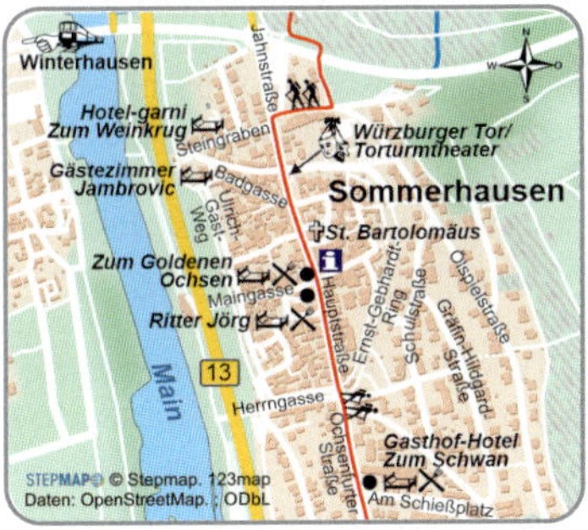

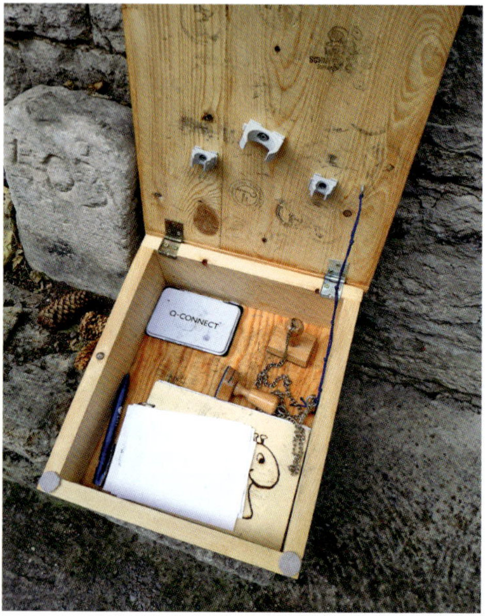

Stempelkiste in Sommerhausen

Kirche abgewandten Seite des Rathauses mitten im Ort. Genießen können Sie das alles bei einem kleinen Rundgang oder einfach im Straßencafé einer Weinstube. Und danach ist ja vielleicht noch ein Besuch im kleinsten Theater Deutschlands, dem Torturmtheater, interessant.

Sie folgen der Hauptstraße weiter aus der Stadt hinaus und gehen im Folgenden immer geradeaus auf ruhigem Sträßchen (Sackgasse) am Fuße der Weinberge und treffen schließlich an einem Kreisverkehr ❻ auf die Bundesstraße 13. Hier überqueren Sie den Main.

➯ Wer auf dem Radweg läuft, bekommt den Kreisverkehr nicht zu sehen, was nicht weiter schlimm ist, wenn Ihr Ziel Ochsenfurt ist. Dann können Sie dem Uferweg auch einfach weiter bis zur Alten Mainbrücke folgen. Markiert ist der Jakobsradweg. Interessant ist der Wechsel der Uferseite an dieser Stelle vor allem für diejenigen, die Ochsenfurt auslassen und gleich in den weiterführenden Weg Richtung Gaukönigshofen einbiegen. Achten Sie in dem Falle auf den auffälligen Schriftzug eines Danonewerks auf der anderen Mainseite. Außerdem sind Sie an einer Schleusenkammer vor dem Sperrwerk und Laufwasserkraftwerk Goßmannsdorf angekommen. Hier ist links heraus ein Serpentinenweg zur Brücke hoch Richtung Goßmannsdorf ausgeschildert.

Vor der Bahnstrecke verlassen Sie die Brücke und folgen dem geteerten Fußweg zwischen Main und Bahnstrecke bis an eine Bahnunterführung ❼. Hier treffen Sie auf die Tückelhäuser Straße, der Sie links in eine Rechtskurve folgen und dann weiter geradeaus nach Ochsenfurt laufen (➲ 1,4 km).

☺ Wer Ochsenfurt auslässt, kann in der ausgehenden Kurve der Straße rechts die Bahnlinie und dann die Südtangente auf dem Gaubahnradweg unterqueren, ☞ Etappe 13.

Ochsenfurt

Tourist-Information, Hauptstraße 39, 97199 Ochsenfurt, ☏ 093 31/58 55, tourismus@stadt-ochsenfurt.de, www.ochsenfurt.de, April-Okt Mo-Fr 9:00-17:00, Sa 10:00-14:00, So 10:00-13:00, ➲ 130 m

Pilgerherberge der katholischen Pfarreiengemeinschaft Ochsenfurt, Katholisches Pfarramt, Pfarrgasse 6, 97199 Ochsenfurt, ☏ 093 31/802 50 80, pg.ochsenfurt@bistum-wuerzburg.de, Mo, Di, Do 8:30-11:30, Di zusätzlich 13:00-16:00, geboten wird ein Raum mit zwei Betten, inkl. Bettwäsche, Decken, , (Wasserkocher), Ü € 15 p. P., eine Anmeldung im Vorfeld ist erforderlich, spontane Übernachtung nicht möglich.

Gasthof Bären, Hauptstraße 74, 97199 Ochsenfurt, ☏ 093 31/86 60, info@gasthof-baeren-ochsenfurt.de, www.gasthof-baeren-ochsenfurt.de, ÜF EZ € 69, DZ € 93, ➲ 320 m

♦ **Gasthof Kauzen**, Hauptstraße 37, 97199 Ochsenfurt, ☏ 093 31/22 37, ➲ 130 m, info@gasthof-kauzen.de, www.gasthof-kauzen.de, ÜF EZ ab € 55, DZ € 70

♦ **Hotel zum Schmied**, Hauptstraße 26, 97199 Ochsenfurt, ☏ 093 31/24 38, info@hotel-schmied.de, www.hotel-schmied.de, ÜF EZ € 42-47, DZ € 74-80, DBZ € 112, ➲ 50 m

♦ **Gasthof zum Anker**, H. Becker, Brückenstr. 10, 97199 Ochsenfurt, ☏ 093 31/74 09, gasthof@anker-ochsenfurt.de, anker-ochsenfurt.wixsite.com, ÜF EZ € ab € 45, DZ € 80, ➲ am Weg

✕ **Knaus Campingpark**, Ochsenfurter Straße 49, 97252 Frickenhausen am Main, ☏ 093 31/31 71, frickenhausen@knauscamp.de, www.knauscamp.de, Ü Zelt € 8, € 9,90 p. P., € 3,50, Nov-Feb geschlossen, ➲ 900 m, auf der rechten Mainseite gegenüber von Ochsenfurt. Frickenhausen gehört nicht wie Kleinochsenfurth zur Stadt Ochsenfurth, sondern verwaltungstechnisch zu Eibelstadt (☞ Eibelstadt), auch wenn es nur durch den Main von dem benachbarten Ochsenfurt getrennt ist. Auf dem Gelände befindet sich auch das ✕ Restaurant Schwalbennest, täglich außer Mi ab 10:00 (ganzjährig).

☞ Würzburg

Die Ochsenfurter Altstadtfähre „Nixe“ bringt Fahrgäste auf die gemütliche Art von einem Ufer zum anderen. Auch kurze Panoramafahrten sind möglich. Sie fährt ohne Fahrplan von Mai bis Okt Sa, So, Fei immer wenn zwei zahlende Fahrgäste zusammengekommen sind (an der Alten Mainbrücke).

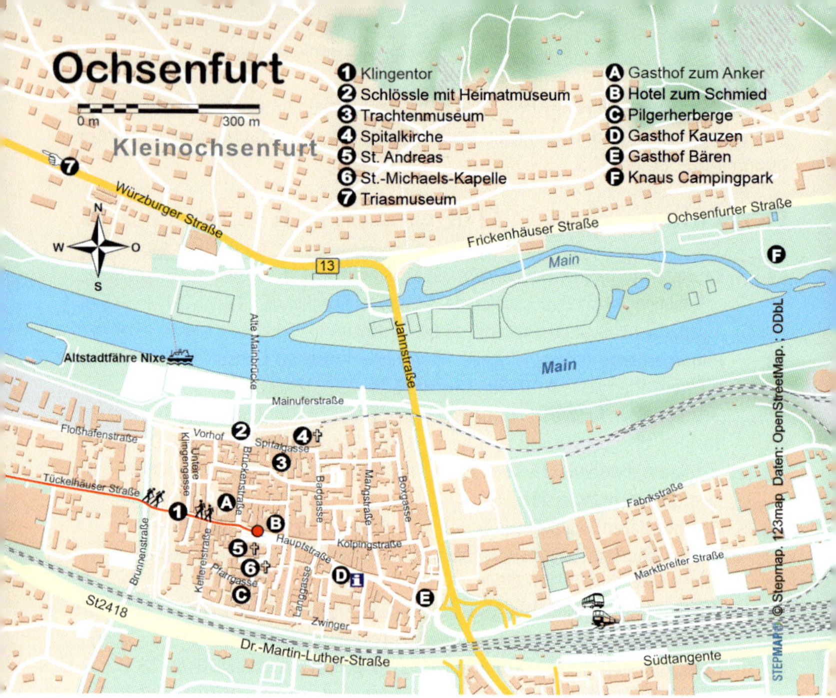

✞ ⊙ Die spätgotische Hallenkirche **St. Andreas** stammt aus dem 14. Jh. Sie besitzt einen Renaissance-Hochaltar und eine Nikolausfigur von Tilmann Riemenschneider. Den Pilgerstempel finden Sie am Schriftenstand.

tagsüber geöffnet

✞ Gleich hinter der Kirche **St. Andreas** steht die St.-Michaels-Kapelle, welche als Friedhofskapelle errichtet worden ist. Die modernen Glasfenster tauchen den Innenraum in ein besonders schönes Licht. Sie stammen von Carl Clobes, einem Künstler des 20. Jh.

tagsüber geöffnet

✞ Wenn Sie zur Alten Mainbrücke hinuntergehen und am Schlössle rechts in die Spitalgasse einbiegen, kommen Sie zur **Spitalkirche (Kreuzkirche)**. Sie ist zwar nicht zu besichtigen, ist aber Teil des alten Spitals. Interessant ist das Tympanon am Türbogen. In vier kleinen Bildern werden die Aufgaben des mittelalterlichen Spitalwesens erzählt. Von oben: Fremde beherbergen, (dargestellt ist ein Pilger mit Boxbeutelflasche), Gefangene besuchen, Kranke pflegen, Hungrige beköstigen. Die gekrönte Dame, welche all diese Tätigkeiten demonstriert, ist die heilige Elisabeth von Thüringen.

⌘ **Triasmuseum** an der Ochsenfurt (Fossilienmuseum). Über viele Jahrzehnte hinweg hat Otmar Kleindienst Fossilien, die in den hiesigen Kalkbrüchen an das Tageslicht kamen, gesammelt, sortiert und klassifiziert, sehenswertes Museum.

♦ Judengasse 1, 97199 Ochsenfurt, ☏ 093 31/28 73, ✉ info@fossilienmuseum-franken.de, 💻 www.fossilienmuseum-franken.de, 🚪 nach Vereinbarung, an der rechten Mainseite in Kleinochsenfurt

⌘ **Heimatmuseum** im Schlössle

♦ Brückenstraße 26, 🚪 Ostersamstag bis Allerheiligen Sa, So, Fei 14:00-18:00, Gruppenführungen können über die Touristinfo gebucht werden.

⌘ **Trachtenmuseum**

♦ Spitalgasse gegenüber der Spitalkirche, 🚪 ☞ Heimatmuseum

Tympanon an der Spitalkirche Ochsenfurt

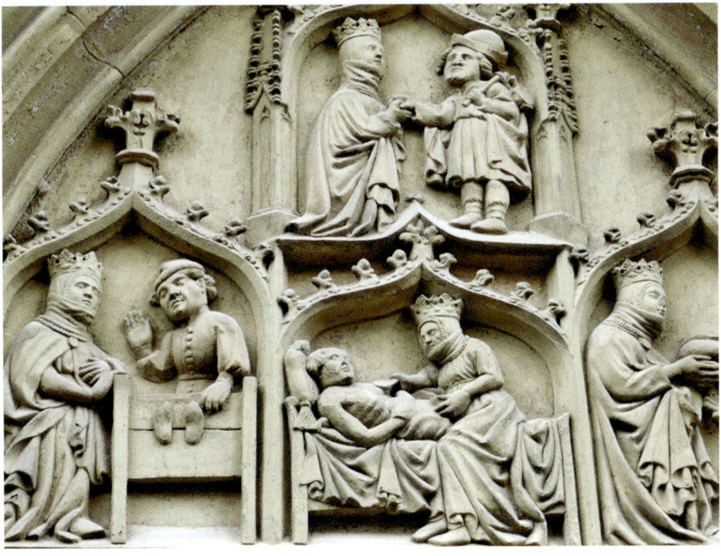

Schaut man von der Alten Mainbrücke auf die Altstadt von Ochsenfurt erscheint sie mit ihren Türmen, den alten Statuen, dem Schlössle am Brückenkopf und ihren mit Biberschwanzpfannen gedeckten Dächern romantisch und mittelalterlich.

Fachwerkfassaden an der Hauptstraße in Ochsenfurt

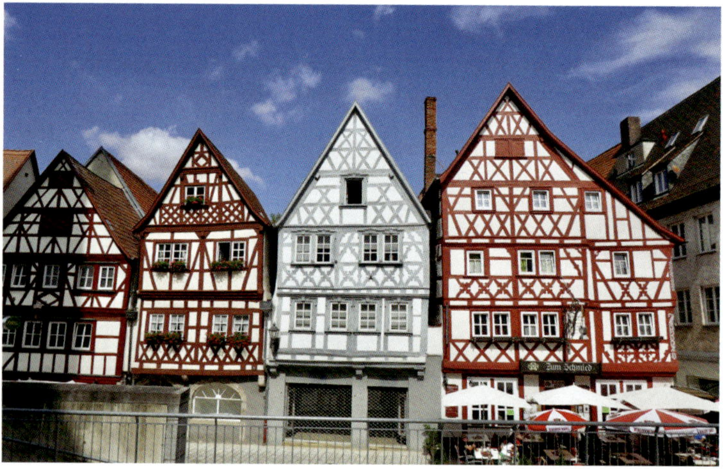

Vom Obertor bis zum Klingentor führt der Mainradweg mitten durch die Stadt und viele der Durchfahrenden erliegen dem Charme der Fachwerkidylle der Hauptstraße und kehren erst einmal in einem der zahlreichen Restaurants, Cafés oder Biergärten ein.

Ochsenfurts geschriebene Geschichte begann im Jahr 725 mit der Beauftragung zum Bau eines Klosters an der Mainfurt durch Bonifatius, das damals noch auf der rechten Flussseite stand. Eine erste Holzbrücke im 12. Jh. verbesserte die Infrastruktur am wichtigen Übergang und erhöhte die Anzahl der Reisenden. Jetzt konnten Kaufleute, Pilgerinnen und Pilger u. a. auch bei höheren Wasserständen den Fluss überqueren. Das brachte Einnahmen und einen wirtschaftlichen Aufschwung. Die in Teilen noch vorhandene steinerne Brücke wurde Anfang des 16. Jh. errichtet. Hätten die Nazis nicht Teile herausgesprengt, um heranrückende Alliierte aufzuhalten, könnte sie noch heute stehen. Den Umstand machte die Stadt sich aber später zunutze und passte den Brückenkörper der modernen Schifffahrt an.

Ochsenfurt ist heute aber auch Standort für diverse Gewerbebetriebe und vor allem auch Zentrum einer intensiv genutzten Landwirtschaftsregion. Hier steht Deutschlands drittgrößte Zuckerfabrik, die von rund 6.000 Landwirtschaft Betreibenden sowohl aus dem Schweinfurter- als auch dem Ochsenfurter Gau und anderen Teilen Frankens beliefert wird.

Etappe 13: Ochsenfurt – Aub

21,4 km, 6 Std., 30 Min. ↑ 260 m, ↓ 153 m, ⇧ 181-332m

0,0 km	⇧ 192 m	Ochsenfurt
3,8 km	⇧ 227 m	Tückelhausen
7,6 km	⇧ 248 m	Gaukönigshofen
10,4 km	⇧ 271 m	Rittershausen
15,8 km	⇧ 299 m	Osthausen
19,4 km	⇧ 301 m	Abzweig Aub
21,4 km	⇧ 300 m	Aub

Die alte Bahntrasse der Gaubahn führt Sie heute im Thierbachtal sanft steigend hinauf in das Ochsenfurter Gau, eine weiträumig landwirtschaftlich genutzte, ausgeräumte Hochfläche. Dort laufen Sie meist schattenlos von Dorf zu Dorf oder von Kirchturm zu Kirchturm, die weithin sichtbar aus den Geländesenken herausragen. Aub liegt nicht direkt am Pilgerweg, hat aber in nur 2 km Entfernung eine Zwischenübernachtung zu bieten.

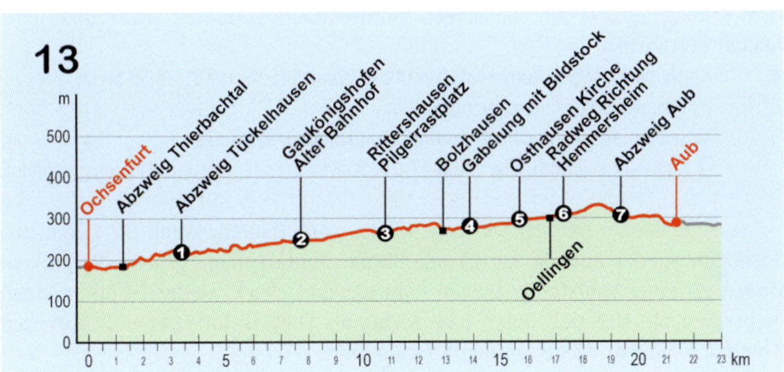

Sie laufen durch das Klingentor aus Ochsenfurt heraus. Die Tückelhäuser Straße führt Sie zurück zur Bahnunterführung. Hier biegen Sie links in den Gaubahnradweg ab, unterqueren die Bahn am ersten Brückenbogen und dann die Südtangente. Zwischen zwei Gebäuden gehen Sie geradeaus auf schmalem Weg und biegen dann rechts in den Teerweg ab, der auf der alten Gaubahntrasse angelegt ist. Diesem folgen Sie nun im schönen, anfangs dicht bewaldeten Thierbachtal beständig sanft aufwärts.

Im kühlen Morgenschatten ist es ein Vergnügen, hier heraufzuspazieren. Immer wieder stehen Tafeln am Weg, die über die Historie der Gautalbahn berichten.

An den ersten Häusern von **Tückelhausen** treffen Sie auf einen geteerten Querweg ❶. Diesem können Sie rechts für eine Variante durch den alten Ortskern folgen, um **Klostermuseum** und **Klosterkirche** zu besuchen.

➯ Der Weg ist markiert und gegenüber dem an Tückelhausen vorbeiführenden Radweg 240 m länger. Außerdem müssen Sie zusätzlich 40 Höhenmeter aufsteigen.

Überqueren Sie unten den Thierbach und die Talstraße geradeaus und folgen Sie der beginnenden Siedlungsstraße Lambertusweg. Diese biegt links ab und am Ende führt ein schmaler Fußweg (Treppen) geradeaus aufwärts zur Karthäuserstraße. Links herunter und durch den Torbogen kommen Sie auf das ehemalige Klostergelände und zur Kirche.

✞ ⊙ ⌘ Die **Kartause Cella Salutis** wurde 1351 gegründet und 1803 im Rahmen der Säkularisation aufgehoben. Heute betreibt die Diözese Würzburg ein Karthäuser-Museum. Ein Ausstellungsbogen in den historischen Räumlichkeiten, dem Kreuzgang und den ehemaligen Mönchszellen, vermittelt Leben und Spiritualität der Karthäuser.

♦ Kartäusermuseum, Konventstr 3, 97199 Ochsenfurt, ☏ 09 31/38 56 56 00,
✉ museen@bistum-wuerzburg.de,
💻 www.museum.de/museen/kartäusermuseum-tückelhausen,
🚪 1. Mai-31.Okt Sa/So/Fei 14:00-17:00, die Kirche ist täglich und ganztägig geöffnet.

Von der Kirche müssen Sie nicht wieder zurücklaufen. Wenn Sie durch den Torbogen wieder auf die Karthäuser Straße zurückgehen, gehen Sie links im Bogen zu einer Fahrstraße, biegen links ein und gleich wieder rechts in einen Nebenweg ab, der sich unten halb rechts als Fußweg fortsetzt und über den Thierbach hinüber wieder an den Radweg führt.

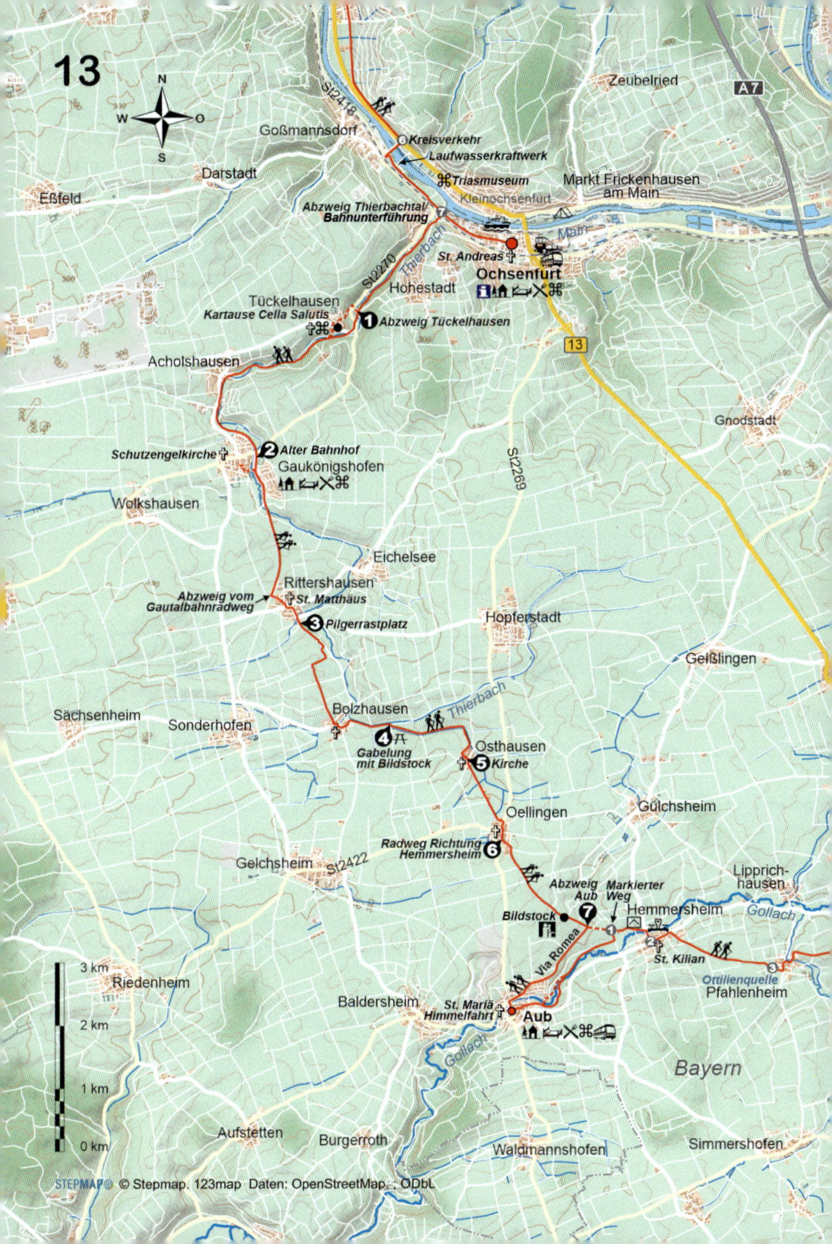
13
N
W
O
S
Goßmannsdorf
Zeubelried
A7
St2418
Kreisverkehr
Laufwasserkraftwerk
Triasmuseum
Darstadt
Eßfeld
Markt Frickenhausen am Main
Abzweig Thierbachtal/ Bahnunterführung
Kleinochsenfurt
Main
Thierbach
St2270
St. Andreas
Ochsenfurt
Hohestadt
Tückelhausen
Kartause Cella Salutis
Abzweig Tückelhausen
13
Acholshausen
Gnodstadt
Schutzengelkirche
Alter Bahnhof
Gaukönigshofen
St269
Wolkshausen
Eichelsee
Rittershausen
Abzweig vom Gautalbahnradweg
St. Matthäus
Pilgerrastplatz
Hopferstadt
Geißlingen
Bolzhausen
Thierbach
Sachsenheim
Sonderhofen
Gabelung mit Bildstock
Osthausen
Kirche
Oellingen
Gülchsheim
Radweg Richtung Hemmersheim
Gelchsheim
St2422
Lipprich-hausen
Abzweig Aub
Markierter Weg
Hemmersheim
Gollach
Bildstock
Via Romea
St. Kilian
Ottilienquelle
Pfahlenheim
3 km
2 km
1 km
0 km
Riedenheim
Baldersheim
St. Mariä Himmelfahrt
Aub
Gollach
Bayern
Aufstetten
Burgerroth
Waldmannshofen
Simmershofen
STEPMAP © Stepmap, 123map Daten: OpenStreetMap, ODbL

Die Radwegtrasse überquert 150 m weiter die begleitende Talstraße auf einer Brücke. Nach weiteren 200 m wird eine von der Talstraße abzweigende Straße erreicht. (Hier gibt es einen Hinweis auf einen weiteren Zugang zum Ortskern und Kloster über diese Straße).

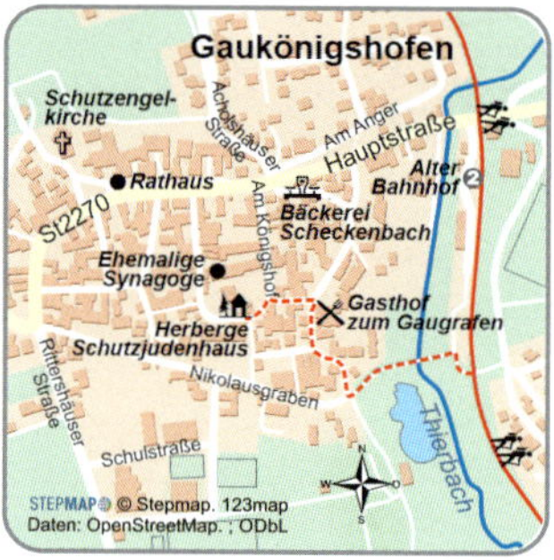

Der Radweg überquert die Straße und führt weiter nach **Acholshausen**. Ein Werbeschild der Bäckerei/Café inklusive Öffnungszeiten hängt am Zaun zum Radweg. Am Ortsausgang befindet sich ein Abenteuerspielplatz inklusive Rastplatz.

1,5 km weiter, auf Höhe des Raiffeisenturms ist Gaukönigshofen erreicht. Sie überqueren hier die Hauptstraße, die rechts in den Ort führt. Wenige Schritte weiter steht noch der alte Bahnhof ❷ und noch einmal 250 m weiter ist rechts ein Fußweg zum Restaurant beschildert.

Gaukönigshofen

Pilgerherberge im ehemaligen Schutzjudenhaus, Am Königshof 14a, 97253 Gaukönigshofen, Anmeldung und Schlüssel im Gasthof zum Gaugrafen zu den Öffnungszeiten. Am Ruhetag (Mi) rufen Sie die Gemeinde an, Hauptstraße 16, 97253 Gaukönigshofen, ☏ 093 37/971 90, Mo, Di, Do 8:00-12:30, Mi 14:00-18:00. Bis 18:00 muss dann dort der Schlüssel abgeholt werden.
Ein Pilgerausweis ist nicht zwingend erforderlich.
Es gibt 12 Matratzen, Bettwäsche und warme Decken, sodass Sie nicht zwingend einen Schlafsack benötigen, Matratzen müssen aber auf- und abgezogen werden, Ü € 15, , (Küche), ➲ 430 m.

Gasthof zum Gaugrafen, Mühlstraße 14, 97253 Gaukönigshofen, ☏ 093 37/623, gasthofgaugrafen@t-online.de, www.gasthofgaugrafen.de,
Mo, Di, Do ab 17:00, Fr-So ab 11:00, warmes Essen über Mittag und abends bis 20:30, Mi Ruhetag, ➲ 430 m

Bäckerei Scheckenbach, Torstraße 1, 97253 Gaukönigshofen, Mo-Fr 6:00-14:00, Sa 6:00-12:00, So 8:00-10:00, ➲ 230 m

✝ Die das Ortsbild prägende **Schutzengelkirche** wurde zwischen 1724 und 1730 gebaut, ist also noch dem barocken Stil zuzuordnen.

tagsüber geöffnet

Gaukönigshofen trägt seinen geschichtlichen Ursprung im Namen. Zur Zeit der fränkischen Landnahme im 7. Jh. entstand hier ein Königshof, der 741 zum ersten Mal erwähnt wurde. Die Spuren des vergangenen jüdischen Lebens sind im Ort wertschätzend instand gesetzt worden. So gibt es die Schutzjudenhäuser, das Ritualbad Mikwe von 1819 und die Synagoge mit dem Gemeindehaus. Alle Einrichtungen befinden sich in der Straße Am Königshof, ganz in der Nähe des Restaurants. Als sehenswert gilt auch das Renaissance-Rathaus von 1607 an der Hauptstraße.

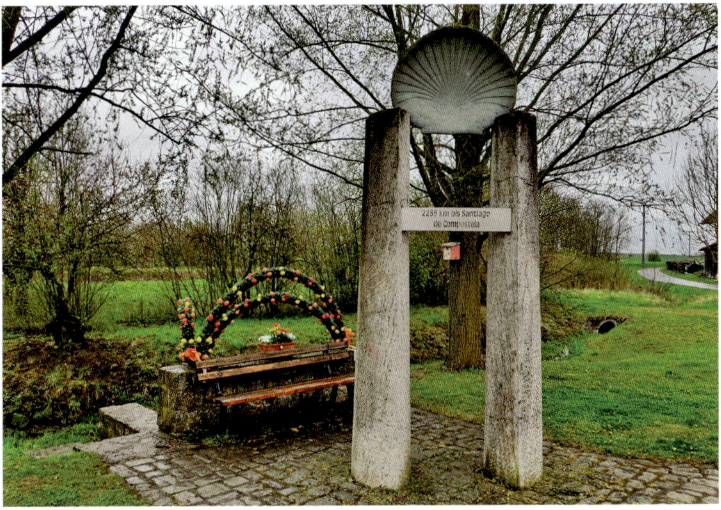

Pilgerrastplatz Rittershausen

Am Bahnhof **Rittershausen** verlassen Sie den Gautalbahnradweg und biegen links in die Querstraße ab. Sie führt in den Ortskern. Über die querende Dorfstraße gehen Sie geradeaus hinweg und weiter Richtung Hopferstadt. Sie kommen zur Kirche. Gegenüber befindet sich eine überdachte Bushaltestelle ⍑.

✞ ⊙ Die kath. Kirche **St. Matthäus** wurde 1780 gebaut. Die Ausstattung im klassizistischen Empire Stil (wie z. B. der Triumphbogen in Paris) gilt als die stilreinste Ausführung im ganzen süddeutschen Raum. Sie wurde ausschließlich von einheimischen Handwerkern ausgeführt. Es gibt einen Pilgerstempel.

🚪 tagsüber geöffnet

Sie folgen der Straße und erreichen in der Senke einen ⛼ Pilgerrastplatz mit Pilgerdenkmal ❸, steigen wieder aufwärts und sehen auf der Höhe linker Hand einen Futtersiloplatz. Hier können Sie rechts in eine Straßenparallele ausweichen. Die führt an einen Querweg, auf den Sie in der nachfolgenden Straßensenke auch treffen würden, falls Sie den Abzweig am Siloplatz verpasst haben und noch etwas auf der Straße geblieben sind.

Sie biegen rechts in den Landwirtschaftsweg, steigen mit ihm etwas an und wenden sich noch vor der letzten Höhe nach links in einen anderen Weg, der entlang einer Obstbaumreihe durch die Felder führt.

Sie kommen nach **Bolzhausen**, gehen an der Kreisstraße links und noch vor der Bushaltestelle an der Straßenkreuzung rechts zwischen den Häusern hindurch. An der Kirche gehen Sie links und an der Jesusfigur mit dem Goldkettchen rechts, aber gleich wieder links in einen Nebenweg. Vor dem Friedhof gehen Sie links und kommen aus dem Dorf hinaus an einen mit Betonplatten belegten Querweg. Rechts laufen Sie, nun am Oberlauf des Thierbaches, bis zu einer Gabelung mit ⛼ Pausenbank und Bildstock ❹ unterhalb eines Solarfeldes.

Sie gehen rechts weiter. Der Wegweiser zeigt Richtung Aub und Osthausen. Noch nicht auf der Höhe zeigt die Markierung rechts in einen Feldweg und am Ortsrand von Osthausen noch einmal rechts. Nach 200 m biegen Sie links ab (Feuerlöschteich mit Forellen) und kommen zur Kirche von **Osthausen** ❺.

Am Autohaus gehen Sie rechts und an der noch jungen Dorflinde (nach 50 m) links in einen Landwirtschaftsweg Richtung **Oellingen**. Das Dorf ist nach 1,2 km erreicht. Sie gehen an der Durchfahrtstraße rechts zur Kirche und links am Turm vorbei. An der Querstraße geht es wieder links zum Dorf hinaus (Radweg Richtung Hemmersheim 1,9 km) ❻.

Auf der Höhe steht ein moderner Bildstock unter einem noch jungen Walnussbaum. Er markiert hier die größte Höhe, die mit großartiger Rundumsicht einen Überblick eröffnet. Rechter Hand ist Aub zu sehen, voraus Hemmersheim und in der Ferne bringen Bergsilhouetten (Steigerwald) Abwechslung ins Bild.

Das Tal des Thierbaches, der direkt in den Main mündet, haben Sie mit dem Erreichen dieser Höhe endgültig hinter sich gelassen. Sie wandern nun in das Tal der Gollach hinab. Diese fließt zur Tauber und mit ihr auch in den Main. Die Landschaft bleibt mit der Dominanz der Landwirtschaft bis Uffenheim noch ähnlich strukturiert, geht hier aber vom Ochsenfurter Gau in das Gollachgau und von Unterfranken nach Mittelfranken über.

Beim Abstieg haben Sie das Tal der Gollach im Blick. Es hebt sich mit einem Gehölzstreifen deutlich von der Feldlandschaft ab.

Nach 400 m am Beginn eines Wäldchens ❼ sind linker Hand einige Markierungen und auch die der Via Romea (Pilgerroute von Stade nach Rom) zu sehen. Wenn Sie nun rechts an den abzweigenden Feldweg gehen, taucht, etwas zugewachsen, ein weiterer Wegweiser auf. Dort ist auch das Muschelsymbol angebracht. Es handelt sich hier um den Abstecher vom Hauptweg nach Aub.

☺ Wer nicht in Aub übernachtet, geht geradeaus, wie ausgeschildert nach Henmersheim.

Biegen Sie zur Übernachtung in Aub hier rechts in die Trasse der Via Romea. Der Schotterweg oberhalb des Gollachtals führt in die Feldflur bis an einen geteerten Weg. Dort gehen Sie links. Schon beim Anblick der Kirche in einer leichten Rechtskurve des Sträßchens biegen Sie halb links in einen Feldweg ab. Sie passieren eine grüne Pausenbank mit Franziskusbildstock und erreichen eine Siedlungsstraße.

Sie folgen der Via Romea hier geradeaus und an einer Gabelung vor einem Spielplatz halb links. An der erreichten Fahrstraße geht es dann links abwärts bis zu einem markanten Fachwerkhaus mit der Aufschrift „August Miltenberger". Hier gehen Sie links über die Gollachbrücke in den Ort hinein. Gleich rechter Hand liegt das alte Spital mit dem sehenswerten Fränkischen Spitalmuseum am Weg.

Gollachbrücke nach Aub

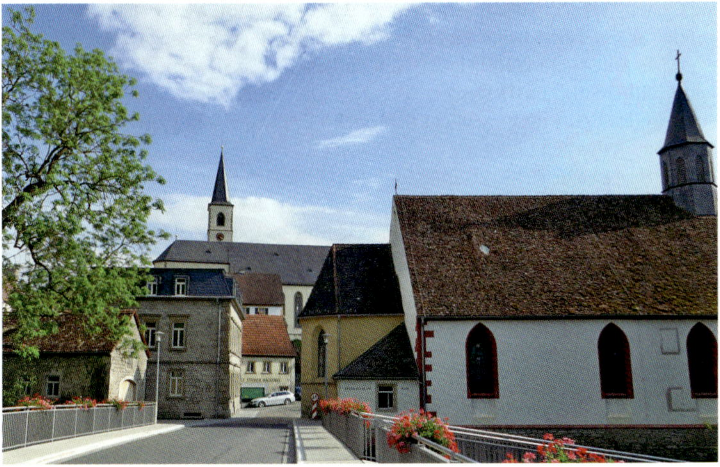

Sie folgen der Hauptstraße geradeaus aufwärts bis oberhalb der Kirche. Dort gehen Sie links auf den Kirchplatz.

Aub

Pilgerherberge der Pfarrei Mariä Himmelfahrt Aub, Hauptstr. 15, 97239 Aub, Kontakt und Anmeldung: Barbara und Burkard Fleckenstein, ☏ 093 35/17 78, 01 59/02 36 31 79, bfleckenstein57@gmx.de. Bereitgestellt wird hier ein Appartement mit Betten, Bettdecken und Bettwäsche für zwei bis vier Pilgerinnen und Pilger, Ü € 15 p. P., am Weg.

Gasthof Weisses Ross, Marktplatz 2, 97239 Aub, ☏ 093 35/287, info@gasthof-weisses-ross.de, www.gasthof-weisses-ross.de, Ü EZ € 41, DZ € 60, DBZ € 73, F € 6, am Weg

Der Bus 428 fährt Mo-Fr im Stundentakt von Ochsenfurt (Bahnstation) nach Aub (Rathaus). Einige Busse fahren nur nach Voranmeldung (Rufbus)! Sa/So gibt es Verbindungen nur nach Voranmeldung (1 Std.).

✞ ⊙ Als größte Sehenswürdigkeit der sonst vor allem barocken Einrichtung der kath. Stadtpfarrkirche **St. Mariä Himmelfahrt** gilt eine Kreuzigungsgruppe der Riemenschneiderwerkstatt.

tagsüber geöffnet

⌘ Das **Fränkische Spitalmuseum** ist in den Originalräumlichkeiten des mittelalterlichen Auber Spitals entstanden. Es gibt in beeindruckend klarer und spannender Weise einen tiefen Einblick in das mittelalterliche Spitalwesen. Gestiftet wurde es unter dem Eindruck der Großen Pest um 1350 vom fränkischen Adeligen Gottfried II. von Hohenlohe-Brauneck. Bis in das Jahr 1968 wurden hier Arme verköstigt, Kranke gepflegt und auch Pilgerinnen und Pilger (Fremde) versorgt und beherbergt.

♦ Hauptstraße 33, ☏ 093 35/971 00, info@vgem-aub.bayern.de, www.spitalmuseum.de, April-Okt Sa, So, Fei 13:00-17:00, Fr 13:00-17:00 nach Absprache mit dem Bereitschaftsdienst, rufen Sie an und fragen Sie nach.

Das kleine Städtchen Aub entwickelte sich am Kreuzungspunkt zweier großer Handelsstraßen. Noch immer ist ein Hauch der einstigen Bedeutung zu spüren. Vor allem der Marktplatz spiegelt mit seiner Mariensäule, dem gotischen Rathaus und den schönen Bürgerhäusern den vergangenen Reichtum wider. Heute liegt Aub abseits der Touristenströme und auch der großen Straßen. Die Einwohnerentwicklung ist seit Jahren rückläufig. Dem Reiz und der Schönheit des Städtchens scheint das gut zu tun.

Etappe 14: Aub – Uffenheim

15,5 km, 5 Std. ↑ 119 m, ↓ 93 m, ⇧ 283-336m

0,0 km	⇧ 300 m	Aub
3,3 km	⇧ 295 m	Hemmersheim
5,4 km	⇧ 314 m	Ottilienquelle Pfahlenheim
7,7 km	⇧ 309 m	Gollachostheim
11,2 km	⇧ 309 m	Abzweig Gollhofen, Gollhofen
15,5 km	⇧ 326 m	Uffenheim BANK

Ihr Weg durch das Gollachgau orientiert sich am Lauf der Gollach, die in der Nähe von Uffenheim entspringt. Alle heute berührten Dörfer gehören zu den ältesten Siedlungen der fränkischen Landnahme, worauf die Endsilbe -heim hinweist. Uffenheim ist als Zentralort des Gollachgaus ein Etappenort mit guter Infrastruktur.

Vom Kirchplatz kommen Sie zum Markt. Folgen Sie an der rechten Seite des Rathauses der Harbachstraße. Sie kommen an einer Bäckerei vorbei, passieren den jüdischen Friedhof und wandern geradeaus auf einem Fußweg weiter. Dieser mündet in einen Radweg, auf dem nach links der markierte Pilgerweg führt.

☺ Sie könnten hier aber auch ganz links mit den anderen Markierungen (u. a. HW4, Marienweg) auf schmalem Pfad über das Flüsschen hinüber an die andere Talseite wechseln. Hinter den Häusern führt dann rechts ein Fußweg durch das Gollachtal. An einer Gabelung können Sie sowohl den rechten Weg durch die Gollachwiesen als auch den linken markierten Weg durch den Gehölzstreifen nehmen.

Der mit der Pilgermuschel markierte Weg ist zunächst geteert. An einer Gabelung mit Rastplatz halten Sie sich links und überqueren wenig weiter die Gollach und folgen dem Uferweg rechts.

Alle Varianten treffen an Teichanlagen zusammen. Ein Schotterweg führt ohne Richtungswechsel weiter bis an einen Querweg. Links laufen Sie an ein Teersträßchen ❶ und dort rechts nach **Hemmersheim.** Noch bevor Sie Hemmersheim erreichen, fallen die noch sehr jungen Baumreihen auf den Feldern auf. Die Felder gehören zum Lindenhof in Hemmersheim, einem Demeter Hof, der hier ein Agroforstsystem aufbaut. Die zeitweilige Beschattung der Böden soll in Zeiten des Klimawandels vor Austrocknung schützen und gleichzeitig wachsen Energiepflanzen

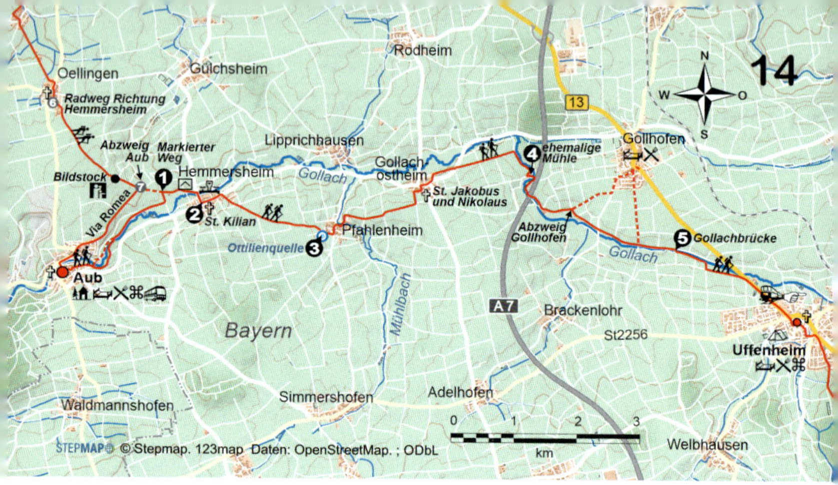

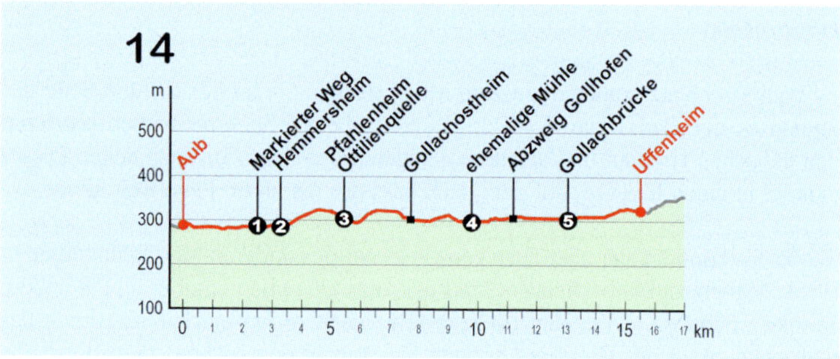

bzw. Nutzholz heran. Voraus kommt die ev.-luth. Kirche St. Kilian in Sicht. Sie steht außerhalb des Dorfes und ist von einem Friedhof umgeben. 1650 bis 1765 wurde sie als Simultankirche für beide Konfessionen im Ort benutzt.

Noch bevor diese erreicht wird, treffen Sie auf eine Schutzhütte am Weg. Auf Höhe der Kirche quert eine Straße den Weg. Sie gehen rechts über die Gollach und biegen in der Ortsmitte ❷ links in die Dorfstraße von Hemmersheim.

Dem typischen Straßendorf Hemmersheim sollten Sie etwas Aufmerksamkeit widmen, denn es ist von wohltuender Schönheit. In seiner Gesamtheit steht es unter Denkmalschutz. Das bedeutet, dass sich ein noch einheitliches historisches Dorfbild erhalten hat. Darin fügt sich auch die jüngere der beiden Hemmersheimer Kirchen ein. Sie ist wie die evangelische Kirche dem heiligen Kilian geweiht und Versammlungsort der Katholikinnen und Katholiken. Sie steht ausnahmsweise mal nicht mit dem Chor nach Osten ausgerichtet, sondern wurde ortstypisch in die Häuserzeilen eingereiht. Typisch und schön herausgeputzt ist auch der 200 Jahre alte Lindenhof gegenüber. Es ist ein verputzter Fachwerkbau mit Krüppelwalmdach. Es gibt dort einen kleinen Hofladen zur Selbstbedienung (täglich 9:00-20:00).

Am Ortsausgang kommen Sie an den historischen Erdkellern vorbei. Danach biegen Sie rechts in die Pfahlenheimer Straße ab. Die führt nach **Pfahlenheim**. Am Ortseingang achten Sie linker Hand auf die **Ottilienquelle ❸**. Die Quellfassung stammt noch aus dem Jahr 1492.

Sie gehen geradeaus bis zur Kreuzung und dort links zu einem Rastplatz am Jakobsweg mit modernem **Ottilienbrunnen**. Hier kommen Sie bequemer an das Quellwasser (nicht kontrollierte Qualität).

Pfahlenheim

Der Ort wurde 1136/39 das erste Mal als Pholenheim erwähnt. Phol oder Phal aber ist eine mutmaßliche Gottheit der vorchristlichen germanischen Mythologie, so gedeutet im zweiten Merseburger Zauberspruch, einem in Merseburg aufgefundenen althochdeutschen Text. Phol wird manchmal auch gleichgesetzt mit Baldur, dem germanischen Gott des Lichtes und der Sonne. Zu vermuten ist, dass die in Pfahlenheim bis heute immer üppig sprudelnde, nie versiegende Quelle, deren Wasser besonders weich ist, auch schon vor Urzeiten den Menschen bekannt und möglicherweise mit rituellen Handlungen verbunden war.

Der Ottilienkult und die damit verbundenen Wallfahrten nach Pfahlenheim sind seit 1342 belegbar. Zur Figur der Ottilie, die auch Odilie genannt wird, wird hier folgende Geschichte erzählt: Ottilie wurde nach der Mitte des 7. Jh. auf Schloss Hohenburg im Elsass geboren. Von Anfang an war sie blind und da der Erzeuger dies als Makel für sein Geschlecht empfand, sollte Ottilie getötet werden. Die Mutter vertraute Ottilie daraufhin einer Amme an und schickte sie mit dem Kinde fort. Im Kloster Baumeles-Dames im Burgund fanden beide Aufnahme und da geschah das Wunder bei der Taufe der Kleinen. Als das Taufwasser über ihre Augen rann, war sie sofort geheilt und konnte von nun an sehen. Erst kurz vor dem Tod ihres Vaters kam Ottilie nach Hohenburg zurück und lebte dort ein Leben für die Armen. Nach ihrem Tod im Jahr 720 breitete sich die Ottilienverehrung vom Elsass in den süddeutschen Raum, nach Österreich und nach Böhmen aus.

Etwas weiter biegen Sie rechts in die Ringstraße ab (Radweg Richtung Gollhofen).

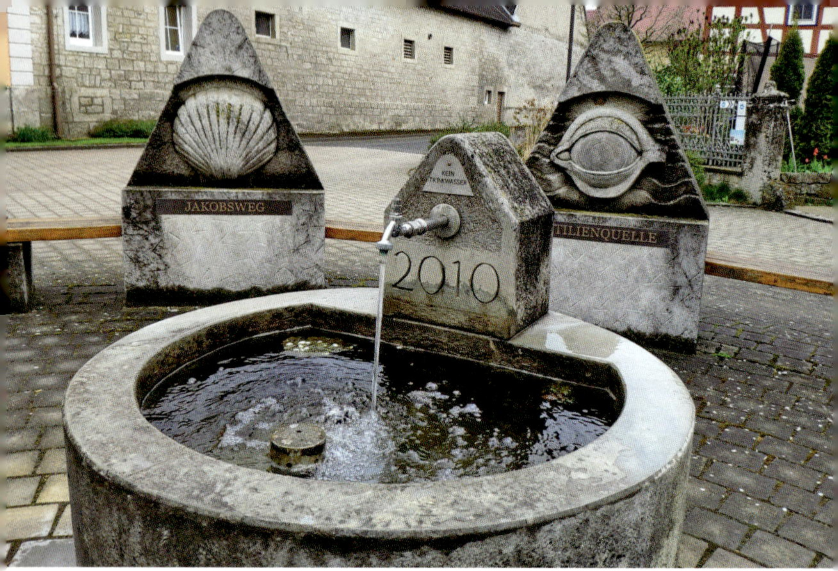

Ottilienbrunnen in Phalenheim

Nach knapp 100 m aber gehen Sie links in den Mühlenweg, überqueren den Mühlbach, halten sich an der Hofeinfahrt links und laufen dann im Rechtsbogen zur Höhe.

An einem Querweg gehen Sie links und gleich wieder rechts. 🖐 Am Ortsrand von **Gollachostheim** (nach dem letzten Feld linker Hand) biegen Sie links in einen Nebenweg und gehen an der nächsten Möglichkeit rechts zur Kirche (denkmalgeschützte **ev. Filialkirche St. Jakobus und Nikolaus**). Am Kirchplatz gehen Sie links zur Dorfstraße und dort rechts.

Noch vor dem Ortsschild biegen Sie links in einen Nebenweg ab (Wegweiser zeigen Richtung Gollhofen und Uffenheim). An der Scheune geht es dann rechts in einen Feldweg.

Sie erreichen eine Straße, gehen 20 m links und biegen wieder rechts auf einen Betonweg ab.

Es geht über eine leichte Höhe hinweg in das Tal der Gollach und zu einem Querweg. Hier gehen Sie rechts weiter. Nach der ehemaligen Mühle ❹ (heute Pferdehof) biegen Sie links ab, überqueren den Bach und laufen vor der Autobahn rechts weiter zu einer Unterführung. Sie unterqueren die A7 und wandern auf die Höhe zu. Sehr bald kommen Sie an eine Gabelung, an der der Weg rechts abbiegt, um im Talhang der Gollach weiterzuführen.

Geradeaus weiter zur Höhe kann Sie ein Abstecher zur Übernachtung nach Gollhofen führen. Sie treffen auf den Landwirtschaftsweg Aspachhöfer Straße, gehen links und am Ortsrand rechts bis an die Bundesstraße B13. Wenige Schritte rechts liegt der Gasthof.

Gasthaus zum Stern, Hauptstraße 3, 97258 Gollhofen, ☏ 093 39/256, info@stern-gollhofen.de, www.stern-gollhofen.de, ÜF EZ ab € 35, DZ ab € 67, günstigere Mehrbett-, aber auch teurere Komfortzimmer vorhanden, ➲ 1,4 km

Am anderen Morgen können Sie abkürzen. Gehen Sie zur Einmündung der Aspachhöfer Straße zurück und biegen Sie links ein. Nach 80 m biegen Sie links in den Welbhäuser Weg. Der führt über die leichte Höhe hinweg in das Gollachtal und noch bevor der Bach erreicht ist, links an den markierten Weg zurück.

Der Weg verläuft nun im Talhang der Gollach. Nach gut 2 km wird der Bach überquert ❺. Sie biegen gleich wieder links ab und wandern auf einem Feldrandweg am Ufer weiter.

Nach weiteren 500 m biegt der Weg rechts vom Bach weg und führt am Waldrand entlang zu einer Feldwegkreuzung.

Hier gehen Sie links auf gutem Weg bis an die B13 und folgen ihr rechts auf dem Radweg nach Uffenheim.

Am Gasthof Schwarzer Adler laufen Sie geradeaus durch das Würzburger Tor in die Altstadt. Am Abzweig zum Kirchplatz gehen Sie noch geradeaus, dann aber links zum Marktplatz mit dem Rathaus, der Bäckerei Kraus und dem Hotel Lichterhof.

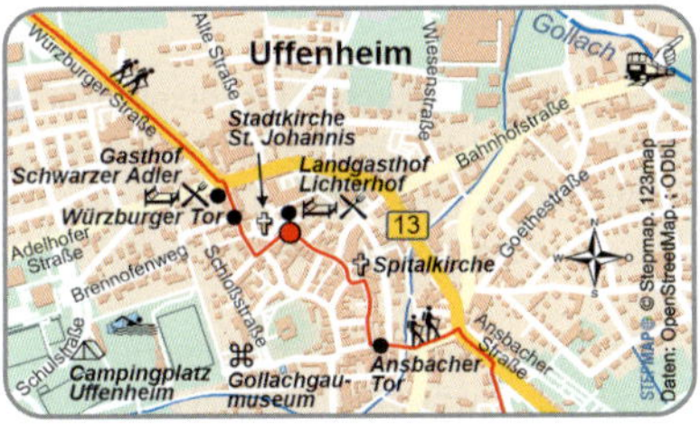

Uffenheim

Landgasthof Lichterhof GmbH, Hans-Jürgen Geupel, Marktplatz 14, 97215 Uffenheim, ☏ 098 42/983 10, info@ritteressen.de u. info@lichterhof.com, lichterhof.de, ÜF € 69, DZ € 96, MBZ € 36 p. P., ➲ am Weg, Zentrum

♦ **Gasthof Schwarzer Adler**, Familie Schellbach, Adelhoferstr. 1, 97215 Uffenheim, ☏ 098 42/988 00, info@gastsein.de, gastsein.de, ÜF EZ € 48 in der Woche, € 62 am Wochenende, DZ € 84-96, DBZ 112-120, Fr Ruhetag, pilgerfreundlicher Betrieb, ➲ am Weg, Ortsrand

⛺ **Campingplatz Uffenheim**, Sportstraße 3, 97215 Uffenheim, 📱 01 51/56 17 14 40, 📧 info@camping-uffenheim.de, 💻 www.camping-uffenheim.de, Ü Pauschale für Stellplatz, Strom etc. inkl. zwei Erwachsenen € 25, ➲ 500 m, am Freibad

🚆 ☞ Würzburg, ➲ 1,2 km

⌘ Das **Gollachgaumuseum** ist ein typisches Regionalmuseum. Gesammelt, aufbereitet und ausgestellt in historischen Räumlichkeiten sind Gegenstände von der Steinzeit bis zur Gegenwart. Schwerpunkte sind bäuerliche Wohnkultur, Handwerk und Landwirtschaft.

Es gibt aber auch eine wertvolle Bibelsammlung sowie prähistorische Fundstücke aus der Region.

♦ Schloßplatz 5-6, 97215 Uffenheim, ☏ 098 42/95 28 83, 📧 info@gollachgaumuseum.de, 💻 www.gollachgaumuseum.de, 🚪 vom 1. Mai bis zum letzten Sonntag im Okt So 13:30-16:00, für Gruppen auch nach Absprache ganzjährig

✞ Die ev.-luth. **Stadtkirche St. Johannis** wurde in der heutigen Form (neobarock mit neoklassizistischen Elementen) 1953 eingeweiht. Sie hatte nachweislich drei Vorgängerbauten, die jeweils zerstört wurden, zuletzt im April 1945 durch Brandbomben.

🚪 Mo-Fr 8:30-17:00, Sa/So 9:00-17:00

✞ Die **Spitalkirche** war ursprünglich die Kapelle eines Armenspitals. Sie stammt aus dem Jahr 1360 und stand zunächst wie das Spital außerhalb der Stadtmauer. Im 18. Jh. wurde sie umgestaltet.

🚪 in der Regel geschlossen

Das mit rund 6.000 Einwohnerinnen und Einwohnern kleine Städtchen Uffenheim ist das wirtschaftliche und administrative Zentrum des Gollachgaus. Durch die Endsilbe -heim weist es sich zwar als eine der ältesten fränkischen Siedlungen aus, Erwähnung fand der Ort jedoch erst im Jahr 1103. Die Stadtrechte erwarb es sich im Besitz der Hohenloher Edelherren 1349. Die Reformation wurde 1528 eingeführt.

Bis heute sind einige Bauwerke und auch Teile der Stadtmauer aus der langen Geschichte der Stadt erhalten. Sie geben dem Städtchen ein gemütliches Gepräge. Einige der sehenswerten Gebäude liegen am Weg. Andere, wie das Schloss (heute Finanzamt) und nördlich davon das Gässchen Heisenstein, finden Sie bei einem kleinen Stadtrundgang.

Etappe 15: Uffenheim – Steinsfeld

18,1 km, 5 Std. ↑ 238 m, ↓ 163 m, ⇧ 324-477m

0,0 km	⇧ 326 m	Uffenheim
4,1 km	⇧ 398 m	Custenlohr
9,5 km	⇧ 405 m	Rothenburger Landhege
11,6 km	⇧ 388 m	Habelsee
14,1 km	⇧ 417 m	Endsee
18,1 km	⇧ 403 m	Steinsfeld

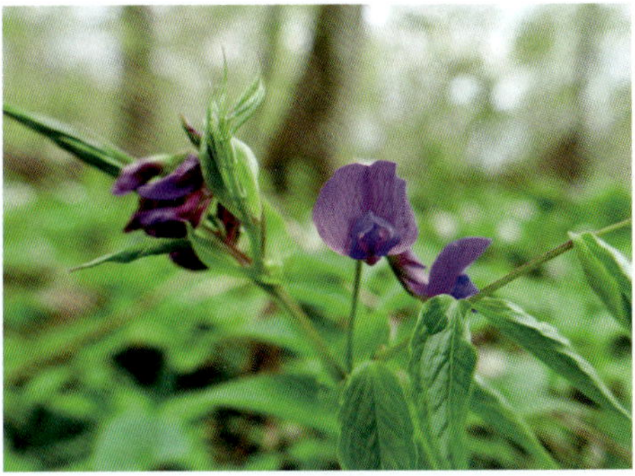

Platterbse am Endseer Berg

Südlich von Uffenheim nimmt der Waldanteil gegenüber der Landwirtschaft deutlich zu. Auch wenn dieser nicht überwiegt, macht es den Weg wieder abwechslungsreicher. Besonderes Highlight für Pflanzenliebhaberinnen und -liebhaber ist das Waldstück Endseer Berg südlich von Endsee, ein vor allem im Frühjahr besonders blütenreiches Gebiet. Es ergibt sich dort auch die Möglichkeit, einen Abstechers zum Geotop Gipsbruch zu machen, einem ehemaligen Gipsabbau- und heutigem Naturschutzgebiet.

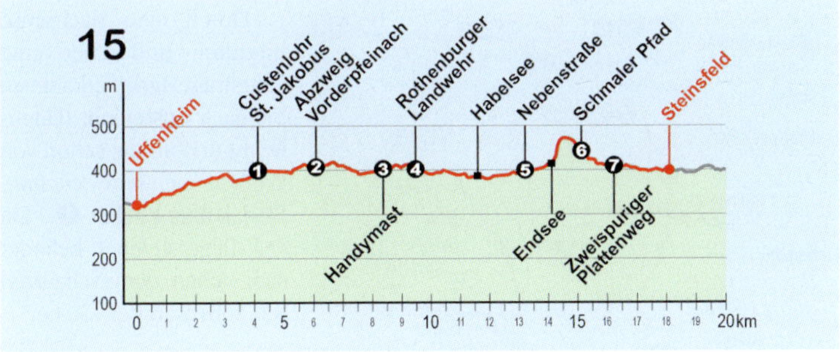

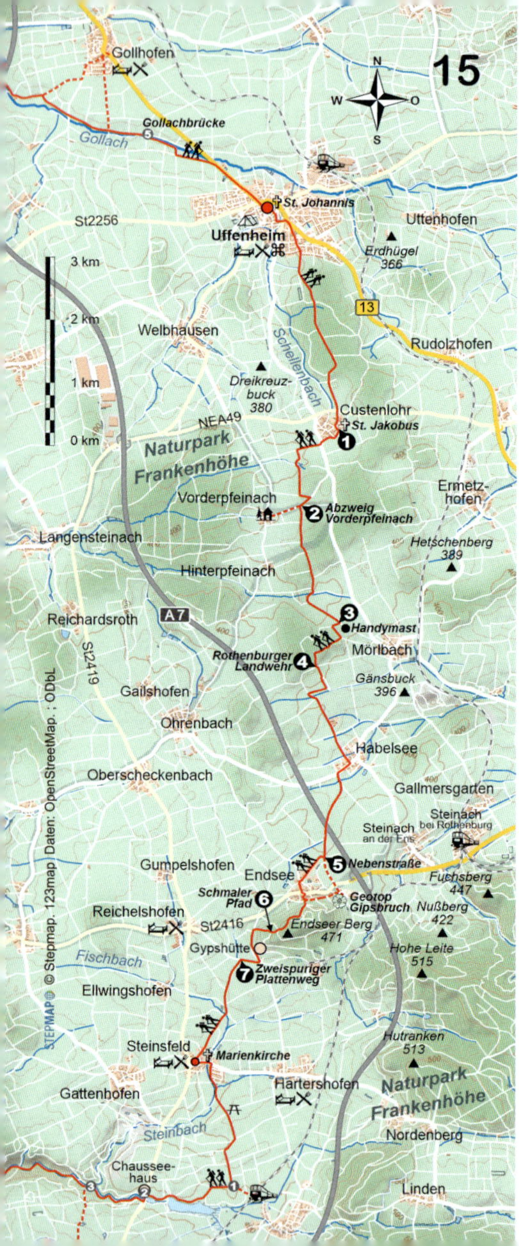

Am Markt biegen Sie rechts ab und kommen zur Spitalkirche. Nach der Kirche biegen Sie links und wieder rechts in die Judengasse ab. An der querenden Ansbacher Straße geht es dann links zum Ansbacher Tor hinaus.

Sie erreichen die B13, gehen rechts und biegen nach 90 m wieder rechts in die Krankenhausstraße ein. An der Straßengabelung am Krankenhaus halten Sie sich halb links auf der Krankenhausstraße. Am Ende der Siedlung gehen Sie geradeaus auf den Schotterweg, der in den Wald führt.

Im Wald gehen Sie an einer Gabelung, die sich Traubeneiche am Dekanatsholz nennt, geradeaus. Nach 1,7 km biegt der Weg rechts ab, erreicht eine Gabelung und führt hier links weiter.

Durch eine Bachsenke hindurch und über eine Fahrstraße hinweg kommen Sie nach **Custenlohr** (Uffenheim) und an die schon von Weitem sichtbare ev.-luth. **St.-Jakobus-Kirche ❶**. Ein ⊙ Pilgerstempel befindet sich neben dem Schaukasten außen an der Kirche.

Die Kirche ist im Sommerhalbjahr und dann nur sonntags geöffnet. Sie können sich den Schlüssel aber auch selbst besorgen. Die Info dazu befindet sich im Schaukasten.

☺ Achten Sie am Aufgang zur Kirche auf die historischen Erdkeller. Sie wurden zum Einlagern von Kartoffeln, Rüben und Apfelmost angelegt.

Sie gehen über den Friedhof der Kirche zum dahinter liegenden geteerten Weg und dort rechts zur Fahrstraße am Siedlungsrand. 30 m weiter links biegen Sie rechts in einen Betonweg ab, der durch die Felder führt. Nach 350 m (kurz vor einer Stromleitung) biegen Sie links in einen Feldweg ab.

Am Ende des ersten Feldes wird ein Wasserloch umgangen. Danach geht es geradeaus am Waldrand entlang und parallel zur Stromleitung bis auf einen geteerten Querweg und dort links. Auf der schnell erreichten Straße gehen Sie 200 m nach rechts und biegen dann links (wieder kurz vor der Stromleitung) erneut in einen Feldweg ab ❷, der am Waldrand entlangführt.

St.-Jakobus-Kirche in Custenlohr

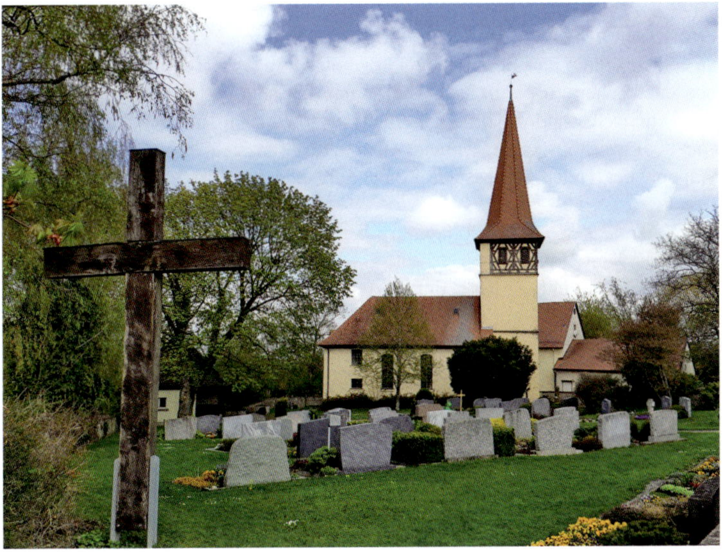

↳ Wenn Sie der Straße weiter folgen, erreichen Sie eine Pilgerunterkunft auf einem Bauernhof.

Luise Moosburger und Fritz Schmidt, Vorderpfeinach 1, 97215 Uffenheim, ☏ 098 42/73 34, luisemoosburger@web.de. Geboten werden insgesamt vier Betten in zwei Zimmern mit Abendessen und Frühstück, den Übernachtungspreis erfahren Sie auf Anfrage, wer mit dem Zelt unterwegs ist, kann auch am Hof zelten, ➲ 500 m, 6,6 km südlich von Uffenheim.

Sie unterqueren die Stromleitung und haben den Waldrand nun zur Rechten.

An einem Querweg geht es rechts weiter zu einem Wegdreieck und dort links auf einem Betonplattenweg auf einen Handymast zu. Schon auf der Höhe ❸, aber noch vor dem Handymast biegen Sie rechts in einen Feldweg und am Waldrand wieder links ein.

Am nächsten Querweg gehen Sie rechts in den Wald. An der gleich folgenden Gabelung gehen Sie wieder nach links. Nach 500 m schönem Waldweg gibt es noch im Wald wieder einen Querweg, an dem Sie links zum Waldrand gehen und genau dort die ehemalige Rothenburger Landwehr (Landhege) ❹ erreichen.

Die Rothenburger Landwehr oder Landhege

Eigentlich sollten hier Beschreibungen zufolge zwei Wälle mit einem Wassergraben dazwischen zu sehen sein. Die konnte ich aber nicht eindeutig erkennen. Möglicherweise sind die beiden flachen, nur etwa 5 m langen Wälle, die direkt vom Querweg ausgehen, gemeint. Der alte Grenzstein mit dem verwitterten **Wappen der Freien Reichsstadt Rothenburg** allerdings ist ein Hinweis auf die Grenze.

Die Freie Reichsstadt Rothenburg hatte, wie viele andere Städte auch, ein Territorium im Umkreis von 15 km um die Stadt herum mit Doppelwall und Wassergraben zum Zwecke der Verteidigung eingefriedet. Auf den Wällen waren bevorzugt Dornenhecken gepflanzt, die ein Überwinden unmöglich machen sollten. An den Zufahrten waren Wachttürme aufgestellt, von denen aus auch der Zoll für die Durchfahrten erhoben wurde. Der Hintergrund für die Anlage war der Erwerb von 163 Ortschaften und Burganlagen in der nahen Umgebung, die zuvor Kleinadeligen gehört hatten und nun unter den Schutz der Stadt gestellt wurden. Habelsee und Endsee, die Sie als Nächstes erreichen, sind solche ehemaligen Rittersitze, die an die Stadt verkauft wurden. Mit dem Zerfall des Heiligen Römischen Reiches und den Eroberungen Napoleons wurde die Landhege 1802 aufgehoben.

Dem breiten Querweg am Waldrand folgen Sie nur 10 m nach links. (Dort steht linker Hand der erwähnte Grenzstein.) Sie gehen nun rechts am Gehölzrand entlang, das ebenfalls Relikt der Landwehr sein soll, und kommen schließlich zu einem Feldweg, dem Sie rechts bis an ein Teersträßchen und diesem dann links nach **Habelsee** folgen.

An der Ortsdurchgangsstraße wenden Sie sich nach rechts und gehen kurz nach dem Ortsschild wieder links Richtung Endsee. Sie unterqueren die Autobahn A7 und 500 m weiter, am Ortsrand von **Endsee** biegen Sie rechts in eine Nebenstraße ❺ ab.

↳ Etwa 600 m vom Weg entfernt – mit dem nun beschriebenen Abstecher ergibt sich ein insgesamt 400 m weiterer Weg – befindet sich der Gipsbruch Endsee.

Wenn Sie nicht in die Nebenstraße abbiegen, sondern geradeaus der Straße noch 600 m über den Autobahnzubringer hinweg folgen, erreichen Sie das Geotop gegenüber dem Gewerbegebiet. Auf vielen Tafeln finden Sie Informationen zum geologischen Aufschluss ⩫.

✿ Der **Gipsbruch Endsee** zählt zu den 10 schönsten Geotopen Bayerns. Er ist Teil des Naturparks Frankenhöhe und als FFH-Gebiet unter besonderen Schutz gestellt. Laut der Informationstafel vor Ort ist der Steinbruch Lebensraum für Kreuzotter, Kammmolche und Feuersalamander.

Mindestens genau so interessant fand ich die gleich neben dem Geotop am Rand eines Gewerbegebiets errichtete, futuristisch anmutende Tesla-Supercharger-Station mit bk-Lounge und Pizzaautomat. Mit 20 Ladestationen erscheint sie noch etwas überdimensioniert.

Wenn Sie dem Nebenweg (5 m oberhalb der Gewerbegebietszufahrt) nun rechts an den Ortsrand von Endsee folgen und an der Gabelung links aufwärtsgehen, kommen Sie wieder an den markierten Pilgerweg im Süden von Endsee.

Sie passieren eine Biogasanlage und gehen an dem Feuerwehrhaus und der Viehwaage noch geradeaus, an der Querstraße aber links bis zur Ortsdurchgangsstraße (St2416, Autobahnzubringer). Auch hier geht es links weiter bis kurz vor das Buswartehäuschen und dort rechts. In einer Rechts-Links-Serpentine gelangen Sie an eine höher gelegene Straße. Gehen Sie rechts und dann links im Wald aufwärts. Im Wald biegt der hier gut markierte breite Schotterweg noch einmal rechts ab und führt dann bequem in den Hang. Bald treffen Sie auf einen anderen ähnlich beschaffenen Weg und gehen links weiter.

Achtung! Nach gut 100 m biegt Ihr Weg rechts in einen schmalen Pfad ab ❻, der durch schönen Wald schließlich an eine Straße leitet. Sie gehen links und kommen an die wenigen Häuser von **Gypshütte**.

Endseer Berg und Gypshütte

Im Waldgebiet, das den ganzen eben in Teilen durchstreiften Endseer Berg bedeckt, zeigt sich im Frühjahr eine einmalige Blütenvielfalt. Was vom Weg aus allenfalls zu erahnen ist, ist der aktive Steinbruch oberhalb von Gypshütte. Abgebaut wird hier ein Gips Flöz. Der Gips wird vor Ort in einem Gipsplattenwerk verarbeitet.

Im Endseer Berg verstecken sich aber auch inzwischen aufgelassene Steinbrüche, Gruben, deren Gipsvorräte aufgebraucht sind, wie das oben beschriebene Geotop Endsee.

Gleich nach der Ansiedlung mit nur drei Hausnummern – sie liegt etwas abseits der Straße – biegen Sie rechts in eine Nebenstraße und nach 300 m links in einen zweispurigen Plattenweg ab ❼.

↳ Wenn Sie der Nebenstraße weiter folgen, kommen Sie nach Reichelshofen.

Reichelshofen (Steinsfeld) 🛏 ✕

🛏 ✕ **Brauerei & Gasthof Landwehr-Bräu**, Reichelshofen 31, 91628 Steinsfeld, ☏ 098 65/98 90, ✉ hotel@landwehr-braeu.de, 💻 www.landwehr-braeu.com, ÜF ab € 93, DZ ab € 114, 🐕 € 12, ➲ 1 km

Der Plattenweg führt durch eine Bachsenke nach Steinsfeld. Am Dorfplatz gehen Sie links Richtung Kirche, die mit ihrem rot eingedeckten spitzen Kirchturm weithin sichtbar ist.

Steinsfeld 🛏 ✕ ✞

🛏 ✕ **Gasthof zur neuen Welt**, Familie Weininger, Rothenburger Straße 17, 91628 Steinsfeld, ☏ 098 61/32 24, 💻 www.zur-neuen-welt.de, ÜF EZ € 45, DZ € 60-65, DBZ € 90, ➲ 100 m

♦ **Landhotel Schwarzes Ross** mit Zehntscheune Steinsfeld, Am Dorfplatz 1, 91628 Steinsfeld, ☏ 098 61/949 10, ✉ info@zehntscheune.info, 💻 www.zehntscheune.info, ÜF EZ ab € 70, DZ ab € 83 (Tages- und Saisonpreise), ➲ am Weg

🛏 ✕ **Hotel-Gasthof Zum Schwan**, Hartershofen 39, 91628 Steinsfeld, ☏ 098 61/33 87, ✉ zumschwan-schaumann@t-online.de, 💻 www.hotel-zum-schwan-rothenburg.de, ÜF EZ ab € 56, DZ ab € 75, DBZ ab € 108, ➲ 1,4 km

Zur kleinen Gemeinde Steinsfeld gehören heute mehrere der umliegenden Dörfer. Am Weg lagen Endsee und Gypshütte und voraus treffen Sie auf den Ortsteil Chauseehaus. Die relative Dichte der Gasthöfe mit Übernachtungsmöglichkeiten ist dem nahen touristisch hochfrequentierten Rothenburg o. d. Tauber und der Autobahnabfahrt Bad Windsheim bei Endsee (A7) zu verdanken. In Steinsfeld wohnt man ruhig und ländlich in mittelfränkischer Idylle. Die Häuser am Dorfplatz stehen unter Denkmalschutz.

Etappe 16: Steinsfeld – Rothenburg ob der Tauber

➲ 11,9 km, ⌛ 4 Std. ↑ 197 m, ↓ 168 m, ⇧ 321-432m

0,0 km	⇧ 403 m	Steinsfeld 🛏 ✕ ✞
2,5 km	⇧ 401 m	Abzweig Bahnhof Schweinsdorf
4,1 km	⇧ 393 m	Chausseehaus
5,1 km	⇧ 378 m	Abzweig Wegvariante
8,0 km	⇧ 312 m	Taubertal
10,4 km	⇧ 333 m	Detwang St. Peter und Paul 🛏 ⛺ ✕ ✞
11,9 km	⇧ 432 m	Rothenburg ob der Tauber, Jakobskirche ℹ 🏠 🛏 ✕ ☕ 🛒 ⚕ BANK 📯 ✞ ⊙ ⌘ 🚆

Ein kurzer Weg führt durch ein Feuchtgebiet und entlang des Steinbaches zur Tauber und über Detwang nach Rothenburg ob der Tauber. Es gibt die Möglichkeit, etwa eine Stunde abzukürzen, sodass Ihnen ausreichend Zeit bleibt, die schöne Stadt zu besichtigen.

Der Dorfplatz endet an der Dorfstraße. Sie gehen links und nach einem schönen Fachwerkbau biegen Sie rechts in die Straße Am Ruhbach ab. Sie überqueren einen Bach, ignorieren einen rechts abzweigenden zweispurigen Plattenweg und folgen dem Teerweg halb links zur Höhe. Dort steht eine ⛩ Pausenbank. Geradeaus folgen Sie nun einem zweispurigen Plattenweg. In der Senke gehen Sie rechts. Der Weg biegt links ab und führt wieder zur Höhe. An der dortigen Kreuzung geht es geradeaus weiter. Im Talgrund treffen Sie auf einen geteerten Weg und gehen rechts ❶.

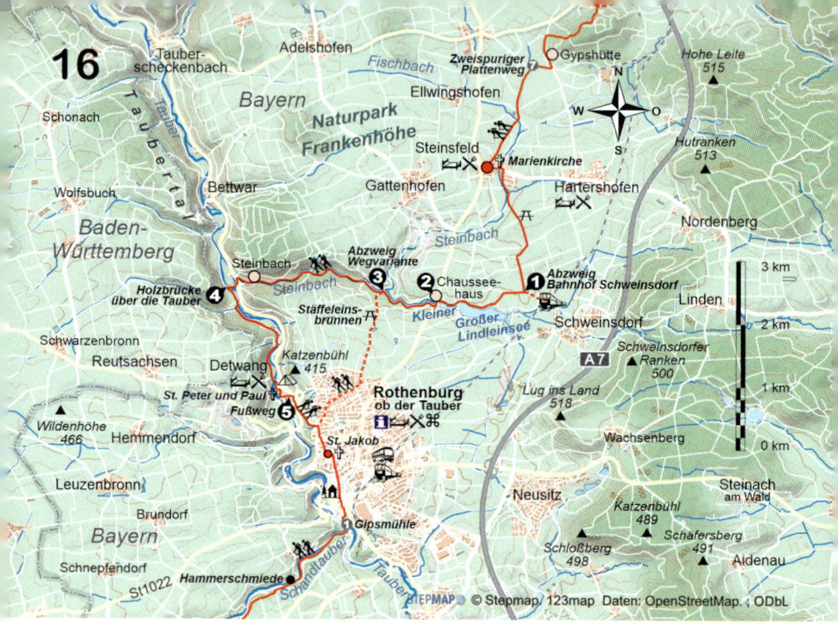

↳ Wenn Sie hier links gehen, kommen Sie zum 🚆 Bahnhof Schweinsdorf an der Bahnstrecke Rothenburg ob der Tauber – Steinach b. Rothenburg (➲ 400 m).

Nach 350 m biegen Sie links in einen Wiesenweg ab. Sie wandern nun nahe am Schilfgürtel des Großen und Kleinen Lindleinsees und weiter im Bachtal bis an eine stark befahrene Straße, die Sie zu den Häusern von **Chausseehaus** ❷ hin überqueren. Hier befindet sich eine Töpferei. Sie gehen links über die Bachbrücke und biegen rechts in den Talweg ein. Es folgt ein romantischer Weg am Steinbach (der im oberen Bereich auch Schweinsbach und Saubach heißt) entlang.

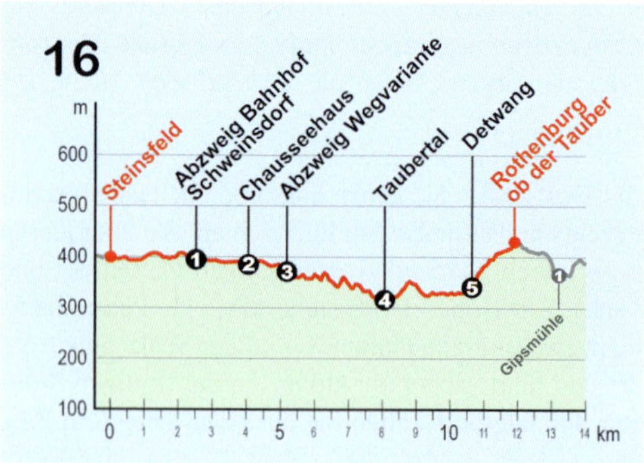

An einer Brücke bleiben Sie diesseits des Baches ❸.

↬ Markiert ist aber auch ein 3,4 km kürzerer Weg, der links aus dem Tal hinausführt. Am Waldrand treffen Sie auf einen Schotterweg und gehen links zu einem Wegdreieck mit Brunnen (Stäffeleinsbrunnen) – kein Trinkwasser, aber ⛼ Pausenbank unter einer Kastanie. Gehen Sie auf dem Sträßchen rechts weiter aufwärts und am Siedlungsrand geradeaus bis auf die querende Paul-Finkler-Straße.

☺ Nur 220 m sind es von hier zur Pension Götz. Gehen Sie 100 m auf der Paul-Finkler-Straße nach links und biegen dann in die Schützenstraße ab. Die nächste Straße links ist die Schuhmannstraße.

♦ **Pension Ruth Götz**, Schumannstraße 4, 91541 Rothenburg o. d. T., ☎ 098 61/42 17, ✉ pension-goetz@t-online.de, 💻 pensiongoetz.homepage.t-online.de, ÜF EZ € 25, DZ € 40, ➲ 220 m, Ortseingang, in der Nähe der Verbrauchermärkte

Zum Ortszentrum folgen Sie den Markierungen rechts zum Kreisverkehr.

Sie biegen links ab, gehen aber sofort wieder rechts in den Parkweg, der zur Heckenackerstraße führt. Sie folgen der Straße nach rechts und kommen am Gästehaus am Heckenacker vorbei.

🛏 **Gästehaus am Heckenacker**, Herbert Hardung, Heckenackerstr. 31, 91541 Rothenburg o. d. T., ☎ 098 61/45 86, ✉ info@gaestehaus-am-heckenacker.de, 💻 www.gaestehaus-am-heckenacker.de, ÜF € 48-50, DZ € 76-78, DBZ € 90-95, VBZ € 120-125, ➲ am Weg

Sie gehen leicht abwärts bis zur Bushaltestelle „Heckenackerstraße" und dort links. Voraus ist nun die St.-Jakobs-Kirche zu sehen. Sie laufen bis zur stärker befahrenen Durchgangsstraße (Mergentheimer Straße), gehen links und dann halb rechts zum Klingentor mit der St.-Wolfgangs-Kirche und in die Stadt hinein.

Wer, wie hier beschrieben, dem Steinbachtal bis zur Tauber und dann dem Taubertal nach Rothenburg folgt, geht geradeaus im Tal nun mit weniger Unterholz über eine Wiese. Der Weg wird breiter, dann befindet sich ein erstes Haus am Weg und schließlich erreichen Sie die Siedlung Steinbach.

Sie gehen bis an die Hauptstraße im Taubertal, dort links über den Steinbach und biegen danach rechts von der Straße ab. Sie erreichen die Tauber, überqueren Sie über eine Holzbrücke ❹ und folgen links dem Taubertalradweg. Kurz vor Detwang, an den Stellwag-Hallen, zeigt eine Markierung rechts in die Berge. Diese ignorieren Sie und wandern halb links im Tal bis an eine Staustufe. Sie überqueren die Tauber zu einem Campingplatz hin und gehen rechts nach Detwang.

Detwang (Rothenburg ob der Tauber)

Gasthof Schwarzes Lamm, Detwang 21, 91541 Rothenburg o. d. T., ☏ 098 61/67 27, info@hotelschwarzeslamm.de, hotelschwarzeslamm.de, ÜF EZ € 63-70, DZ € 85-100, DBZ € 35-40 p. P., ➲ am Weg

Camping Tauberromantik, Detwang 39, 91541 Rothenburg o. d. T., ☏ 098 61/61 91, info@camping-tauberromantik.de, www.camping-tauberromantik.de, Ü Zelt € 6,50, € 6,80 p. P., € 2,20, 10. März-8. Nov, ➲ 800 m, zur Altstadt 1,3 km

♦ **Camping Tauber Idyll**, Detwang 28, 91541 Rothenburg o. d. T., ☏ 098 61/31 77, info@campingplatz-rothenburg.de, www.campingplatz-rothenburg.de, Ü Zelt € 6,50, € 6,80 p. P., 1. April-Anf. Nov, ➲ am Weg, zur Altstadt 1,3 km

Die **ev.-luth. Kirche St. Peter und Paul** in Detwang stammt noch aus der Zeit der Romanik. Pfarrlich gehört sie heute zur Gemeinde St. Jakob in Rothenburg. Ursprünglich war sie die Mutterkirche für die Stadtkirche St. Jakob in Rothenburg.

Die kleine Kirche steht auf einem von einer Mauer umfriedeten Friedhof, der durch einen romanischen Torturm betreten wird. Der einschiffige Bau entstand zwischen 961 und 984 und gehört damit zu den ältesten erhaltenen Kirchenbauten Deutschlands. Der nur fragmentarisch erhaltene Hauptaltar wird der Schule Tilmann Riemenschneiders zugerechnet.

♦ April-Okt Mo-Sa 14:00-16:00, So 10:00-12:00, im Winter So nach dem Gottesdienst von 10:00-12:00 oder nach Voranmeldung im Pfarramt St. Jakob ☏ 098 61/70 06 20

Detwang ist ein stilles Dörfchen im hier tief in den Muschelkalkstock eingegrabenen Taubertal. Neben der romanischen Kirche gilt die Dorfmühle gleich hinter der Kirche als sehenswert (Privatbesitz, Ferienwohnung). Gegründet wurde es von einem Adeligen um 970, noch bevor Rothenburg sich entwickelte hatte.

Nach der Kirche biegen Sie links ab auf den Dorfplatz, passieren den Gasthof Schwarzes Lamm und gehen geradeaus über eine Fahrstraße hinweg auf einem Fußweg ❺ aufwärts.

Die Straße wird ein weiteres Mal überquert und schließlich erreichen Sie die Mergentheimer Straße, der Sie rechts folgen. Sie betreten halb rechts durch das Klingentor die Altstadt. Über die Klingengasse kommen Sie zur Stadtkirche St. Jakob.

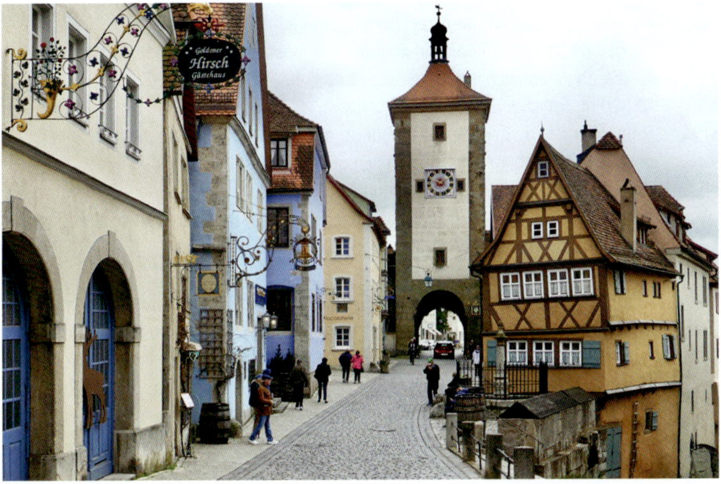

Das Plönlein ist die meist fotografierte Ecke in Rothenburg o. d. Tauber

Rothenburg ob der Tauber

🛈 **Rothenburg Tourismus Service**, Marktplatz 2, 91541 Rothenburg o. d. T., ☏ 098 61/40 48 00, ✉ info@rothenburg.de, 💻 www.rothenburg-tourismus.de, Mai-Okt Mo-Fr 9:00-17:00, Sa, So, Fei 10-17:00, Nov-April Fr nur bis 16:00, Sa bis 13:00, So geschlossen, ➲ am Weg

Jugendherberge Rothenburg ob der Tauber, Mühlacker 1, 91541 Rothenburg o. d. T., ☏ 098 61/941 60, ✉ rothenburg@jugendherberge.de, 💻 www.jugendherberge.de → Schnellsuche, ÜF ab € 30,40 (MBZ), ➲ am Weg, im Süden der Altstadt zwischen Spitaltor und Plönlein.

Akzent Hotel Schranne, Schrannenplatz 6, 91541 Rothenburg o. d. T., ☏ 098 61/955 00, ✉ mailinfo@hotel-schranne.de, 💻 www.hotel-schranne.de, ÜF EZ ab € 70, DZ ab € 75, ➲ 220 m, nordöstliche Altstadt

♦ **Pension Becker**, Rosengasse 23, 91541 Rothenburg o. d. T., ☏ 098 61/35 60, ✉ pension-becker@t-online.de, 💻 pension-becker.com, ÜF EZ € 28-33, DZ € 48-54, ➲ 380 m, östlich der St.-Jakobs-Kirche

♦ **Pension Pöschel**, Bettina Pöschel, Wenggasse 22, 91541 Rothenburg o. d. T., ☏ 098 61/34 30, ✉ pension.poeschel@t-online.de, 💻 www.pensionpoeschel.de, ÜF EZ € 30 (Etagendusche, WC), DZ € 50 (Etagendusche, WC), DZ € 55 (Dusche, WC im Zimmer), DBZ € 70, ➲ 100 m, im Süden der Altstadt, nahe dem Plönlein

Pension Hofmann-Schmölzer, Rosengasse 21, 91541 Rothenburg o. d. T., 098 61/33 71, pension-hofmann-schmoelzer@t-online.de, www.hofmann-schmoelzer.de, Ü EZ ab € 40, DZ ab € 70, DBZ ab € 95, F € 5, 320 m, östlicher Stadtrand

Rothenburg o. d. T. ist Sackbahnhof an der Bahnstrecke Steinach bei Rothenburg o. d. T. – Rothenburg o.d.T., Würzburg.

Rothenburg liegt im Verkehrsverbund Großraum Nürnberg. Auf der entsprechenden Internetseite befinden sich Detailinformationen, insbesondere aber die Netzpläne für die Übersicht (Landkreis Ansbach), www.vgn.de.

Die im gotischen Stil errichtete **St.-Jakobs-Kirche in Rothenburg (Stadtkirche St. Jakob)** konnte nach einer Bauzeit von 125 Jahren im Jahr 1485 durch den Bischof von Würzburg geweiht werden. 1544 wurde die zunächst katholische Kirche evangelisch. Der Hauptaltar im Ostchor wurde dazu zugeklappt und die rückseitigen Bilder bis auf die Darstellung der Stadt Rothenburg übermalt. Den guten Erhaltungszustand schreibt man heute gerade dieser jahrhundertelangen Nichtinanspruchnahme zu. Heute lässt sich der berühmte Zwölf-Boten-Altar, dessen Malereien von Friedrich Herlin stammen, wieder im Ursprungszustand besichtigen. Ganz nah können Sie ihn umrunden und die Bildfolge aus der Jakobuslegende vom Hühnerwunder (unten) ausführlich bewundern.

Neben vielen Kunstwerken, welche die Kirche noch bereithält, ist der zweite Altar hervorzuheben. Er wurde von Tilmann Riemenschneider als Reliquiarhalterung geschnitzt und nennt sich nach der im oberen Kreuz in einer Bergkristallkapsel verwahrten Heilig-Blut-Reliquie Heilig-Blut-Altar. Ein nach der Wandlung verschütteter Tropfen Messwein, der nach dem kath. Glauben in das Blut Jesu verwandelt wurde, wird dort aufbewahrt. Er steht auf der Westempore und stellt das letzte Abendmahl, die Ölbergszene und den Einzug in Jerusalem dar.

täglich 10:00-18:00

⌘ **Rothenburgmuseum**, Stadtmuseum, Dauer und Sonderausstellungen

♦ Klosterhof 5, 098 61/93 90 43, www.rothenburgmuseum.de, April-Okt 9:30-17:30, Jan/Feb geschlossen, übrige Zeit 13:00-16:00

⌘ **Historiengewölbe und Staatsverließ**, Rothenburg zur Zeit des 30-jährigen Krieges, sehr anschauliche originale Räumlichkeiten, lebensgroße Figuren

♦ Marktplatz 1 (Rathaus), 098 61/867 51, www.meistertrunk.de/de/museum, Feb Sa/So 10:00-16:00, März Mo-Fr 11:00-16:00, Sa/So 10:00-16:00, April täglich 10:00-16:00, Mai-Okt täglich 9:00-18:00, Nov tägl. 11:00-16:00, Dez Mo-Fr 10:00-17:00

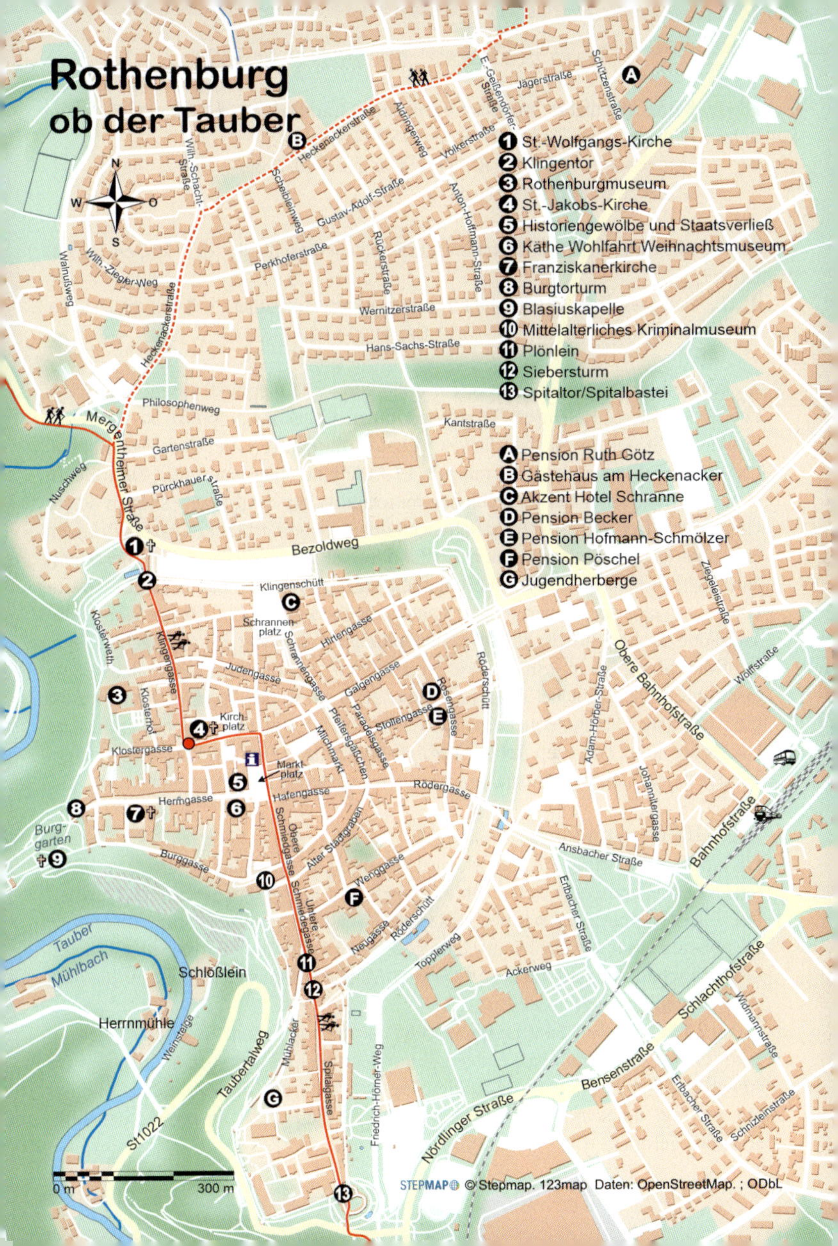
Rothenburg
ob der Tauber
1 St.-Wolfgangs-Kirche
2 Klingentor
3 Rothenburgmuseum
4 St.-Jakobs-Kirche
5 Historiengewölbe und Staatsverließ
6 Käthe Wohlfahrt Weihnachtsmuseum
7 Franziskanerkirche
8 Burgtorturm
9 Blasiuskapelle
10 Mittelalterliches Kriminalmuseum
11 Plönlein
12 Siebersturm
13 Spitaltor/Spitalbastei
A Pension Ruth Götz
B Gästehaus am Heckenacker
C Akzent Hotel Schranne
D Pension Becker
E Pension Hofmann-Schmölzer
F Pension Pöschel
G Jugendherberge
Jägerstraße
Schützenstraße
Heckenackerstraße
Wilh.-Schacht-Straße
Schaibleinweg
Gustav-Adolf-Straße
Völkerstraße
Anton-Hoffmann-Straße
Perkhoferstraße
Rückerstraße
Wernitzerstraße
Hans-Sachs-Straße
Wilh.-Ziegler-Weg
Walnußweg
Philosophenweg
Mergentheimer Straße
Gartenstraße
Pürckhauerstraße
Kantstraße
Nuschweg
Bezoldweg
Klingenschütt
Schrannenplatz
Schrannengasse
Hirtengasse
Klosterweth
Klingengasse
Judengasse
Galgengasse
Rosengasse
Röderschütt
Klosterhof
Kirchplatz
Stollengasse
Pfeifersgäßchen
Paradeisgasse
Milchmarkt
Klostergasse
Marktplatz
Rödergasse
Herrngasse
Hafengasse
Burggarten
Obere Schmiedgasse
Alter Stadtgraben
Burggasse
Untere Schmiedgasse
Wenggasse
Neugasse
Röderschütt
Topplerweg
Tauber
Mühlbach
Schlößlein
Herrnmühle
Weinsteige
Taubertalweg
Mühlacker
Spitalgasse
Friedrich-Hörner-Weg
St1022
Ackerweg
Nördlinger Straße
Bensenstraße
Schlachthofstraße
Erlbacher Straße
Widmannstraße
Schnizleinstraße
Ansbacher Straße
Bahnhofstraße
Obere Bahnhofstraße
Adam-Hörber-Straße
Johanniterstraße
Ziegeleistraße
Wolfstraße
0 m
300 m
STEPMAP © Stepmap. 123map Daten: OpenStreetMap. ; ODbL

⌘ **Käthe Wohlfahrt Weihnachtsmuseum**, Traditionen und Objekte mit dem Schwerpunkt aus der Zeit von 1870-1950

♦ Herrngasse 1, ☏ 098 61/40 93 65, Mo-Sa 11:00-15:30, www.weihnachtsmuseum.de

⌘ **Mittelalterliches Kriminalmuseum**, Rechtsgeschichte der letzten 1.000 Jahre

♦ Burggasse 3-5, ☏ 098 61/53 59, www.kriminalmuseum.eu, tägl. 10:00-18:00, Nov u. Jan-März nur 13:00-16:00, Dez 11:00-17:00

Rothenburg ob der Tauber ist ein bedeutender Höhepunkt, wenn nicht sogar der bedeutendste auf Ihrem Weg zur Donau. Erster Anlaufpunkt ist sicher die großartige St.-Jakobs-Kirche, die seit vielen Jahrhunderten Ziel und Pilgerwegstation ist. Die Stadt selbst, die mit gut 11.000 Einwohnerinnen und Einwohnern eher klein ist, zeigt ein einheitliches mittelalterliches Stadtbild. Es ist in seiner Gesamtheit frei von modernistischen Neubauten und trotz Kriegszerstörungen von über 40 % wieder in einen Zustand versetzt, der dem alten nahekommt, jedenfalls ordnen sich die neuen Bauten stilistisch unter. Bis heute ist es zur Gänze von einer begehbaren Stadtmauer umgeben. Obwohl es sicher eine imposante und auch authentische Kulisse für Mittelalter- und Ritterfilme abgeben kann, ist Rothenburg nicht zur Kulisse verkommen, sondern hat eine lebendige, bewohnte Altstadt. Sicher ist es manchmal auch ein wenig voll. Der Tourismus ist die wichtigste Einnahmequelle und wo es schön ist, will auch jeder mal hin. Der Jakobsweg führt an vielen Sehenswürdigkeiten entlang, um sie aber etwas eingehender betrachten zu können, braucht es wenigstens einen Pausentag.

Das Hühnerwunder

Ein Jüngling, Teil einer Pilgerschar, wird in Santo Domingo de la Calzada verdächtigt, einen Silberbecher gestohlen zu haben und nach kurzem Prozess gehängt. Die Pilgergruppe zieht betrübt weiter und auf dem Rückweg von Santiago de Compostela, nun mit Jakobsmuscheln gekennzeichnet, kommen sie wieder in den Ort und schauen an der Richtstätte vorbei. Wie wundern sie sich, als der Jüngling vom Galgen herunter spricht:

„Ich bin nicht tot. Sant Jago (Jakobus) hat mich gehalten." Schnell rennen sie zum Richter, der gerade vor einigen gebratenen Hühnern sitzt und verlangen die Abnahme. Der aber meint: „Der Jüngling ist so tot wie die gebratenen Hühner hier vor mir." Im selben Augenblick aber fliegen die Hühner davon und der Jüngling wird gerettet.

Etappe 17: Rothenburg ob der Tauber – Schainbach

➲ *26,2 km, ⌛ 8 Std. ↑ 387 m, ↓ 391 m, ⇧ 360-487 m*

0,0 km	⇧ 432 m	Rothenburg ob der Tauber, Jakobskirche
7,1 km	⇧ 415 m	Bettenfeld
14,0 km	⇧ 445 m	Hausen am Bach
19,7 km	⇧ 460 m	Reubach
26,2 km	⇧ 430 m	Schainbach

Von Rothenburg wandern Sie durch das Tal der Schandtauber, die unterhalb der Stadt in die Tauber mündet. Der Fluss hat eine Länge von nur 13 km, in Bettenfeld bei Wegkilometer 7,1 ist seine stärkste Quelle und bei der Hohenloher Ebene, wo er entspringt, ist er nur noch ein Rinnsal. Für Ihren Weg aber ist die Schandtauber eine gute Orientierungshilfe.

Der Pilgerweg, dem Sie sich anvertraut haben, wird auf der heutigen Etappe seinem Namen als fränkisch-schwäbischer Pilgerweg gerecht, zumindest fast. So wechseln Sie zwar heute vom bayrischen Mittelfranken in das baden-württembergische Schwaben, bleiben aber noch im traditionellen Siedlungsgebiet der Franken.

☞ Ab Rothenburg ist der Pilgerweg Teil des Hauptwanderweges 4 (HW4, Main-Donau-Bodensee-Weg) des Schwäbischen Albvereins. Die SAV-Markierung roter Balken im weißen Feld, haben Sie schon verschiedentlich unterwegs gesehen, es gab also immer schon mal Überschneidungen (seit Würzburg). Bis zum Hohenberg, also für die nachfolgenden drei Etappen, sind HW4 und Pilgerweg nun verlässlich identisch. Die Markierungen mit dem Muschelsymbol sind auf diesem Abschnitt eher sporadisch unterstützend gesetzt und für eine alleinige Orientierung nicht ausreichend. (Bis Crailsheim ist außerdem der Europäische Fernwanderweg E8 parallel markiert.)

☞ In Rothenburg beginnen zwei weitere Jakobswege in Richtung Burgund. Der eine führt über Speyer und der andere über Tübingen. Beide verlassen die Stadt an der Blasiuskapelle im Burggarten (Wegweiser) über die Weinsteige, können also eigentlich nicht mit dem hier beschriebenen Weg verwechselt werden.

An der St.-Jakobs-Kirche biegen Sie links in die Straße Kirchplatz ein und gehen bis zum Hotel Reichsküchenmeister. Rechts führt die Straße Markt zum Marktplatz, dem Mittelpunkt der Stadt mit dem Rathaus und der Tourist-Information. Der Platz kann auch gut der Grundorientierung dienen. ↳ Links kommen Sie über Hafen- und Rödergasse zum Bahnhof vor der Stadt, rechts führt die Herrngasse zum Burgtorturm und Burggarten mit herrlicher Aussicht in das Taubertal und auf das Rothenburg-Panorama.

Zur Fortsetzung des Weges folgen Sie geradeaus an der unteren Platzecke der Oberen und dann der Unteren Schmiedegasse zu der wohl berühmtesten Ecke Rothenburgs, dem kleinen Platz mit dem Namen **Plönlein**. Sie gehen an dieser Gabelung links zum Siebersturm und folgen dort geradeaus der **Spitalgasse,** gehen durch das Spitaltor und die **Spitalbastei** bis an eine Fahrstraße. Sie überqueren die Straße, biegen kurz links ein und folgen dann halb rechts dem Fußweg abwärts.

An der Gipsmühle ❶ erreichen Sie den Zusammenfluss von Schandtauber und Tauber, überqueren die Tauber auf einer Holzbrücke und gehen dann geradeaus auf dem Main-Donau-Bodensee-Weg in das Schandtaubertal. Der ist gleichzeitig ein wasserwirtschaftlicher Lehrpfad. An der Tafel zur geologischen Besonderheit biegen Sie rechts ein, erreichen den Hauptweg aber wieder und gehen rechts. An einer Brücke steigt der Weg dann halb links aus dem romantischen Tal hinaus. Das Wohnhaus, das unterhalb zu sehen ist, ist eine ehemalige Hammerschmiede. Am Waldrand treffen Sie auf eine Wegkreuzung ⩩. Folgen Sie dort rechts dem Grasweg zwischen Wald und Feld. Nach 2,1 km zeigt die Markierung halb rechts zurück in den Talhang und abwärts zum Bach.

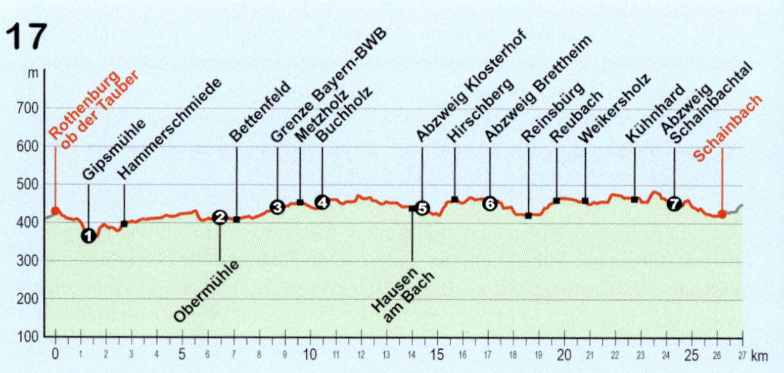

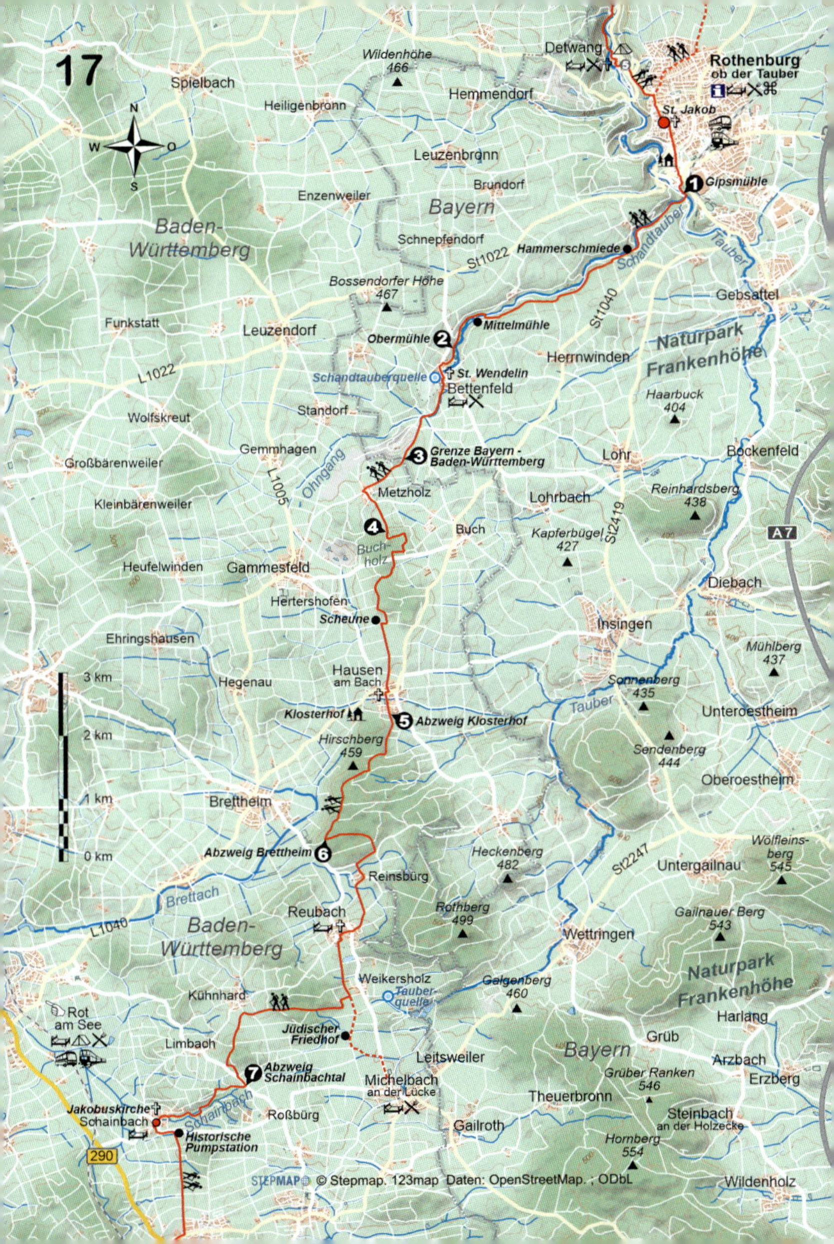
17
N
O
S
W
Spielbach
Heiligenbronn
Wildenhöhe 466
Detwang
Rothenburg ob der Tauber
Hemmendorf
St. Jakob
Leuzenbronn
Brundorf
1 Gipsmühle
Enzenweiler
Bayern
Baden-Württemberg
Schnepfendorf
Hammerschmiede
Schandtauber
Tauber
St1022
Bossendorfer Höhe 467
St1040
Gebsattel
Funkstatt
Leuzendorf
Mittelmühle
Obermühle 2
Naturpark Frankenhöhe
Herrnwinden
L1022
Schandtauberquelle
St. Wendelin
Bettenfeld
Haarbuck 404
Wolfskreut
Standorf
Gemmhagen
3 Grenze Bayern - Baden-Württemberg
Lohr
Bockenfeld
Großbärenweiler
Ohngang
Metzholz
Lohrbach
Reinhardsberg 438
Kleinbärenweiler
L1005
4
Buch
Kapferbügel 427
St2419
A7
Buchholz
Heufelwinden
Gammesfeld
Diebach
Hertershofen
Scheune
Insingen
Ehringshausen
Mühlberg 437
3 km
Hegenau
Hausen am Bach
Sonnenberg 435
Tauber
Unteroestheim
Klosterhof
5 Abzweig Klosterhof
2 km
Hirschberg 459
Sendenberg 444
Oberoestheim
1 km
Brettheim
Wölfleinsberg 545
0 km
Abzweig Brettheim 6
Heckenberg 482
St2247
Untergailnau
Reinsbürg
Brettach
Reubach
Rothberg 499
Gailnauer Berg 543
L1040
Baden-Württemberg
Wettringen
Weikersholz
Galgenberg 460
Tauberquelle
Naturpark Frankenhöhe
Kühnhard
Harlang
Rot am See
Jüdischer Friedhof
Grüb
Limbach
Leitsweiler
Bayern
Arzbach
7 Abzweig Schainbachtal
Michelbach an der Lücke
Grüber Ranken 546
Erzberg
Theuerbronn
Jakobuskirche
Schainbach
Schainbach
Roßbürg
Gailroth
Steinbach an der Holzecke
Historische Pumpstation
Hornberg 554
290
STEPMAP © Stepmap. 123map Daten: OpenStreetMap. ; ODbL
Wildenholz

Sie überqueren die Schandtauber, steigen auf der anderen Hangseite links etwas an und gehen wieder abwärts zu einem Wohnhaus (Mittelmühle) hinab. Mit der Zufahrt geht es leicht bergan. An einer Waldwiese biegen Sie links von der Zufahrt ab ⊼. Der Weg führt zur ehemaligen Obermühle ❷, die es bereits seit dem 14. Jh. hier gibt. Wieder folgen Sie der Zufahrt, jetzt bis an eine Fahrstraße am Gasthof Zum Grünen Baum in **Bettenfeld**. Sie gehen links abwärts zurück zum Flüsschen und überqueren es mithilfe der Brücke.

Bettenfeld (Rothenburg ob der Tauber)

Gasthof Zum Grünen Baum, Peter Kellermann, Bettenfeld 33, 91541 Rothenburg o. d. T., ☏ 098 61/29 33, info@gasthof-kellermann.de, www.gasthof-kellermann.de, ÜF EZ € 48, DZ € 70, Mo, Di Ruhetag, ➲ am Weg

♦ **Gasthaus zum Rappen**, Erna Hahn, Bettenfeld 12, 91541 Rothenburg o. d. T., ☏ 098 61/29 11, www.gasthaus-zum-rappen.de, ÜF EZ/DZ € 50-55, DBZ € 70, VBZ € 75, Mi Ruhetag, ➲ am Weg

In der Kirche St. Wendelin in Bettenfeld

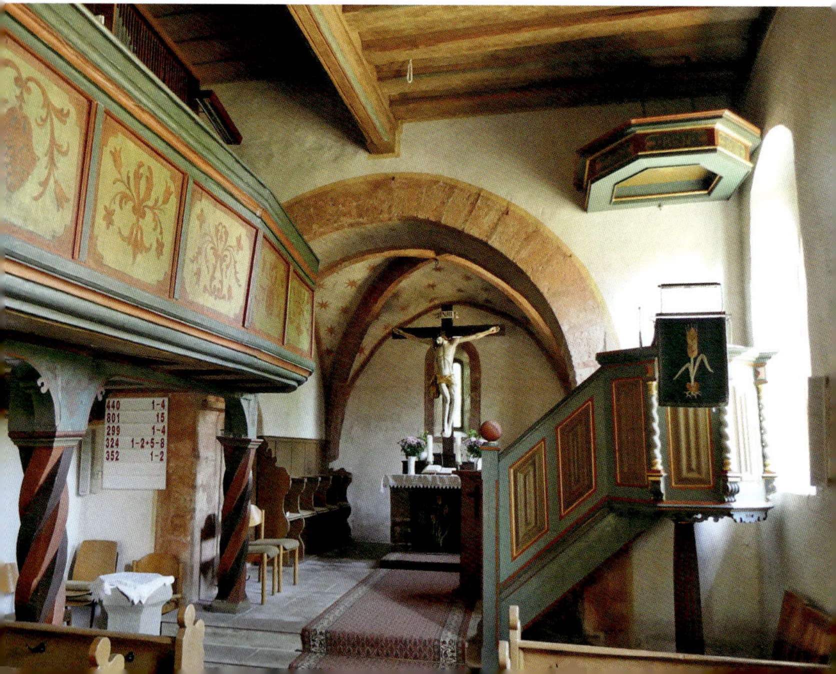

Das 140-Einwohner-Dorf Bettenfeld gehört noch zur Großen Kreisstadt Rothenburg ob der Tauber. Der Rad- und Wandertourismus rund um die Stadt in den Tälern von Schandtauber und Tauber erklärt die Existenz von noch zwei Gasthöfen.

⇘ Gleich nach der Brücke führt links ein Treppenweg hoch zur ✞ ⊙ **Kirche St. Wendelin** (tagsüber geöffnet), einem schlichten, aber hübschen Kirchenbau aus dem 13. Jh.

Der Pilgerweg biegt 100 m nach der Bachbrücke rechts in Richtung der Häuser 14 u. 15 von der Durchgangsstraße ab. An der Querstraße gehen Sie links weiter.

☺ Wenn Sie an der Querstraße rechts nur 100 m weit gehen, kommen Sie zur wichtigsten Quelle der Schandtauber. Das Wasser kommt dort aus einem unterirdischen Höhlensystem als Karstquelle zutage und wird in einem Teich aufgefangen.

Sie passieren das Gasthaus zum Rappen und folgen dem Sträßchen entlang der nur noch sehr schmalen Schandtauber, die hier auch den Namen Ohngang trägt. Sie bleiben dem Sträßchen treu, auch wenn es sich vom Ohngang entfernt und zur Höhe führt. Geradeaus überqueren Sie eine Straße, die zu einem Steinbruchgelände führt. Wenig weiter ist die Grenze vom Freistaat Bayern nach Baden-Württemberg ❸ überquert. Einen Hinweis habe ich nicht wahrgenommen.

Die Straße erreicht den Ort **Metzholz** (Gemeinde Blaufelden, Landkreis Schwäbisch Hall). An der kleinen grünen Insel in der Ortsmitte biegen Sie links in ein anderes Sträßchen ab, das Richtung Buch führt.

Am Ortsrand gehen Sie dann rechts in einen geteerten Nebenweg und am Waldrand geradeaus in das Buchholz ❹.

An der Verzweigung biegen Sie links ab. Der Weg ist wenig gepflegt, biegt nach einer Weile rechts ab und trifft auf einen Querweg. Hier geht es wieder rechts weiter. Am Waldrand biegen Sie links ab, gehen aber nicht bis zur schon sichtbaren Straße, sondern vorher rechts in einen Grasweg.

In der Waldecke gehen Sie links und dann geradeaus über eine Straße hinweg. Sie treffen auf einen Schotterweg, dem Sie rechts am Waldrand entlang und dann durch den Wald folgen. Im Wald halten Sie sich einmal halb rechts und am Waldrand – der Blick geht nach Hertershofen – an der Gabelung links. Ihr Weg führt nach Süden am Waldrand entlang und auch wenn der Weg rechts abbiegt, gehen Sie geradeaus, nun auf einem Grasweg am Waldrand weiter.

Am Waldende biegt Ihr Weg links ab, bleibt aber noch am Waldrand. Nach gut 100 m biegt er dann aber rechts in die Feldflur ab und kommt an ein Sträßchen mit zerstörtem Wegweiser. Sie gehen rechts und nach knapp 100 m – vor der Scheune – wieder links in einen geteerten Weg.

Geradeaus laufen Sie bis nach Hausen am Bach. Über das Hirtengässle kommen Sie geradeaus zur Hauptstraße, die Landstraße heißt, gehen rechts zur Kirche und dort links in die Straße Zum Sportplatz.

Hausen am Bach (Roth am See)

Martin Walter, Klosterhof 1, 74585 Hausen am Bach, ☏ 079 58/82 70, Ü im Pilgerbauwagen „Jakobswägle", Sanitäranlagen, aber keine Dusche, Stockbetten für bis zu 6 Pilgerinnen und Pilger, Bettwäsche, Decken vorhanden, € 15 p. P., , Verpflegung möglich, ➲ 700 m, ☞Wegbeschreibung

Hausen am Bach, eine Landwirtschaftsgemeinde, 1212 erstmals als Husen erwähnt, trägt den Zusatz „am Bach" zur Unterscheidung von anderen Orten gleichen Namens. Im 14. Jh. kam es durch Kauf zu Rothenburg und war damals Teil der Landwehrgemeinde innerhalb des Schutzwalls der Landwehr. Erst mit dem Untergang des Hl. Römischen Reiches und der damit verbundenen Neuordnung wurde es 1806 erst Bayern zugedacht, 1810 kam es aber nach Württemberg.

Am Ortsrand führt Ihr Weg weiter geradeaus ❺. Zur Pilgerunterkunft im Klosterhof aber gehen Sie rechts bis auf einen Querweg und dort links.

Schöne Streuobstwiesen sind zu sehen. Der Teer endet. Sie gehen am Waldrand entlang bergauf und bergab bis kurz vor den vorausliegenden Waldrand. Hier zweigt Ihr Weg an einer gut markierten Stelle rechts in einen nicht sehr gepflegten Waldweg ab (Richtung Reubach).

Im Wald halten Sie sich an einer Gabelung links und wandern einen wunderschönen Hohlweg aufwärts. Auf der Höhe gehen Sie halb links an einen Schotterweg und dort rechts. Abzweigende Weg werden ignoriert, bis Sie auf einen breiten Querweg treffen. Dort geht es rechts weiter.

400 m weiter zeigen die Markierungen im spitzen Winkel links in einen abzweigenden zweispurigen Weg ❻.

In einer lang gestreckten Rechtskurve laufen Sie durch den Wald, zuletzt über eine Kreuzung hinweg an einen geteerten Landwirtschaftsweg. Sie gehen rechts und nach 360 m links davon ab nach Reinsbürg.

Am Ortsrand biegen Sie rechts in einen Schotterweg und an einem Quersträßchen wieder links ab. Sie erreichen eine Straße auf der Höhe, in die Sie rechts einbiegen. Sie kommen nach Reubach.

Reubach (Rot am See)

Privatzimmer Frau E. Schmidt, Reubacher Hauptstr. 21, 74585 Reubach, ☏ 079 58/585, Ü ab € 25 p. P., F € 5, A möglich, ➲ 100 m

Der Name Reubach leitet sich von „Rodung im Buchenwald" ab. Es lag wie Hausen am Bach innerhalb der Rothenburger Landwehr und wurde 1810 Württemberg zugesprochen.

An der querenden Durchgangsstraße (rechts geht es zur Unterkunft) folgen Sie geradeaus der Straße Zur Linde zur Kirche und daran vorbei. An einem Kindergarten biegen Sie links von der Straße ab, passieren einen Feuerlöschteich und biegen noch einmal links ab. Geradeaus gehen Sie wieder in die Feldflur.

Nach 700 m ist schon die nächste Ansiedlung (Weikersholz) erreicht. An einer Gabelung gehen Sie halb rechts an einem Geflügelstall vorbei über eine Anhöhe hinweg zu einer Kreuzung und dort rechts.

Wenn Sie hier und auch an der nachfolgenden Kreuzung geradeaus gehen – Sie kommen am jüdischen Friedhof vorbei – und dann links abbiegen, erreichen Sie die Fahrstraße, die rechts nach Michelbach an der Lücke führt.

Michelbach an der Lücke (Wallhausen)

Gasthof Deutsches Haus, Klara Dietrich, Wallhäuser Straße 1, ☏ 079 55/24 14, Mi u. Sa Ruhetag, Ü EZ € 29, DZ € 54, kein Frühstück, aber einfaches Abendessen möglich, im Ort gibt es aber ein Bistro/Café (Mo Ruhetag), ➲ 2,4 km

In Michelbach an der Lücke ist im Ortskern noch ein Schloss, das auf eine Wasserburg aus dem 10. Jh. zurückgeht, erhalten. Die inzwischen restaurierte, 1938 nicht zerstörte Synagoge im Ortszentrum sowie der jüdische Friedhof sind heute Teil eines Geschichtswanderweges. Mitten im Dorf steht noch eine Brauerei. Hier wird das Gold Adler, ein sehr mildes, malzig-süßes Lagerbier produziert.

Am Waldrand gehen Sie links entlang. Der Weg biegt rechts ab, bleibt am Waldrand und führt dann durch den Wald hindurch wieder in die Feldflur bis an ein Sträßchen. Sie gehen rechts abwärts zwischen hohen Hecken, aber nicht bis zu den Häusern von Kühnhard, sondern vorher links aus dem Geländeeinschnitt hinaus. Wieder geht es durch die Felder und durch ein Waldstück (an einer Kreuzung geradeaus). Am wieder erreichten Waldrand steht eine ⛩ Pausenbank. Sie gehen links am Waldrand entlang, nach 100 m rechts an einem Johannisbeerfeld entlang zur Straße. Der Straße folgen Sie links für 200 m und biegen dann rechts wieder ab ❼.

Es geht zunächst sanft abwärts in das Schainbachtal hinein, dann aber eben am Waldrand entlang. An einem Hochsitz führt der Weg dann aber links steiler abwärts durch den Wald an eine Waldwiese. Sie halten sich am rechten Rand, passieren eine Teichanlage und gehen dann links über den Damm ⛩ zu einem Querweg und dort rechts sanft abwärts. Der Weg wechselt die Talseite. Die Jakobuskirche liegt nun voraus. Am Dorfrand folgen Sie geradeaus der Siedlungsstraße, die im Bogen zur Hauptstraße führt. Auch hier gehen Sie geradeaus darüber hinweg (☞ rechts führt sie zur Unterkunft) und kommen über die Kirchsteige zur Jakobuskirche.

Schainbach (Wallhausen)

Margit Graf-Pollach, Schainbacher Hauptstraße 2, ☏ 079 55/71 22, pollachs-herberge.de, FeWo und Zimmer, 15 Betten, ÜF € 27 p. P. (Pilgerpreis mit Ausweis), Abendessen auf Anfrage, 🐕, Ansprechpartnerin für alle Pilgerbelange, Gepäcktransport von Rothenburg und nach Crailsheim möglich, müde Pilgerinnen und Pilger können auch abgeholt werden, bitte rechtzeitig reservieren, ➲ 200 m.

Die **ev. Jakobuskirche** gehört zu den kleinen versteckten Schätzen des Hohenloher Landes. Es wird vermutet, dass sie noch aus dem 12. Jh. stammt. Der spätgotische Flügelaltar zeigt in der Mitte eine Marienfigur während der Krönung. Ihr zur Seite stehen die hl. Barbara mit Kelch und die hl. Katharina mit Schwert und Rad. Über den drei Frauen ist eine Anna Selbdrittfigur aufgestellt. Ein Hinweis auf das Jakobuspatrozinium findet sich nicht.

Falls die Kirche verschlossen ist, bekommen Sie den Schlüssel zur Jakobuskirche im Haus gegenüber dem Eingang, bei Fam. Gerd Feuersinger.

Schainbach ist heute ein Teil der Gemeinde Wallhausen im Landkreis Schwäbisch Hall. Neben der bedeutenden Jakobuskirche wird in den Informationen zur Gemeinde die älteste Pumpstation Baden-Württembergs, die am Ortsrand von Schainbach steht, hervorgehoben. Sie diente seit 1912 der Eigenwasserversorgung, musste in den vergangenen Jahren ihren Betrieb aber immer weiter bis zur heutigen Unwirtschaftlichkeit reduzieren, da der Pestizidanteil im Wasser durch den Eintrag aus der modernen Landwirtschaft zur Ungenießbarkeit geführt hat. Das ist sicher kein Einzelschicksal, sondern ein Symptom der heutigen Zeit.

Etappe 18: Schainbach – Crailsheim

19,2 km, 6 Std. ↑ 380 m, ↓ 405 m, ⇧ 376-483 m

0,0 km	⇧ 430 m	Schainbach
3,3 km	⇧ 442 m	Wallhausen BANK
5,4 km	⇧ 461 m	Anhäuser Mauer
9,2 km	⇧ 379 m	Jagsttal
13,0 km	⇧ 416 m	Neidenfels
19,2 km	⇧ 407 m	Crailsheim BANK ⌘

Über die immer wieder mit kleinen Quertälern zerschnittene Hohenloher Ebene wandern Sie heute bis Crailsheim, das im Jagsttal liegt. Den längsten Nebenfluss des Neckars erreichen Sie etwa nach der halben Wegstrecke. In vielen weit geschlungenen Windungen hat er sich in das Muschelkalkplateau der Hohenloher Ebene eingefressen. Sie wandern an steilen Hängen und Felswänden, Schluchtwäldern und schmalen Auen entlang. Wer mal in das klare Wasser schaut, kann die jungen und sehr jungen Forellenkinder beobachten, wie sie mit leuchtend wachen Fischaugen das Flachwasser erkunden. Der Weg hat es aber auch in sich. Nach Ihrem Abstieg zum Wasser werden Sie dreimal wieder auf die Hochebene zurück und wieder hinunter gejagt. Der Jagststeig, dem Sie folgen, umgeht die weiten Schleifen der Jagst und diverse Steinbrüche und Schotterwerke, die seit Jahrzehnten die Steilhänge weiter abgraben.

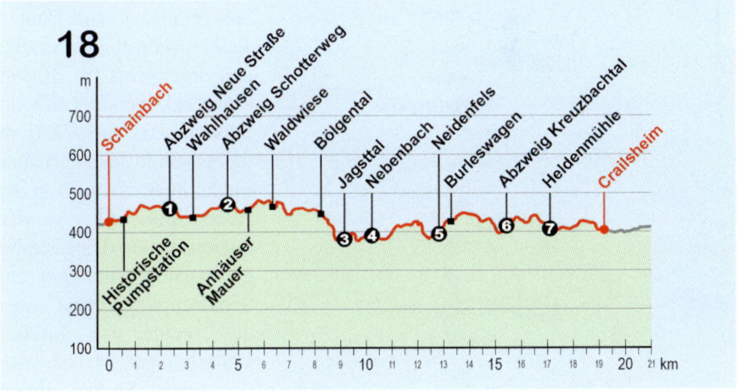

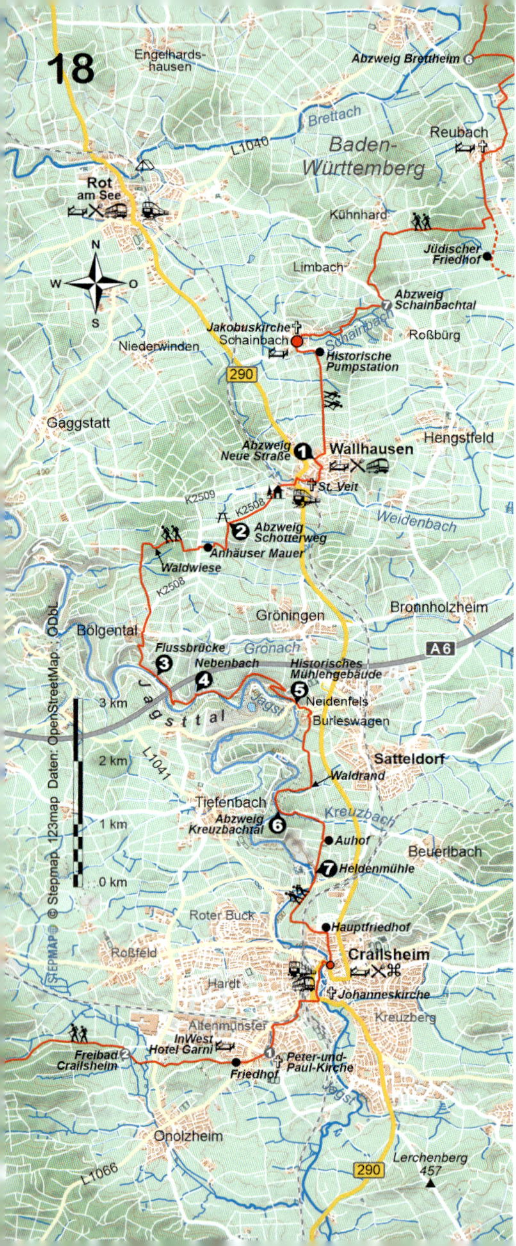

Sie folgen der Kirchsteige an der Jakobuskirche vorbei zu einem Querhaus, gehen links eine Wiese hinauf und hinter der Hecke rechts hinab auf einen Hof. Dort laufen Sie links zu einer Straße, folgen ihr nach links und dann im Rechtsbogen zur Höhe. Hier biegen Sie links in den Hangweg oberhalb und parallel der Fahrstraße, biegen dann aber nach rund 250 m mit dem Teerweg rechts von der Straße ab, durchqueren ein Tal an einer **historischen Pumpstation** und gehen wieder zur Höhe.

Es geht durch ein weiteres Tal und wieder zur Höhe und nach Wallhausen. Am Siedlungsrand gehen Sie geradeaus zur Hauptstraße (Hengstfelder Straße) und dort rechts (↳ 300 m weiter links befindet sich ein Supermarkt), nach 200 m (bei einem Installateur) aber wieder links davon ab in die Neue Straße ❶. An der querenden Siedlungsstraße gehen Sie rechts und am Seniorenpflegedienst wieder rechts zur Kirche. Danach folgen Sie halb links der Seestraße zu einem wirtschaftlichen Zentrum an der Hauptstraße (B290, Blaufelder Straße). Sie gehen links und kommen zur Brauerei & Gaststätte Schwarzer Adler. ↬ Wenn Sie der Bundesstraße links weiter folgen, kommen Sie zum Bahnhof (➲ 220 m).

Wallhausen (Württ)

Brauerei & Gaststätte Schwarzer Adler, Kirchbergerstraße 1, 74599 Wallhausen, ☏ 079 55/22 09, Ü EZ € 35, DZ € 64, Frühstück u. Abendessen möglich, ➲ am Weg

Fam. Wesselmann, Bölgentaler Straße 5, 74599 Wallhausen, ☏ 079 55/76 42, stefan.wesselmann@t-online.de. Eine kleine Wohnung über der Tierarztpraxis wird, sofern sie nicht anderweitig belegt ist, gerne auch an Pilgerinnen und Pilger vermietet, Ü € 30 p. P., , ➲ am Weg

Wallhausen hat einen Bf. an der Regionalbahnstrecke Crailsheim – Aschaffenburg (Stundentakt). Der Zug kann z. B. auch genutzt werden, um Ausweichquartiere in Rot am See (Fahrtzeit 5 Min.) oder Crailsheim (Fahrtzeit 14 Min.) aufzusuchen.

Zusätzlich zur Zuganbindung fahren Busse in die angegebenen Orte.

Wallhausen ist heute Verwaltungssitz des Gemeindeverbunds Wallhausen, zu dem auch Michelbach an der Lücke und Schainbach gehören.

Der Pilgerweg führt rechts in eine Nebenstraße Richtung Bölgental. Nach dem Unterqueren der Bahnstrecke und dem Abzweig der Kirchberger Straße halb rechts gehen Sie geradeaus in die Bölgentaler Straße. Linker Hand liegt die Tierarztpraxis mit der Mietwohnung am Weg.

Wenn die obstbaumgesäumte Straße (K2508) auf der Höhe nicht mehr steigt, zeigt die Markierung links in einen Schotterweg ❷. Der wird zum Grasweg und führt in eine Talsenke und dort rechts. Am Ende eines Feldes gehen Sie links und wieder rechts zur Anhäuser Mauer.

Anhäuser Mauer

Inmitten der landwirtschaftlich genutzten Feldflur steht völlig frei und ungestützt ein 18 m hohes und 10 m langes Mauerstück am Weg. Es handelt sich dabei um die nördliche Chorwand des ehemaligen Pauliner-Eremiten-Klosters, das 1404 gegründet wurde.

Mit der Einführung der Reformation wurde ein Nachrücken junger Novizen verhindert, sodass das Klosterleben mit dem Tod des letzten Abtes erlosch. Ab 1700 wurde die Anlage abgebrochen und die Steine anderweitig verwendet. Nur dieses eine Mauerstück ragt bis heute als Denkmal empor.

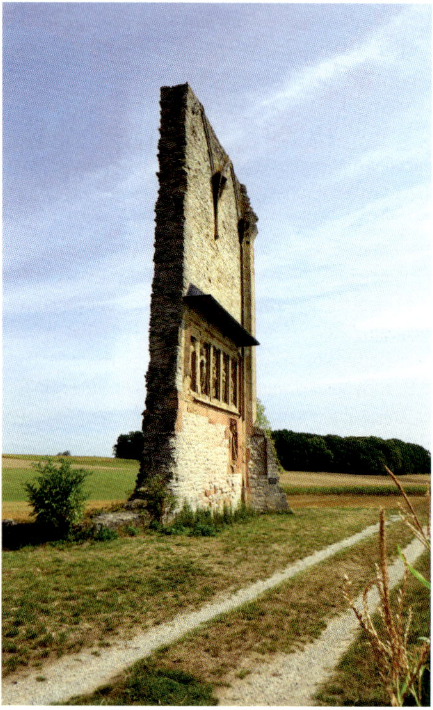

Anhäuser Mauer

Sie gehen geradeaus daran vorbei zu einer Straße (es ist wieder die Bölgentaler Straße) und dort links und sofort wieder rechts in einen Feldweg, der in den Wald führt. Ein links abzweigender Weg wird ignoriert. Sie landen an einer Eiche mit Markierungszeichen. Hier folgen Sie links dem schmalen Pfad durch Buschwerk zu einem Hochsitz an einem Querweg. Sie gehen geradeaus auf breiterem Weg weiter. Ohne weiteren Richtungswechsel kommen Sie an eine große Waldwiese. Sie bleiben am Waldrand. Der Weg führt wieder in den Wald, erreicht einen Querweg, in den Sie links einbiegen. Der breite Schotterweg biegt links ab und führt nun abwärts an einen geteerten Landwirtschaftsweg.

Sie folgen ihm geradeaus durch ein Tal wieder hinauf. An einer Hofstelle wird die Bölgentaler Straße wieder erreicht. Sie gehen rechts nach **Bölgental**. Am Weg sehen Sie einen Rundturm, der als Wasserturm dient.

An der Dorflinde gehen Sie rechts und gleich wieder links in einen für motorisierte Fahrzeuge gesperrten Weg. Es geht nun in das bewaldete Tal der Jagst hinab. Auf halber Höhe biegen Sie rechts ab, nach 80 m ⲧ aber wieder links in das weiter abwärts führende Sträßchen. Weiter unten führt geradeaus ein Schotterweg weiter. An einem Parkplatz gehen Sie links und kommen an einer Flussbrücke ❸ raus.

Sie bleiben am diesseitigen Ufer und folgen dem Pfad nach links. Die deutlichste Markierung hat nun der Jagststeig, dem Sie bis Crailsheim folgen. Nachdem die Autobahn (A6) unterquert wurde, erreichen Sie eine Waldwiese. Dort zeigen die Markierungen links einen Schotterweg aufwärts.

Nach 150 m biegen Sie aber wieder halb rechts davon ab und folgen dem langsam fallenden Hangweg. Der Pfad erreicht die Jagst wieder. Wenig weiter wird ein Nebenbach (Gronach) ❹ auf einer Brücke überquert.

Nach weiteren gut 500 m werden Sie über ein paar Stufen links hoch an eine Waldwiese geleitet. Ein Steinbruch und Schotterwerk müssen umgangen werden. Steigen Sie an der linken Seite der Wiese hoch und nehmen Sie den sich fortsetzenden Schotterweg.

Auf der Höhe steht ein Wegweiser. Es geht wieder halb rechts im Hang weiter bis an einen geteerten Weg, der rechts wieder in das Tal hinunterführt. Der Weg endet an einem Privatweg. Sie weichen links aus und gehen noch einmal links auf dem Talweg weiter abwärts.

An einem historischen Mühlengebäude ❺ treffen Sie auf eine Straße, gehen links und gleich wieder links von der Straße weg aufwärts in einen Nebenweg. Der gabelt sich. Rechts gehen Sie abwärts und zurück an die Straße in **Neidenfels**.

Sie überqueren sie geradeaus. Gegenüber steigen Sie die Stufen und den weiterführenden Weg steil aufwärts, bis Sie ein paar Häuser in Burleswagen erreichen. Dort gehen Sie rechts weniger steil weiter aufwärts zu einer Straße, der Sie rechts folgen. An einer Querstraße gehen Sie links und an der schnell folgenden Kreuzung rechts in das Hagengässle. Das Sträßchen führt weiter zur Höhe und gabelt sich dort an einer ⛼ Pausenbank unter Ahornbäumen.

Sie gehen links und an der nachfolgenden Kreuzung geradeaus auf einem Schotterweg weiter. Es geht bergab zu einer Kreuzung am Waldrand und dort rechts am Waldrand angelangt bergab, auf einem Hohlweg durch den Wald und wieder am Waldrand bis an das Ufer der Jagst. Wie zu Anfang wird die erreichte Brücke nicht überquert. Sie gehen links über die Uferwiese. Nach gut 300 m zeigt der Weg aber schon wieder links vom Fluss weg in ein Nebental (Kreuzbach) ❻, durch das es nun, diesmal recht gemütlich, wieder zur Höhe zurückgeht. An einer Waldwiese überqueren Sie den Kreuzbach über eine Brücke, wandern noch 30 m an der anderen Seite entlang und steigen dann rechts aus dem Tal hinaus an den Waldrand. Rechts folgen Sie dem Feldweg weiter zur Höhe.

An einer Hofstelle (Auhof) treffen Sie auf eine Straße, gehen kurz rechts und dann links auf dem Schotterweg weiter. Der führt wieder hinunter an den Fluss. Wieder geht es an einem Schotterwerk vorbei. Die Zufahrtsstraße zur **Heldenmühle** ❼, so heißt das Werk, überqueren Sie geradeaus und kommen wieder an das Ufer der Jagst. Sie gehen unter einer Straße hindurch und über die Uferwiesen. Bevor der Weg endet, gehen Sie links über eine Bahnlinie hinüber in ein Siedlungsgebiet. An der Kreuzung folgen Sie links dem Hans-Neu-Weg am Hauptfriedhof entlang.

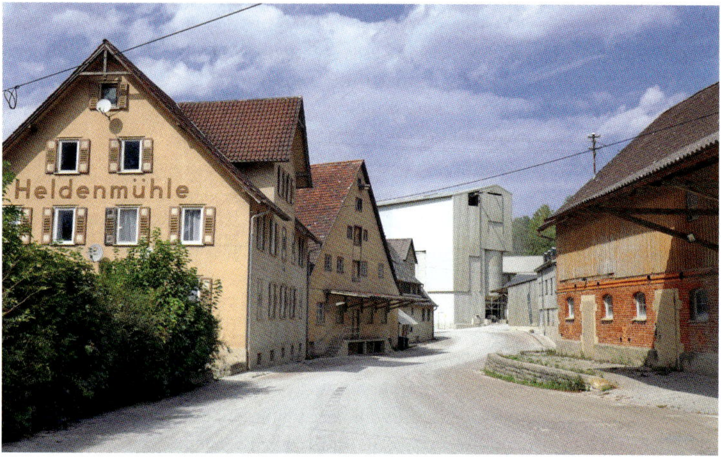

Zufahrt Schotterwerk Heldenmühle

Nachdem Sie die Hälfte des Friedhofgeländes passiert haben, rechter Hand sind eine Reihe Parkplätze gegenüber einem Friedhofzugang angelegt, biegen Sie rechts in einen Fußweg und folgen dann der geradeaus weiterführenden Ölbergstraße und am Ende dem Fußweg an die Bergwerkstraße. Dieser folgen Sie links an die innerstädtische Wilhelmstraße, die am Hotel Drei König erreicht wird.

Crailsheim

Hotel Drei König, Wilhelmstr. 30, 74564 Crailsheim, ☎ 079 51/940 50, hoteldreikoenig@t-online.de, www.hotel-drei-koenig.com, Appartementhotel, Rezeption 16:00-22:00, Ü EZ € 57, DZ € 99, günstige MBZ, ➲ am Weg

♦ **Stadthotel Crailsheim**, Worthingtonstr. 39, 4564 Crailsheim, ☎ 079 51/296 00, info@stadthotel-crailsheim.de, www.stadthotel-crailsheim.de, ÜF EZ ab € 88, DZ € 116, auf Anfrage, ➲ 50 m, 300 m südlich vom Busbahnhof

♦ **InWest Hotel Garni**, Friedrich Hanselmann, Roßfelder Str. 37, 4564 Crailsheim, ☎ 079 51/297 18 07, reservierung@inwesthotel.de, www.inwesthotel.de, ab Mitte 2022 geschlossen, Neueröffnung 2023, ➲ 400 m, Gewebegebiet im Stadtteil Altenmünster, 2 km südwestlich der Altstadt

Hotel Post-Faber, Lange Straße 2–4, 74564 Crailsheim, ☎ 079 51/96 50, info@postfaber.de, postfaber.de, ÜF EZ € 88-95, DZ € 110-120, ➲ 270 m, nördliche Altstadt

Taxi Jenter, ☎ 079 51/220 11

Von Crailsheim bestehen Regional- und Fernverkehrsverbindungen Richtung Stuttgart, Aschaffenburg (Frankfurt), Nürnberg und Karlsruhe, ☞ Wallhausen.

Alle Informationen zum Stadtbusverkehr finden Sie unter www.stadtbus-crailsheim.de.

✞ Die **ev.-luth. Johanneskirche** wurde 1398 bis 1440 errichtet. Sie erlitt im Gegensatz zur sonstigen Stadt nur marginale Kriegszerstörungen. Zerstört wurden u. a. die Fenster und Teile des Daches.

tägl. 9:00-17:00

⌘ Das **Stadtmuseum** im Spital befindet sich in zwei Spitalgebäuden und der Spitalkapelle, die aus dem 15. Jh. erhalten sind, und ist von daher schon sehr spannend anzusehen. Ein Teil der Ausstellung widmet sich auch diesem Kapitel der Geschichte.

♦ Friederike Lindner M.A., Spitalstr. 2, ☏ 079 51/403 37 20, friederike.lindner@crailsheim.de, www.museum-crailsheim.de, Mi 9:00-19:00, Sa 14 :00-18 :00, So/Fei 11:00-18:00

☺ Auch außerhalb der Öffnungszeiten lohnt sich ein Spaziergang im Bereich der historischen Anlagen.

Crailsheim ist eine 35.000 Einwohnerinnen und Einwohner starke, fränkisch geprägte Große Kreisstadt am Südrand der Hohenloher Ebene. Gesprochen wird hier bis heute die Hohenloher Mundart. Crailsheim ist neben der Verwaltung auch wirtschaftliches Zentrum der Region. Im Zweiten Weltkrieg wurden 80 % der damaligen Bausubstanz zerstört. Eisenbahnknoten und Flugplatz waren Ziel der amerikanischen Eroberungen. So ist in Crailsheim wenig Geschichtsträchtiges sichtbar. Stadtbildprägend ist neben der Johanneskirche der Rathausturm erhalten. Er soll nach einer Information am Turm aus Anlass der 200-jährigen Wiederkehr der Einführung der Reformation in Crailsheim im Jahr 1717 errichtet worden sein. Neben dem Rathaus befindet sich die 1393 geweihte Liebfrauenkapelle. Ganz am Rand der Altstadt ist das Spitalensemble erhalten geblieben.

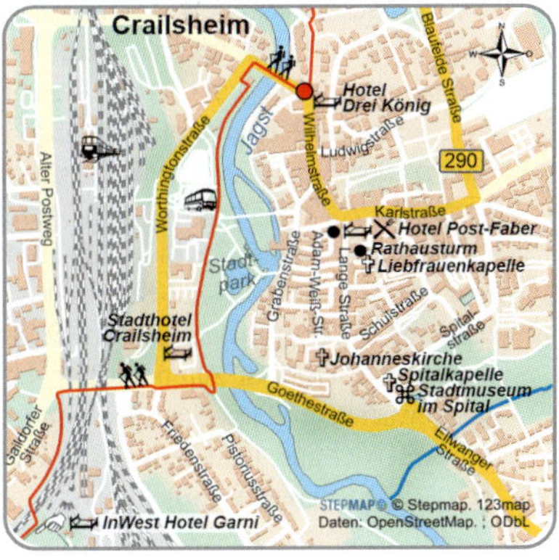

Etappe 19: Crailsheim –Mainkling (Frankenhardt)

➲ *18,9 km,* ⌛ *6 Std.* ↑ *401m,* ↓ *312 m,* ⇧ *400-523 m*

0,0 km	⇧ 407 m	Crailsheim
2,3 km	⇧ 421 m	Peter-und-Paul-Kirche Altenmünster,
8,7 km	⇧ 522 m	Burgberg ( )
14,2 km	⇧ 453 m	Gründelhardt
18,0 km	⇧ 466 m	Neuhaus, Ferienhof Bohn
18,9 km	⇧ 499 m	Mainkling, Gasthof zur Eiche

Der Burgberg, den Sie heute als Erstes besteigen, liegt bereits südlich der Hohenloher Ebene. Er gehört zum Naturraum der Schwäbisch-Fränkischen Waldberge, in den Sie nun vordringen. Der Burgberg bildet den Vorposten der Ellwanger Berge, die Teil des eben genannten Naturraums sind. Bevor es südlich von Mainkling wieder in die bewaldete Bergwelt geht, wandern Sie heute aber zunächst vom Burgberg in den von Wiesen und Feldern geprägten und von vielen Bächen durchzogenen Talraum des Gemeindezusammenschlusses Frankenhardt. Den ein oder anderen fordernden Anstieg hat dieser Raum aber durchaus auch zu bieten.

Sie wenden sich nach rechts und überqueren die Jagst auf der Brücke. Gleich danach überqueren Sie die Straße und wandern links an den Jagstuferweg. Die Radwegweiser zeigen Richtung Ellwangen.

Sie kommen am Busbahnhof vorbei. Dort gibt es einen Durchgang zum Bahnhof (➲ 300 m).

Die sehr tief liegende Straßenbrücke unterqueren Sie noch und biegen danach rechts in eine Radwegparallele zur Fahrstraße. Sie unterqueren die Bahnstrecke und biegen danach links in den Rad- und Fußweg ab. Es geht über Nebengleise hinweg an eine Nebenstraße und dort rechts in die Horaffenstraße. An der Volksbank biegen Sie links in die Reinthalerstraße und nach 50 m rechts in die Weickstraße ab. An der Peter-und-Paul-Kirche ❶ biegen Sie rechts in die Kirchstraße ab, gehen dann aber geradeaus von der rechts abbiegenden Kirchstraße in die Alte Dorfstraße. Wenn Sie der Kirchstraße folgen, kommen Sie in ein Gewerbegebiet mit dem InWest Hotel (➲ 700 m).

Das alte Dorf ist Altenmünster, heute mit Crailsheim zu einer Stadt zusammengewachsen. Über eine befahrene Straße hinweg laufen Sie weiter ohne Richtungswechsel auf der Friedhofstraße zum Friedhof Altenmünster. Danach haben Sie die Stadt hinter sich gelassen. An der Gabelung gehen Sie rechts. Und auch an der nachfolgenden Gabelung führt Ihr Weg rechts weiter.

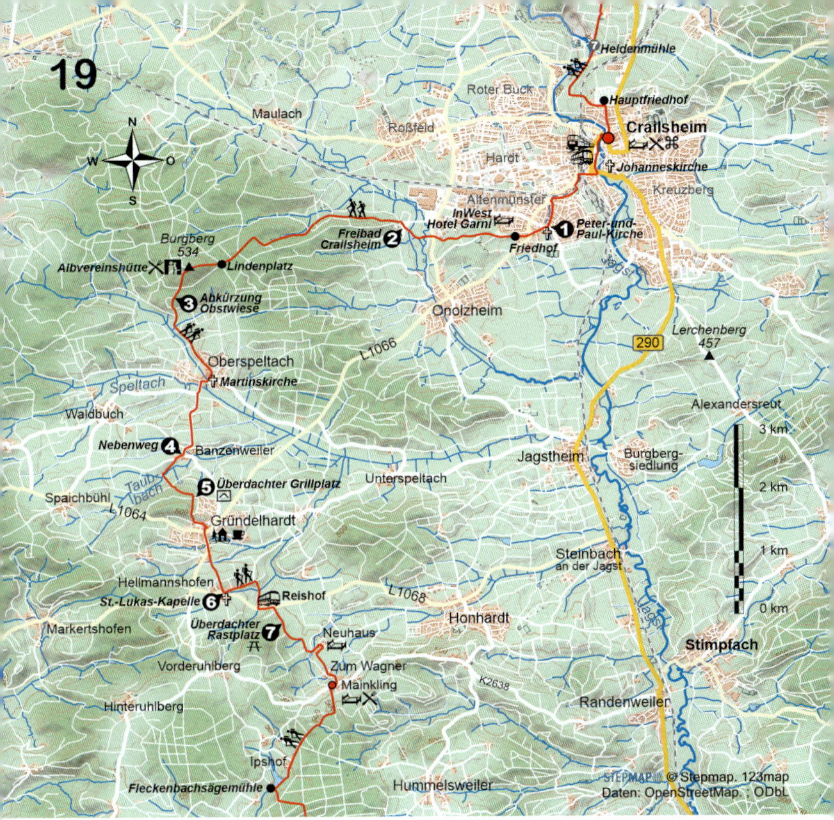
19
N
W
O
S
Heldenmühle
Roter Buck
Hauptfriedhof
Maulach
Roßfeld
Crailsheim
Hardt
Johanneskirche
Kreuzberg
Altenmünster
InWest Hotel Garni
Peter-und-Paul-Kirche
Freibad Crailsheim
Friedhof
Burgberg 534
Albvereinshütte
Lindenplatz
Jagst
Abkürzung Obstwiese
Onolzheim
L1066
290
Lerchenberg 457
Oberspeltach
Martinskirche
Speltach
Waldbuch
Alexandersreut
Nebenweg
Banzenweiler
Jagstheim
Burgberg-siedlung
Überdachter Grillplatz
Unterspeltach
Spaichbühl
Taubbach
L1064
Gründelhardt
Steinbach an der Jagst
Hellmannshofen
St.-Lukas-Kapelle
Reishof
L1068
Markertshofen
Überdachter Rastplatz
Neuhaus
Honhardt
Stimpfach
Vorderuhlberg
Zum Wagner
Mainkling
K2638
Hinteruhlberg
Randenweiler
Ipshof
Fleckenbachsägemühle
Hummelsweiler
3 km
2 km
1 km
0 km
STEPMAP © Stepmap. 123map
Daten: OpenStreetMap. ; ODbL

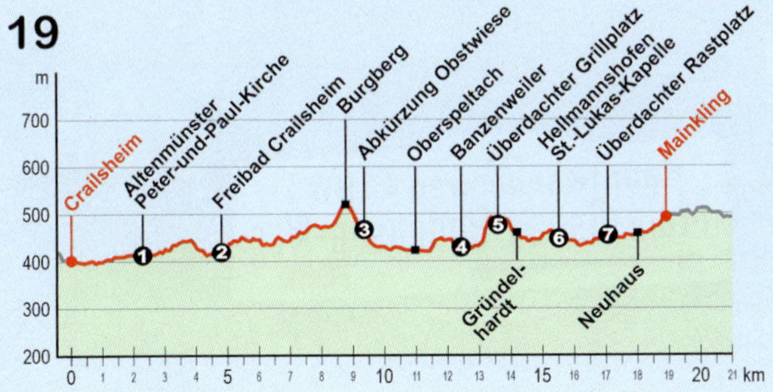
19
m
700
600
500
400
300
200
Crailsheim
Altenmünster Peter-und-Paul-Kirche
Freibad Crailsheim
Burgberg
Abkürzung Obstwiese
Oberspeltach
Banzenweiler
Überdachter Grillplatz
Hellmannshofen St.-Lukas-Kapelle
Überdachter Rastplatz
Mainkling
Gründel-hardt
Neuhaus
0
5
10
15
20
km

Von der Höhe, die hier erreicht ist, blicken Sie auf die Gewerbegebiete zwischen Altenmünster und Roßfeld.

Es geht wieder bergab und geradeaus über eine Verkehrsstraße hinweg und durch Wiesengelände zum Freibad von Crailsheim ❷. An den Parkplätzen vorbei kommen Sie auf die breite Zufahrt.

Dort gehen Sie links und dann geradeaus auf dem beginnenden Schotterweg in den Wald hinauf. Der Weg führt wieder an den Waldrand. Bleiben Sie ihm treu und lassen Sie sich nicht von Nebenwegen irritieren. An einer Gabelung führt er links wieder in den Wald.

Der Weg vollzieht eine Rechts-Links-Kurve, führt an einer Kreuzung geradeaus und erreicht dann einen Lindenplatz, wo mehrere Wege zusammenkommen.

Sie gehen hier geradeaus unter den Linden hindurch und auf schmalem Fußweg den Berg hinauf. Der führt direkt zum **Burgberg**. Der Schwäbische Alb Verein betreibt hier eine Gartenwirtschaft.

Albvereinshütte, www.burgturm.de, Sa ab 13:00, So ab 9:00. Es gibt auch einen Aussichtsturm mit den gleichen Öffnungszeiten.

Zwischen Crailsheim und Hohenberg ist der Pilgerweg über den HW4 geführt

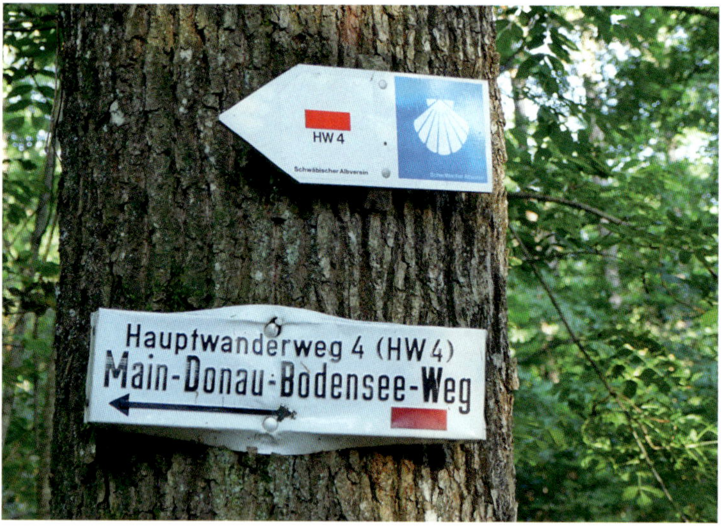

Ihr Weg führt am Gipfel vorbei und dann links vom breiteren Weg ab. Auf schmalem Weg geht es über einen Teerweg hinweg abwärts. Am Waldrand wird wieder ein geteerter Weg erreicht. Sie gehen hier geradeaus an der Obstwiese ❸ abwärts und kürzen einen Bogen des Teerweges ab. Unten biegen Sie links in den geteerten Weg ein.

Sie erreichen eine größere Straße. Biegen Sie links ein und wandern Sie durch das weite Wiesental. Rückwärtig ist der Aussichtsturm zu sehen. Sie kommen nach **Oberspeltbach**. An der Kreuzung gehen Sie rechts zur Martinskirche und dort wieder rechts.

Das ist die Hauptstraße, der Sie durch die Linkskurve folgen. In der nachfolgenden Rechtskurve biegen Sie dann links Richtung Gründelhardt und Banzenweiler wieder ab.

Sie folgen dem Sträßchen geradeaus über die Höhe hinüber und nach **Banzenweiler** hinab. An der tiefsten Stelle biegen Sie rechts von der Straße in einen geteerten Nebenweg ab ❹. (Achtung! Nicht direkt am Graben langlaufen. Gemeint ist das Sträßchen, das rechts direkt vor dem Richtungswegweiser Gründelhardt abzweigt.)

Nach 150 m, an einem Wohnhaus mit großer Scheune, biegen Sie halb links vom Sträßchen ab und wandern in das schöne Wiesental hinein. In der Bachsenke biegt Ihr Weg dann links ab und führt auf den Wald zu. Gehen Sie bis zum Waldrand, kurz links über die Wiese und dann rechts in den Wald hinein. Der anfangs durch Rodungen zerstörte Weg wird oben besser, biegt rechts ab und überquert geradeaus einen Weg. Linker Hand befindet sich ein überdachter ⍓ Grillplatz ❺. Zuletzt gehen Sie steil hinunter in eine Siedlung und dort links in die Sonnenstraße.

Die zweite Straße rechts (Schulweg, gegenüber ist eine Bäckerei) bringt Sie abwärts zur Frankenhalle und links um diese herum. Weiter südlich kommen Sie an ein Straßendreieck mit Rathaus, Post und Bank. **Gründelhardt** ist Sitz der Gemeinde Frankenhardt und hat eine private Pilgerunterkunft. Am weiteren Weg am Ortsausgang hat Ende 2022 auch ein Discounter neu eröffnet. Dort gibt es auch eine Bäckerei/Café.

Gründelhardt (Frankenhardt)

Heinrich der Töpfer, Heinrich Rössler, Kirchstr. 1, 74586 Gründelhardt, ☏ 079 59/24 43, Zimmer mit zwei Betten und Bad für 1-2 Pers., ÜF € 35 p. P., Abendessen nach Absprache möglich, ➲ am Weg

Hier steht auch das Rathaus der Gemeinde Frankenhardt, ein Zusammenschluss von 39 Ortsteilen und Wohnplätzen.

Sie folgen geradeaus der Gaildorfer Straße Richtung Gaildorf und Obersontheim. An der Tankstelle biegen Sie links in eine Nebenstraße ab. Geradeaus über eine Höhe hinweg gehen Sie nach **Hellmannshofen**. Vor der schönen Kapelle biegen Sie links in den Radweg ab ❻.

✞ Die **St.-Lukas-Kapelle** mit dem Fachwerk-Turmaufbau stammt vermutlich aus dem 13. Jh. Sie wird seit 200 Jahren nicht mehr für kirchliche Zwecke genutzt, ist aber in jüngerer Zeit vollumfänglich restauriert worden und ein Schmuckstück am Ortsrand von Hellmannshofen. Sie lässt sich für Hochzeiten, Taufen etc. mieten und für diese Anlässe befindet sich gegenüber ein Toilettenhäuschen, das auch von Wanderinnen und Wanderern benutzt werden kann. Den Schlüssel hat Frau Schnabel, Hellmannshofen 8.

die Kirche ist geschlossen

An der Gabelung an der letzten Hofstelle gehen Sie rechts und 50 m weiter wieder rechts durch das Tal hindurch und hoch an die Straße. Sie gehen links und an der Bushaltestelle „Reishof“ rechts Richtung Ferienhof Bohn. Wenig weiter befindet sich ein überdachter Rastplatz am Weg ❼. An einer Gabelung bleiben Sie links auf dem Sträßchen. Über eine Bodenwelle hinweg geht es in leichten Bögen zu einer Teichanlage hinab. Sie bleiben auf dem links abbiegenden Sträßchen, das zu einer Siedlung hin wieder ansteigt. An der Querstraße gehen Sie rechts und kommen zum Ferienhof Bohn.

Neuhaus (Frankenhardt)

Ferienhof Bohn, Neuhaus 5, 74586 Frankenhardt, ☏ 079 59/24 21, ferienhof.bohn@t-online.de, www.ferienhof-bohn.de, Übernachtung im Schäferkarren für 1-3 Pers. p. P. € 20 (mind. € 40), Bettwäsche und Handtücher € 7,50 p. P., F € 7,50 p. P., Abendessen möglich, Zeltmöglichkeit am Haus, , , Pilgerinnen und Pilger sind willkommen, ➲ am Weg

Der Weg führt am Hof vorbei und dann mit dem links abbiegenden Sträßchen zur Siedlung **Zum Wagner** hinauf. Noch etwas weiter erreichen Sie **Mainkling**. Sie gehen rechts und kommen am Gasthof zur Eiche vorbei.

Mainkling (Frankenhardt)

Gasthof zur Eiche, Mainkling 19, 74586 Frankenhardt, ☏ 079 59/686, info@eiche-mainkling.de, www.eiche-mainkling.de, ÜF EZ € 40, DZ € 70, Ruhetage Mo-Mi, Übernachtungen sind auch an den Ruhetagen möglich und verpflegt werden Sie dann auch, ➲ am Weg

Etappe 20: Mainkling – Straßdorf

24,3 km, 7 Std., 30 Min. ↑ 530 m, ↓ 533 m, ⇧ 401-567 m

0,0 km	⇧ 499 m	Mainkling, Gasthof zur Eiche
3,8 km	⇧ 503 m	Jakobsdächle
6,3 km	⇧ 510 m	Rosenberg BANK
8,9 km	⇧ 565 m	Hohenberg, Jakobuskirche
14,7 km	⇧ 502 m	Waldcamping Hüttenhof
17,9 km	⇧ 402 m	Papiermühle, Pommertsweiler
18,9 km	⇧ 480 m	Adelmannsfelden
21,7 km	⇧ 440 m	Hammerschmiedesee
24,3 km	⇧ 485 m	Straßdorf, Hinterbüchelberg

Mittendrin in den Ellwanger Bergen liegen Rosenberg und Hohenberg, zentrales Tätigkeitsfeld des Malers, Bildhauers und Pfarrers Sieger Köder. Er hat diesen Lebensraum entscheidend mitgeprägt und an vielen Stellen werden Sie seinen in Farbe, Glas und Bronze gegossenen, nicht nur sakralen Interpretationen begegnen. Es lohnt sich, sich intensiver damit auseinanderzusetzen und vielleicht auch etwas mehr Zeit durch Teilen der recht fordernden und langen Etappe auf dem Hohenberg zu verbringen. Es ist in vielerlei Hinsicht ein magischer Ort und nicht nur geografischer Höhepunkt der Ellwanger Berge.

50 m nach dem Gasthof biegen Sie links in eine Nebenstraße ab. Am Waldrand biegen Sie rechts ab in einen Schotterweg. Der Wegweiser weist Richtung Ipshof und Fleckenbachsägemühle. Sie folgen dem Schotterweg bis an ein Straßendreieck. Gehen Sie geradeaus, dann kommen Sie zuerst in die Siedlung Ipshof und etwas weiter zur Teichanlage an der Fleckenbachsägemühle.

Vor dem ersten Gebäude der Mühle gehen Sie links aufwärts in den Wald, durch eine Schneise zu einem Querweg, den Sie überqueren, und dann auf dem linken der beiden abgehenden Wege weiter.

Dieser trifft wieder auf einen breiten Querweg, dem Sie rechts zu einer Kreuzung folgen. Hier gehen Sie geradeaus an einer kleinen Schutzhütte vorbei zu einem Quellbach. Es geht geradeaus darüber hinweg bis an einen Schotterweg auf der Höhe. Dort biegen Sie rechts ein. Bald kommen Sie an einer Schutzhütte mit dem Namen Jakobsdächle ❶ vorbei und wandern mit dem breiten Weg in eine Linkskurve. An Teichanlagen folgen Sie der Rechtskurve des Weges. In der nachfolgenden Linkskurve biegen Sie rechts in einen schmalen Pfad, den man ohne Markierung kaum wahrnehmen würde.

Der schöne Waldweg führt an ein Straßendreieck. Sie gehen links Richtung Rosenberg aus dem Wald hinaus und zur Höhe. Dort ist nun der Hohenberg mit der Jakobuskirche am Gipfel bereits zu sehen. Wenig weiter biegen Sie links in eine Nebenstraße ab. Am Ortsrand befindet sich ein Brunnenplatz mit Pausenbänken. Sie gehen geradeaus, biegen dann aber in die nächste rechts abzweigende Straße ein. An der Kreuzung am Sportplatz gehen Sie geradeaus zur Hauptverkehrsstraße, dort links und noch vor der Tankstelle rechts in die Schillerstraße. Der Wegweiser gibt Hohenberg als nächstes Ziel an.

Um in das Zentrum von Rosenberg zu gelangen, müssen Sie der Hauptstraße geradeaus noch 450 m folgen. Gegenüber dem Rathaus ist das Sieger Köder Zentrum auch außerhalb der kurzen Öffnungszeiten von außen interessant. Am Rathausplatz stehen zudem drei Skulpturen dieses Künstlers. An der Rathausrückseite befinden sich öffentliche und geöffnete Toiletten. Gegenüber der Tankstelle gibt es eine Bäckerei/Café.

Rosenberg

Gemeinde Rosenberg, Haller Straße 15, 73494 Rosenberg, ☎ 079 67/900 00, info@gemeinde-rosenberg.de, www.gemeinde-rosenberg.de, Mo-Fr 8:00-12:00, Do 16:00-18:00

Landgasthof Adler, Michael Vogel, Ellwanger Straße 15, 73494 Rosenberg, ☎ 079 67/513 reservierung@landgasthofadler.de, landgasthofadler.de, Ü EZ € 95, DZ 110-130, F € 15, Mo, Di Ruhetag, ➲ 900 m

Lydia Schneider (Gästezimmer), Haller Straße 8, 73494 Rosenberg ☎ 079 67/415, Gästezimmer im ehemaligen Gasthaus Hirsch, 2 DZ, 2 EZ, ÜF EZ € 45, DZ € 70, Abendessen nach Absprache, ➲ 450 m, im Zentrum

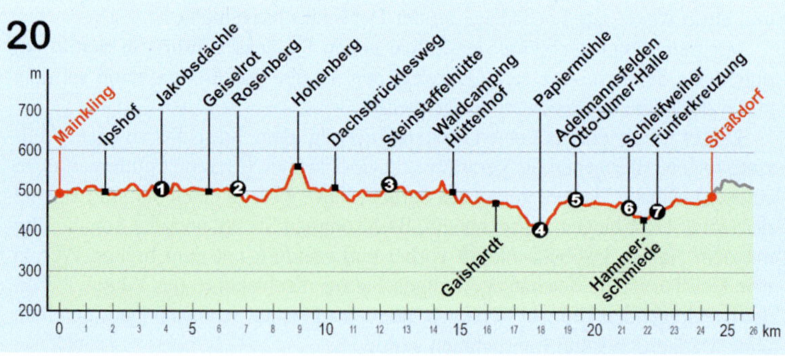

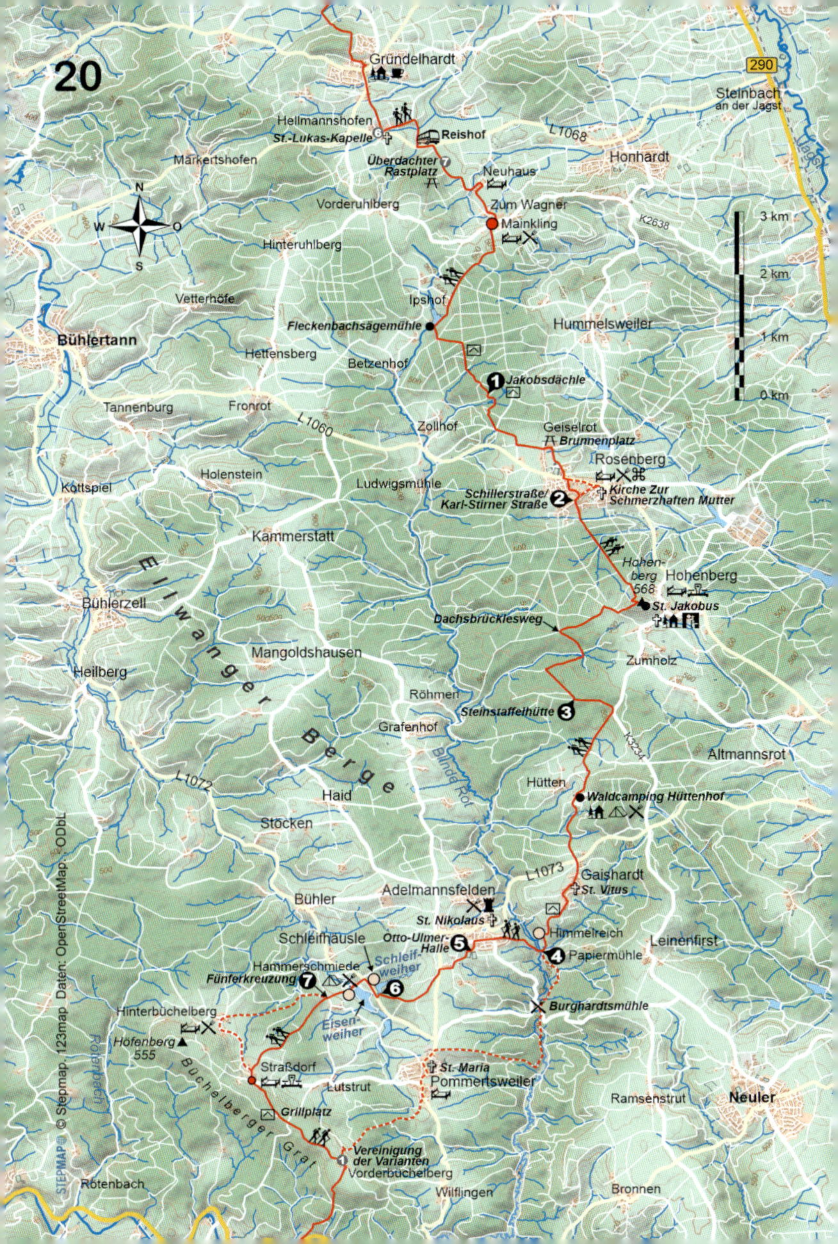
20
Gründelhardt
Hellmannshofen
St.-Lukas-Kapelle
Reishof
Überdachter Rastplatz
Markertshofen
Neuhaus
Zum Wagner
Mainkling
Vorderuhlberg
Hinteruhlberg
Vetterhöfe
Ipshof
Fleckenbachsägemühle
Bühlertann
Hettensberg
Betzenhof
Jakobsdächle
Tannenburg
Fronrot
L1060
Zollhof
Geiselrot
Brunnenplatz
Rosenberg
Holenstein
Kottspiel
Ludwigsmühle
Schillerstraße/ Karl-Stirner Straße
Kirche Zur Schmerzhaften Mutter
Kammerstatt
Hohen-berg 568
Hohenberg
St. Jakobus
Bühlerzell
Ellwanger Berge
Dachsbrücklesweg
Mangoldshausen
Zumholz
Heilberg
Röhmen
Steinstaffelhütte
Grafenhof
Blinde Rot
Altmannsrot
K3234
L1072
Hütten
Haid
Waldcamping Hüttenhof
Stöcken
L1073
Gaishardt
St. Vitus
Bühler
Adelmannsfelden
St. Nikolaus
Himmelreich
Schleifhäusle
Otto-Ulmer-Halle
Leinenfirst
Papiermühle
Hammerschmiede
Schleifweiher
Fünferkreuzung
Burghardtsmühle
Hinterbüchelberg
Eisenweiher
Höfenberg 555
Straßdorf
St. Maria
Pommertsweiler
Lutstrut
Ramsenstrut
Neuler
Büchelberger Grat
Grillplatz
Vereinigung der Varianten
Vorderbüchelberg
Rötenbach
Wilflingen
Bronnen
Steinbach an der Jagst
290
L1068
Honhardt
K2638
Hummelsweiler
3 km
2 km
1 km
0 km
N
W
O
S
© Stepmap, 123map Daten: OpenStreetMap, ODbL

✝ Die **Kirche Zur Schmerzhaften Mutter** steht unterhalb des Rathauses. Sie beherbergt einen zweiteiligen Flügelaltar, einen Kreuzweg mit 14 Stationen und eine Darstellung vom Marientod als Deckengemälde von Sieger Köder.

voraussichtlich bis Ende 2023 wegen Renovierungsarbeiten geschlossen

⌘ **Sieger Köder Zentrum**, Werk- und Bibelgarten

♦ Haller Straße 20, 73494 Rosenberg, ☎ 079 67/90 00 22, So 11:00-17:00, Führungen fragen Sie bei der Gemeinde an.

⌘ **Galerie und Museum Altes Rathaus**

♦ Weiherstraße 6, Kontakt über die Gemeinde, jeden 1. So im Monat 14:00-17:00

Rosenberg gehört bereits zum Ostalbkreis. Es ist Geburtsort des schwäbischen Malerpoeten Karl Stirner, den alle Rosenbergerinnen und Rosenberger kennen. Er wurde 1882 geboren und liegt auch auf dem Friedhof von Rosenberg begraben. Für Pilgerinnen und Pilger sicher bedeutsamer ist das Wirken des Künstlers Sieger Köder, der 20 Jahre lang Pfarrer in Rosenberg war und dessen Werke Sie auch auf dem weiteren Weg noch begleiten werden.

In der Vergangenheit führten der große Waldreichtum und die Quarzsandfunde zur Entwicklung einer Glashütte, die nach dem 30-jährigen Krieg entstand. Zur Zeit der Reformation blieben Rosenberg und das Kloster auf dem Hohenberg katholisch.

Sieger Köder

Sieger Köder wurde 1925 in Wasseralfingen (Aalen im Ostalbkreis), was nicht weit von Rosenberg liegt, geboren. Nach Ende des Zweiten Weltkriegs studierte er Kunst und Anglistik in Stuttgart und Tübingen, um als Lehrer am Gymnasium zu arbeiten. Mit 40 Jahren, mittlerweile Oberstudienrat, beendete er den Schuldienst, studierte katholische Theologie und wurde Priester. 20 Jahre war er Pfarrer in den beiden katholischen Kirchengemeinden Hohenberg und Rosenberg. Über die Region hinaus ist er durch seine vielen Arbeiten als Künstler, eine Berufung, die er nie aufgegeben hat, bekannt geworden. Es handelt sich bei seinen Werken nicht nur, aber vor allem um religiöse Kunst, wie Altäre, Weihnachtskrippen, Kirchenfenster und Kreuzweggestaltungen. Intensiv hat er sich auch mit dem Thema Pilgern auseinandergesetzt. Im Raum Rosenberg treffen Sie auch immer wieder auf Pilger- und Jakobusdarstellungen. Auf der Rathaustreppe von Rosenberg sind gleich drei Bronzefiguren zu sehen. Sie symbolisieren die drei Hauptorte der Gemeinde Rosenberg. Auf der Treppe sitzt ein Mönch.

Er steht für Hohenberg. Ein Glasbläser erinnert an die vergangene Glashütte in Rosenberg und eine Pflanzensetzerin, sie pflanzt eine Fichte, erinnert an die Bedeutung des Waldes für den Lebensunterhalt der Menschen der Region.

Sieger Köder verstarb am 9. Februar 2015 im Alter von 90 Jahren und liegt in seinem Geburtsort begraben.

☺ ↳ Um vom Zentrum wieder zum regulären Weg zu gelangen, biegen Sie am Rathaus rechts in die Karl-Stirner-Straße ab. Am Haus Nr. 26 (Ferienappartements) kommt von rechts der Pilgerweg an. Sie gehen geradeaus.

Wer nicht durch das Zentrum gelaufen ist, folgt der Schillerstraße bis zu einer Kreuzung und biegt dort mit der Straße links ab. An der querenden Karl-Stirner-Straße gehen Sie dann rechts weiter ❷. 100 m weiter biegen Sie links in den Alten Kirchenweg ab. Er führt durch ein Tal hindurch wieder leicht bergan und schnurgerade durch den Wald zu einer Waldwiese und einer Querstraße. Sie gehen geradeaus über die Straße hinweg und auf dem Bühlersteig die Bergwiese bergan. Oberhalb eines Gebüschs zeigt die Markierung rechts in den Wald. Der Weg führt zu einer Mariengrotte mit Goldfischteich und Pausenbänken. Auf dem Treppenweg wandern Sie weiter zum Gipfel mit der **Jakobuskirche vom Hohenberg**.

Jakobushaus und Jakobuskirche auf dem Hohenberg

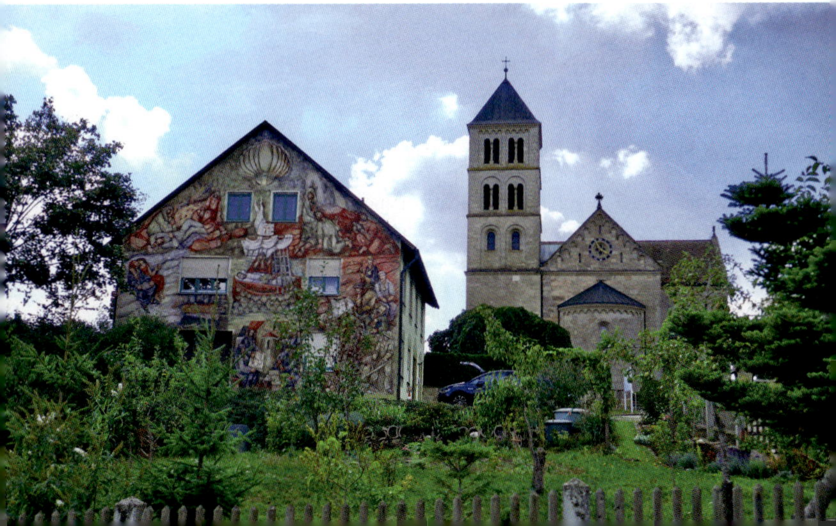

Hohenberg (Rosenberg)

Pilgerherberge im Jakobushaus Hohenberg, St.-Jakobus-Straße 35, 73494 Hohenberg, ☏ 079 67/418, 4 Betten, Decken, Dusche, keine Kochgelegenheit, Ü auf Spendenbasis, ➲ am Weg, neben der Kirche. Den Schlüssel hat Elisabeth Hoffmann. Sie wohnt im Haus. Sollte sie einmal nicht da sein, finden Sie im Schaukasten am Eingang diverse Adressen und Telefonnummern von Menschen aus dem Dorf Hohenberg, die ebenfalls einen Schlüssel zur Herberge haben.

Familie Hassler, Orrotstraße 18, 73494 Hohenberg, ☏ 079 67/318, hassler.h@gmx.de, 1 DZ, Ü € 30 p. P., F € 5, ➲ 600 m

✞ Die **Jakobuskirche** auf dem Hohenberg wurde 1895/96 auf den Grundmauern eines baufällig gewordenen Vorgängerbaus im neoromanischen Stil errichtet. Details zur Einrichtung erfahren Sie aus einer sehr informativen Broschüre zur Kirche, die Sie erwerben können.

tagsüber geöffnet

1229 gründeten Mönche aus Ellwangen an der Jagst auf dem Hohenberg ein Kloster. Die Klosterkirche wurde Jakobus dem Älteren geweiht und war schnell Anziehungspunkt der damaligen Pilgerinnen und Pilger. Der Rosenberger und auch Hohenberger Pfarrer Sieger Köder hat den Berg zu einem neuen Pilgerzentrum stilisiert. Er hat wesentliche Teile der Ausstattung der Kirche wie die 28 Bildfenster übernommen und an verschiedenen Stellen im Außenbereich stehen seine Skulpturen. Auf den Ostgiebel des Jakobushauses hat er Szenen aus dem Leben des Pilgerapostels Jakobus und aus der Jakobuslegende gemalt. Am Westgiebel ist ein moderner Totentanz zu sehen.

Ich habe hier oben rein zufällig den Neffen von Sieger Köder getroffen, also den Sohn eines Bruders, dazumal Lehrer auf dem Hohenberg. Außer der Jakobuskirche gibt es ja noch den Ort Hohenberg und die Schule steht noch heute. Ein Kreuzweg unter Linden führt in vierzehn Stationen vom Schulhaus zur Jakobuskirche herauf. Er erläuterte mir das Panorama, das er ja seit seiner Kindheit kennt, und zeigt mir auch die Lage Ellwangens. Ellwangen ist nur 8 km vom Hohenberg entfernt und anhand der erhöht liegenden Bauwerke, Schloss und Schönenbergkirche, deutlich auszumachen. Bereits 764 gründeten dort zwei aus einem Adelsgeschlecht stammende Brüder, Hariolf und Erlolf, neben einer bestehenden Siedlung ein Benediktinerkloster. Und seinem geschichtsaffinen Vater, also dem Vater des Neffen von Sieger Köder, fiel nichts Besseres ein, als seinen Sohn nach einem der Gründer Ellwangens, nämlich Erlolf, zu nennen. „Es hätte schlimmer kommen können“, meint mein Gesprächspartner mit leiser Ironie, „mein Vater hätte mich auch Hariolf nennen können“.

Einen Hang zu ungewöhnlichen Vornamen scheint es in der Familie zu geben: Sieger ist ja auch nicht gerade sonderlich geläufig.

An der Mauerecke, an der Sie den Kirchplatz erreicht haben, trennen sich der HW4 und der Jakobusweg. Während der HW4 weiter über das Dorf Hohenberg nach Ellwangen führt, gehen Sie im spitzen Winkel rechts die Wiese hinunter und bei einem Wegkreuz in den Wald, jetzt halb rechts steiler bergab bis an ein Sträßchen und dort rechts.

An einer Gabelung gehen Sie links. Am nächsten Waldrand endet der Teer. Zwei Schotterwege führen weiter. Sie nehmen den Linken. Ein historischer Wegweiser zeigt Richtung Röhmen. Bleiben Sie auf dem Hauptweg, bis Sie nach 850 m eine Kreuzung erreicht haben. Dort biegen Sie links in den Dachsbrücklesweg ab. An einer Stelle, an der etwas versetzt links zwei Wege und rechts ein Weg abzweigen, folgen Sie dem Hauptweg, der einen Rechtsbogen vollzieht.

An einer Dreiergabelung knapp 700 m weiter biegen Sie links in den Pfaffensteig und nach wiederum 700 m an der **Steinstaffelhütte** ❸ (Unterstellmöglichkeit vor der verschlossenen Hütte) links in den Steinstaffelweg ab.

Sie treffen auf die Straße, die rechts nach Hütten führt, und folgen ihr. An einer Kreuzung, nun in Wiesenland, folgen Sie geradeaus der Ausschilderung „Hütten" und an einer erneuten Gabelung links der Ausschilderung „Waldcamping Hüttenhof, Gaststätte".

Hüttenhof (Rosenberg)

Waldcamping Hüttenhof, Familie Manfred Ritter, Hüttenhof 1, 73494 Hütten, 079 63/203, 01 73 06 50 55 24, huettenhof@web.de, www.waldcamp.de, April-Okt, übrige Zeit auf Anfrage, Ü Zelt € 6,50, € 6,50 p. P., 2,50, Strom € 2,50, Matratzenlager € 12 p. P., Feldbetten in einem schönen Raum auf dem Dachboden des Haupthauses. Es gibt warme Decken, benötigt wird ein Leinen- oder Seidenschlafsack (Bettwäsche), im Restaurant bekommen Sie Abendessen und Frühstück, am Weg.

Am Waldcamping Hüttenhof vorbei führt das Sträßchen in ein bewaldetes Tal hinab. Steil geht es wieder aus dem Tal hinaus, fast auf der Höhe steht eine Muttergotteskapelle am Weg. Sie überqueren geradeaus die L1073 und wandern nach **Gaishardt**. An der kath. Kapelle St. Vitus gehen Sie rechts in die Obere Straße und an der Einmündung der Geishardter Hauptstraße gehen Sie rechts weiter Richtung Himmelreich. Am Ortsausgang gibt es einen Spielplatz mit überdachter Schutzhütte.

Nach dem Örtchen **Himmelreich** kommen Sie nach **Papiermühle** ❹ im Tal der Blinden Rot.

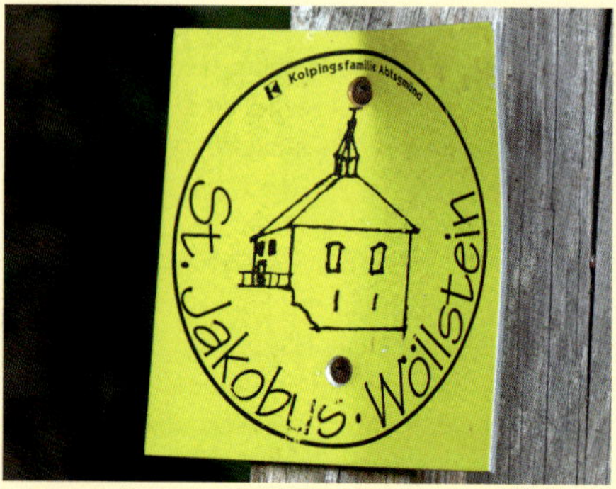

Wegalternative nach Wöllstein

Am links abzweigenden Talweg befindet sich ein Hinweis auf eine neuere **Wegvariante**, die dem Tal der Blinden Rot folgt und im Weiteren über Pommertsweiler nach Wöllstein führt. In Vorderbüchelberg treffen Variante und Hauptroute wieder zusammen. Die Variante ist 1,7 km kürzer. Sie kommen aber nicht über Straßdorf, dem Ziel der heutigen Etappe, können aber in Pommertsweiler, das von Papiermühle noch 4,4 km entfernt ist, übernachten. Der Weg ist mit einem gelben Zeichen der Kolpingsfamilie Abtsgemünd verlässlich gekennzeichnet. Es trägt die Aufschrift St. Jakobus Wöllstein und eine stilisierte Zeichnung der Kapelle.

In Papiermühle biegen Sie links in den breiten Talweg ab, der entlang der **Blinden Rot** führt. Zwei links abzweigende Wege ignorieren Sie, dann kommen Sie zur Burkhardsmühle.

Burghardtsmühle, d' Veschberschdub, Kaffee und Kuchen, 12 Sorten Bier, April-Okt Sa ab 14:00, So/Fei 10:00-20:00, für Gruppen sind Sonderöffnungszeiten möglich

Sie überqueren dort eine Straße und folgen geradeaus dem Schotterweg im Tal (Rottalweg). Nachdem ein Abzweig links ignoriert wurde, biegt auch Ihr Weg nach links. Sie aber gehen dort rechts vom breiten Weg ab, überqueren den Bach und halten sich danach links. Der Weg steigt im Talhang an und erreicht eine Gabelung. Dort gehen Sie rechts weiter aufwärts.

Auf der Höhe finden Sie offene Flächen vor. Sie kommen wieder an die L1073 und gehen links nach **Pommertsweiler**. An der Verzweigung biegen Sie links ab. Rechter Hand befindet sich danach eine Bäckerei/Café und wenig weiter die kath. Kirche St. Maria, die auch einen Pilgerstempel hat. An der Kirchenwand ist eine Sandsteintafel mit der Aufschrift „Station auf dem Jakobsweg“ angebracht.

Pommertsweiler (Abtsgmünd)

Familie Stärk, Langestraße 66, 73453 Abtsgemünd, ☏ 079 63/218, info@landgasthof-albblick.de, www.landgasthof-albblick.de, Ü EZ € 42, DZ € 64, F € 8. Der Gasthof hat seit Anfang 2022 geschlossen, es werden nur noch Zimmer vermietet.

Pommertsweiler ist mit über 800 Einwohnerinnen und Einwohnern schon ein größerer Ortsteil der Gemeinde Abtsgemünd, das nahe der Mündung der Blinden Rot in den Kocher im Kochertal liegt.

Sie gehen an der Kirche vorbei im Dorf abwärts. Auch am Rathaus gehen Sie noch geradeaus. Dann biegt der Weg rechts Richtung Vorderbüchelberg ab. Sie folgen konsequent diesem Sträßchen. Es führt durch den Wald und dann zur Höhe nach Vorderbüchelberg und dort links an den Hauptweg (☞ Wegbeschreibung Etappe 21).

Mit der Muschelmarkierung wandern Sie steil bergauf nach Adelmannsfelden. Über die Schillerstraße erreichen Sie das Dorf. An der Bushaltestelle und dem Kindergarten gehen Sie rechts auf der Hauptstraße weiter. Ein kleiner Supermarkt ist am Weg. Wer in den alten Ortskern will, macht einen Abstecher rechts über die Badgasse (➲ 330 m).

Adelmannsfelden

Adelmannsfelden ist eine von der Landwirtschaft geprägte selbständige Gemeinde im Ostalbkreis mit rund 1.700 Einwohnerinnen und Einwohnern (einschließlich der eingemeindeten umliegenden kleinen Ortschaften und Hofstellen). Erwähnung fand der Ort das erste Mal in den Ellwanger Annalen der damaligen Benediktinerabtei zwischen 1113 und 1136. Sein Name geht zurück auf das alte schwäbische Adelsgeschlecht der Familie Adelmann. Die Endung -felden wird aus dem Alemannischen stammend als Ebene, Hochfläche interpretiert. Im Zentrum steht bis heute das **Schloss** der Familie Adelmann, das 1761 anstelle einer Burg entstand. Die evangelische Pfarrkirche **St. Nikolaus** wurde um 1130 erbaut, 1813 bis 1816 und 1988 renoviert.

Wenig weiter biegen Sie links in die Hölderlinstraße ab und gehen an der Otto-Ulmer-Halle ❺ rechts am Sportplatz vorbei. Ein Schotterweg führt weiter zu einer Straße. Sie gehen links und folgen der Straße durch die Rechtskurve an einem Fabrikgebäude entlang zur Hauptstraße. 100 m gehen Sie links an ihr entlang, dann biegen Sie rechts in einen Schotterweg wieder ab.

Am Waldrand gehen Sie an der Gabelung rechts. Sie landen am **Schleifweiher** ❻, einem größeren Teich, und folgen dem Schotterweg nach links zur Straße. Sie wandern rechts über **Schleifhäusle** an der Straße entlang. Linker Hand befindet sich ein Campingplatz am See. Auf der Höhe biegen Sie links Richtung Hammerschmiedesee von der Straße ab.

Hammerschmiede (Abtsgmünd)

Camping Hammerschmiedesee, Familie Joachim Hug, Hammerschmiede 2, 73453 Hammerschmiede, ☏ 079 63/369, hug.hammerschmiede@t-online.de, www.hug-hammerschmiede.de, Ü Zelt € 3,50, € 6 p. P., € 2, Mai-Sep, ➲ am Weg

Zwischen Gaststätte und Rezeption hindurch folgen Sie dem Sträßchen. An der Gabelung gehen Sie rechts zur schnell erreichten Höhe. An einer Fünferkreuzung ❼ gehen Sie geradeaus auf dem Teersträßchen weiter Richtung Straßdorf.

Wenn Sie allerdings zur Übernachtung nach Hinterbüchelberg wollen, können Sie hier schon halb rechts, nicht ganz rechts, dem Regional-Wanderweg WW folgen. Auch über die Dorfstraße in Straßdorf kommen Sie nach Hinterbüchelberg, wenn Sie dort angekommen sind und rechts gehen, haben dann aber einen um 1,1 km längeren Weg.

Hinterbüchelberg (Abtsgmünd)

Gasthof Hofbiergarten Krone, Hinterbüchelberg 11, 73453 Abtsgmünd, ☏ 079 63/387, www.krone-kohler.de, EZ € 25, DZ € 40, F € 6, € 7, Di Ruhetag (Nov-März auch Do), ➲ 1,9 km

Das Sträßchen erreicht nach 1,8 km die Höfesiedlung Straßdorf. Sie biegen links in die Dorfstraße ein. Kurz vor der im rechten Winkel links abbiegenden Dorfstraße gehen Sie rechts zur Unterkunft.

Straßdorf (Abtsgmünd)

FerienHOFer, Katrin Hofer, Straßdorf 17, 73453 Abtsgmünd, ☏ 079 63/81 14, kontakt@ferienhofer.de, www.ferienhofer.de, 1 EZ für Durchreisende, Pilgerinnen und Pilger sowie vier FeWo (2-6 Personen, insgesamt 15 Betten) werden gerne an Pilgerreisende/Gruppen vermietet. Es gibt Kochgelegenheiten, sodass Sie sich selbst versorgen können. Im Hofladen des eigenen Demeter-Bauernhofes steht ein kleines Sortiment (Hausmacherwurst, Käse, Eier, Nudeln, Kartoffeln, Honig) zur Verfügung, Preise auf Anfrage, ➲ 250 m

Etappe 21: Straßdorf – Böbingen

20,1 km, 6 Std., 30 Min. ↑ 310 m, ↓ 424 m, ⇧ 361-534 m

0,0 km	⇧ 485 m	Straßdorf, Hinterbüchelberg
2,1 km	⇧ 516 m	Vorderbüchelberg
4,4 km	⇧ 364 m	Wöllstein
7,3 km	⇧ 500 m	Hohenstadt
15,0 km	⇧ 395 m	Heuchlingen
20,1 km	⇧ 389 m	Böbingen

Die markante Erhebung der Ostalb haben Sie bereits vom Hohenberg deutlich wahrgenommen. Der heutige Weg führt Sie nahe heran. Zwei tiefe Taleinschnitte, das Tal des Kochers und das der Lein, sind dabei zu überwinden.

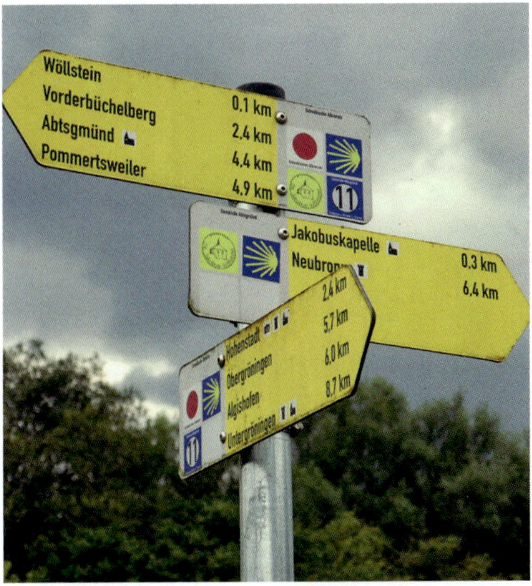

Wegweiser in Wöllstein

In der im rechten Winkel links abbiegenden Dorfstraße gehen Sie halb rechts in einen Nebenweg Richtung Vorderbüchelberg. Das Sträßchen mit Aussicht führt schließlich durch ein Wäldchen und weiter zur Höhe hinauf. Hier gibt es einen Grillplatz mit Schutzhütte an einem Straßendreieck. Der erreichte Höhenzug wird **Büchelberger Grat** genannt. Sie gehen links weiter bis nach **Vorderbüchelberg**.

An einem Straßendreieck stößt von links die Variante über Pommertsweiler hinzu ❶. Sie gehen noch 130 m weiter. Dann biegen Sie noch im Dorf rechts in den Alten Schulweg ab, der auch Fußweg nach Wöllstein genannt wird.

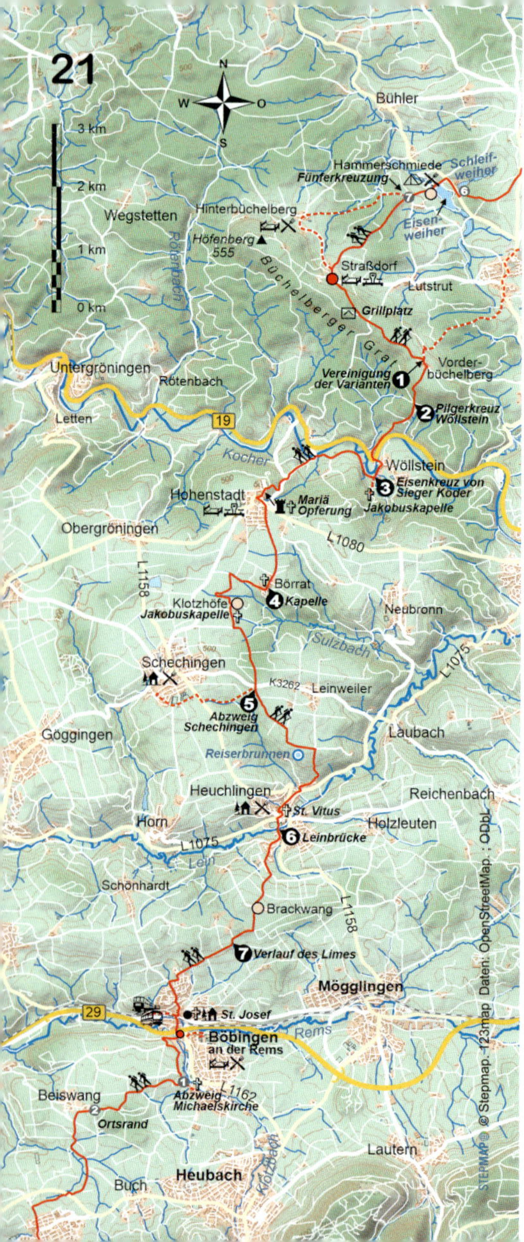

Am Hochsitz halten Sie sich rechts und an der Waldecke führen dann Stufen steil abwärts in den Grund. An einer Kreuzung mehrerer Schotterwege gehen Sie geradeaus darüber hinweg. Am Waldeingang steht nun ein Wegkreuz am Weg, auf dem Pilgerinnen und Pilger Steine ❷ ablegen.

Sie treffen wieder auf einen Schotterweg und gehen rechts. An einer Verzweigung geht es geradeaus auf dem Schotterweg weiter. Voraus sind nun auf der gegenüberliegenden Höhe Schloss und Pilgerkirche in Hohenstadt zu sehen. Der Weg bekommt eine Teerdecke und führt Sie durch Siedlungsgebiet noch weit hinunter (Schüsselberg) an die Bundesstraße 19 im Kochertal in **Wöllstein**.

Sie gehen links zur Ampelanlage und auf der anderen Straßenseite über die Flussbrücke (Richtung Jakobuskapelle). Sie gehen in die Siedlung und dort rechts auf dem Kapellenweg 250 m bis an den rechten Abzweig des Kocherradweges. Hier steht ein **Eisenkreuz von Sieger**

Köder mit einer erklärenden Informationstafel ❸. ↳ Geradeaus beginnt ein Abstecher zur ✞ ⊙ Jakobuskapelle, ➲ 340 m. Der Besuch ist sehr zu empfehlen.

Jakobuskapelle Wöllstein

Die Jakobuskapelle steht erhöht auf einem Bergsporn im Kochertal. Ein kurzer, aber sehr steiler Weg führt dort hinauf. Die Kapelle war einmal in die Mauern einer Burganlage integriert. Diese ist aber nicht erhalten. Sie haben von hier einen schönen, wenn auch nicht spektakulären Blick über Wöllstein. Rastbänke stehen an passender Stelle auch mit Sicht auf die Außenwand der Kapelle mit einer Bildfolge zum Hühnerwunder von Santo Domingo de la Calzada (☞Rothenburg o. d. Tauber), gemalt von Sieger Köder. Auch diese können Sie bei einer Rast in Ruhe studieren.

Erhalten und denkmalgerecht saniert ist auf dem Gelände der ehemaligen Burg ein Eremitenhaus, das 1723 entstand. Dort wohnt heute Familie Thamm, die den Schlüssel für die Jakobuskapelle verwaltet. Weitere Adressen sind im Schaukasten aufgeführt. Ich fand die Kapelle geöffnet vor.

☺ Die Markierung der Variante der Kolpingsfamilie Abtsgemünd, auf die Sie im letzten Abschnitt bei Papiermühle gestoßen und der Sie vielleicht auch gefolgt sind, findet an der Jakobuskapelle eine Fortsetzung bis Hohenstadt. Die Wegweiser zeigen an der Kapelle in einen Waldweg. Ich bin dieser Variante nicht gefolgt und kann deshalb keine Aussage dazu treffen. Ein Faltblatt dazu liegt an der Kapelle aber aus.

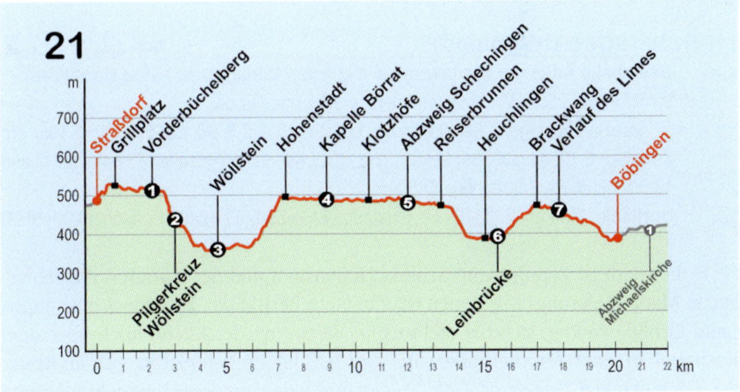

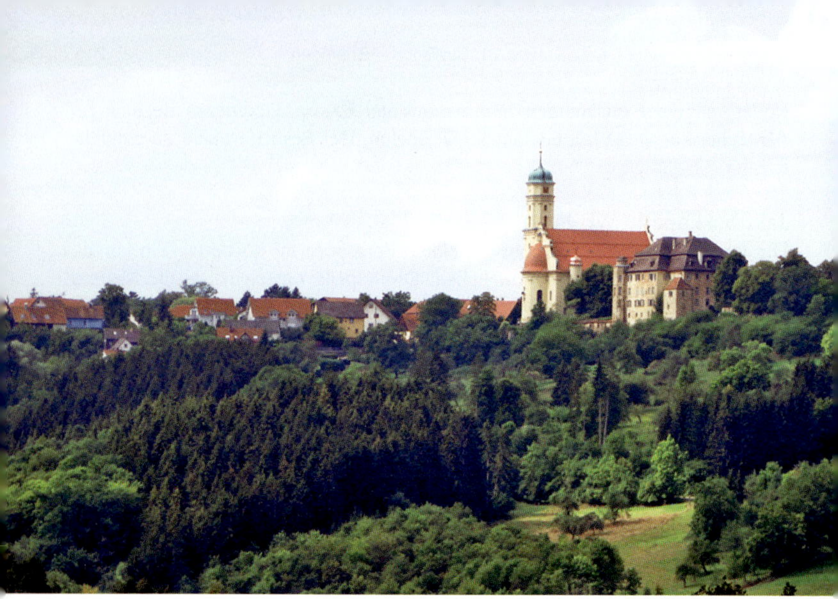

Schloss und Wallfahrtskirche Hohenstadt

Über den Radweg rechts setzen Sie den Weg fort. Nach 1,2 km ist eine weitere Kocherbrücke erreicht. Gehen Sie dort links mit dem Sträßchen aufwärts. Es mündet in eine andere Straße. Sie gehen geradeaus darüber hinweg und weiter auf dem Schotterweg zur Höhe. Der Schlossberg empfängt Sie mit einem Heckengarten. Links über die Amtsgasse gehen Sie zur Ortsmitte.

Hohenstadt (Abtsgmünd)

Gästehaus Adler der Landmetzgerei Kienhöfer, Marktplatz 8, 73453 Hohenstadt, ☏ 073 66/63 55, info@landmetzgerei-kienhoefer.de, www.landmetzgerei-kienhoefer.de, Ü EZ € 40, DZ € 70, DBZ € 130, F (nur am Sonntag) € 10, es gibt aber eine Küche, Ladenöffnungszeiten Fr 8:00-12:30 und 14:30-18:00, Sa 7:30-12:00, 50 m

Dorflädle, Marktpl. 2, 73453 Hohenstadt, Mo-Sa 6:00-12:30, Fr auch 14:30-18:00

Hohenstadt ist geprägt vom Schloss Hohenstadt und der barocken Wallfahrtskirche Mariä Opferung. Mit seinen 65 Zimmern besitzt das Schloss eine imposante Größe. Weithin sichtbar steht es im Verein mit der Kirche hoch über dem Kochertal an einer Abbruchkante. Seit fast 500 Jahren befindet es sich im Besitz der Grafenfamilie Adelmann (☞ Adelmannsfelden) und wird aktuell auch von einem Zweig der Familie bewohnt. In der ✝ ⊙ Kirche Mariä Opferung befindet sich die Familiengruft der Gräfinnen und Grafen Adelmann von Adelmannsfelden. Errichtet wurde die Kirche im Auftrag des Freiherrn Wilhelm VIII. von Adelmann von 1707 bis 1711. Es gibt dort einen Pilgerstempel. Zur Wallfahrtskirche wurde der barocke Bau nach einer Viehseuche 1796. Seitdem steht eine Figur des hl. Patrizius außen hoch über dem Westportal. Patrizius, irischer Nationalheiliger, wird in Württemberg als Schutzpatron des Viehs verehrt. Bis heute finden Wallfahrten um den Namenstag (17. März) des Heiligen nach Hohenstadt statt.

Sie folgen links der Abtsgemünder Straße. Noch vor dem Ortsausgang gehen Sie rechts in die Heerstraße nach **Börrat** (Kapelle mit ⊙ Pilgerstempel) ❹. Im hinteren Teil des bäuerlich geprägten Dorfes biegt der Weg rechts aus dem Dorf hinaus ab. Sie bleiben auf dem Sträßchen, bis ein Wegweiser links Richtung Heuchlingen und Böbingen in einen Landwirtschaftsweg weist. Folgen Sie dem geteerten Weg durch ein paar Kurven. Die Talschlucht des Sulzbaches wird umgangen.

Nach einer Rechtskurve kommen Sie an die Hofstelle **Klotzhöfe**. Es gibt eine kleine Jakobuskapelle mit einer Jakobusfigur aus Lindenholz auf dem Hof direkt am Weg. Sie gehört zu einem Besinnungsweg, der entlang des Jakobsweges auf Privatinitiative Schechinger Bürgerinnen und Bürger zurückgeht. Auf sieben Eichenholzstelen mit meditativen Impulsen werden Sie im Folgenden treffen.

Geradeaus geht es weiter in die Feldflur. Ein rechts abzweigender Weg bleibt außer Acht und an einem Querweg gehen Sie links weiter, nun auf Schotter (Pilgerstele). Der Weg biegt rechts ab und führt in den Wald. Wenn er links abbiegt, gehen Sie geradeaus weiter in einen beschrankten Weg. An einer querenden Straße kommen Sie wieder aus dem Wald. Sie überqueren die K3262 geradeaus ❺.

↳ 30 m nach der Querstraße zweigt rechts ein Weg ab, der Sie nach Schechingen führt. Folgen Sie diesem Weg geradeaus bis an die Landstraße L1158, gehen Sie rechts und nach 130 m wieder links in einen Nebenweg. Sie kommen an Sportanlagen vorbei, überschreiten den Hirtenweg und gehen an der nächsten Ecke halb rechts auf dem Horner Weg weiter. Die zweite Straße rechts gegenüber dem Friedhof ist die Brühlstraße, in der die Pilgerunterkunft liegt.

Schechingen

Margot Schilder, Brühlstraße 28, 73579 Schechingen, ☎ 071 75/89 89, 📱 01 59/05 38 80 20, bietet ein Zimmer für bis zu 4 Pers., ÜF € 25, Im Ort gibt es auch eine Bäckerei, Do-So bietet ein Gasthof Abendessen, für die anderen Tage ist ein Pizzaservice vor Ort, ➲ 2 km.

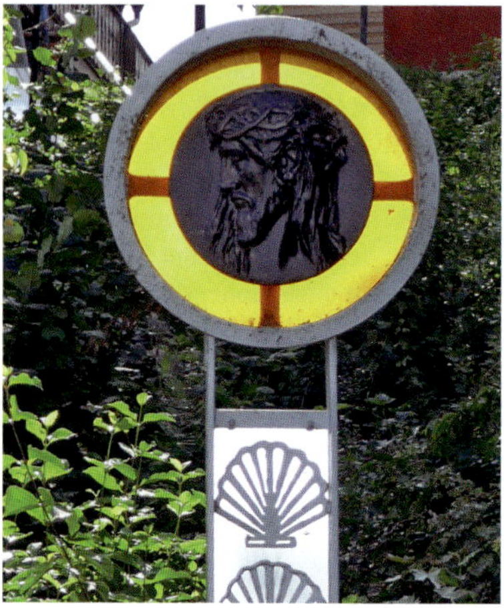

In Heuchlingen

Ein wunderbarer Blick zur Albhochfläche erwartet Sie an der zweiten Pilgerstele.

Sie folgen geradeaus dem Sträßchen. Nach der dritten Stele wird ein rechtsabzweigendes Sträßchen ignoriert. Dann kommt ein Querweg mit einer etwas schmal geratenen Pausenbank, hier gehen Sie rechts. Das Sträßchen biegt links ab. Die Aussicht auf die Ostalb bleibt großartig. ↳ Ein Hinweis auf einen sogenannten **Reiserbrunnen** (Quelle in einem Gehölz) verleitet vielleicht zu einem Abstecher.

Sie kommen an eine Verkehrsinsel mit Ahornbäumen und einer weiteren Eichenstele und Bänkchen. Hier biegt der Weg rechts ab (Muschel im Straßenbelag). Es geht weit hinunter nach Heuchlingen an die Straße Weilerfeld und dort rechts. Die Straße biegt am Ende links zur Hauptstraße ab. Hier gehen Sie rechts weiter. Wenn die Hauptstraße links abbiegt, gehen Sie geradeaus zur ✞ ⊙ St.-Vitus-Kirche hinauf.

Heuchlingen

🏠 ✕ ☕ 🛒 BANK ✞ ⊙

🏠 **Werner Schwarz**, Sandweg 3, 73752 Heuchlingen, 📱 01 57/38 22 24 97. ✉ werner.schwarz10@t-online.de, in einer ausgebauten Scheune gibt es Matratzenlager für bis zu 15 Pers. Warme Decken sind vorhanden, sodass ein leichter Leinen- oder Seidenschlafsack ausreicht. WC und kaltes Wasser zum Waschen, Ü gegen Spende

✞ ⊙ Die **St.-Vitus-Kirche** wurde 1492 auf einer Anhöhe, geschützt vor Hochwasser, im Leintal gebaut. Weithin sichtbar im ganzen Ort gilt sie als Wahrzeichen von Heuchlingen. Es gibt einen Pilgerstempel am Schriftenstand.

🚪 tagsüber geöffnet

Heuchlingen ist eine Wohngemeinde im Leintal. Die Städte Schwäbisch Gmünd und Aalen liegen in einer Entfernung von knapp 15 km etwa gleich weit entfernt, aber in entgegengesetzter Richtung. Der nächste Bahnhof (Mögglingen) befindet sich in nur 4 km Entfernung.

Am Kirchturm geht es links ein paar Stufen hinunter zur Hirtengasse und dort rechts zur Leinzeller Straße. Auch hier gehen Sie rechts, aber nur gut 100 m. Dann biegen Sie links in die Schulstraße ab und wandern nun auf dem Heuchlinger Besinnungsweg durch Sportplatzgelände. Sie überqueren den Bach Lein ❻ und wandern geradeaus auf schmalem Fußweg an eine Siedlungsstraße. Sie gehen rechts und dann geradeaus. Die Markierungen des Pilgerweges lassen (Stand 2022) sehr zu wünschen übrig. (Ein roter Punkt begleitet Sie aber seit Längerem. Auch befinden sich Pilgerstelen verschiedenster Art und in teils sehr einfallsreichen Gestaltungen am Weg.).

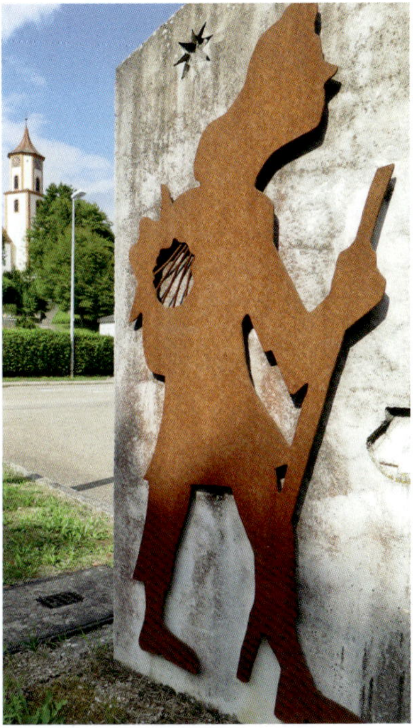
Am Heuchlinger Besinnungsweg

An der querenden Brackwanger Straße gehen Sie rechts, an einer ersten Gabelung wieder rechts und an einer zweiten links. Danach folgen Sie geradeaus aufwärts der Straße Richtung Brackwang.

Bereits oben in den Wiesen gehen Sie an der Straßengabelung rechts noch etwas aufwärts und dann abwärts immer auf dem Sträßchen. Brackwang ist eine Hofstelle, die Sie passieren. Etwas weiter folgt eine Gabelung. Sie gehen rechts und sind nun in einen wunderbaren Panoramaweg eingebogen. Auf dieser Höhe verlief einmal die nördlichste Grenzlinie des Römischen Reiches, der **Limes ❼**. Das Tagesziel Böbingen war also einmal römisch.

Das Sträßchen biegt links ab, ein rechts abzweigender Weg wird ignoriert. Sie folgen dem wieder rechts abbiegenden Sträßchen. Ein Linksabzweig bleibt dort außer Acht. Sie bleiben auf der Höhe, bis an einem Neubaugebiet die Straße links und wieder rechts abbiegt und Sie danach eine Querstraße erreichen.

Dort gehen Sie links und nach knapp 400 m wieder links in die Straße Im Bietwang, nach 30 m aber schon wieder rechts einen Treppenweg hinab auf eine querende Siedlungsstraße und dort rechts zur Bahnhofstraße.

Die Bahnhofstraße führt rechts zum Bahnhof (470 m) und links zum Kirchberg mit der Pilgerunterkunft (170 m).

Sie gehen geradeaus unter dem Schienenstrang hindurch und über die Rems, unterqueren die Bundesstraße B29 und biegen danach in die zweite Straße rechts Richtung Beiswang ab.

Zum Hotel kommen Sie, wenn Sie nicht Richtung Beiswang abbiegen, sondern der Hauptstraße geradeaus über die Querstraße hinweg folgen und dann links in die Schulstraße abbiegen. Nach den Schulgebäuden biegen Sie rechts in einen Fußweg ab, der zum Hotel hochführt.

Böbingen a. d. Rems

Kath. Pfarramt St. Josef, Kirchberg 9, 73560 Böbingen/Rems, 071 73/63 89, stjosef.boebingen@drs.de, Mo u. Do 10:00-12:00, Di u. Fr 14:30-17:30. Untergebracht werden können Einzelpersonen und Gruppen, die Übernachtung muss im Vorfeld über das Pfarrbüro angemeldet werden, es gibt Betten, Decken und Bettwäsche, ein warmer Schlafsack ist nicht erforderlich, Ü € 9, Bettwäsche € 5, , Bäckerei, Gastronomie sowie Einkaufsmöglichkeiten sind in der näheren Umgebung zu finden, 170 m.

Hotel Schweizerhof, Bürglestraße 11-13, 73560 Böbingen, 071 73/910 80, info@schweizerhofboebingen.de, www.schweizerhofboebingen.de, ÜF EZ € 60, DZ € 80, F € 6, bett+bike, 600 m

Wer Sorge hat, die nachfolgende Etappe nicht zu schaffen, kann etwas mit dem Bus abkürzen, ohne Entscheidendes zu verpassen. Vom Bf. Böbingen gibt es bis zu zweimal in der Stunde Umsteigeverbindungen über Heubach nach Bargau, Fahrtzeit 21-28 Min.

Böbingen hat einen Bahnhof an der Regionalbahnstrecke Stuttgart – Crailsheim (Crailsheim). Da der Zug im Halbstundentakt verkehrt, lässt er sich auch gut zum Aufsuchen von Ausweichquartieren in Schwäbisch Gmünd, Mögglingen oder Aalen nutzen, Fahrtzeit 6-12 Min.

Böbingen besteht aus den Gemeindeteilen Ober- und Unterböbingen (südl. und nördlich der Rems), Beiswang und einigen Weilern. Auf dem Gemeindegebiet entdeckten Forscher die Grundmauern eines Römerkastells sowie einige Gegenstände aus der Römerzeit, die sich heute in den Museen in Aalen und Schwäbisch Gmünd befinden. Die ausgedehnten Siedlungsgebiete und der hervorragende Gleisanschluss weisen auf den Ort als Wohngemeinde hin. Gearbeitet wird in den größeren Städten wie Aalen und Schwäbisch Gmünd.

Etappe 22: Böbingen – Böhmenkirch

22,4 km, 7 Std., 30 Min. ↑ 588 m, ↓ 303 m, ⇧ 389-788 m

0,0 km	⇧ 389 m	Böbingen
6,5 km	⇧ 436 m	Bargau ()
7,7 km	⇧ 517 m	Abzweig Kolpinghaus
9,3 km	⇧ 661 m	Himmelreich ()
11,9 km	⇧ 788 m	Falkenberg, höchster Punkt
21,1 km	⇧ 713 m	Kapelle St. Patriz
22,4 km	⇧ 674 m	Böhmenkirch

Von Böbingen bis Bargau wandern Sie noch durch das hügelige Albvorland. Dann aber beginnt ein recht steiler Aufstieg zur Albhochfläche. Zur Belohnung kommen Sie nach Himmelreich. Zumindest an Wochenenden gibt es dort etwas zu essen und zu trinken. Der Aufstieg ist dort aber noch nicht vorbei. Weniger steil geht es noch bis zum dicht bewaldeten Falkenberg, der als Gipfel kaum wahrnehmbar, aber schon fast 800 m hoch ist. Ruhige Wald- und zuletzt auch Feldwege und kleine Sträßchen führen in leichtem Auf- und Ab bis Böhmenkirch.

Sie überqueren einen Nebenbach (Klotzbach). Danach biegt der Weg nach rechts ab. Sie könnten dem Sträßchen nach Beiswang folgen, doch der Pilgerweg verläuft anders.

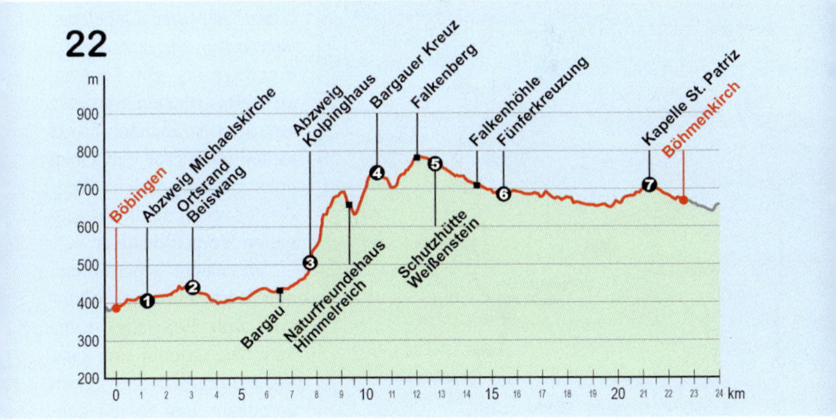

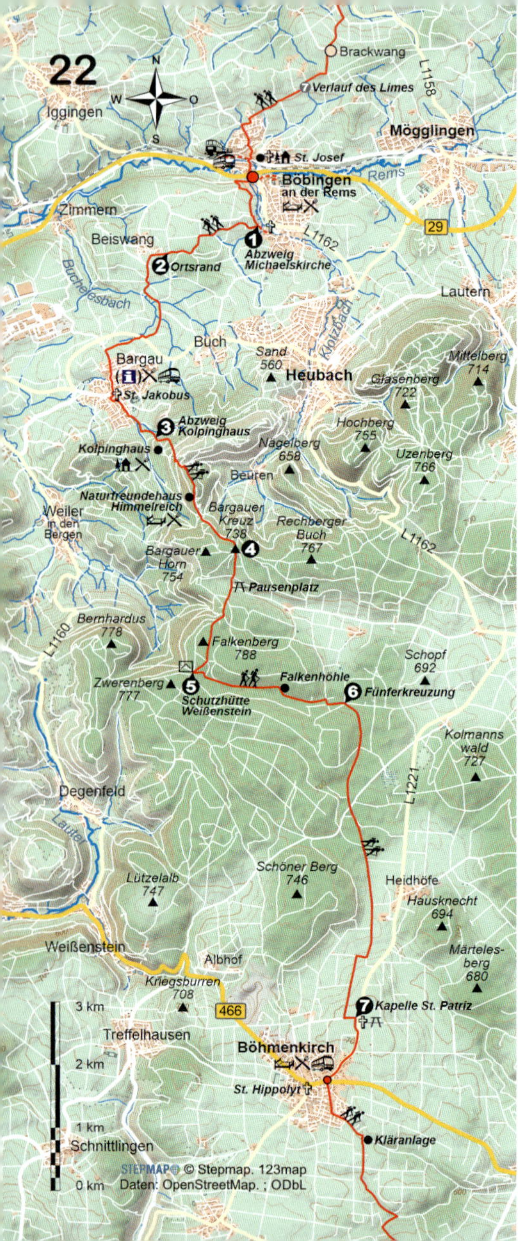

100 m nach der ersten scharfen Linkskurve biegen Sie links in einen Schotterweg ab, der durch die Wiesen an ein anderes Sträßchen führt. Sie gehen links abwärts, nach 200 m aber wieder rechts aufwärts in einen weiteren geteerten Weg ❶.

↳ Wer die ursprünglich romanische und dann spätgotisch umgebaute ev. **Michaelskirche** in Oberböbingen besuchen will, kann, bevor er rechts abbiegt, noch 220 m geradeaus gehen. Sie steht dann linker Hand am Weg.

An einer Kreuzung geht es geradeaus weiter. Dann treffen Sie auf ⛩ Pausenbänke an einer Gabelung. Hier halten Sie sich rechts. Wenn rechts ein Feldweg abzweigt, bleiben Sie links auf dem Sträßchen. Etwas weiter ignorieren Sie einen links abzweigenden Weg. An der versetzten Kreuzung gehen Sie geradeaus.

Vor einem hypermodernen Milchviehbetrieb (Ortsrand von Beiswang) kommen Sie wieder an eine Kreuzung ❷. Sie gehen geradeaus und folgen dem

Sträßchen, das links abbiegt, über zwei Bäche hinweg. Dann steigt es wieder leicht an. Danach biegen Sie rechts in den Radweg Richtung Bargau ab.

Sie erreichen eine Umgehungsstraße (L1161), gehen rechts und dann unter der Straße hindurch bis an eine Siedlungsstraße und dort links nach Bargau hinein. An der Durchgangsstraße gehen Sie rechts und in der Rechtskurve der Straße links zur ev. Jakobuskirche hinauf.

Bargau

Jakobus Gemeinschaft der Seelsorgeeinheit Unterm Bernhardus in Bargau, www.jakobus-gemeinschaft-bargau.de

Die **Jakobuskirche** (kath. Pfarrkirche St. Jakobus d. Ältere) von Bargau ist in nur sechsmonatiger Bauzeit als neoromanischer Backsteinbau im Jahr 1911 entstanden. Eine erste Jakobuskapelle soll es allerdings bereits 1455 an der Stelle gegeben haben, an der heute das Alte Schulhaus steht, also gegenüber der Kirche an der Hauptstraßenseite (Stauferstraße). Im Innern werden Sie schnell die Jakobusfigur aus dem 18. Jh. entdecken. Eine moderne Jakobusfigur steht vor der Kirche. Aufgefallen ist mir auch ein Wandbild von Sieger Köder. Die Stempelstelle befindet sich außen neben der Kirche am Friedhof.

tagsüber geöffnet

Pilgergruppe von Sieger Köder in Bargau

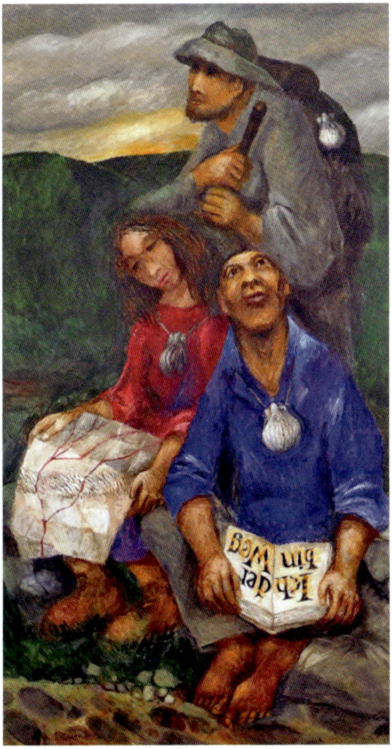

Wenn Sie aus der Kirche treten, wenden Sie sich nach links und gehen über den Friedhof mit dem Pilgerdenkmal zur Jakobusstraße und dort links. Rechts gibt es, wie schon in Rothenburg, eine Wegalternative Richtung Burgund (via Tübingen). Sie laufen bis zur Querstraße (Steigstraße) und gehen dort rechts.

An der querenden Ostalbstraße gehen Sie geradeaus über den Parkplatz, vor dem Teich aber links und dann rechts daran vorbei. Bevor das Sträßchen den Wald erreicht, biegen Sie links in einen Grasweg ab. Der führt im Bogen geradeaus über ein Sträßchen hinweg Richtung Himmelreich und Kolpinghaus und hier als Teerstraße weiter zum Abzweig zum Kolpinghaus ❸.

Kolpinghaus Bargau, Hausanschrift: Bitzel 1, 73529 Bargau, kolpinghausbargau.wixsite.com/kolpinghaus, Hausverwaltung Bärbel Wagner, ☏ 071 72/63 36. Das Kolpinghaus bietet 30 Übernachtungsplätze für Menschen mit Schlafsack, aber auch mit Bettwäsche. Es gibt überwiegend MBZ aber auch DZ. Das Kolpinghaus ist auch eine beliebte Ausflugsgaststätte. Geöffnet ist normalerweise nur an Wochenenden, für Gruppen auch nach Absprache, Pilgerinnen und Pilger als Übernachtungsgäste werden ausdrücklich genannt. Wenn Sie dort übernachten wollen, müssen Sie sich unbedingt rechtzeitig anmelden, ➲ 200 m, 1,7 km hinter Bargau, direkt im Albaufstieg.

Nach nur 30 m (in der Rechtskurve) biegen Sie links in einen aufwärts führenden Pfad in den Wald und von der Straße ab (blaues Dreieck). Nach wenigen Schritten kommt von rechts ein Trampelpfad (vom Kolpinghaus) hinab. Sie gehen links in den Hang, am Waldrand rechts und dann geradeaus die Wiese hoch (rechter Hand können Sie das Kolpinghaus erahnen, ➲ 150 m). Weiter führt der Pfad durch den Wald an einen breiten Querweg.

Sie steigen geradeaus über den Weg hinweg auf schmalem Pfad und zuletzt in Stufen auf einen zweiten Querweg. Dort gehen Sie 50 m nach rechts und sehen dann den links weiter aufwärtsführenden Pfad. Der endet wieder in steilen Stufen und führt dann rechts in den Hang unterhalb einer Waldwiese. Achten Sie dort darauf, links an die Wiese zu einem Wegweiser zu wechseln. Sie gehen rechts in die Waldecke und dort links 60 m leicht bergan. Rechts folgen Sie dem Pfad (rotes Dreieck) durch den Wald in einer kleinen Serpentine an den Kamm. An der zweiten Waldwiese nehmen Sie den halb rechts abwärtsführenden breiten Weg und kommen zum Naturfreundehaus Himmelreich.

( ) Das **Naturfreundehaus Himmelreich** wird von freiwilligen Helferinnen und Helfern bewirtschaftet. In der Regel hat es samstags und sonntags ab 9:00 geöffnet. Dann können Sie dort auch übernachten, Ü € 23, F € 7 (Mitglieder zahlen einen ermäßigten Preis, Bettwäsche ist im Preis enthalten). Da es jederzeit zu Änderungen kommen kann, schauen Sie am besten kurzfristig auf die Homepage nach dem aktuellen Bewirtschaftungszeitraum naturfreundehaus-himmelreich.com.

Sie folgen der Zufahrt ohne Richtungswechsel, biegen in der ersten Kurve aber rechts in einen abkürzenden Weg ab. Sie erreichen die Zufahrt wieder, gehen rechts zu einer Kreuzung ⛼ und dort geradeaus zunächst auf Teer aufwärts bis zum **Bargauer Kreuz ❹**, einer Wegespinne.

Gehen Sie hier halb rechts vom breiten Schotterweg ab. Voraus haben Sie nun vier weiterführende Wege. Sie nehmen den Weg ganz links (rotes Dreieck).

Sie erreichen einen breiten Schotterweg und gehen rechts, kommen aus dem Wald und an einen ⛼ Pausenplatz im Gebüsch inmitten eines Wegdreiecks. Sie gehen rechts mit dem roten Dreieck wieder in den Wald und über das **Fuchsteichsträßle** wieder aufwärts. Ein links abzweigender Weg wird ignoriert. ↳ Es folgt ein Abzweig rechts in den Ort Weiler. Gleich danach biegen Sie rechts von dem Fuchsteichsträßle ab und gehen Richtung Bernadus Jägerhaus Weißenstein (rotes Dreieck). Es geht wieder bergauf. An einer Gabelung gehen Sie links und überschreiten den Gipfel des **Falkenbergs** (Anhöhe mit Windrädern). Sie kommen an einen breiten Schotterweg, biegen rechts ein und erreichen die ⌂ **Schutzhütte Weißenstein ❺** und wenig weiter eine Kreuzung. Dort nehmen Sie keinen der breiten Wege, sondern gehen im spitzen Winkel links Richtung Falkenhöhle, Böhmenkirch (liegendes Y).

Der Pfad biegt leicht rechts ab und führt Sie auf einen breiten Schotterweg. Sie folgen dem beständig abwärtsgerichteten Weg rechts. (Die Falkenhöhle liegt etwas abseits linker Hand nach 1,1 km und nach einer Rechtskurve nahe am Weg).

Nach mehr als 2 km kommen Sie an eine Gabelung und gehen rechts zu einer Kreuzung, wo es links weiter geht. Sie kommen recht bald an eine **Fünferkreuzung ❻**. Hier nehmen Sie den zweiten Weg von rechts (Wegweiser nach Böhmenkirch, gelbe Raute). An einer Kreuzung und an einer querenden Teerstraße gehen Sie jeweils geradeaus.

Auch am Waldrand, wenn der Weg wieder in offenes Gelände führt, wechseln Sie die Richtung nicht. Sämtliche Abzweige werden ignoriert. Erst nach 1,7 km geben Sie Acht! ✋ Der zunächst ebene Weg führt durch eine Talsenke an eine Feldhecke. Hier biegen Sie mit der gelben Markierung rechts vom weiter geradeaus führenden Weg ab. Knapp 200 m weiter geht es links zur Höhe hinauf und an einem Quersträßchen links zur Kapelle St. Patriz **❼.**

✞ Die Kapelle **St. Patriz** wurde 1733 erbaut und ist dem hl. Patriz, dem Patron gegen Viehseuchen, geweiht. Das große Kruzifix, das im Chor aufgehängt ist (um 1600-1620), ist bedeutender Blickfang. Im Außenbereich der Kapelle befindet sich ein großer Platz mit Sitzbänken. Von Böhmenkirch führt ein Kreuzweg hierher, den Sie nun in Gegenrichtung laufen werden.

🚪 tagsüber geöffnet

Achten Sie am Ortseingang bei den ersten Häusern rechter Hand auf den **Jakobusbildstock**. Ein Böhmenkirchener Bürger des 17. Jh., der den Vornamen Jacob trug und in Mailand verstorben war, hatte diesen für einen solchen Fall als Erinnerungsstein in Auftrag gegeben.

Sie gehen vorbei am Landgasthof Rose bis an die querende Hauptstraße. ↳ Der markierte Weg führt nicht in die Ortsmitte. Um dorthin zu kommen, gehen Sie rechts, passieren zwei Cafés und biegen dann links in die Kirchstraße ab. Gegenüber der Kirche befindet sich der Landgasthof Zum Lamm.

Böhmenkirch

🛏 ✕ **Landgasthof Rose**, Wörnaustraße 1, 89558 Böhmenkirch, ☏ 073 32/65 75, info@rose.boehmenkirch.de, www.rose-boehmenkirch.de, ÜF Preise auf Anfrage, Fr Ruhetag, ➲ am Weg

♦ **Landgasthof Zum Lamm**, Kirchstraße 8, 89558 Böhmenkirch, ☏ 073 32/52 43, lamm@landgasthof-lamm.de, www.landgasthof-lamm.de, ÜF EZ € 20-37, DZ € 40-56, ➲ 370 m, Zentrum

🚌 Von Böhmenkirch („Rathaus“) gibt es bis zu zweimal in der Stunde eine Busverbindung nach Geislingen an der Steige ZOB (Bahnstrecke Stuttgart – Plochingen – Ulm), Fahrtzeit 17-26 Min. Auch zum Bahnhof Heidenheim an der Brenz (Bahnstrecke Aalen – Ulm) gibt es etwa einmal in der Stunde eine Busverbindung.

✞ ⊙ Die katholische Kirche **St. Hippolyt** in Böhmenkirch wurde 1844 für 1.200 Menschen konzipiert. Das entsprach etwa der Hälfte der damaligen Einwohnerinnen und Einwohner Böhmenkirchs. Die heutige Gestaltung einschließlich der Fenster geht auf das Jahr 1954 zurück. Eines der Fenster zeigt auch eine Darstellung des Pilgerapostels Jakobus des Älteren. Es liegt ein Pilgerstempel aus.

tagsüber geöffnet

Böhmenkirch bildet auf der einsamen Albhochfläche ein kleines wirtschaftliches Zentrum.

Die Supermärkte liegen leider 600 m außerhalb des Zentrums (nordwestlich an der Hauptstraße B466), vom Pilgerweg sogar 900 m entfernt, sind bei Bedarf aber zu erreichen.

Seine Bedeutung als Zentralort der Region unterstreichen auch die guten Busanbindungen zu den Bahnhöfen und damit auch zu einigen kleinen Dörfern der Umgebung.

Etappe 23: Böhmenkirch – Lonsee

27,9 km, 9 Std. ↑ 608 m, ↓ 711 m, ⇧ 562-693 m

0,0 km	⇧ 674 m	Böhmenkirch
5,7 km	⇧ 666 m	Gussenstadt
9,7 km	⇧ 646 m	Abzweig Bräunisheim
13,3 km	⇧ 642 m	Sontbergen
16,2 km	⇧ 635 m	Zähringen
22,9 km	⇧ 666 m	Ettlenschieß
27,9 km	⇧ 567 m	Lonsee

Die heutige Etappe ist mit knapp 28 km recht lang und außerdem mit vielen Auf- und Abstiegen verbunden. Zudem legen die landschaftlichen Schönheiten, die kleinen Kirchlein und nicht zuletzt die schmackhafte schwäbische Küche nahe, die Strecke wie unten vorgeschlagen, noch einmal zu teilen. Der Genussfaktor lässt sich dadurch deutlich steigern.

☺ Um die Etappe zu teilen, haben Sie zum einen die Möglichkeit, in der alten Schule in Bräunisheim zu übernachten und zum anderen können Sie den Abholservice des Landhotels Gasthof am Berg in Temmenhausen (☞ Etappe 24) in Anspruch nehmen. Letzteres hat auch den Vorteil, dass Sie einen Tag mit nur leichtem Gepäck wandern können, wenn Sie in Temmenhausen zweimal übernachten. Wie mir dort berichtet wurde, lassen sich viele Pilgerinnen und Pilger in Ettlenschieß abholen und anderntags auch wieder zurückbringen.

Gehen Sie leicht nach links versetzt über die Hauptstraße hinweg in die Poststraße. Markiert ist weiterhin auch die gelbe Raute. An einer ersten Gabelung verlassen Sie die Poststraße und gehen rechts mit dem Breiten Weg weiter.

In einer leichten Senke, bevor der Weg wieder steigt, biegen Sie links in die Schützenstraße ab. Die führt in ein Wiesental, das Sie halb rechts gemütlich abwärts laufen.

Vor der Kläranlage geht es dann rechts aus dem Tal hinaus, über eine Kreuzung auf der Höhe hinweg und wieder in ein Tal hinein. An der nächsten Kreuzung steht eine Stele mit Kapelle obendrauf ⛪. Sie gehen geradeaus in das bewaldete Tal hinab. Ein Waldweg setzt sich fort und erreicht wieder offenes Gelände mit Wacholderaufwuchs in einem Trockental. Ein Wegweiser zeigt Ihnen den Weg im spitzen Winkel rechts ❶ aus dem Tal heraus Richtung Gussenstadt, Sontbergen und Lonsee.

Sie kommen an einen Querweg und gehen links leicht aufwärts. An einem beginnenden Teerweg gehen Sie rechts weiter. Der führt nun immer geradeaus nach Gussenstadt.

An der Durchgangsstraße (Hauptstraße) gehen Sie links und wenn die Straße an der schönen Eiche rechts abbiegt, geradeaus in die Ortsmitte. ↳ Links kommen Sie zum Gasthaus Krone und rechts daran vorbei in die Kirchstraße zur sehenswerten Michaelskirche.

Gussenstadt (Gerstetten)

Gästehaus Krone, Werner Häcker, Marktstraße 17, 89547 Gussenstadt, ☎ 073 23/62 98, 01 76 78 27 89 88, gasthaus-krone@gmx.de, www.krone-gussenstadt.de, ÜF Preise auf Anfrage, (Küche), Sauna, ➲ am Weg

Landgasthof Hotel Hirsch, Familie Hoffi, Marktstraße 1, 89547 Gussenstadt, ☎ 073 23/63 39, mail@hirsch-gussenstadt.de, www.hirsch-gussenstadt.de, ÜF Preise auf Anfrage, ➲ am Weg

☞ Böhmenkirch

Die ev. **Michaelskirche** wurde 1150 gebaut und 1691 auf die heutige Größe verlängert, als sie nämlich als Scheune zum Einlagern von Getreide benötigt wurde. Davon ist heute nichts mehr zu sehen. Beachten Sie die geschnitzten Bänke der hübschen Kirche. Die Bemalung der Empore ist so ähnlich auch in anderen kleinen Dorfkirchen zu sehen.

im Sommerhalbjahr täglich von 10:00-18:00, im Winter können Sie den Schlüssel im Pfarramt nebenan bekommen.

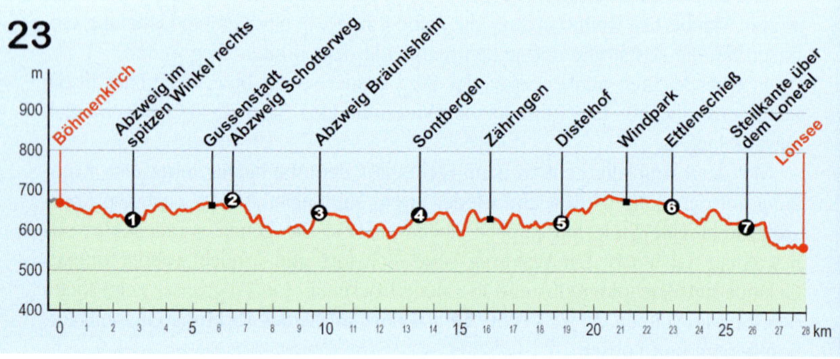

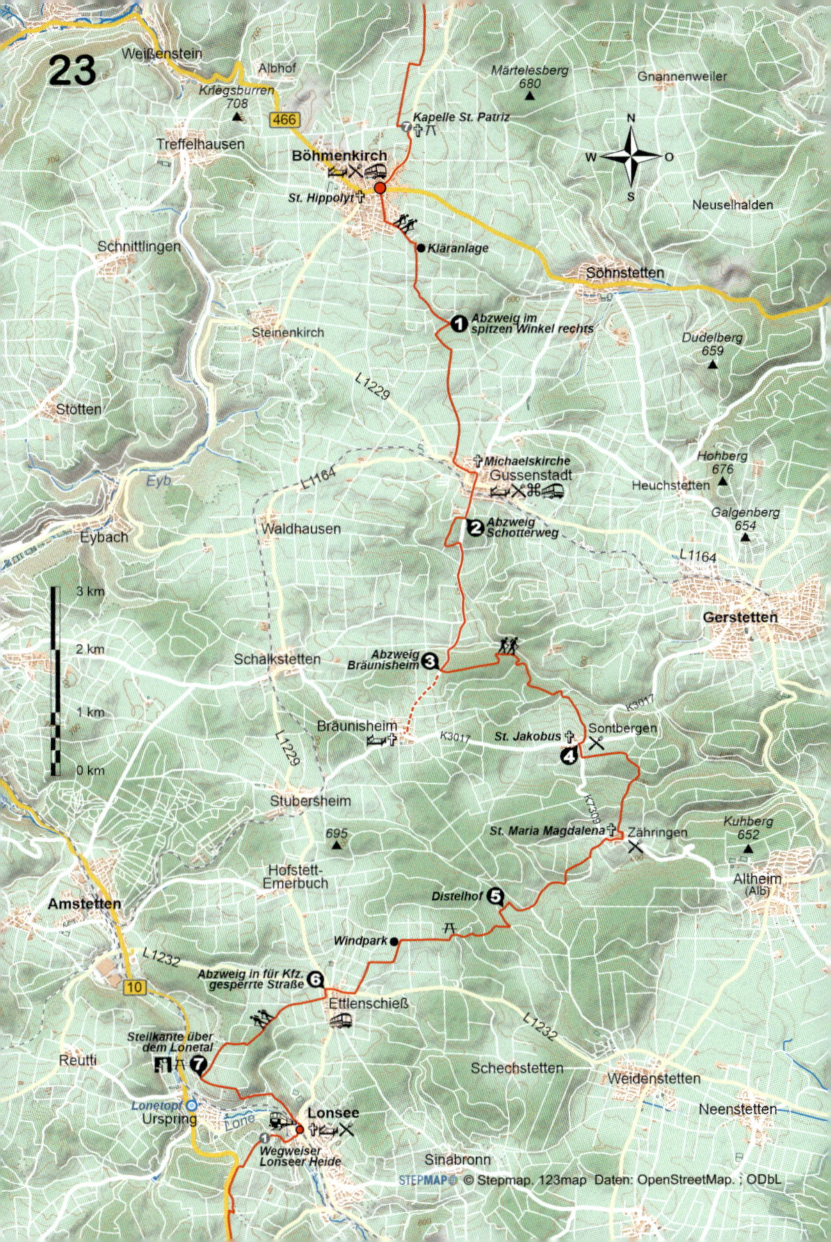
23
Weißenstein
Albhof
Kriegsburren
708
466
Märtelesberg
680
Gnannenweiler
Kapelle St. Patriz
Treffelhausen
Böhmenkirch
St. Hippolyt
N
W
O
S
Neuselhalden
Schnittlingen
Kläranlage
Söhnstetten
Abzweig im spitzen Winkel rechts
Steinenkirch
Dudelberg
659
L 1229
Stötten
Michaelskirche
Gussenstadt
Hohberg
676
Heuchstetten
Eyb
L1164
Eybach
Waldhausen
Abzweig Schotterweg
Galgenberg
654
L1164
Gerstetten
3 km
2 km
1 km
0 km
Schalkstetten
Abzweig Bräunisheim
Bräunisheim
K3017
St. Jakobus
Sontbergen
K3017
L1229
Stubersheim
K7309
695
St. Maria Magdalena
Zähringen
Kuhberg
652
Hofstett-Emerbuch
Altheim (Alb)
Amstetten
Distelhof
Windpark
L1232
Abzweig in für Kfz. gesperrte Straße
10
Ettlenschieß
L1232
Steilkante über dem Lonetal
Reutti
Schechstetten
Weidenstetten
Lonetopf
Urspring
Lone
Lonsee
Neenstetten
Wegweiser Lonseer Heide
Sinabronn
STEPMAP © Stepmap. 123map Daten: OpenStreetMap. ; ODbL

⌘ **Museum im Ursulastift**. Das älteste Museum in Württemberg zeigt die Lebensverhältnisse auf der Schwäbischen Alb im 19. und 20. Jahrhundert.

15. Mai-3. Okt jeden Sonntag von 13:30-16:30

Vermutet wird eine erste Besiedlung im Raum Gussenstadt ab dem 8. Jh. Vom reinen Bauerndorf hat es sich zu einer Arbeiterwohngemeinde mit kleinen mittelständischen Betrieben entwickelt. Daran hatte der Bau der Eisenbahn im Jahr 1906 großen Anteil. Heute fahren hier allerdings nur noch Museumsbahnen.

Ihr Weg führt rechts an den Gasthäusern Rösle und Hirsch wieder an die Hauptstraße und geradeaus darüber hinweg, am Bahnhof vorbei und in den Wald hinunter. Aber noch bevor die Senke ganz erreicht ist, biegen Sie rechts von der Straße in einen Schotterweg ab ❷. An der nächsten Möglichkeit biegen Sie links ab. Es geht am Waldrand entlang und noch einmal links zurück zur Straße, die Sie an einem Grillplatz mit verschlossener Hütte wieder erreichen. Jetzt folgen Sie ihr rechts. Es geht weit hinunter in ein Tal und wieder zur Höhe. Noch nicht ganz auf der Höhe biegt Ihr Weg wieder links von der Straße ab in den Wald ❸.

Die Straße führt weiter nach Bräunisheim, wo Sie eine schöne Übernachtungsmöglichkeit finden.

Bräunisheim (Amstetten)

Herberge zum alten Schulhaus, Slicherstraße 34, 73340 Bräunisheim
01 76/49 62 30 69, jhorndasch@aol.com,
www.herberge-zum-alten-schulhaus.com, ÜF € 30 p. P., ➲ 1,2 km. Das liebevoll eingerichtete, denkmalgerecht restaurierte, 200 Jahre alte Schulhaus von Bräunisheim steht direkt an der Kirche im 220-Einwohner-Dorf. Pilgerinnen und Pilger sind willkommen. Neben erholsamem Schlaf dürfen Sie sich auf Frühstück und Lunchpaket freuen. Bei Bedarf wird ein Fahrdienst zu einem der in der Nähe liegenden Restaurants organisiert.

Der Weg ist leicht abwärtsgerichtet und führt dann auch in einigen Kurven in ein Tal hinunter und wieder hinaus auf eindeutigem zweispurigem Weg. Ab und an ist der Weg auch markiert. Schließlich treffen Sie auf einen Querweg, gehen links zu einer Kreuzung und dort rechts.

Der Weg führt nun geradeaus nach Sontbergen hinauf. An der erreichten Straße gehen Sie rechts zur Ortsdurchfahrt ❹ und dort links weiter (rechts geht es zur St.-Jakobus-Kirche).

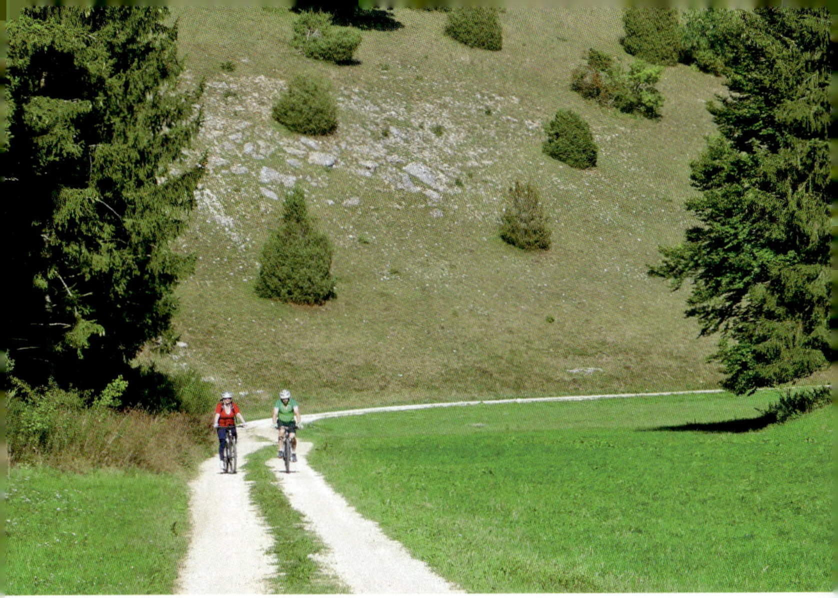

Wacholderheide vor Sontbergen

Sontbergen (Gerstetten)

✗ **Gasthaus Rössle**, Sontbergen 1, ☏ 073 23/608 99 58, 01 62/895 19 64 und 01 52/34 09 99 36, roesslesontbergen@gmail.com, www.gasthausroesslesontbergen.de, So ab 11:00 und nach Voranmeldung

✗ **Stadelwirtschaft zum Sontberger Michel**, Günter und Elke Bückle, Sontbergen 5, 89547 Gerstetten, 073 23/69 04, www.sontberger-michel.de, Fr-So ab 16:00

Die **St.-Jakobus-Kirche** in Sontbergen stammt aus dem 14. Jh. Sie war von Anfang an nicht nur Dorfkirche, sondern auch Station auf dem Jakobsweg nach Santiago de Compostela. Aufgewertet wurde sie 2004 durch vier Bildfenster von Sieger Köder. Ein Pilgerstempel liegt aus.

April-Okt tagsüber geöffnet

Nach 230 m biegen Sie links von der Straße ab in einen Feldweg, gehen am Waldrand entlang bis an einen Querweg, dem Sie rechts in den Wald folgen. An einer Kreuzung biegen Sie rechts ab. Es folgt eine Gabelung, an der Sie ebenfalls rechts gehen. Sie erreichen den Waldrand in einer Senke. Hier gehen Sie geradeaus über die Wiese wieder bergan (auch Berg und Tal, örtlicher Wanderweg).

Oben führt ein Schotterweg wieder aus der Wiese heraus zu einer Hofstelle. Sie gehen links und an der einmündenden Straße rechts zur Durchgangsstraße von Zähringen.

Zähringen (Altheim/Alb) ✗ ✞ ⊙

✗ **Gasthaus Lamm**, Hauptstraße 4, 89174 Zähringen, ☏ 073 40/538, info@lamm-zaehringen.de, lamm-zaehringen.de, Mo-Mi ab 11:00

✞ ⊙ Die Kirche **Maria Magdalena** in Zähringen wurde um 1400 erbaut. In der Kirche liegt ein Pilgerstempel aus.

April-Okt tagsüber geöffnet

☺ Bei Zähringen gibt es noch eine Ringburg, die wahrscheinlich eine keltische Fliehburg war.

Rechts geht es bis kurz hinter den Ortsausgang in ein Sträßchen, das wieder in ein Tal hinunterführt.

An der Waldecke führt der Weg rechts durch den Wald, über einen Buckel und dann am Querweg links wieder an das Sträßchen, das hier mit einem weiteren ein Straßendreieck bildet. Gehen Sie rechts Richtung Amstetten. Sie kommen wieder an ein Wegdreieck. Auch hier gehen Sie rechts weiter. Gemeint ist der untere Weg entlang der Wiese längs des Waldrands (nicht in den Wald gehen).

Der Weg biegt rechts um die Waldecke. Nach gut 400 m folgen Sie dann links einer Spur, die über die Wiese auf eine markante, etwas höher gelegene Baumgruppe zuführt ❺.

Denkmal Distelhof

Die Baumgruppe ist als Denkmal geschützt, markiert sie doch den ehemaligen Standort des Distelhofes, einen Aussiedlerhof, der Ende des 19. Jh. den dort lebenden Menschen wenig Glück bescherte. Eine hier angebrachte Tafel beschreibt die Geschichte der nur 30 Jahre dauernden Lebenszeit dieser Hofstelle. Die Geschichte des Distelhofes steht beispielhaft für die schwierigen Lebensbedingungen der Albbewohnerinnen und Albbewohner in der Vergangenheit.

Es geht wieder bergab zu einem Querweg und dort links zu einer Wegkreuzung. Scharf rechts biegen Sie hier in den Waldweg ab. Es folgt eine weitere Kreuzung, an der Sie geradeaus gehen. Dann müssen Sie gut auf den Abzweig links vom breiten Weg in eine wenig gepflegte Schneise achten (rund 200 m nach der letzten Kreuzung).

Der Pfad führt nach 170 m auf einen Querweg. Sie gehen rechts und an der sofort folgenden Gabelung links (ich habe hier keine Markierungen gesehen) und dann über eine Kreuzung hinweg an den Waldrand ⛼. Links am Waldrand entlang geht es weiter und nach 100 m rechts über die Wiesen auf zwei Windräder zu. Der Weg bekommt eine Teerdecke. Sie gehen geradeaus und direkt vor dem Windpark auf dem nach links abbiegenden Sträßchen weiter und auch wenn das Sträßchen rechts abbiegt, bleiben Sie ihm treu.

An der erreichten Lindenreihe (Querstraße) gehen Sie links zur Hauptstraße am Ortsrand von **Ettlenschieß** und dort rechts zur Kreuzung in der Ortsmitte.

Ettlenschieß gehört bereits zu Lonsee.

Wer hier müde ist, kann werktags (an Wochenenden umständlich) von Ettlenschieß mit dem Bus einmal in der Stunde nach Lonsee fahren (ab Ortsmitte/Kreuzung, „Ettlenschieß Hirsch“).

Gehen Sie 70 m weiter geradeaus und dann links in eine für Kraftfahrzeuge gesperrte Straße ❻. Das Sträßchen biegt rechts ab und führt in die Weite. Aber Achtung! Nach knapp 600 m biegen Sie an einer Baumgruppe halb links (nicht ganz links) in einen Grasweg ab. Der führt durch eine Wiesensenke an eine Waldecke und dort halb links in den Buchenhochwald hinein. Ein breiter Querweg wird schräg nach links überquert.

Auf einem Waldweg schlängeln Sie sich teils auf undeutlichem, aber dicht markiertem Pfad durch den Hochwald und dann durch Stangenwald.

Am Waldrand folgen Sie geradeaus dem Schotterweg am Waldrand entlang zu einem Straßendreieck. Sie gehen links über einen Buckel hinüber zu einer Dreierbaumgruppe an einer Steilkante zum Lonetal ⛼ ❼. Der Blick geht nach Urspring. Biegen Sie links in das querende Sträßchen ein. An der erreichten Waldecke biegt Ihr Weg rechts ab und führt steiler abwärts durch Wald. Unten biegen Sie links in den Hang und nach 140 m scharf rechts auf ein unterhalb der verbliebenen Böschung entlangführendes Sträßchen. In dieses biegen Sie links ein.

Sie gehen bis auf den Querweg unterhalb der Wacholderwiese und dort rechts an die Schienen am Bahnhof Lonsee mit Zugang zum Bahnsteig. Geradeaus steigen Sie die Talstraße hoch und biegen dann rechts zur Fortsetzung des Weges in die Straße Hinter der Kirche ab. ↳ Zum Försterhaus gehen Sie mit der Talstraße links aufwärts.

An der folgenden Hausecke biegen Sie rechts ab und kommen zur Bahnüberführung und in den Ortskern von Lonsee.

Lonsee

Ferien im Försterhaus, Renate Mangold, Am Nohl 5, 89173 Lonsee, ☏ 073 36/84 13, info@ferienwohnungen-im-foersterhaus.de, ferienwohnungen-im-foersterhaus.de, Ü EZ € 35, DZ € 53. Auch für nur eine Übernachtung sind Pilgerinnen und Pilger hier herzlich willkommen, es werden auch kleinere FeWo für 1-2 Pers. und größere für bis zu 4 Pers. angeboten, Preise auf Anfrage, 160 m.

Ristorante Pizzeria Dolce Vita, An der Lone 2/3, 89173 Lonsee, ☏ 073 36/95 26 01, dolcevita-lonsee.de, Di Ruhetag, Mi bis Mo ab 17:00, So auch ab 11:00

Lonsee hat einen Bahnhof an der Bahnstrecke Plochingen – Ulm. Da die Fahrtzeit nach Ulm nur 23 Min. beträgt, könnten Sie auch am Abend nach Ulm fahren, dort übernachten und am anderen Tag die Strecke von Lonsee mit nur leichtem Gepäck laufen.

Lonsee liegt im Tal der Lone, die im Ortsteil Urspring als Karstquelle in einem Quelltopf ihren Ursprung hat. Die Bahnlinie sowie die Bundesstraße B10 markieren in etwa die Linie eines einfachen Albübergangs zwischen dem Neckar bei Stuttgart (Plochingen) und der Donau bei Ulm. Dies erklärt die schon frühe Besiedlung. Menschliche Spuren reichen 50.000 Jahre zurück. Die Römer siedelten hier, oberhalb Ursprings konnte ein Kastell nachgewiesen werden, und im Talraum gab es eine zivile röm. Siedlung, aber auch eine alemannische Besiedlung wird bereits für das 5. Jh. angenommen. Lonsee selbst wurde 888 das erste Mal schriftlich erwähnt und ist heute eine Gemeinde mit gut 5.000 Einwohnerinnen und Einwohnern.

Etappe 24: Lonsee – Temmenhausen

11,1 km, 4 Std. ↑ 251 m, ↓ 171 m, ⇧ 555-720 m

0,0 km	⇧ 567 m	Lonsee
3,5 km	⇧ 623 m	Luizhausen
8,3 km	⇧ 701 m	Scharenstetten
11,1 km	⇧ 643 m	Temmenhausen

Aus dem Lonetal steigen Sie wieder hinauf auf 700 m Höhe. Scharenstätten liegt aussichtsreich auf der Kuppe und hat in der Laurentiuskirche auch einen kunstgeschichtlich wertvollen Altar zu bieten. Bis an den Rand der Kuppenalb, die bei Temmenhausen steil in die Hochfläche der Ulmer Alb abbricht, führt Ihr Weg.

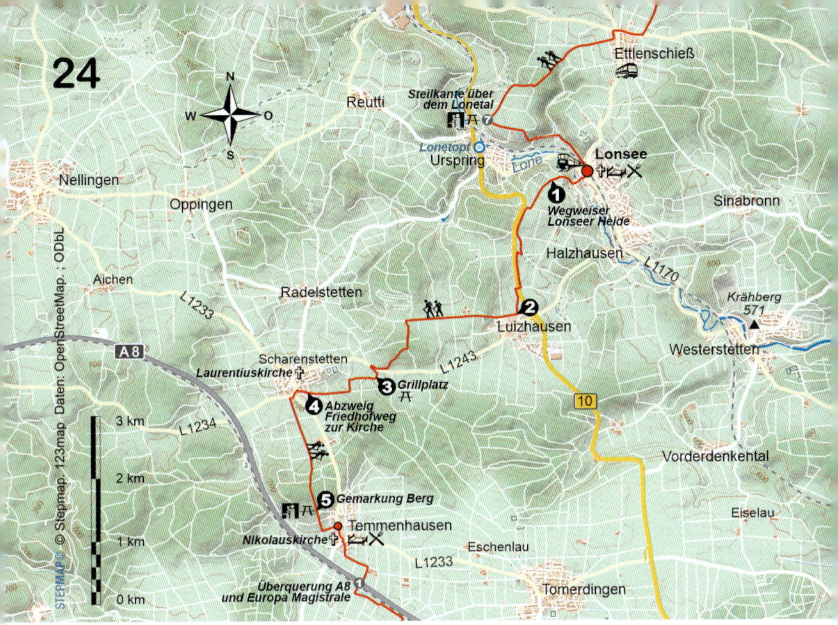

Jenseits der Schienen stehen Wegweiser, die Sie weiter geradeaus auf den Gasthof Löwen zu und leicht versetzt durch die Hindenburgstraße führen. Die führt zum Rathaus ⛼, durch eine Parkanlage und über die Lone hinweg bis in eine Straßenkurve. Dort gehen Sie geradeaus an einem letzten Haus vorbei an den Waldrand und dort rechts auf schmalem Steig durch Waldgebiet aufwärts zu einem Querweg. Folgen Sie ihm rechts im Hang, bis er zu fallen beginnt. Dann biegen Sie links in einen weiteren Pfad ab, der wieder steiler bergan führt.

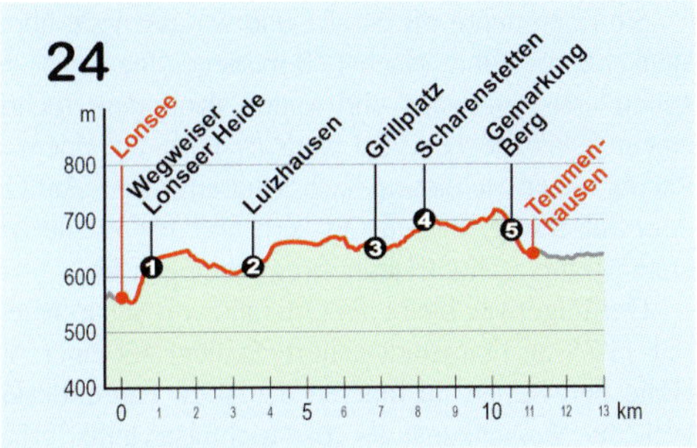

Sie gehen noch einmal über einen Querweg hinweg und dann über eine Wacholderwiese auf einen schon von Weitem sichtbaren Wegweiser zu. Der steht an einem Wegdreieck und trägt den Namen „Lonseer Heide" ❶.

Muschelmarkierung und Wegweiser widersprechen sich hier. Die Markierung zeigt rechts (ältere Variante) und der Wegweiser (neu) zeigt geradeaus. Ich halte mich an den neuen Wegweiser, der eine 250 m kürzere Wegstrecke aufzeigt, gehe also geradeaus über die Felder an einen geteerten Querweg und dort rechts zur B10 und auf dem Radweg links daran entlang (beide Varianten vereint). Der Radweg wird zum Schotterweg und entfernt sich durch ein Gebüsch von der Straße. Bevor Sie dann wieder in die Felder laufen, biegen Sie rechts in einen Grasweg ab, kommen über einen Querweg zurück zur Straße und dort links erneut in eine Parallele zur Bundesstraße.

Am Straßentunnel unterqueren Sie die Schnellstraße und gehen dahinter links bis an den Siedlungsrand. Auf dem dortigen Wegweiser steht **„Luizhausen“** ❷. Sie biegen rechts ab und folgen der Weilerstraße aufwärts über eine Höhe hinweg bei weiter Sicht. Sie gehen noch bis an einen Gehölzrand. Ein Wegweiser zeigt Ihnen den Weg links in den Wald.

Gehen Sie einmal über eine Kreuzung hinweg, 140 m weiter dann rechts vom breiten Weg ab in einen teilweise etwas zugewachsenen und sehr nassen Weg. Der führt zum Waldrand. Sie gehen rechts am Waldrand entlang. (✋ Nicht wieder in den Wald zurückgehen.) Bevor die Straße erreicht ist, können Sie noch ein Stück rechts in Waldrandnähe bleiben und kommen dann zur Straße (L1243). Scharenstetten sehen Sie bereits voraus auf der Höhe liegen.

Sie überqueren die Straße und verlassen sie über einen Weg, der im spitzen Winkel zurückführt. Nach 170 m biegen Sie rechts zu einem ⩩ Grillplatz ❸ ab, gehen erst geradeaus und folgen dann dem rechts abbiegenden Grasweg zu einem Teersträßchen, auf dem es links zu einem querenden Sträßchen geht. Rechts folgen Sie diesem nach Scharenstetten. Am Ortsrand folgen Sie geradeaus dem **Salachweg**. In den Ortskern und zur Kirche kommen Sie, wenn Sie in die erste Straße rechts (Friedhofweg) abbiegen ❹.

Der Pilgerweg bleibt am Ortsrand von **Scharenstetten**, das wie Temmenhausen seit 1975 zu Dornstadt gehört. Es liegt auf einer Art Kammlinie in etwa 700 m Höhe und besitzt im Inneren der ✞ **ev. Laurentiuskirche** einen Altar, der in der Welt der Kirchenkunst als „das wichtigste intakt erhaltene Werk“ aus der Schule von **Hans Multscher** gilt. Das jedenfalls geht aus einer Information der Gemeinde Dornstadt hervor. Entstanden ist das Werk um das Jahr 1450. Der Altar kam um 1760 aus Ulm nach Scharenstetten, wurde im Zuge der Reformation aus der Kirche verbannt und erst 300 Jahre später wieder aufgestellt.

Die Laurentiuskirche selbst ist offenbar älter als die Ersterwähnung des Dorfes. Zumindest der Turm stammt aus dem 11. Jh. Im Chor der Kirche wurden Fresken aus dem 14. Jh. freigelegt. Das restliche Kirchenschiff ist jüngeren Datums. Schauen Sie sich das Prachtstück an.

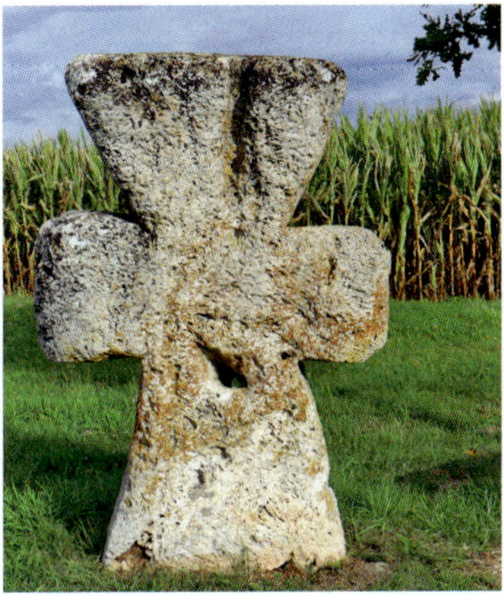
Sühnekreuz in Scharenstetten

Der markierte Weg folgt dem Salachweg bis zur Hauptstraße und biegt dort links ein. Am Straßendreieck biegen Sie rechts Richtung Merklingen und nach 40 m links in einen Nebenweg Richtung Temmenhausen ab. Wenn das Sträßchen zum Schotterweg geworden ist, biegen Sie halb rechts ab, gehen an einem Querweg geradeaus und folgen dem Trampelpfad. Es gibt wieder einen Querweg, den Sie leicht nach links versetzt überschreiten. Durch ein Waldgebiet kommen Sie wieder in Wiesengelände, das eine weite Aussicht ermöglicht, da das Gelände voraus stark abfällt und in eine weite Ebene mündet. Voraus liegt nun Temmenhausen in der Senke an der Autobahn A8, die aus Lärmschutzgründen tief in das Gelände eingegraben ist ❺.

Gemarkung Berg

Sie stehen hier an einer geologisch aufschlussreichen Stelle. Stellen Sie sich vor, tief unter Ihnen branden die tosenden Wellen eines großen Meeres an diesen Berg und nagen am kalkhaltigen Gestein. Felsbrocken stürzen ab und es entsteht ein steiles Kliff unter Ihren Füßen. Dann haben Sie die Naturgewalten vor Augen, die vor 15 Millionen Jahren diesen Landschaftsraum seinen Schliff verpassten. Die Familie Stäb, die den Gasthof am Berg betreibt, hat hier am Berg über dem historischen Schwäbischen Meer einen kleinen Pilger- und Naturlehrpfad finanziert und initiiert. Die Idee und Umsetzung ist Gerda Stäb zu verdanken. Viele Tafeln entlang des aussichtsreichen Geländes informieren über Biologie, Geologie und Geschichte.

Zum Hotel könnten Sie schräg nach links über die Wiese gelangen oder zunächst dem Pilgerweg, der geradeaus die Wiese hinunterführt, folgen und am zweiten Querweg dann links gehen (führt zur Bergstraße).

Der Pilgerweg geht noch weiter bergab bis an eine Kreuzung unterhalb der Wiese und dort links Richtung Kirche. An der Kreuzung mit der Wandertafel gehen Sie geradeaus und am Wegweiser Temmenhausen, Scharenstetter Straße rechts zur ev. Nikolauskirche.

Temmenhausen (Dornstadt)

Landhotel Gasthof am Berg, Bergstraße 18, 89160 Temmenhausen,
073 48/223 29, info@gasthof-am-berg.de, www.gasthof-am-berg.de,
ÜF EZ € 70, DZ € 95, Abholservice für Pilgerinnen und Pilger bis 25 km, 150 m

Die ev. **Nikolauskirche** ist ein weiteres Kleinod unter den Dorfkirchen der Schwäbischen Alb. Sie entstand aus der Erweiterung einer Nikolauskapelle von 1435/36. Ausschmückungen bestehen aus wertvollen Holzvertäfelungen. Die Gemälde an der Empore zeigen die zwölf Apostel, die Evangelisten, aber auch aus nachreformatorischer Zeit Martin Luther, Johann Hus und Philipp Melanchton. Bei einer Renovierung 1955 wurden gotische Bemalungen freigelegt. Es gibt einen Pilgerstempel.

tagsüber geöffnet

Temmenhausen ist im Kern eine Höfesiedlung, an die sich moderne Siedlungsgebiete anschließen. Erstmals erwähnt wurde es 1225 als Timenhusen.

Etappe 25: Temmenhausen – Ulm

19,2 km, 6 Std. ↑ 292 m, ↓ 452 m, ⇧ 477-644 m

0,0 km	⇧ 643 m	Temmenhausen
7,1 km	⇧ 583 m	Zugang Kiesental
12,5 km	⇧ 534 m	Mähringen
14,4 km	⇧ 611 m	Universität
19,2 km	⇧ 483 m	Ulmer Münster

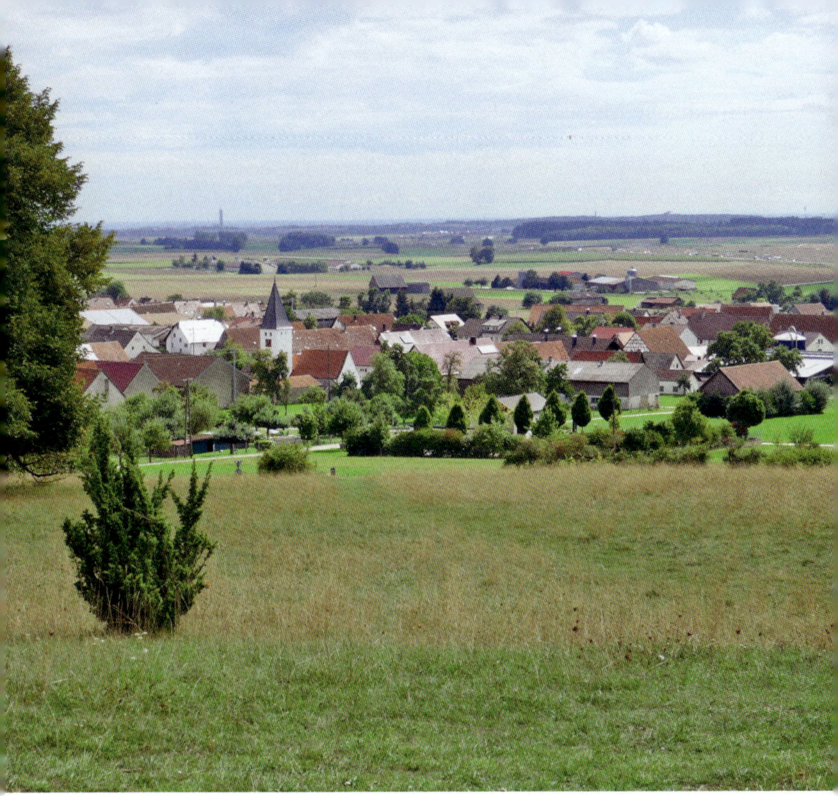

Blick nach Temmenhausen

Der Weg beginnt zunächst gemütlich. Ohne großes Auf und Ab führt er durch Wald und Feld in das Kiesental, einen landschaftlichen Höhepunkt. Aus dem Kiesental geht es etwas steiler hinaus nach Mähringen und dort noch einmal in ein Tal und hinauf zur Wissenschaftsstadt auf dem Eselsberg in Ulm. Auf vorwiegend grünen Wegen fällt der Pilgerweg zuletzt zur Donau hin und erreicht das Ziel des Fränkisch-Schwäbischen Jakobsweges am Ulmer Münster.

Sie gehen an der Kirche vorbei bis an eine Straßenverzweigung und dort rechts Richtung Blaubeuren. Nach 40 m biegen Sie aber schon links in das Eiergäßle ab. Am Querweg vor der Autobahn geht es links weiter und am Ende rechts über die Autobahn und die Eisenbahnlinie hinüber ❶.

Europäische Magistrale

Die nagelneue Schnellfahrstrecke der DB zwischen Wendlingen bei Stuttgart und Ulm ist hier direkt neben der Autobahn platziert. Die neue Bahnstrecke ist Teil der zentralen West-Ost-Achse der europäischen Magistrale, einer Hochgeschwindigkeitstrasse zwischen Paris und Budapest. Ihr Bau steht im direkten Zusammenhang mit dem umstrittenen Bahnhofsneubau Stuttgart 21. Mir macht der Blick auf die lange Gerade des Schienenstrangs eines klar: Planung und Ausführung der modernen Verkehrswege folgen heute einer völlig neuen, vorher nie gedachten Logik. Sie haben die Direktheit einer Fluglinie zum Vorbild. Berge, die sich in den Weg stellen, werden untertunnelt, Täler mit Brücken überbaut. Über 50 % der Neubaustrecke sind Tunnelstrecken.

Die zum Teil bis in die Bronzezeit zurückverfolgbaren alten Straßen, die bis heute noch den Großteil der Verkehrs- und Siedlungsachsen bilden, nahmen den Weg des geringsten Widerstands. Da wo die Natur einen Durchlass geschaffen hatte, wurden die Berge überquert, die Täler auf den Höhen begleitet, bis sich ein günstiger Übergang bot. So ist auch noch die alte Bahnlinie zwischen Plochingen am Neckar und Ulm an der Donau mit der begleitenden B10 konzipiert. Sie folgt der Linie eines günstigen Albübergangs (☞ Lonsee).

Wer über weite Strecken mit der Bahn unterwegs ist, wird den zeitlichen Vorteil der Hochgeschwindigkeitsstrecken zu schätzen wissen. Auch wenn er in diesem Fall gerade einmal 15 Min. auf 80 km beträgt. Die neuen Wege werden sich bei zukünftiger Planung aber verstärkt einer Vereinbarkeit mit den Klimaschutzzielen stellen müssen.

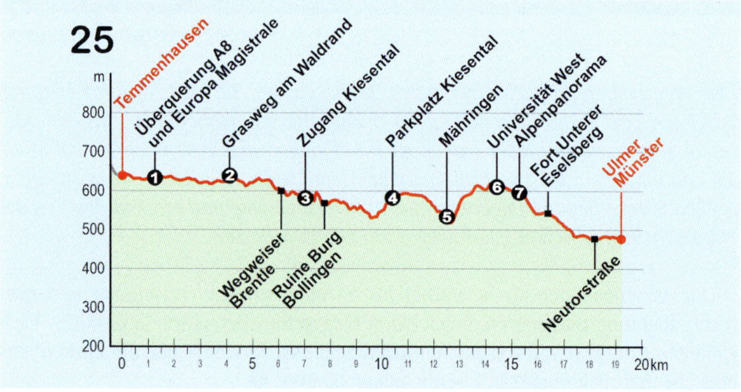

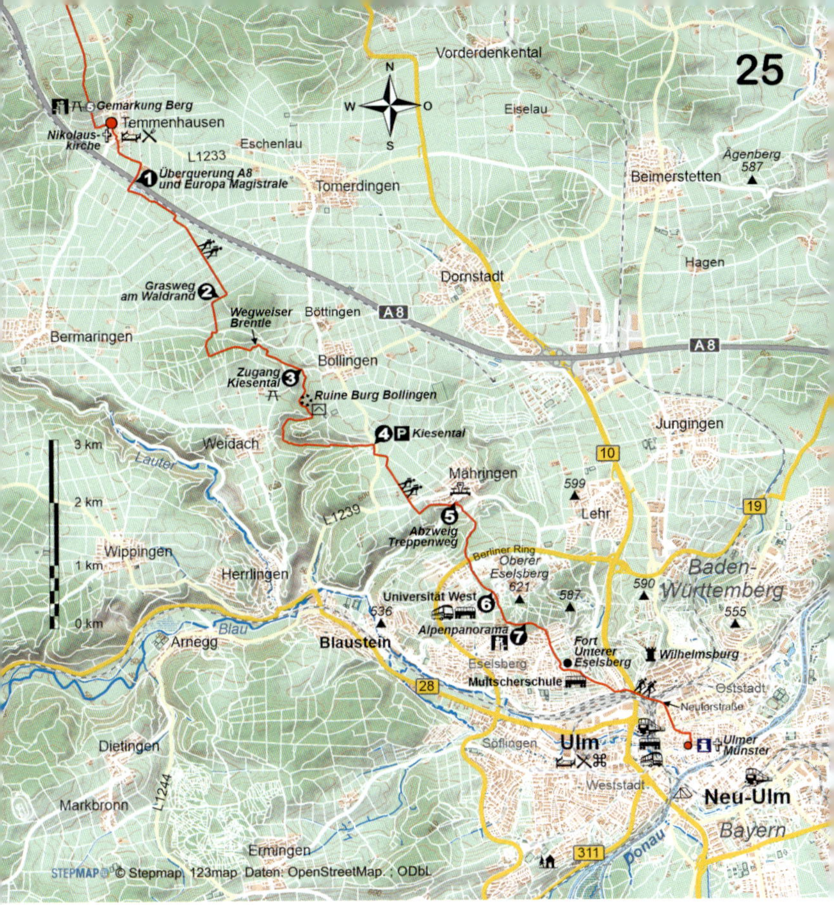

Die nächsten 2,5 km verlaufen etwas unschön entlang der Autobahn und durch die ausgeräumte baumfreie Ebene. Dazu gibt es keine Alternative. Gehen Sie also an der Kreuzung nach der Brücke links in eine Parallele zum Schienenstrang. Nach einem knappen km wird der Weg zum Schotterweg und biegt rechts, nach 100 m aber wieder links ab, erreicht eine Kreuzung, an der Sie geradeaus gehen. An der nachfolgenden Gabelung aber gehen Sie rechts.

Am Waldrand steht ein Wegweiser. Sie gehen rechts an den Waldrand und auch geradeaus auf dem Grasweg am Waldrand ❷ weiter, wenn der Schotterweg links in den Wald abbiegt.

An einem Hochsitz biegen auch Sie links ab und laufen nun in die Feldflur bis zum nächsten Wäldchen. Sie gehen auch dort, wo der Weg endet, geradeaus über eine Wiese bis an eine Teerstraße am Waldrand.

Sie gehen 80 m nach rechts und dann links in einen feinschottrigen Waldweg. Der führt an eine Waldwegkreuzung. Hier biegen Sie links in einen breiten Hauptweg ab. An einer Waldwiese biegt der Weg links ab (ein rechts abzweigender wird ignoriert). Sie kommen zum Wegweiser „**Brentle**". Der zweite Weg rechts abwärts ist Ihrer. Jetzt schlängelt sich der Weg am Rande eines Wiesentals und führt zu einer Straße. Dieser folgen Sie nach links, passieren das Schützenhaus und etwas weiter biegen Sie rechts in einen Schotterweg am Zugang zum Kiesental ab ❸. Diesem folgen Sie nun durch das wunderschöne Kiesental. Es gibt eine solide Schutzhütte am Weg. Weiter unten steht der Wegweiser „Oberes Kiesental".

Kiesental

Das Landschaftsschutzgebiet Kiesental ist eines von vielen Trockentäler in der Karstlandschaft der Schwäbischen Alb. Es ist geprägt von Magerrasen, Wacholderheiden, Hangwäldern und Felsschutthalden. Der gemütliche Wanderweg führt auch an einem hochaufragenden Felsturm vorbei, der einmal Standort einer Burg war. Aufgrund der räumlichen Nähe zur Großstadt Ulm ist das Kiesental ein beliebtes Naherholungsgebiet.

Sie bleiben auf dem Talweg. Am nächsten Wegweiser wechseln Sie nur die Talseite und noch etwas weiter führt der Weg dann aus dem Tal hinaus zu einem Parkplatz ❹. Biegen Sie rechts in den Schotterweg ab, der noch vor der Straße parallel verläuft, dann aber auf die Straße trifft. Sie überqueren sie und folgen dem gegenüber beginnenden Feldweg, passieren eine Wetterstation und erreichen eine Kreuzung. Sie gehen rechts zu einem Wegdreieck und dort links, nun auf gepflastertem Weg bis an eine Straße.

Auch hier geht es geradeaus drüber weg und an der sofort folgenden Gabelung links.

In den Feldern kreuzt ein Grasweg. Dort gehen Sie links weiter, bald unterhalb der Siedlungen von **Mähringen** auf schönem Gartenweg. Am Beginn der Siedlungsstraße halten Sie sich rechts auf der leicht abwärtsführenden Straße und nach 140 m biegen Sie rechts in einen Treppenweg ab ❺.

Mähringer Dorflädle, regionale Produkte aus Bioanbau und Fairtrade, Mo-Sa 7:00-13:00, So 8:00-11:00, ➲ 150 m. Bevor Sie den Treppenweg abwärts laufen, folgen Sie der Siedlungsstraße weiter geradeaus.

Schmale Pfade führen durch Wald und dann über eine Wiese zur Straße hinunter. Auf der anderen Seite laufen Sie in die Feldzufahrt, biegen aber gleich links davon ab und steigen eine steile Wiese hinauf. Sie passieren eine Zufahrt und gehen über zwei Querwege hinweg, bis der Pfad an einem Schotterweg endet. Dort gehen Sie rechts, nun ohne großartige Steigung, durch den Wald weiter.

An einer Gabelung biegen Sie links in einen schmaleren Pfad und an der 60 m weiter folgenden Gabelung rechts in einen anderen ab. Von rechts gesellt sich ein Weg dazu. Danach unterqueren Sie den Berliner Ring und wandern nun den Dr.-Max-Bentele-Weg entlang eines schmalen Grüngürtels durch die sogenannte **Wissenschaftsstadt**, ein Mischgebiet aus Universität und Klinikum.

Achten Sie an der Naturschutztafel „Waldrefugien, Schatzkammer des Waldes“ darauf links in einen schmalen Waldweg abzubiegen. Sie kommen an der Albert-Einstein-Allee raus ❻. Wer müde ist, kann in den Stadtbus oder die Straßenbahn einsteigen.

Gehen Sie geradeaus über die Straße hinweg und durch einige Gebäudekomplexe an einen Schotterweg und auch dort geradeaus.

☺ Wer sich für alte Forts (Verteidigungsanlage von 1883 und 1887) interessiert, kann hier linker Hand im Wald eine solche in nur 50 m Entfernung erkunden (☞ Ulm).

An einer Querstraße gehen Sie geradeaus Richtung Ulm-Kolleg und dort angekommen biegen Sie links ab. Ein schöner Weg führt weiter am Waldrand entlang und durch eine Lindenallee mit großartiger Aussicht zum Ulmer Münster. An einer Panoramatafel können Sie sehen, was bei bester Hochdruckwetterlage noch alles zu sehen wäre. Vorgestellt wird ein grandioses Alpenpanorama ❼. Ich wünsche Ihnen Viel Glück für den richtigen Zeitpunkt.

Sie kommen an den Siedlungsrand und gehen rechts den Fußweg abwärts zum Weinbergweg. Sie gehen geradeaus darüber hinweg und die Obstbaumallee weiter abwärts. Sie bleiben im Folgenden jeweils auf dem Hauptweg, dem Radfahr- und Fußgängerweg. Der biegt vor einer weiteren Siedlung links ab. Hier ist linker Hand wieder ein Teil der Verteidigungsanlage aus dem 19. Jh. (Fort Unterer Eselsberg) zu sehen.

Sie folgen hier halb rechts den Radwegweisern durch den Park zum Mähringer Weg („Multscherschule"). Sie gehen rechts mit der Straße abwärts bis an die Straße vor den Gleisanlagen der Bahn und biegen links in die Querstraße ein, allerdings ohne sie zu überqueren.

Überqueren Sie die Mähringer Straße gleich nach der Straßenbahnhaltestelle an der Ampel, noch bevor Sie die zu den Bahnanlagen parallel verlaufende Straße betreten haben, und folgen Sie dann geradeaus dem Radweg an der der Bahn abgewandten Seite der Straße. Sie dürfen nicht auf die große Straßenbrücke geraten, sondern unterqueren mit dem Radweg die vielen heranführenden Straßen. Beim Alten Fritz (Straßeneinmündung) gehen Sie dann rechts über die Straße hinüber und folgen links dem Radweg auf einer Fußgänger- und Radfahrerbrücke, die über den Gleiskörper hinüberführt.

Sie kommen an die Neutorstraße, der Sie rechts über eine Kreuzung hinweg folgen. Nach der zweiten Kreuzung biegen Sie halb links in die Sterngasse. Die wird zur Dreikönigsgasse und wenn rechts die Platzgasse abzweigt, biegen Sie ein und landen auf dem Münsterplatz, dem Ziel Ihrer Pilgerreise. Gegenüber dem Hauptportal finden Sie das Büro der Tourist-Information.

Ulm

Tourist-Information Ulm/Neu-Ulm, Münsterplatz 50, ☏ 07 31/161 28 30, www.ulm.de/tourismus, Mo-Fr 9:30-18:00, Sa 9:30-16:00, So 11:00-15:00, Jan-März am So geschlossen, gegenüber vom Münster, ➲ am Weg

Geschwister-Scholl-Jugendherberge Ulm, Grimmelfinger Weg 45, 89077 Ulm, ☏ 07 31/38 44 55, jh-ulm@jugendherberge.de, www.jugendherberge.de → Schnellsuche, ÜF ab € 30,20, ➲ 3,2 km

Ibis Ulm City, Neutorstraße 12, 89073 Ulm, ☏ 07 31/964 70, h0800@accor.com, all.accor.com, Ü EZ ab € 70, DZ ab € 80, ➲ am Weg, zentral

♦ **Ibis budget Ulm City**, Neutorstraße 16, 89073 Ulm, ☏ 07 31/17 66 27 20, h7469@accor.com, all.accor.com, Ü EZ ab € 50, DZ ab € 60, F € 8,50, ➲ am Weg, zentral

♦ **B&B Hotel Ulm**, Ehinger Straße 11, 89077 Ulm, ☏ 07 31/17 63 30, ulm@hotelbb.com, www.hotel-bb.com, Ü EZ ab € 65, DZ ab € 74, ➲ 450 m, Nähe Bf. und Fischerviertel

♦ **The Brickstone Hostel**, Schützenstraße 42, 89231 Neu-Ulm, ☏ 07 31/70 82 559, info@brickstone-hostel.de, www.backpacker-ulm.de, Ü EZ/DZ/MBZ, Preise auf Anfrage, Gemeinschaftsbad und Küche, bett&bike, ➲ 900 m

Camping am Bootshaus, Ulmer Paddler e.V., Bootshausstraße 5, 89231 Neu-Ulm, camping@ulmer-paddler.de, www.ulmer-paddler.de, Ü im eigenen Zelt € 9 p. P., Anmeldung nur online möglich und nötig, ➲ 1 km

Alle Informationen zum Öffentlichen Nahverkehr (Bus und Straßenbahn) in Ulm finden Sie bei den Stadtwerken Ulm unter www.swu.de.

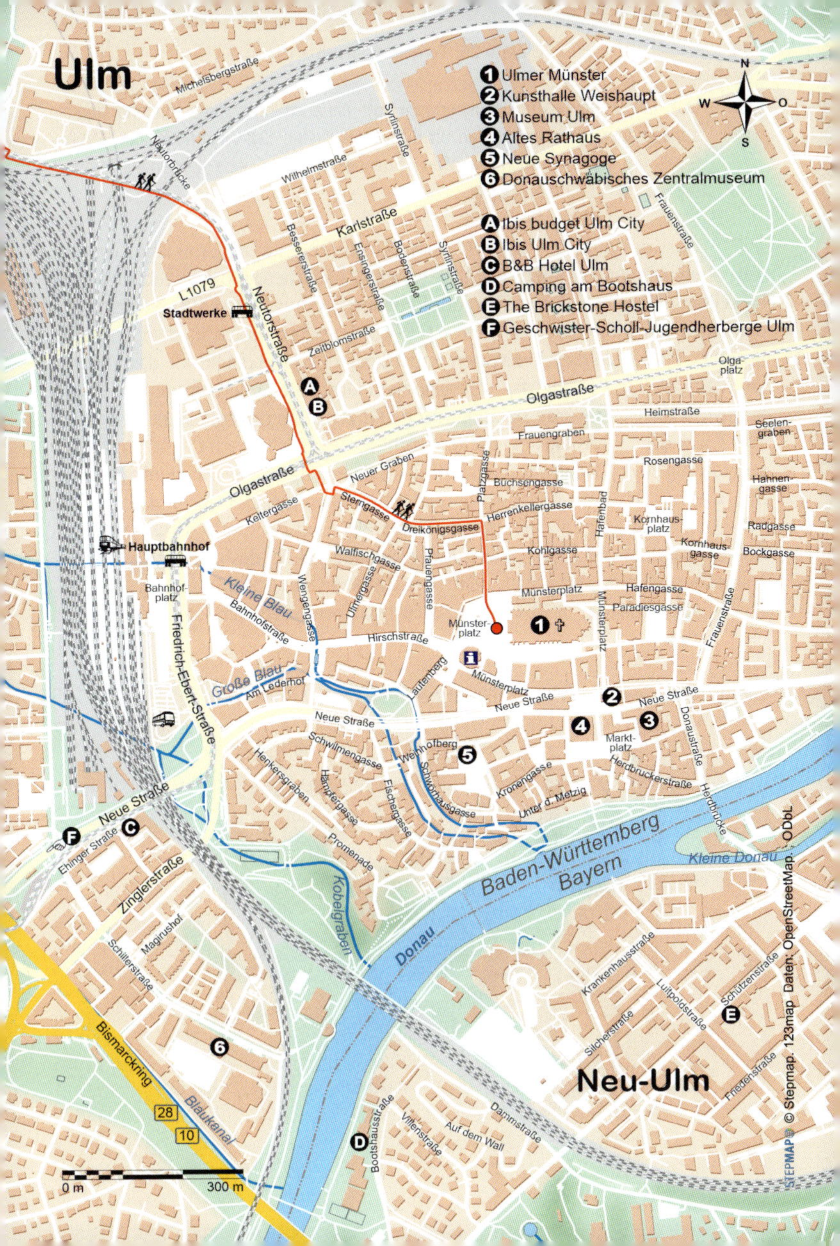
Ulm
1 Ulmer Münster
2 Kunsthalle Weishaupt
3 Museum Ulm
4 Altes Rathaus
5 Neue Synagoge
6 Donauschwäbisches Zentralmuseum
A Ibis budget Ulm City
B Ibis Ulm City
C B&B Hotel Ulm
D Camping am Bootshaus
E The Brickstone Hostel
F Geschwister-Scholl-Jugendherberge Ulm
N
S
W
O
Michelsbergstraße
Neutorbrücke
Syrlinstraße
Wilhelmstraße
Karlstraße
Frauenstraße
Bessererstraße
Ensingerstraße
Bodenstraße
L1079
Neutorstraße
Stadtwerke
Zeitblomstraße
Olgastraße
Olga platz
Heimstraße
Seelengraben
Frauengraben
Neuer Graben
Platzgasse
Rosengasse
Hahnengasse
Büchsengasse
Sterngasse
Dreikönigsgasse
Herrenkellergasse
Hafenbad
Keltergasse
Kornhausplatz
Radgasse
Kornhausgasse
Bockgasse
Hauptbahnhof
Walfischgasse
Kohlgasse
Bahnhofplatz
Kleine Blau
Weingasse
Ulmergasse
Frauengasse
Münsterplatz
Hafengasse
Paradiesgasse
Bahnhofstraße
Münsterplatz
Hirschstraße
Friedrich-Ebert-Straße
Große Blau
Am Lederhof
Lautenberg
Neue Straße
Neue Straße
Neue Straße
Donaustraße
Marktplatz
Schwilmengasse
Weinhofberg
Henkersgraben
Herdbruckerstraße
Kronengasse
Hafengasse
Schwörhausgasse
Unter d. Metzig
Herdbrücke
Fischergasse
Neue Straße
Ehinger Straße
Zinglerstraße
Promenade
Kobelgraben
Baden-Württemberg
Bayern
Kleine Donau
Donau
Magirushof
Schillerstraße
Krankenhausstraße
Luitpoldstraße
Schützenstraße
Silcherstraße
Bismarckring
Blaukanal
28
10
Neu-Ulm
Friedenstraße
Bootshausstraße
Villerstraße
Auf dem Wall
Dammstraße
0 m
300 m
STEPMAP © Stepmap, 123map Daten: OpenStreetMap, ODbL

Der Hauptbahnhof von Ulm ist sowohl Nah- als auch Fernverkehrsbahnhof und ein bedeutender Eisenbahnknoten an der europäischen Ost-West-Magistrale Paris – Straßburg – Ulm – München – Wien – Budapest. Er eignet sich deshalb auch hervorragend zur An- und Abreise.

Dass das Münster zunächst einmal Größe zeigt, wird schon vom Weg aus, weit oben auf dem Eselsberg, deutlich. Um ein Vielfaches an Breite und Höhe ragt das **Ulmer Münster** aus dem Rest der Bebauung heraus. Seit 1890 besitzt es gar den höchsten Kirchturm der Welt. 20.000 Menschen finden in dem gotischen Bauwerk Platz. Als die Ulmerinnen und Ulmer den Grundstein für das Münster am 30. Juni 1377 legten, lag die bisherige Pfarrkirche außerhalb der Stadtmauern. Stein um Stein wurde sie abgetragen und zum Bau des Münsters verwendet. 1543 war das Gotteshaus bei Weitem nicht fertiggestellt, doch die hohen Kosten sorgten für einen Baustopp. Erst 300 Jahre später wurde der Kirchenbau vollendet, was am 31. Mai 1890 gebührend gefeiert wurde. Der Turm aber war um 10 m höher angelegt als im ursprünglichen Plan und überragte damit selbst den Kölner Dom um vier Meter. Eine Turmbesteigung gehört deshalb auch zum allerersten Besichtigungsprogramm. Die Aussicht kann wirklich großartig sein.

April-Sept. 9:00-18:00, Okt-März 10:00-17:00, der Einlass zum Turm schließt jeweils eine Stunde früher

Evangelistendarstellung am Gewölbe des Ulmer Münsters

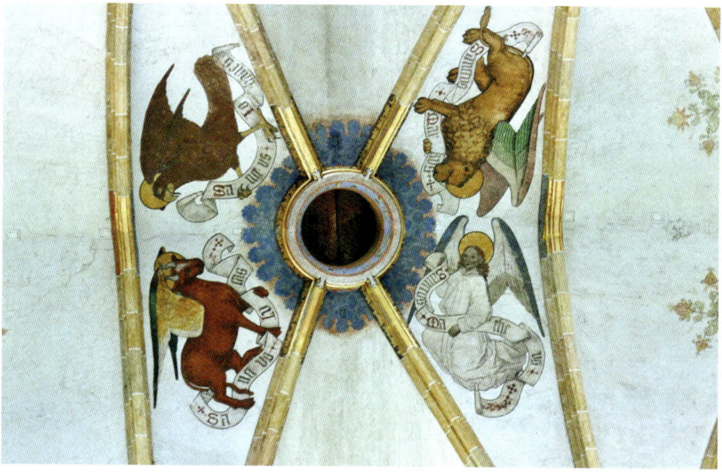

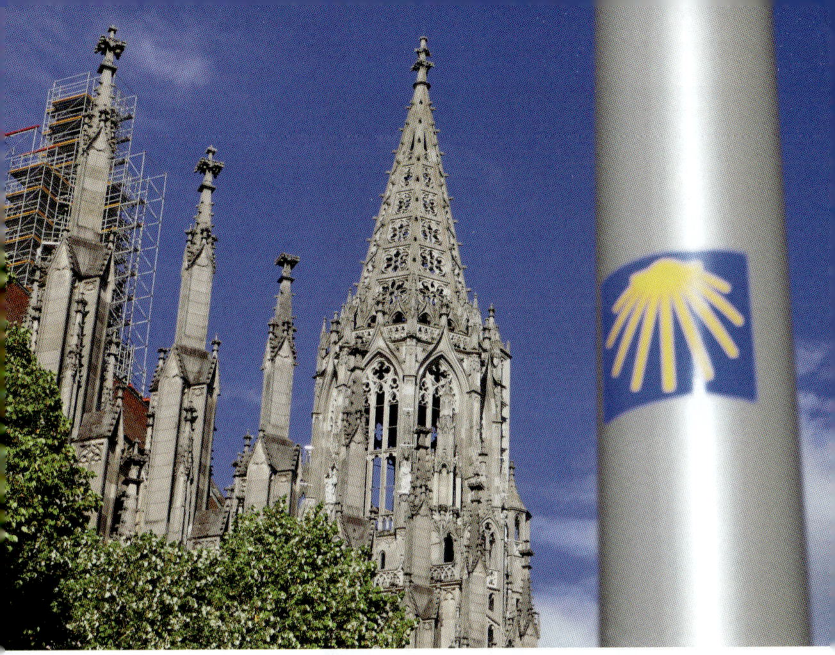

Weiterführende Markierung am Ulmer Münster

⌘ **Donauschwäbisches Zentralmuseum**, Kulturgeschichte der Donau und des Donauraums, Geschichte der Donauschwaben vom ausgehenden 17. Jahrhundert bis in die Gegenwart

♦ Schillerstraße 1, 89077 Ulm, ☏ 07 31/96 25 40, 💻 www.dzm-museum.de,
🚪 Di-Fr 10:00-17:00, Sa, So, Fei 10:00-18:00

⌘ **Kunsthalle Weishaupt**. Der Unternehmer Siegfried Weishaupt stellt in einem neu errichteten Privatmuseum seine Sammlung moderner und zeitgenössischer Kunst aus.

♦ Hans-und-Sophie-Scholl-Platz 1, 89073 Ulm, ☏ 07 31/161 43 60,
✉ info@kunsthalle-weishaupt.de, 💻 kunsthalle-weishaupt.de,
🚪 Di-Fr 11:00-17:00, Sa, So Fei 11:00-18:00

⌘ **Museum Ulm**, archäologisches Museum, Museum für Kunst-, Kultur- und Designgeschichte

♦ Marktplatz 9, 89073 Ulm, ☏ 07 31/61 43 30,
🚪 Di-Fr 11:00-17:00, Sa, So, Fei 11:00-18:00

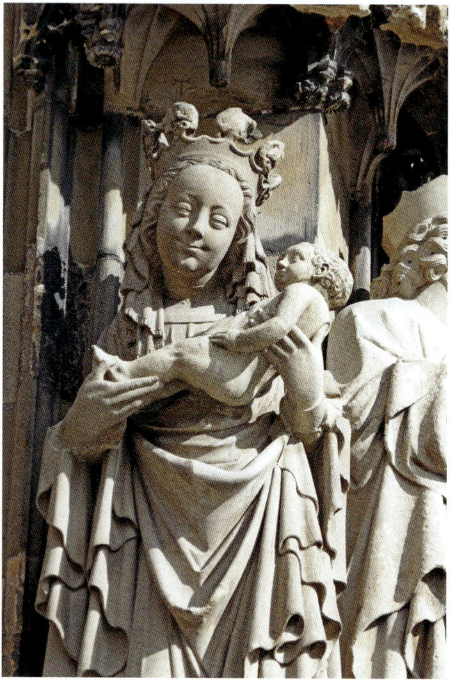

Marienfigur am Ulmer Münster

Ulm wurde an der Kreuzung zweier bedeutender Fernhandelsstraßen gegründet. Am Anfang stand hier eine Königspfalz. In einer ersten erhaltenen Urkunde besiegelte König Ludwig der Deutsche am 22. Juli 854 den Beginn der offiziellen Ulmer Geschichte. In die rasant wachsende Stadt zogen die Staufer ein. Das Adelsgeschlecht bezog seinen Namen von der Burg Hohenstaufen am Nordrand der Schwäbischen Alb bei Göppingen. Es stellte viele römisch-deutsche Könige und Kaiser und führte immer wieder Kriege mit den Welfen, dessen Territorien im Norden Deutschlands lagen. Zwischenzeitlich führte das zur völligen Zerstörung der Stadt und der umliegenden Dörfer. Mit dem Untergang der Staufer erstarkte das Bürgertum nicht nur in Ulm, sondern auch in anderen Städten. Die Zünfte forderten politischen Einfluss. Freie Reichsstädte entstanden. Das gefiel den herrschenden Kaisern nicht. Sie belagerten die Stadt und damit verbunden war auch, dass die Bürger nicht mehr in der vor der Stadt liegenden Pfarrkirche ihre Gottesdienste feiern können. Daraus entstand der Beschluss, das Münster innerhalb der Stadtmauern zu bauen.

Lange währte der erneute Aufschwung nicht. Die Pest, weitere Kriege und schließlich die Besetzung durch die Franzosen führten zum völligen Bankrott. 1802 kam Ulm zu Bayern und wenige Jahre später kam es zur Teilung der Stadt. 1810 wurde Ulm eine königlich württembergische Stadt. Die Donau bildete wie noch heute die Grenze. Ulm liegt in zwei Bundesländern: in Württemberg und mit Neu-Ulm in Bayern.

Erst mit dem Beginn der Industrialisierung wuchs die inzwischen auf 12.000 Bewohnerinnen und Bewohner geschrumpfte Stadt erneut. Ulm bekam 1850 einen Bahnhof, 1842 bis 1859 wurde die gewaltige Bundesfestung mit den Geldern des Deutschen Bundes unter dem Eindruck der Napoleonischen Kriege finanziert. Mit dem Bau von 41 Festungswerken und einem neun Kilometer langen Mauergürtel fanden 8.000 Arbeiter Lohn und Brot. In diese Zeit fiel auch die Vollendung des Ulmer Münsters.

Ende 1944 und Anfang 1945 wurde Ulm durch Bombardierungen zu über 80 % zerstört. Das Münster blieb wie durch ein Wunder stehen und nahm nur marginalen Schaden. Nach dem Zweiten Weltkrieg wuchs Ulm als Industrie- und Wissenschaftsstadt auf eine Größe von über 100.000 Einwohnerinnen und Einwohnern.

In der Ulmer Altstadt fließen die Große und die Kleine Blau in die Donau. Sie bilden dort zusammen mit erhaltenen Fischer- und Gerberhäusern den romantischen Kern der Altstadt. Eine weitere Sehenswürdigkeit ist das Alte Rathaus. Es liest sich wie ein Buch und auch Analphabeten finden in den bunten Bildern auf den Außenwänden anschauliche Darstellungen. Ausführliche Erläuterungen (Übersetzungen) finden Sie auf der Tourismusseite der Stadt Ulm. Die Neue Synagoge, 70 Jahre nach der Reichspogromnacht fertiggestellt, ist Sinnbild des neu erwachten jüdischen Lebens in Ulm. Das moderne Gebäude setzt aber auch städtebauliche Akzente (💻 www.irgw.de/ulm/synagoge).

☺ In Ulm beginnt der Oberschwäbische Jakobsweg nach Konstanz am Bodensee. Beschrieben ist er im Wanderführer von Karin Gudop: Jakobsweg Nürnberg – Konstanz

📖 **Jakobsweg Nürnberg – Konstanz** von Karin Gudop, Conrad Stein Verlag, ISBN 978-3-866686-747-5, € 16,90

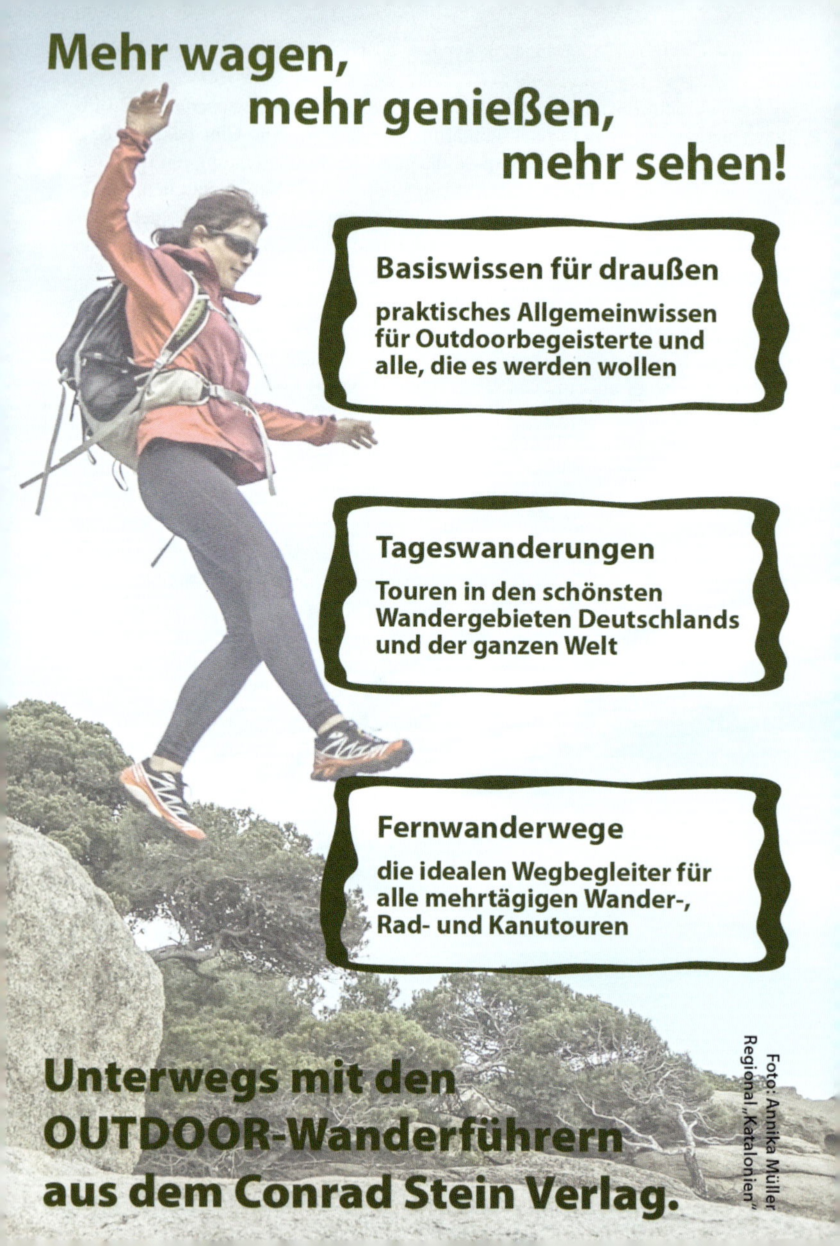
Mehr wagen,
mehr genießen,
mehr sehen!
Basiswissen für draußen
praktisches Allgemeinwissen für Outdoorbegeisterte und alle, die es werden wollen
Tageswanderungen
Touren in den schönsten Wandergebieten Deutschlands und der ganzen Welt
Fernwanderwege
die idealen Wegbegleiter für alle mehrtägigen Wander-, Rad- und Kanutouren
Unterwegs mit den OUTDOOR-Wanderführern aus dem Conrad Stein Verlag.
Foto: Annika Müller
Regional „Katalonien"

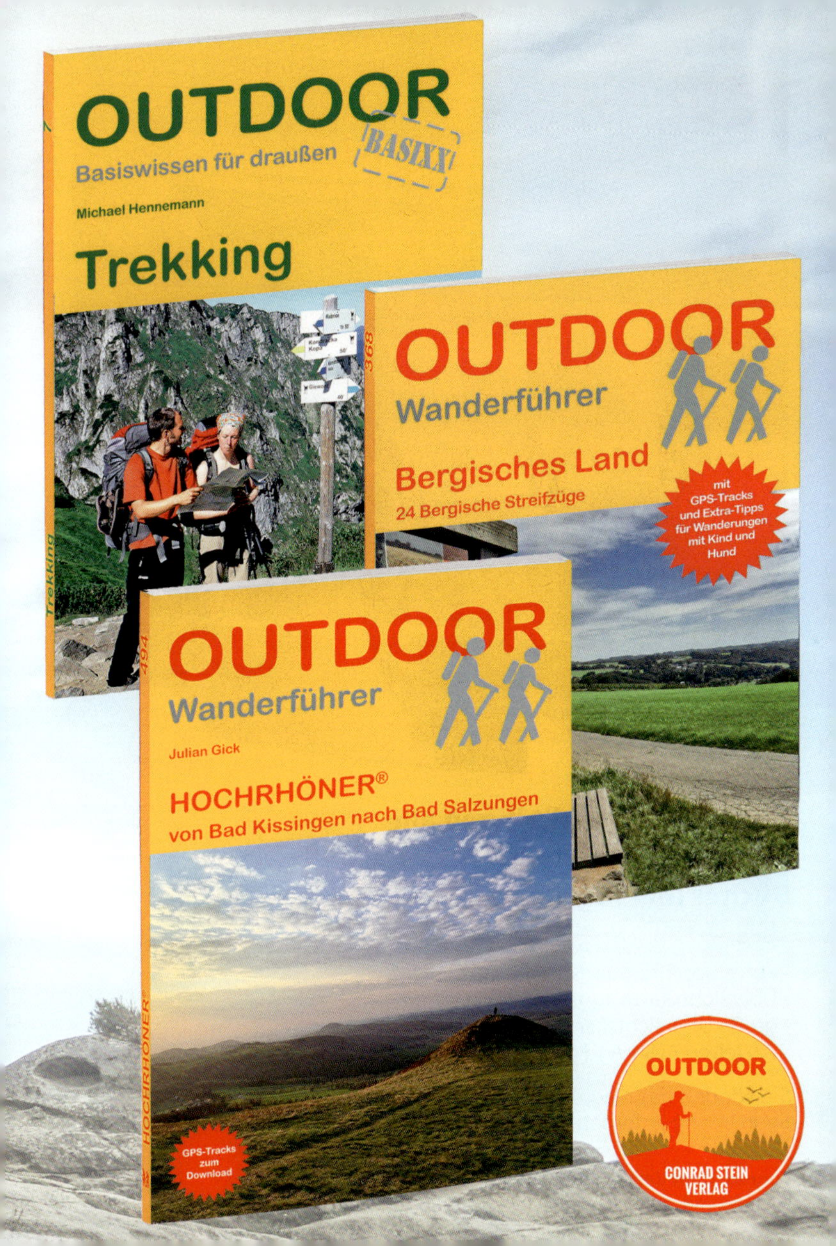
OUTDOOR
Basiswissen für draußen
BASIXX
Michael Hennemann
Trekking
Trekking
OUTDOOR
Wanderführer
368
Bergisches Land
24 Bergische Streifzüge
mit GPS-Tracks und Extra-Tipps für Wanderungen mit Kind und Hund
OUTDOOR
Wanderführer
494
Julian Gick
HOCHRHÖNER®
von Bad Kissingen nach Bad Salzungen
HOCHRHÖNER®
GPS-Tracks zum Download
OUTDOOR
CONRAD STEIN VERLAG

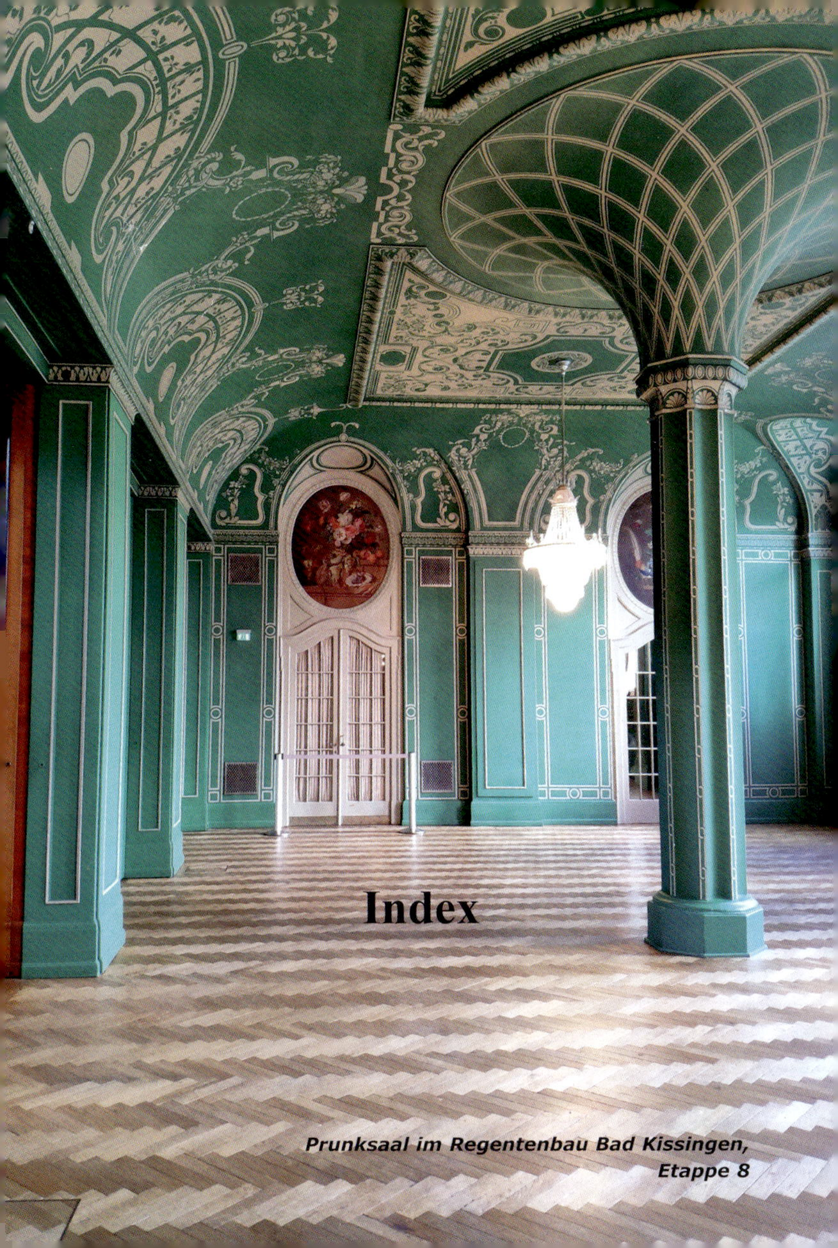

Index

Prunksaal im Regentenbau Bad Kissingen, Etappe 8

A/B

C/D

E

F

G

H